GRAUMANN
GEMEINSAMER UNTERRICHT
IN HETEROGENEN GRUPPEN

GEMEINSAMER UNTERRICHT IN HETEROGENEN GRUPPEN
Von lernbehindert bis hochbegabt

von

Olga Graumann

2002

VERLAG JULIUS KLINKHARDT • BAD HEILBRUNN / OBB.

Für Elisabeth

Umschlagseite 1:
Boris Vidovic, 8. Klasse

Die Deutsche Bibliothek – Cip-Einheitsaufnahme

Ein Titelsatz für diese Publikation ist bei
der Deutschen Bibliothek
erhältlich

2002.6.Ki. © by Julius Klinkhardt.
Das Werk ist einschließlich aller seiner Teile urheberrechtlich geschützt.
Jede Verwertung außerhalb der engen Grenzen des Urheberrechtsgesetzes ist ohne Zustimmung des
Verlages unzulässig und strafbar. Das gilt insbesondere für Vervielfältigungen, Übersetzungen,
Mikroverfilmungen und die Einspeicherung und Verarbeitung in elektronischen Systemen.
Druck und Bindung:
WB-Druck, Rieden
Printed in Germany 2002
Gedruckt auf chlorfrei gebleichtem alterungsbeständigem Papier
ISBN 3-7815-1174-X

Inhalt

Vorwort

Mit Heterogenität müssen sich nicht nur die GrundschullehrerInnen, sondern zunehmend auch die Lehrenden in den weiterführenden Schulen auseinandersetzen. Heterogenität bezüglich Leistung, Alter, Kultur, Verhalten, Wertvorstellungen, Motivation, Schulzufriedenheit ist in den Schulen heute für Lehrende Alltag. Sicher reicht die Bandbreite bezüglich der Leistung nicht immer von „lernbehindert" bis „hochbegabt", aber vielleicht kann man doch sagen, dass sie in fast allen Klassen von SchülerInnen reicht, die sich hochmotiviert am Unterricht beteiligen bis hin zu denen, die kaum folgen können bzw. Leistung – aus welchem Grund auch immer – verweigern.

Die Anforderungen an die Lehrenden werden nicht geringer, denn von ihnen wird erwartet, dass sie sowohl Lernstörungen als auch besondere Begabungen rechtzeitig wahrnehmen, richtig diagnostizieren und in fördernder Weise darauf eingehen. Ein Ziel dieses Buches ist es, zu zeigen, dass Heterogenität dennoch nicht als Last, sondern als Chance und Herausforderung gesehen werden kann und der Didaktik neue Impulse gibt.

Unsere Gesellschaft ist nicht homogen, und wir wären arm, wenn sie es wäre, denn sie lebt von der Vielfalt der Fähigkeiten, Interessen und Begabungen der einzelnen Menschen – so wie jede Monokultur zur Einseitigkeit und allmählichem Absterben jeglichen Lebens führt. Die Schule spiegelt die Gesellschaft wider und hat den gesellschaftlichen Auftrag, die Menschen in ihr zu bilden und auf ein Leben in einer pluralistischen, demokratischen Gesellschaft vorzubereiten. Wo könnte sie das besser als in einer heterogen zusammengesetzten Gruppe.

Lehrende sind oft geneigt zu glauben, dass mehr Homogenität ihre Arbeit leichter machen würde. Wird jedoch ein „Störfaktor", welcher Couleur auch immer, entfernt, zeigen sich neue „Störfaktoren" und eine andere Variante der Heterogenität tritt zu Tage – diese Erfahrung kann täglich in vielen Bereichen gemacht werden.

Unserer schulischen Bildung ist es bislang trotz Bildungsexpansion und Öffnung nicht gelungen, Chancenungleichheit abzubauen. Zunehmend wird die Meinung vertreten, die Qualität der vermittelten Qualifikationen würden durch verstärkte Selektion und durch die Orientierung am Leistungsprinzip eher gesichert. Selektion nach Leistungsfähigkeit hat jedoch im Falle des Übergangs zum Gymnasium in der Regel Prestige, gute Berufschancen und Teilhabe an der Gestaltung der Gesellschaft zur Folge, während der Besuch z. B. einer Schule mit sehr hohem Migrantenanteil oder einer Sonderschule für Lernbehinderte sozialen Abstieg, gravierend eingeschränkte Berufschancen, oft ein Abschieben in die Randständigkeit und damit Segregation bedeuten kann. Forschungsergebnisse aus den USA und England zeigen, dass Selektion wächst, wenn sich der Wettbewerb unter den Schulen und die freie Schulwahl durchsetzt. Die Ergebnisse der PISA-Studie, die bei der Fertigstellung des Manuskripts noch nicht vorlagen und auf die aus diesem Grund nicht explizit eingegangen wird, zeigen, dass unsere frühe Selektion bereits nach dem vierten Grundschuljahr Begabungspotential nicht ausreichend nutzt. Es mag viele unterschiedliche Gründe geben, weshalb andere Länder in dieser Studie besser abgeschnitten haben als Deutschland. Sicher ist jedoch, dass in diesen allen eine sehr viel längere Zeit heterogen zusammengesetzte Gruppen unterrichtet werden.

Ein erster Schritt, um strukturelle Änderungen auf der bildungspolitischen Ebene langfristig zu erreichen, ist es, Heterogenität als Chance zu einem innovativen und förderlichen Unterricht zu begreifen. Im Zentrum dieses Buches steht deshalb das Kapitel über Didaktik in heterogenen Klassen. Am Beispiel von SchülerInnen mit einer Lernbehinderung im weitesten Sinn und SchülerInnen mit besonderen Begabungen werden gangbare unterrichtsorganisatorische, pädagogische und didaktische Wege aufgezeigt. Stärker als jemals zuvor sind dabei die Lehrenden aufgerufen, aktiv an der Entwicklung wirksamer Lernarrangements mitzuarbeiten.

Die Beispiele in diesem Buch sind Ergebnisse meiner Forschung, die ich über viele Jahre als Lehrerin in der Grundschule, in verschiedenen Sonderschulen (u. a. in einer Obdachlosensiedlung), als Sonderschullehrerin in einer Integrationsklasse und als Hochschullehrerin betrieben habe. Sie sollen Studierende und Lehrende ermutigen, die Schule als eine ständige Forschungsstätte zu betrachten und sich von der Vielfalt kindlicher und jugendlicher Interessen und Fähigkeiten zu immer wieder neuen didaktischen Ideen inspirieren zu lassen – nur so bleibt Schule lebendig.

Ich danke Günter Graumann, Rudolf W. Keck und Anna-Jelena Seraphin für konstruktive Gespräche und Überarbeitungshinweise.

1. Heterogenität in der bildungspolitischen und pädagogischen Diskussion

Moritz und Mario haben sich im Kindergarten kennen gelernt. Moritz wohnt in einem Einfamilienhaus, Mario in einem Wohnblock. Moritz Eltern sind Hochschullehrer, Marios Mutter ist Fahrerin eines Schulbusses, seinen Vater kennt er nicht. Moritz ist deutscher Abstammung, Mario kommt aus Kroatien. Die beiden Jungen sind nun 13 Jahre alt, sie waren immer befreundet, manchmal intensiver, manchmal weniger intensiv. Moritz besucht ein renommiertes Gymnasium und ist ein sehr guter Schüler, Mario geht in die Hauptschule. Er kann überdurchschnittlich gut zeichnen – doch diese Fähigkeit hilft ihm in der Schule nicht. Beide Jungen machen gerne Rollenspiele und drehen am Nachmittag kleine Videofilme. Das macht beiden großen Spaß und sie übertreffen sich gegenseitig an witzigen Ideen, wobei jeder seine Stärken einbringt: Moritz sein hohes sprachliches Niveau, Mario seine lebendige Phantasie. Moritz findet den Unterricht in der Schule meistens langweilig, aber er arbeitet mit, weil er später Informatik studieren will. Mario langweilt die Schule auch, deshalb geht er oft nicht hin und seine Noten werden immer schlechter. Ob aus der Ausbildung zum Graphiker, die er gerne machen möchte, etwas wird, ist fraglich.

In diesem Fall – und das ist erfahrungsgemäß die Ausnahme – hielt die Freundschaft, obgleich sich die Bildungswege bereits nach dem Kindergarten trennten, denn Mario ging in der Grundschule in eine Klasse für Migrantenkinder. Voneinander gewinnen können die beiden Jungen nun nur noch außerhalb der Institution Schule.

„Die Geschichte der Schule ist ein Trauerspiel", schrieb Ballauff. „Gemessen an dem, was man ihr auftrug und was man von ihr erwartete, enttäuschten ihre Institution und die Vorgänge in ihr immer aufs Neue. Ja ihre beobachtbare, feststellbare Wirklichkeit bot oft den gegenteiligen Anblick zu ihrer postulierten Gestalt und Verfassung" (1982, S. 1). Dem steht gegenüber, dass Pädagoginnen und Pädagogen in der Praxis und in der Lehrerbildung Tag für Tag bemüht sind, das Beste zu geben. Was wäre das „das Beste" für Moritz, was wäre es für Mario? Die Frage, was „das Beste" ist, kann zwar gestellt, aber letztlich nicht beantwortet werden. Wäre es für die beiden Jungen „besser" gewesen, wenn sie einen gemeinsamen Bildungsweg hätten gehen können? Hätte es die Lernmotivation von Mario erhöht und die Langeweile bei Moritz vertrieben? Vielleicht dann, wenn der Unterricht für beide Kinder ein anderer wäre – vielseitiger, anregender, interessanter? Oder allgemein ausgedrückt: Ist das Lernen in „heterogenen" Klassen *besser* als das Lernen in „homogenen" Klassen? Auch auf diese Frage wird es keine einfache Antwort geben.

„Heterogen" kommt aus dem Griechischen, „heteros", der „Andere". Der Gegensatz dazu ist „homogen" und bedeutet „gleichartig". Gleichartig heißt nicht identisch; es ist deshalb durchaus sinnvoll, – wie allgemein üblich – diesen Begriff auf Schulklassen gleicher Schulformen anzuwenden. Ob eine Gruppe von Menschen als „homogen" bezeichnet wird, hängt allerdings mit den Kriterien zusammen, die man an die Gleichartigkeit anlegt. Gegenwärtig sind es in unserem Schulsystem die beiden Kriterien „Alter" und „Leistung". Wer nicht das für die Jahrgangsstufe festgelegte Alter hat bzw. nicht die für dieses Alter in Lehrplänen und Rahmenrichtlinien festgelegten Leistungen – aus welchen Gründen auch immer – zu erbringen imstande ist, wird „selektiert" (ein Wort aus dem Lateinischen, das „auswählen" bedeutet). Schule, so wie sie heute strukturiert ist, kommt grundsätzlich nicht umhin, die für ein bestimmtes Alter und eine bestimmte Leistungsfähigkeit geeigneten SchülerInnen für eine bestimmte Schulform „auszuwählen". Der Begriff der Selektion muss unterschieden werden vom Begriff der „Segregation", der vom lateinischen Begriff „segregare" kommt und „abtrennen, entfernen" bedeutet. Dieser Begriff ist gegenüber dem Begriff „selektieren" insofern negativer besetzt, als er im Sinne von „absondern, abspalten" gebraucht wird und zum Ausdruck bringt, dass die „abgespaltene" Gruppe nicht mehr zum Gesamtsystem zugehörig ist.

Moritz und Mario haben denselben Kindergarten besucht und dieselbe Kindergartengruppe. Sie haben auch dieselbe Grundschule besucht, aber bereits verschiedene Klassen, da Mario einer Klasse für Migrantenkinder zugeteilt wurde. Die Selektion begann also schon im ersten Schuljahr der Grundschule. Beide Jungen gingen jedoch in dasselbe Gebäude und konnten sich auf dem Schulhof treffen. Danach wurden sie erneut selektiert, diesmal in verschiedene Schulgebäude, in unterschiedlichen Stadtteilen. Noch kann bei Mario nicht von einer Segregation gesprochen werden. Fällt er jedoch in seinen Leistungen weiter ab und wird eine Sonderschulüberweisung in Erwägung gezogen, so könnte das für ihn „Absonderung" bedeuten.

Ob eine Segregation dadurch hervorgerufen wird, dass Kinder auf eine Sonderschule überwiesen werden, hängt davon ab, in welchem Maße eine Gesellschaft ihre Mitmenschen mit einer Behinderung integriert bzw. aus der Gemeinschaft ausschließt. Die Ausführungen in Kapitel vier werden zeigen, welche Bedeutung Selektion und Segregation im Schulsystem heute haben. Je selbstverständlicher eine Gesellschaft Menschen, die in auffälliger Weise vom Mittelmaß abweichen, akzeptiert, toleriert und ihnen Normalität zubilligt, desto lockerer wird sie auch mit der Frage der Heterogenität in der Schule umgehen können, denn die Diskussion um mehr oder weniger Heterogenität lässt sich nicht von dem Problem der Selektion trennen.

Das Lernen in heterogenen Klassen mit Lernbehinderten und Hoch begabten ist deshalb sowohl ein gesellschaftspolitisches als auch ein pädagogisch-didaktisches Thema.

In der kontroversen Diskussion für oder wider die Selektion, die seit über 150 Jahren geführt wird, nimmt jede Seite glaubhaft für sich in Anspruch, „das Beste" für die SchülerInnen zu wollen. Damit sind wir wieder bei der Frage, was „das Beste" ist, die wie gesagt so nicht beantwortet werden kann. Auf die Frage nach den Zielen, die durch Pädagogik und Didaktik erreicht werden sollen, müssen dagegen Antworten gefunden werden, und es sind letztlich die *Ziele*, von denen ausgehend erst der pädagogische und didaktische Weg bestimmt werden kann. Innerhalb der Pädagogik gibt es sicher mehrere Wege, die zu dem selben Ziel führen – entscheidend ist jedoch, *wie* das Ziel definiert wurde und ob die Wege geeignet sind, das Ziel zu erreichen.

Das Ziel, das in den folgenden Ausführungen im Mittelpunkt aller Überlegungen steht, ist die bestmögliche Förderung kognitiver *und* sozialer Kompetenzen. Dabei wird die These aufgestellt, dass *beide* Komponenten in vollem Umfang besser im Lehren und Lernen in heterogenen Lerngruppen berücksichtigt werden können. Es wird zu zeigen sein, dass es nicht darum geht, das Leistungsniveau den langsam Lernenden anzupassen und schon gar nicht darum, alle SchülerInnen auf ein Mittelmaß einzupendeln – wie es in den scheinbar homogenen Klassen meistens der Fall ist. Es geht ausschließlich darum, zu zeigen, wie in heterogenen Lerngruppen auf höchstem inhaltlichen und sozialen Niveau gelernt und gelehrt werden kann. Es geht dabei auch nicht um eine „Sozialromantik in der Schule" oder ein „naives Demokratieverständnis" welches z. B. Giesecke anprangert (Giesecke 1998), sondern um eine Pädagogik, die sich aufgrund der heute gegebenen Umstände wieder neu definieren muss.

Den Tendenzen von Ausgrenzung und Entsolidarisierung in unserer Gesellschaft, die durch eine bestimmte Auslegung der neuen bildungspolitischen Bestrebungen einer „Autonomen Schule" noch verstärkt werden könnten, muss entgegengearbeitet werden. Zweifellos ist es notwendig, dass SchülerInnen mit einer Lernbehinderung einer sonderpädagogischen Förderung bedürfen und SchülerInnen mit einer Hochbegabung auf dem ihnen angemessenen Niveau unterrichtet werden. Hier soll jedoch gefragt werden, ob das tatsächlich nur möglich ist, wenn separiert wird. Erfahrungen neuer Dimensionen des Lehrens und Lernens durch die Bandbreite von lernbehindert bis hoch begabt können jedenfalls nur gemacht werden, wenn nicht äußere, sondern innere Differenzierung das Schulsystem prägt.

Es kann nur spekuliert werden, ob Moritz und Mario in einem gemeinsamen Unterricht mehr Interesse gezeigt hätten. Hier soll jedoch die These vertreten werden, dass sich ihre kognitive, soziale und emotionale Entwicklung in einem Unterricht lebendiger weiterentwickelt hätte, der sich an den Stärken ihrer SchülerInnen orientiert, ihre Interessen und Neigungen berücksichtigt und in dem die gegenseitige Bereicherung unterrichtliches Ziel ist.

Wie diese Forderung nach Integration und Heterogenität in der bildungspolitischen Diskussion gesehen wird, soll im Folgenden näher betrachtet werden.

1.1 Bildungspolitische Argumentation

Legt man nur das Kriterium „Alter" an eine Schulklasse an, so trifft es zu, dass diese Gruppe „homogen" ist, doch bereits wenn es um das Kriterium „Leistung" geht, würde wohl die Mehrzahl der Lehrenden je nach Schulform unterschiedlich vehement bestreiten, dass Schulklassen homogen sind. Sie sind es nur dann, wenn das Kriterium die Erfüllung des Lehrplans ist. Wenn jedoch über diese beiden Kriterien hinausgegangen wird, so handelt es sich bei der Homogenität, die wir in unseren Schulen haben, letztlich um „Scheinhomogenitäten". Die individuellen Unterschiede bleiben trotz aller Uniformität (gleiche Kleidung, gleiche Interessen etc.) bestehen und werden eher größer.

Kürzlich warnte ein Ministerpräsident[1] vor „zuviel" Homogenität und „zuviel" Heterogenität, denn beides sei problematisch. Das ist eine weitverbreitete Sichtweise. Was könnte jedoch mit einem „Zuviel" an Homogenität gemeint sein? Vielleicht der Einzelunterricht?

Was aber wäre ein „Zuviel" an Heterogenität? Ist es schon ein „Zuviel", wenn im vierten Schuljahr potentielle Gymnasiasten mit potentiellen Hauptschülern zusammen unterrichtet werden (dann müssten wir zurück zum „Progymnasium" der Kaiserzeit), oder im fünften und sechsten Schuljahr (wie z. B. in der Orientierungsstufe in Niedersachsen), oder wenn Kinder türkischer Abstammung mit Kindern deutscher Abstammung gemeinsam unterrichtet werden (dann brauchten wir einzelne Schulen für Migrantenkinder), oder Kinder mit einer Hochbegabung mit durchschnittlich Begabten, – oder ist es erst ein „Zuviel" an Heterogenität, wenn Kinder mit einer geistigen Behinderung gemeinsam mit Nichtbehinderten unterrichtet werden (für diese Kinder gibt es in unserem Schulsystem ja eigene Sonderschulen)? Derart undifferenzierte Äußerungen führen uns nicht weiter.

Um die Frage, wie lange SchülerInnen gemeinsam beschult werden sollen und damit auch um die Frage der Heterogenität wird in Deutschland spätestens seit der Weimarer Republik debattiert. Nachdem 1920 die vierjährige Einheitsschule als Grundlage für alle Kinder bildungspolitisch durchgesetzt werden konnte – und nicht die sechsjährige, wie eigentlich gefordert – wurden dennoch Kinder mit Lerndefiziten und Behinderungen ausgeschlossen. Obgleich inzwischen nahezu im gesamten europäischen Ausland eine Gesamtschule bis zum 8. oder sogar 10. Schuljahr eine lange Tradition hat, scheint es in der Bundesrepublik (mit Ausnahme von Berlin) nicht zu gelingen, sich wenigstens auf eine sechsjährige Grundschule zu einigen. Die Forderung nach zumindest einer sechsjährigen Grundschule wird erneut u. a. vom Grundschulverband und der GEW vertreten. In einer gemeinsamen Erklärung heißt es: „Wir beobachten mit Sorge, dass in Deutschland wieder ein elitärer Leistungsbegriff an Boden gewinnt, mit dessen Hilfe angeblich die Qualität des Schulwesens gesteigert werden soll. Erfahrungen in vielen europäischen und außereuropäischen Ländern zeigen hingegen, dass selektive Schulsysteme kein höheres Bildungsniveau und auch keine besseren Fachleistungen garantieren (...). Wir beobachten, dass sich das Streben nach leistungshomogenen Lerngruppen als Hemmnis für pädagogische Innovationen erweist" (Schmitt/ Stange 1999, S. 4). Der Grundschulverband fasst in der Frankfurter Erklärung zum Bundesgrundschulkongress von 1999 zusammen: „Die Grundschule der Zukunft hat diese Tendenz zur Homogenisierung und Gleichmacherei aufzugeben. Stattdessen öffnet sie sich organisatorisch und didaktisch der Vielfalt der Kinder, um jedem Kind in seiner individuellen Lebenslage gerecht zu werden. Zugleich unterstützt sie gemeinsames Leben und Lernen. Mit der höchstmöglichen Heterogenität leistet sie unter allen Schulformen die anspruchsvollste pädagogische und didaktische Arbeit" (Grundschulverband aktuell 1999, S. 16).

Auch in der Bildungspolitik wird immer deutlicher, „dass Hauptschulen in Brennpunkten oft nicht mehr funktionieren. Die Ballung von Kindern und Jugendlichen in schwierigen Problemlagen kann im Unterricht nicht mehr verkraftet werden. Gerade solche Kinder und Jugendliche brauchen auch Gleichaltrige, bei denen sie andere Verhaltensweisen als ihre eigenen sehen" (E & W 2000, S. 15). Es wird aufgrund von Schulwirksamkeitsforschungen erkannt, dass eine frühe Selektion der Gymnasialschüler zu einem Rückgang höherer qualifizierender Abschlüsse führt. Die Forderung nach einer möglichst langen gemeinsamen Beschulung drängt sich auf (ebd., S. 17). Das Problem wird vor allem darin gesehen, dass es derzeit keine Elternmehrheit für ein integriertes Schulsystem gibt. Wenn dies anders wäre, würden Gesamtschulgründungen von Eltern eher akzeptiert (ebd., S. 16).

In Niedersachsen haben sich derzeit sechs Bildungsverbände zu einem Vorschlag zur künftigen Schulstruktur zusammengeschlossen. Die Bildungsverbände, die sonst durchaus nicht immer einer Meinung sind, haben sich auf eine bildungspolitische Plattform und damit zugleich auf ein gemeinsames Vorgehen bezüglich der zukünftigen Schulstruktur verständigt. Es richtet sich gegen die Pläne der Landesregierung, die Orientierungsstufe abzuschaffen und dagegen, dass sich das Schulsystem unverändert sozial selektiv zeigt. Das Bündnis ist davon überzeugt, dass die Abschaffung der Orientierungsstufe die soziale Ungleichheit verstärken wird, da die Zugänge zu höheren Abschlüssen schwieriger und die zahlreichen Initiativen zur Integration Behinderter bei dem beabsichtigten Druck auf die Grundschulpädagogik in Frage gestellt werden. Damit wird der Anspruch auf eine Verlängerung dieser gemeinsamen Schulzeit zu einer zehn Schuljahre umfassenden ‚Jugendschule' verbunden (vgl. Tiemer 2001, S. 3).

Trotz der zitierten Statements von PolitikerInnen und Interessensverbänden in einigen Bundesländern, die sich für mehr Heterogenität aussprechen, ist bildungspolitisch derzeit eine gegenteilige Tendenz offensichtlich: Der Erhalt der Orientierungsstufe in Niedersachsen – die die Selektion auf das sechste Schuljahr verlagert – steht unverändert zur Diskussion; Gesamtschulen, aufbauend auf dem vierten Grundschuljahr, gibt es nach wie vor nur in wenigen Bundesländern. Die guten Ansätze von Halbtagsschulen oder halben Ganztagsschulen werden z. B. in Niedersachsen durch die Einrichtung der „Verlässlichen Grundschule" wieder unterlaufen, viele Gesamtschulen im Land haben ihr Ganztagsangebot auf zwei Tage in der Woche reduziert.

Dank einer engagierten Elternschaft, engagierten und bildungspolitisch bewussten LehrerInnen sowie Lehrerverbänden ist es in der Bundesrepublik zwar in den letzten Jahrzehnten gelungen, auch *gemeinsamen Unterricht mit behinderten und nichtbehinderten Kindern* zumindest im Primarbereich gesetzlich zu verankern[2], doch auch hier sind uns die umliegenden Länder wie Schweden, Dänemark, Österreich und besonders Italien weit voraus (vgl. z. B. das Normalisierungsprinzip in Schweden).

Die UNESCO setzt sich als eine der wichtigsten internationalen Organisationen für „Erziehung ohne Ausgrenzung" ein. Dies wird als Hauptaufgabe für ihre künftigen Aktivitäten gesehen. Auf der „Weltkonferenz Sondererziehung, Zugänglichkeit und Qualität", die im Juni 1994 in Salamanca (Spanien) stattfand, wurde die „Salamanca-Erklärung zu Prinzipien, Politik und Praxis der Pädagogik für besondere Bedürfnisse" verabschiedet. Darin heißt es u. a.: „Wir glauben und erklären, daß jedes Kind ein grundsätzliches Recht auf Bildung hat, und daß ihm die Möglichkeit gegeben werden muß, ein akzeptables Lernniveau zu erreichen und zu erhalten, (...) daß Regelschulen mit dieser Orientierung das beste Mittel sind, um diskriminierende Haltungen zu bekämpfen, um Gemeinschaften zu schaffen, die alle willkommen heißen, um eine integrierende Gesellschaft aufzubauen und um Bildung für Alle zu erreichen; darüber hinaus gewährleisten integrative Schulen eine effektive Bildung für den Großteil aller Kinder und erhöhen die Effizienz sowie schließlich das Kosten-Nutzen-Verhältnis des gesamten Schulsystems. (...) Integrative Schulen müssen die unterschiedlichen Bedürfnisse ihrer Schüler und Schülerinnen anerkennen und auf sie eingehen, indem sie sich auf unterschiedliche Lernstile und Lerngeschwindigkeiten einstellen. Sie müssen durch geeignete Lehrpläne, organisatorische Rahmenbedingungen, Unterrichtsmethoden und Materialeinsatz sowie durch Partnerschaften mit ihren Gemeinden hochwertige Bildung für alle sichern" (Die Salamanca-Erklärung, S. 9 und 16, zit. n. Schöler 1998, S.

114). Integration ist ein weltweites Anliegen und die deutsche Bildungspolitik kann sich diesen Forderungen trotz Sparmaßnahmen nicht verschließen.

Die Gesellschaft, in der wir heute leben und in der in erster Linie der wirtschaftliche Fortschritt und die Wettbewerbsfähigkeit zählen, neigt dazu, Schule unter dem Gesichtspunkt von verwertbarer Leistung zu betrachten. Deutschland muss sich mit den anderen Ländern der Welt vergleichen lassen – hier sind die Schulen gefragt als die „Lieferanten" der zukünftigen Träger unserer Wirtschaft und Kultur. Zweifellos ist Schule aufgerufen, jungen Menschen die höchstmögliche Bildung zukommen zu lassen. Die Forderung nach mehr Autonomie für die Schule, die zwar einerseits Gestaltungsfreiräume verspricht, kann andererseits aber auch dazu führen, dass es Schulen für die Kinder aus den sozial höher gestellten Familien gibt und Schulen für den „Rest", also ein Zweiklassenschulsystem, wie es aus den USA, England und zunehmend wohl auch aus den Niederlanden bereits bekannt ist. Durch die stetige Zunahme an ‚Wohnghettos' in den Städten, die nur von bestimmten Sozialschichten bewohnt werden, gibt es nicht nur in der Hauptschule, sondern auch schon in der Grundschule die so genannten „sozialen Brennpunktschulen". Durch Autonomiebestrebungen, die Forderung nach Profilbildung und die Notwendigkeit, auf Sponsorengelder zurückzugreifen, wenn Geld für Innovationen gebraucht wird, gerät *die* Schule im direkten Sinn in Not, die aufgrund ihrer Klientel kaum die Möglichkeit hat, Sponsoren zu finden. Auch wenn Verständnis dafür aufgebracht wird, dass das Land zu wenig Geld für Bildung hat (wobei immer zu fragen wäre, welche Prioritäten bei der Verteilung von Geldern gesetzt werden), sollte die schulinterne Beschaffung von Geld doch in einem vertretbaren Rahmen bleiben. Makaber wird es nämlich, wenn – wie aus China berichtet[3] – mehr als 40 Kinder und Lehrer starben und ca. 40 Kinder lebensgefährlich verletzt wurden, weil ein Lager mit Feuerwerkskörpern neben den Klassenräumen explodierte. Die SchülerInnen brachten Zündschnüre an Feuerwerkskörpern an, um Geld für die Schule zu beschaffen!

Dennoch hat die Forderung nach mehr Qualität von Schule, die mit den Autonomiebestrebungen erreicht werden soll, ihre Berechtigung, denn die Schule muss sich immer wieder neu fragen lassen, ob sie imstande ist, ausreichend qualifizierte Kräfte hervorzubringen, damit das Wirtschaftswachstum gesichert ist. An den Gymnasien wird kritisiert, dass diese im Niveau sinken würden. Die Gesamtschulen stehen im Kreuzfeuer der Kritik, da sie zu ‚besseren' Hauptschulen zu ‚verkommen' drohen. Solange das Gymnasium als Schulform bestehen bleibt und es keine einheitliche Beschulung bis zum 10. Schuljahr in Deutschland gibt, wird sich daran allerdings nichts ändern[4]. Durch die frühe Selektion werden jedoch auch die Chancen vertan, Jugendliche mit besonderen Begabungen entsprechend zu fördern, die aus unterschiedlichen Gründen kein Gymnasium besuchen. Durch die Festlegung auf bestimmte Leistungsforderungen in einem bestimmten Alter und in einer bestimmten Schulform, können z. B. unerwartete ‚Höhenflüge' (unabhängig davon aus welcher ‚Höhe' sie starten) in der Schule nicht wahrgenommen und entsprechend gefördert werden.

Da sowohl in der Pädagogik, als auch in der Bildungspolitik Einigkeit darüber herrscht, dass Schule ihre SchülerInnen zu höchstmöglichen *kognitiven* Leistungen zu führen hat und im Verlauf des Buches zu zeigen sein wird, welche Mittel ihr dazu zur Verfügung stehen, wird der Schwerpunkt der pädagogischen Argumentation auf der Komponente der Vermittlung *sozialer* Kompetenz liegen.

1.2 Pädagogische Argumentation – gemeinsam leben und lernen

Aus den USA erreichen uns Meldungen von Schießereien unter Kindern. Ausschreitungen gegen Minderheiten wie Behinderte und Ausländer sind auch bei uns schon an der Tagesordnung. Schlagen wir morgens die Zeitung auf, so fallen Schlagzeilen ins Auge, wie „Jugendliche jagen Afrikaner durch Minden"[5] oder wir lesen Berichte über unvorstellbare Ausschreitungen von Hooligans[6]. Geraten die Emotionen immer mehr außer Kontrolle? Steigt die Brutalität und werden Konflikte nur noch mit Gewalt ausgetragen? Verfallen Höflichkeit und die Fähigkeit zum sozialen Zusammenleben?

Schule als Institution kann sich dieser Entwicklung, die zwar immer wieder schönzureden versucht wird, aber dennoch nicht wegzudiskutieren ist, nicht verschließen. Sie ist neben ihrem Bildungsauftrag aufgefordert, Antworten zu geben, wie soziale Kompetenzen vermittelt werden können, die das Leben in einer sozialen Gemeinschaft ermöglichen. Bildungs- und Erziehungsauftrag lassen sich in der Institution Schule nicht trennen. Die Bildungskommission NRW versteht in ihrer Denkschrift „Zukunft der Bildung – Schule der Zukunft" Bildung als Lern- und Entwicklungsprozess, in den die *Erziehungsaufgaben* eingebunden sind: „Das Konzept einer öffentlich verantworteten Bildung wird immer wichtiger, je weiter sich die Schere zwischen technologischer Perfektion und den Schwächen des Menschen als eines sozialen Wesens auftut, je komplexer und unüberschaubarer die Verhältnisse und Zusammenhänge in modernen Gesellschaften sind, die nach demokratischen Verfahren bewältigt werden müssen" (Bildungskommission NRW 1995, S. XII). Wissensvermittlung und Persönlichkeitsbildung sollen zusammen gesehen und wieder stärker zueinander in Beziehung gesetzt werden. Dazu muss soziales Lernen von Kindern und Jugendlichen untereinander mit unterschiedlicher Herkunft, unterschiedlichen Vorkenntnissen aber auch unterschiedlichen Denk- und Lernstrategien möglich werden.

Es ist aus der Mode gekommen, von „Menschenbildung" zu sprechen, aber vielleicht wäre gerade dieses Wort eine Verbindung zwischen den beiden Aufträgen. Die Schule ist für die Entwicklung des Verstandes *und* der Seele der ihnen anvertrauten Kinder und Jugendlichen verantwortlich. Es ist sicher nicht richtig, Schule für zunehmende Gewalt und Intoleranz zur Rechenschaft zu ziehen, aber sie kann auch nicht aus der Verantwortung entlassen werden. Die Frage ist daher, wie kann es der Schule gelingen, dieser Verantwortung am besten gerecht zu werden?

Was wird erreicht, wenn zur Erlangung von „mehr" Homogenität noch andere Kriterien als das Alter und eine durchschnittliche Leistung eine Rolle spielen? Die Hochbegabten bleiben unter sich, die Behinderten bleiben unter sich, die deutschen Kinder, die Migranten. Das kann Vorteile haben, die hier nicht bestritten werden sollen. Die Hochbegabten erfahren Anregungen und werden ausschließlich auf ihrem Niveau gefordert, die Behinderten werden nicht mit „Normalität" konfrontiert, die Migranten können in ihrer Sprache kommunizieren. Bringt sie das in ihrem Leben weiter? Schafft das Teamgeist, Empathie?

Wir machen große Reisen, wollen neue Länder, andere Menschen kennen lernen, weil wir uns damit die Erweiterung unseres geistigen und emotionalen Horizonts erhoffen. Dadurch, dass wir uns mit einem anderen Land, einer anderen Landschaft befassen, lernen wir uns selbst besser kennen, können uns in einen größeren Zusammenhang stellen und verdichten damit unser Denken. Diese Chance, Menschen mit den unterschiedlichsten Fähigkeiten, Interessen, Denkmustern und Denkstrategien im täglichen Miteinander kennen zu lernen und sich mit ihnen auseinander zu setzen, bietet die Schule wie keine andere Institution. Die Schule ist der Ort, an dem Kinder und Jugendliche einen großen Teil ihrer Lebenszeit verbringen und der sie – ob sie es wollen oder nicht – entscheidend prägt, im Jugendalter sogar entscheidender als die Familie. Nur hier können sie lernen, sich mit der Vielfalt, die das Leben bietet, in angemessener Weise auseinander zu setzen und sie können in dieser Vielfalt eine eigene Identität entwickeln, die nicht ausschließlich daraus besteht, sich zu einer künstlich geschaffenen Kategorie zu zählen wie z. B. zu *den* Ausländern, *den* Asylanten, *den* Behinderten, *den* Hochbegabten.

Die „Autonome Schule" braucht die Identifikation aller mit der Schule, um sinnvoll arbeiten zu können, d. h., eine „Identity Corporate", indem sich alle an einer Schule Beteiligten, die SchülerInnen, die Lehrenden, die Schulleitung, die Eltern und das Personal für diese Schule mitverantwortlich fühlen. Die Gefahr, die ich in der derzeitigen Entwicklung sehe, liegt jedoch darin, dass es leichter zu sein scheint, diese „Identity Corporate" herzustellen, wenn die Lerngruppen bereits homogener zusammengesetzt sind, also ein geringer Anteil an Migrantenkindern (oder noch besser gar keine), keine SchülerInnen mit Lernschwierigkeiten oder nur SchülerInnen mit besonderen Begabungen die Schule besuchen. Damit jedoch wird bereits bestehenden Tendenzen gesellschaftlicher Gruppierung in einer Institution Vorschub geleistet, deren Aufgabe „Menschenbildung" sein sollte.

„Auf diese neuen Realitäten gesamtgesellschaftlicher Ausgrenzung und Entsolidarisierung trifft heute die integrationspädagogische Bewegung. Diese setzt den Realitäten der Ausgrenzung und der Entwertung von Schwachen das Ideal der Partnerschaftlichkeit und der integrativen Kräfte gegenüber. Dies will sie zunächst in den Schulen durchsetzen und hofft, daß sich schulische Integration korrigierend auf die gesellschaftliche Entwicklung auswirkt", schreibt Haeberlin (1998, S. 164). Er fordert: „Wir Pädagogen und Pädagoginnen selbst müßten es sein, welche, überzeugt von der Vision einer humaneren Schule, den Umbruch zur pädagogisch richtigen Reform einleiten und in zäher politischer Arbeit die dafür erforderlichen Strukturen dem Staat abtrotzen werden" (ebd., S. 169).

Auch Klafki weist in einem Vortrag auf dem 4. Münsteraner Grundschulkolleg 1999 auf die Gefahr hin, die in einer Überreaktion der Kultusministerien auf die Ergebnisse der schon erwähnten internationalen Vergleichsstudien liegt und die die Impulse zur Steigerung der inneren, pädagogischen Qualität der Einzelschule wieder zunichte macht. „Ich meine, wir Pädagoginnen und Pädagogen müßten demgegenüber auch *bildungspolitisch* aktiv werden – in den Lehrerverbänden, in erziehungswissenschaftlichen Vereinigungen, in Kontakt mit Parteien und insbesondere ihren Bildungspolitikern, nicht zuletzt auf der Ebene der lokalen und regionalen Schulpolitik! Wir müssen zu verhindern versuchen, daß die erfreulichen Ansätze zur *inneren* Schulreform, wenn sie so wollen: zur Pädagogisierung der Schule, die im letzten Jahrzehnt, in besonderem Maße in der Grundschule, in Gang gekommen sind, wieder verdrängt und verschüttet werden" (Klafki 1999, S. 64/65).

1.3 Historischer Rückblick

1.3.1 Von der Erkenntnis besonderer Beschulung über die Aussonderung zur Integration

Die Gegenwart kann nur begriffen und die Zukunft nur geplant werden, wenn wir die Vergangenheit kennen, denn auf ihr bauen wir auf. Um in heterogenen Lerngruppen lehren zu können, brauchen die Lehrenden ein Bewusstsein von der gesamtgesellschaftlichen Einstellung zu den verschiedenen Gruppierungen innerhalb der Gesellschaft. Sie kommen nicht umhin, sich selbst die Frage zu stellen: Wie stehe *ich* zu Menschen mit einer Behinderung oder bin *ich* tatsächlich damit einverstanden, dass in Deutschland so viele „Ausländer" leben und in manchen Klassen nur noch drei Kinder deutscher Abstammung sind? Einstellungen und Vorurteile, über die sich der Einzelne nicht bewusst ist, sind über viele Generationen gewachsen und haben einen politischen Hintergrund, oft mit einer langen Geschichte. Deshalb ist es gerade bei dieser Thematik unerlässlich, sich zumindest die jüngere Schulgeschichte der letzten Jahrhunderte bezüglich ihres Umgangs mit Menschen, die nicht der geforderten Norm entsprachen, in der hier gebotenen Kürze zu vergegenwärtigen (vgl. u. a. Jaumann-Graumann 2000 c). Nur dann kön-

18

nen bildungspolitische Entscheidungen eingeordnet werden, aber auch Entscheidungen, die innerhalb von Schulen getroffen werden – denn nicht selten resultieren sie aus einer überkommenen gedanklichen Tradition, die in Unkenntnis der Historie zu wenig hinterfragt wird. Das zeigt sich in Deutschland vor allem an der großen Hemmschwelle, die nach wie vor besteht, z. B. Normalität für Menschen mit einer geistigen Behinderung zu schaffen. Noch im 17., 18. und teilweise 19. Jahrhundert wurden Kindern mit einem Gebrechen bzw. einer Lern- oder geistigen Behinderung keine Möglichkeiten schulischen Lernens geboten, obgleich sich in der Einschätzung von Behinderung im Laufe der Jahrhunderte ein Wandel vollzogen hatte. Dass fortschrittliche Gedanken schon vor fast 400 Jahren zum Ausdruck gebracht wurden, allerdings ohne die damalige Schullandschaft unmittelbar zu beeinflussen, zeigt ein Zitat von Johann Amos Comenius aus seiner 1628 (erstmals in tschechischer Sprache) erschienenen ,Didactica Magna', in der er die Forderung aufstellt, ,allen Menschen alles zu lehren':

„Wenn also auf die Höhen der Wissenschaft so wenige gelangen, obgleich sich ihr viele mit Munterkeit und großer Begierde nahen, und wenn die, die wenigstens irgendwohin gelangen, nur mühsam, keuchend, entkräftet und schwindelig, wiederholt strauchelnd und fallend dahin kommen, so läßt sich daraus nicht schließen, daß dem menschlichen Geist irgend etwas unerreichbar ist, sondern nur, daß die Stufen nicht gut angelegt, baufällig, lückenhaft, verfallen sind, das heißt, daß die Methode verworren ist. Daß man auf gehörig angelegten, unbeschädigten, festen, sicheren Stufen einen jeden auf eine jede beliebige Höhe bringen kann, ist gewiß. ... Du wirst sagen: Es gibt nichtsdestoweniger große Schwachköpfe, denen man nichts beibringen kann. Antwort: Es gibt kaum einen so schmutzigen Spiegel, der nicht wenigstens auf irgendeine Weise Bilder aufnimmt, kaum eine so rauhe Tafel, auf der sich nicht wenigstens etwas und auf irgendeine Weise schreiben ließe. Überdies, wenn dir ein bestaubter oder bespritzter Spiegel gereicht wird, mußt du ihn erst abwischen, und wenn die Tafel so rauh ist, mußt du sie erst glätten, dann werden sie sich gebrauchen lassen" (Comenius 1638 bearb. von Ahrbeck 1961, S. 111).

Obgleich ab Ende des 18. Jahrhunderts (also erst ca. 250 Jahre später) in fast allen Staaten Deutschlands die Proklamation der allgemeinen Volksschule erfolgt war und eine gesetzliche Unterrichtspflicht bestand, konnten oft nur die Hälfte der schulpflichtigen Kinder der unteren Stände dieser Pflicht nachkommen.

Vor allem in der Geschichte der Behindertenpädagogik wird das Auseinanderklaffen von pädagogischen Ideen und Vorstellungen und der Alltagsrealität deutlich. Es ist daher nicht verwunderlich, dass die ersten Versuche, Kinder mit einer Behinderung zu beschulen mit so genannten Taubstummen und Blinden gemacht wurden, die Angehörige des Adelsstandes und privilegierter Klassen waren (wobei unter Taubstumme auch Kinder mit geistigen Beeinträchtigungen zu rechnen sind).

1770 wurde in Paris und 1778 in Leipzig die je erste Taubstummenanstalt, 1784 ebenfalls in Paris und 1808 in Berlin die je erste Schule für Blinde gegründet, die vorwiegend von Kindern höherer Stände besucht wurden.

Im 19. Jahrhundert waren die schulischen Verhältnisse für das einfache Volk katastrophal. Meist wurden bis zu 120 SchülerInnen in einem baufälligen Gebäude von nicht ausgebildeten „Lehrern" unterrichtet (vgl. u. a. Goebel 1995).

Es überrascht nicht, dass in dieser Zeit der überfüllten Volksschulen der Wunsch laut wurde, sich wenigstens der Kinder zu entledigen, die dem Unterricht nicht zu folgen vermochten. Traugott Weise richtete 1803 die ersten so genannten Nachhilfeklassen an der Armenfreischule in Zeitz (Sachsen) ein, in der Kinder, die Lernschwierigkeiten hatten, Nachhilfe erhielten. Dies kann innerhalb Deutschlands einerseits als Beginn einer Aussonderung von Kindern mit Schwierigkeiten aus der allgemeinen Schule gesehen werden und als Beginn der Entwicklung der Hilfsschule (heute Schule für Lernbehinderte bzw. für Lernhilfe genannt); andererseits aber auch als Beginn, diese Kinder überhaupt als pädagogisch bedürftig und beachtenswert wahrzunehmen, wie es von Pestalozzi (1749-1832) bereits bekannt war. Pestalozzi, der entscheidenden Einfluss auf die Entwicklung von Anstalten für Verwahrloste und Gebrechliche wie u. a. die „Rettungshausbewegung" hatte (vgl. Grunder 1995; Lindmeier 1998), ist es zu verdanken, dass Kinder der verarmten und verwahrlosten Schichten als Lehr- und Lernsubjekte überhaupt wahrgenommen wurden. Er kann mit Recht als der erste Pädagoge, der beispielhaft das Leben und Lernen mit diesen Kindern vorlebte bezeichnet werden.

Auch Kinder mit einer geistigen Behinderung fanden allmählich öffentliche Beachtung. Anfang des 19. Jahrhunderts – im so genannten Vormärz – schrieb der Franzose Jean Itard über die geistige Behinderung und 1846 veröffentlichte Edouard Sèguin das erste Werk über die Erziehung geistig behinderter Kinder. Diese Schriften blieben in Deutschland zunächst weitgehend wirkungslos. Erst zu Beginn des 20. Jahrhunderts wurden sie u. a. von der Reformpädagogin Maria Montessori (1870-1952) aufgegriffen und von ihr zuerst für behinderte und vernachlässigte und später auch für normalsinnige Kinder in ein methodisches Konzept (‚Montessoripädagogik'[1]) eingebettet. Allmählich entstanden Heime mit Schulen, die mit Werkstätten und oft auch mit Landwirtschaft verbunden waren.

Die Begründung für die Aussonderung der so genannten Schwachbefähigten aus dem Regelschulsystem war zunächst das Bemühen, diesen Kindern in einem gesonderten Unterricht besser gerecht werden zu können und sie davor zu bewahren, in „Blödsinnigenanstalten" untergebracht zu werden, in denen ihnen jede Lernchance genommen worden wäre. Es wurde offensichtlich auch durchaus erkannt, dass Kinder oft erst später ihre Begabungen entfalten. Es war das Verdienst von Stötzner und gleichgesinnter Kollegen, das Verständnis für Kinder zu wecken, die im Grenzbereich liegen, wie wir heute sagen. Er entwarf schon im 19. Jahrhundert ein Konzept einer Schule mit höchstens 15 Schülern in einer Klasse, in der der Lehrer mit Geduld und ohne körperliche Züchtigung, unter Einbeziehung der Eltern diese Kinder so anschaulich und so „handgreiflich" wie möglich „Schrittchen für Schrittchen" unterweisen sollte (Stötzner 1864; zit. Nachdruck von 1963, S. 10ff).

Dieser Verdienst soll hier keinesfalls geschmälert werden. Die weiteren Ausführungen Stötzners zeigen jedoch, dass von Anbeginn an die Einrichtung von „Schulen für Schwachbefähigte" durch zwei andere Argumente legitimiert wurde, die auch heute noch genannt werden und kaum etwas von ihrer Schlagkraft eingebüßt haben: Die Entlastungsfunktion der allgemeinen Schule und die Erziehung Schwachbefähigter zur Brauchbarkeit. Das wird u. a. in folgender Aussage Stötzners deutlich:

„...daß man diese Aufgabe der Volksschule nicht zumuten darf und daß es unbillig wäre, dies zu tun. Die Volksschule hat andere Aufgaben zu lösen, als sich mit geistig Schwachen und Stumpfsinnigen herumzumühen. Diese hindern und hemmen nur. Wieviel Höheres würde sie erreichen können, wenn sie der Sorge um diese befreit würde! Man nehme die Schwächsten aus der Volksschule heraus, und man wird letztere in den Stand setzen, umso eher den Forderungen der Gegenwart nachzukommen " (ebd., S.7).

1879 wurde in Elberfeld die erste Schule mit dem Namen Hilfsschule gegründet, ihr folgten Gründungen in anderen Städten. In den 20er Jahren gab es in Deutschland bereits 1 800 Hilfsschulen, in denen ca. 40 000 Kinder eingeschult waren, das waren etwa 0,5 % der Bevölkerung zwischen sechs und fünfzehn Jahren. Schon in den Anfängen der Überweisung auf die Hilfsschule gab es jedoch massive Kritik. Die gültige Schwachsinnstheorie ermöglichte maßgeblichen Schulaufsichtsbeamten das Festhalten am bestehenden Schulsystem und damit die Verselbstständigung des Hilfsschulwesens (vgl. u. a. Ellger-Rüttgardt 1981; Graumann 2001). Den – in der Grundtendenz – teilweise vielversprechenden schulorganisatorischen Ideen der 20er Jahre (Weimarer Republik) war keine lange Entwicklungszeit gegeben. Anfang der 30er Jahre wurde die Schullandschaft bereits von der nationalsozialistischen Partei beeinflusst. Die Hilfsschulen wurden nun für die „Herstellung brauchbaren Menschenmaterials" für Industrie und Militär benutzt. Dabei ging es aber gleichzeitig auch um die Ausmerzung ,kostenträchtiger, unproduktiver Menschen' (vgl. Jantzen 1982, S. 149). Krankheit (physisch, psychisch oder geistig) wurde mit Leistungsunfähigkeit und damit mit lebensunwert gleichgesetzt. Ab 1934 fanden „erbbiologische Bestandsaufnahmen statt" und ab 1940 wurde das „Gesetz zur Behandlung von Gemeinschaftsfremden" eingeführt, das zu Sterilisations- und Euthanasieaktionen (Gesetz zur „Verhütung erbkranken Nachwuchses" und „Gnadentod") führte. Ellger-Rüttgardt sieht die Entwicklung jedoch nicht als Umbruch, sondern nur als extreme Ausprägung einer vorher schon vor-

handenen und weit verbreiteten Einstellung: „Die in der NS-Zeit erfolgte Charak-
terisierung des Hilfsschülers als eines in erbbiologischer und ökonomischer Hinsicht ‚minderwertigen Menschenmaterials' stellt die traditionelle Heilpädagogik
keineswegs ‚auf den Kopf' (...), sondern markierte im Sinne eines hohen Maßes an
Kontinuität eine Fortentwicklung und Zuspitzung von Ideen, die zu einem früheren Zeitpunkt offen und meist unwidersprochen auch in den Reihen der Heilpädagogen propagiert worden waren" (Ellger-Rüttgardt 1989, S.152). Daraus erklärt
sich auch, weshalb es gegen die Machenschaften des Dritten Reiches keinen nach-
haltigen Widerstand von Seiten der Heilpädagogen und Hilfsschullehrer gab.
Die erneute Diskussion um Vernichtung „unwerten Lebens" auf der Basis eines
„rationalen Utilitarismus" vor einigen Jahren (vgl. Anstötz 1990; Anstötz u. a.
1995), sowie Gerichtsurteile[7], die für den Ausschluss Behinderter aus dem gemeinschaftlichen Leben sprechen, zeigt, dass unsere Gesellschaft bis heute noch immer
weit davon entfernt ist, die tiefverwurzelte Angst vor Andersartigen zu überwinden
und zu einer aufgeklärten und vernünftigen Sozietät zu gelangen.
Mit der Veröffentlichung des „Rahmenplans zur Umgestaltung und Vereinheitli-
chung des allgemeinbildenden öffentlichen Schulwesens" im Jahre 1959 begann
die strukturelle Reform der Schule nach dem 2. Weltkrieg. In den 60er Jahren
erhielt das Sonderschulwesen einen immensen Aufschwung, zugleich hielt das
Leistungs- und frühe Selektionsprinzip vor allem in der Grundschule Einzug. Das
führte nicht in erster Linie zu verstärkten Bemühungen, Lernschwierigkeiten
durch unterrichtliche Maßnahmen wie Innere Differenzierung etc. und personelle
Maßnahmen wie z. B. Doppelbesetzung in der Grundschule aufzufangen, sondern
zu einem verstärkten Ausbau der Sonderschule für Lernbehinderte. Preuss-Lausitz
weist darauf hin, dass in dieser Zeit Lehrern pflichtwidriges Handeln vorgeworfen
wurde, wenn sie es unterließen ‚sonderschulbedürftige' Kinder zu melden, da sie die
unterrichtliche und erzieliche Hilfe an diesen Kindern verhindern würden
(Preuss-Lausitz 1981, S. 45 f). Die Sonderschulen versprachen u. a. Unterricht in
homogenen Klassen, geringe Klassenstärken mit starker Individualisierung und
Differenzierung, Lerninhalte, die dem reduzierten Lerntempo behinderter Kinder
entsprechen, optimale Passung zwischen Lernvoraussetzungen der Schüler und
Unterrichtsschritten, Unterricht nach dem Prinzip der Anschaulichkeit sowie besonders qualifizierte Lehrer (Kniel 1979, S. 31/32). Das war jedoch nicht der einzige Grund für den enormen Anstieg der lernbehinderten Schüler. Der gleichzeiti-
ge Trend zur Leistungsgesellschaft und Leistungsschule zog zum anderen die Notwendigkeit nach sich, das Lernen der Schüler der Grundschule nicht zu stören und
zu gefährden. Diese Argumentation ist bereits von Stötzner wie auch von der
Reichsschulkonferenz 1920 bekannt und wird auch heute noch verwendet. In den
Sonderschulen wurde weitgehend vom „Reduktionprinzip" ausgegangen, das
heißt, es wurde den Schülern der Schule für Lernbehinderte vorher ausgewähltes

und reduziertes Bildungsgut angeboten, von dem angenommen wurde, dass es dem Leistungsniveau dieser Kinder entspricht (vgl. Jaumann 1975). Inwieweit die bloße Reduzierung von Lerninhalten Einsicht in größere Zusammenhänge verwehrt und dazu beiträgt, Benachteiligung weiter zu verfestigen, wird in Kapitel 4 analysiert.

In den 60er Jahren des zwanzigsten Jahrhunderts wurden in den Regelschulen die Zensurengebung und die Selektionsverfahren zunehmend kritisiert, die vornehmlich Kinder aus sozial schwachen Familien in den Teufelskreis der nicht zureichenden Lernvoraussetzungen, der schlechten Noten und schließlich der Überweisung in die Sonderschule zog. Erstmals in der Schulgeschichte wurde die Schule selbst als möglicher Verursacher von Leistungsversagen in Erwägung gezogen. Diese Kritik an der Sonderschule und den Selektionsmechanismen der Grundschule führte 1970 dazu, dass die Bund-Länder-Kommission in einem Zwischenbericht zum Bildungsgesamtplan davon spricht, die Sonderpädagogik nicht mehr ausschließlich auf das Sonderschulwesen begrenzen zu wollen. Der Deutsche Bildungsrat erweiterte schon 1973 in seinen Aussagen diese Empfehlungen, indem er darauf hinweist, für Kinder, die bisher in Sonderschulen überwiesen wurden, nach Formen der Integration zu suchen. Im Gesamtplan heißt es unter der Überschrift: „Probleme der Sonderpädagogik": „Das reformierte Bildungswesen wird vor allem im Elementarbereich Möglichkeiten der Kompensation individuell oder vom Milieu her bedingter Behinderungen bieten. Es soll durch ein flexibles und differenziertes Bildungsangebot auf allen Stufen den jeweiligen Lernvoraussetzungen soweit wie möglich entgegenkommen. Für die individuelle Förderung entwicklungsgestörter und behinderter Kinder werden sich damit bessere Bedingungen ergeben als heute. Ziele: Bei der Einrichtung des Sonderschulwesens ist eine möglichst enge Verzahnung mit dem allgemeinen Bildungswesen anzustreben. Art und Grad der Behinderung entscheiden über das Ausmaß der möglichen Integration und der notwendigen Differenzierung in pädagogischer und institutioneller Hinsicht. Insgesamt wird also die Sonderpädagogik nicht mehr auf das Sonderschulwesen begrenzt sein. (...) Zeitplan, quantitative Auswirkungen: Einrichtung von Schulversuchen zur Erprobung von Unterrichtsverfahren und Organisationsformen zur Förderung behinderter Schüler im allgemeinen und beruflichen Bildungswesen bis 1975. Umstrukturierung der Sonderschulen für Lernbehinderte in dem Maße, wie die Ausgliederung von Schülern durch differenzierte Förderungsmaßnahmen vermieden werden kann." (Bund-Länder-Kommission für Bildungsplanung 1973, S. 35/36). Der Bildungsrat schlägt eine Binnenreform an den allgemeinen Schulen vor, die den Boden für die gemeinsame Unterrichtung behinderter und nichtbehinderter Kinder in den allgemeinen Schulen bereiten und die Durchführung gemeinsamen Unterrichts ermöglichen soll. Eine isolierte Förderung der behinderten Kinder sollte nur dort vorgenommen werden, wo sie notwendig ist (Deutscher Bildungsrat 1974).

Herausgehoben wird vor allem die Eigenständigkeit der Grundschule, die zwar auf das Lernen in den weiterführenden Schulen vorbereitet, aber ihre Ziele, Inhalte, Methoden und Prinzipien nicht von den nachfolgenden Schulen bezieht und sich deshalb für *alle* Kinder öffnen muss. In diesem Sinne steht heute die Grundschule als Schule der Vielfalt und Gemeinsamkeit im Vordergrund: „Eine im umfassenden Sinn integrative Schule anerkennt die Besonderheit einzelner und bringt sie im Miteinander zur Geltung. Erst durch die Verschiedenheit der einzelnen erhält die Gemeinschaft ihren Reichtum. Diesen Reichtum ins Bewußtsein zu heben, zu pflegen und in gemeinsame Projekte einzubinden ist ein wichtiger gesellschaftlicher Auftrag der Grundschule. (...) Für die Grundschule der Zukunft wird es ein entscheidender Prüfstein sein, wieviel Heterogenität sie zulassen und produktiv ins Spiel bringen kann. In einer Pädagogik der Vielfalt können Unterschiede bewußt gelebt werden und tragen zum gemeinsamen Unterricht bei. Eine solche Pädagogik stellt Verantwortung füreinander und Gemeinsinn ins Zentrum ihrer pädagogischen Arbeit" (Faust-Siehl/ Garlichs/ Ramseger/ Schwarz/ Warm 1996, S. 29, 30). Damit war grundsätzlich der Boden für eine allmähliche Umsetzung der Empfehlungen des Bundesrates von 1973 bereitet, die Regelschulen – zunächst die Grundschulen – für Kinder mit einer Behinderung zu öffnen.

In Zeiten raschen gesellschaftlichen Wandels ist die Schule wie nie zuvor aufgerufen, ihren gesellschaftlichen Bildungs- und Erziehungsauftrag, ihre Unterrichtskonzeptionen und ihre personelle und materielle Ausstattung ständig zu überprüfen. Der Arbeitskreis Grundschule hat für die Grundschule heute drei untrennbar miteinander verwobene Aufgaben festgeschrieben (ebd., S. 14 f):

1. Lernen in der Gemeinschaft mit anderen möglich machen
2. Demokratie erfahrbar machen
3. Aneignung der Welt ermöglichen

Der Arbeitskreis Grundschule fordert in einem Sieben-Punkte-Programm zur Weiterentwicklung der gemeinsamen Erziehung und des gemeinsamen Unterrichts aller Kinder (Schmitt 1999, S. 81-84):

1. Schulgesetzlicher Vorrang des gemeinsamen Unterrichts und Verzicht auf einen integrationsspezifischen Haushaltsvorbehalt. Der gemeinsame Unterricht muss in allen Bundesländern Vorrang vor dem Besuch der Sonderschule haben.
2. Sicherung der erforderlichen Bedingungen für das gemeinsame Lernen in heterogenen Gruppen wie vor allem integrationspädagogisch arbeitende Lehrerinnen und Lehrer.
3. Neustrukturierung der sonderpädagogischen Förderung. Ab dem Schuljahr 2000/01 sollen keine Sonderklassen für Kinder mit Lernproblemen, Sprachproblemen und Verhaltensproblemen innerhalb und außerhalb der Grundschule neu eingerichtet werden.

4. Initiativen und Modellversuche zur Verbesserung der schulischen Situation für Kinder mit nicht deutscher Herkunftssprache.
5. Integrationspädagogische Grundqualifikation für alle Lehrämter: vor allem bezüglich Kenntnisse im Bereich der Förderdiagnostik, Innere Differenzierung, Arbeit im Team.
6. Sicherung integrationspädagogischer Fortbildung.
7. Qualitätssicherung und Qualitätsentwicklung des gemeinsamen Unterrichts.

Das Argument, dass Integration zu teuer ist, hat Preuss-Lausitz widerlegt. Um eine breite Grundlage zu haben[8], wurden 1997 die Gesamtkosten der sonderpädagogischen Förderung in den Landkreisen Schleswig-Holstein und Brandenburg und in einem Bezirk in Berlin untersucht. „Bei der Betrachtung der Gesamtkosten zeigt sich, dass gemeinsamer Unterricht nicht teurer ist, dass die verschiedenen Kostenträger jedoch – je nach Art der Finanzierung in einem Bundesland – unterschiedlich betroffen sind. Die sonderpädagogische Förderung ließe sich in großen Teilen (bestimmte Schulformen) oder auch in Gänze in das *Regelschulsystem* verlagern, *ohne* dass dies *zusätzliche Kosten* erzeugte" (Preuss-Lausitz 2000, S. 27).

1.3.2 Entwicklung schulischer Förderung Hochbegabter

Für die Förderung von SchülerInnen mit besonderen Begabungen kann kein vergleichbarer schulgeschichtlicher Rückblick aufgezeigt werden wie für SchülerInnen mit einer Behinderung. Bislang hat sich in unserer Schullandschaft keine eigene Schulform für Hochbegabte herausgebildet und demgemäß auch nicht die Forderung nach struktureller Integration. Die Notwendigkeit einer besonderen Förderung lässt sich jedoch in der Menschheitsgeschichte sehr weit zurückverfolgen. Konfuzius, chinesischer Philosoph um 500 v. Ch., war der Meinung, dass hoch begabte Kinder ausgesucht und gefördert werden sollten, da sie als Garanten für nationalen Reichtum betrachtet wurden (vgl. Urban 1982, S. 17 f) – unserem heutigen Argument der Notwendigkeit einer geistigen Elite für die Konkurrenzfähigkeit im wirtschaftlichen Wettbewerb nicht unähnlich. Auch bei den Römern und Griechen war die Förderung von begabten Jugendlichen von allgemeinem gesellschaftlichem Interesse und sozial erwünscht. In Europa galt in früheren Jahrhunderten das Interesse jedoch nur den so genannten „Genies", die mit menschlichen Maßstäben nicht messbar oder beurteilbar waren und nicht gleichzusetzen sind mit den Menschen, die heute als hoch begabt bezeichnet werden (ebd., S. 19). Bis in die Anfänge des zwanzigsten Jahrhunderts konnte über Hochbegabung nur geschrieben werden, wenn sich ein Mensch bereits als ein „Hochbegabter" erwiesen hat, in der Regel nach seiner Schulzeit. Erst mit Hilfe der Intelligenzforschung und der Entwicklung von Intelligenztests Ende des 19. Jahrhunderts schien es möglich, „Hochbegabung" als Faktor zu messen. Eine gezielte schulische Förderung konnte nun erst in Erwägung gezogen werden.

William Stern, ein berühmter Psychologe (1871-1938), rief erstmals dazu auf, Begabungsforschung und Begabungsdiagnose zu betreiben. Er betont, dass bei der Diagnose nicht nur die in der Schule sichtbaren Leistungen bestimmend sein dürfen, sondern besonders auch die wertvollen Fähigkeiten, die in ihrer Bedeutung in der Schule nicht gewürdigt werden. Er unterschied verschiedene Begabungen, so die rezeptive von der schöpferischen, die auditive von der visuellen, die vorwiegende Verstandesbegabung von der vorwiegenden Phantasiebegabung, die analysierende von der synthetischen (Stern 1916, S. 107). Weiterhin konstatierte er: „Begabungen an sich sind immer nur Möglichkeiten der Leistung, unumgängliche Vorbedingungen, sie bedeuten noch nicht die Leistung selbst", die Psychologie muss daher untersuchen, „welche anderen seelischen Eigenschaften zur eigentlichen Begabung hinzutreten müssen, um die Leistung zu bestimmen" (ebd., S. 110). „Von Willenseigenschaften kommen vor allem Fleiß und Ausdauer, Pflichtbewußtsein, Selbstdisziplin, Ehrgeiz, soziale Gesinnung in Betracht, um die in den Begabungen liegenden Möglichkeiten in Lebenstüchtigkeiten umzuwandeln. (...) Begabung ist kein Verdienst, sondern eine Verpflichtung" (ebd., S. 111). Stern plädierte dafür, den überdurchschnittlich intelligenten Kindern aus den unteren Schichten den Weg zum Aufstieg zu ebnen.

1916 gab Peter Petersen im Auftrag des Deutschen Ausschusses für Erziehung und Unterricht ein Buch heraus mit dem Titel: „Der Aufstieg der Begabten". Der Begabungsbegriff wurde hier bereits sehr weit gefasst, denn es wurden neben den intellektuellen Begabungen auch handwerkliche und technische einbezogen. Es ging vor allem darum, die „eigentliche Befähigung eines Kindes zu fördern, da Deutschland jede Befähigung am rechten Ort brauche" (Petersen 1916). Die Diskussion um die Begabten muss im Zusammenhang mit der Diskussion um eine Einheitsschule gesehen werden, die bereits vor dem ersten Weltkrieg begann. Zu Beginn des zwanzigsten Jahrhunderts bestand in Deutschland keine planmäßige Fürsorge für den Aufstieg der Begabten. In England dagegen wollte man ein vollständiges, in sich aufsteigendes Erziehungssystem entwickeln, auch in Frankreich gab es zu dieser Zeit Bestrebungen zu einem nationalen Schulsystem. Aus den USA kam im Jahre 1913 die Forderung nach einem neuen demokratischen und sozialen Geist in der Erziehung, in dem allen Kindern gleiche Erziehungsmöglichkeiten gesichert werden sollten, sowie das Recht, sich nach der angeborenen Fähigkeit zu entwickeln. Damit sollte den Begabten aus allen Schichten der Aufstieg zur höheren Bildung geöffnet werden (Götze 1916, S. 48 ff). Erst nach dem ersten Weltkrieg stellte sich auch in Deutschland die Frage, ob das Problem des Aufstiegs der Begabten durch eine „nationale Erziehung" gelöst werden kann oder weiterhin durch Stipendien, durch die jedoch nur für einige Begabte aus der großen Masse der Aufstieg gewährleistet werden könnte (ebd., S. 52). Die verstärkte Teilnahme an der Weltwirtschaft hat jedoch auch für Deutschland die Notwendigkeit gezeigt, für den Aufstieg der Begabten Sorge zu tragen. Zu dieser Zeit war den begabten Volksschülern der Zugang zu einer höheren Schule schon wegen des hoch bemessenen Schulgelds und der längeren Ausbildungzeit nach wie vor verschlossen. Götze kritisierte, dass die „höhere Schule", die zur Schule der höheren Schichten geworden ist, durch eine große Anzahl Minderbegabter aus den *höheren Schichten* belastet sei. Von 40 000 Gymnasialanfängern machten 1913 nur 9330 tatsächlich das Abitur (ebd., S. 55), während in den Volksschulen hohe Begabungen schlummerten. Schon zu dieser Zeit wurde erkannt, dass der „gute" Schüler bezogen auf Zensuren nicht unbedingt der „begabtere" Schüler ist und dass ein Schüler auch die Möglichkeit haben muss, seine Begabung zu zeigen, was in der damaligen „Buch- und Paukschule" kaum möglich war. „Die Initiative erlahmt, wo stets die Vorschrift gebietet" (ebd., S. 57). Die Arbeitsschule im Sinne von Kerschensteiner[9] wurde als die Schule gesehen, in der „beobachtende, erfindende, zergliedernde und spekulative Köpfe, Willens- und Phantasienaturen" gefördert werden (ebd., S. 59). Moede u. a. setzten in Berlin nach dem ersten Weltkrieg ein Verfahren ein, um die begabtesten Kinder zu ermitteln, die dann in Begabtenschulen gefördert werden sollten (Moede/ Piorkowski/ Wolff 1919). Dieses Verfahren, das nicht auf einem einfachen Intelligenztest beruhte, sondern sich aus einer Vorauslese der Lehrer mit einem Beobachtungs- und Fragebogen und einer experimentellen Prüfung der ausgewählten SchülerInnen zusammensetzte, war schon zu seiner Zeit heftig umstritten. Bemängelt wurde die Gruppenprüfung, die Fremdheit des Prüfungsleiters, die Befangenheit der Kinder, die Examensangst sowie die Ungleichwertigkeit der Prüfungsergebnisse durch Bekanntheit mit den Prüfungsverfahren, die durch Einübung gegeben ist (ebd., S. 9ff)[10]. 1916 wurden die „Berliner Begabtenschulen" entwickelt, die mit der Untertertia begannen und Gemeindeschüler nach Vollendung des 7. Schuljahres aufnahmen. Diese hoch befähigten Knaben (Mädchen hatten in dieser Zeit noch keinen Zugang) wurden in sechs Jahren zur Universitätsreife geführt, wobei nach zwei Jahren in der Untersekunda – nach Beobachtung der Begabungsrichtung – noch eine Trennung in Gymnasium und Realgymnasium möglich war (ebd., S. 46). Diese Schulen waren den Kindern *aller Schichten* offen. Freischulplätze gab es unbegrenzt und darüber hinaus wurde noch Unterhaltsbeihilfe[11] gewährt. Das bewirkte, dass 16,3 % aus höheren Schichten, 45,5 % aus dem Mittelstand und 33,2 % aus den unteren Schichten stammten (vgl. ebd., S. 49). Das ist angesichts der 90 % von Schülern, die ansonsten die Volksschule durchlaufen doch recht erstaunlich. Die Gegenstimmen, die sich gegen eine so große Öffnung ‚nach unten' wehrten, hören sich noch immer recht ‚modern' an: u. a. der übergroße Andrang zum Studium, die Überschätzung der akademischen Berufe, die Entfremdung von der Familie, eine Vermehrung des bereits vorhandenen „Bildungsproletariats", die Einschränkung der Kinderzahl durch überlange Ausbildungszeit auch in den „unteren Kreisen" (ebd., S. 61 f). Gegen das Argument des Hochmuts, der sich bei einer besonderen Beschulung einstellen würde, wenden die Autoren ein, dass wahre Bildung nicht hochmütig, sondern bescheiden mache (ebd., S. 63). Diese Begabtenschulen, die auf die Verhältnisse der Großstadt Berlin zugeschnitten waren, können als ein Baustein auf dem Weg zur „nationalen Einheitsschule" in Form eines Schulsystems mit genügend Übergangsgelegenheiten gesehen werden.

Zu den hervorragend Befähigten zählte Petzold 1921 in einem Band über „Pädagogische Zeit- und Streitfragen" all jene, „die im gewöhnlichen Schulalter in Klassen von etwa 20 Schülern unter tüchtigen Lehrern bei täglich vier wissenschaftlichen Stunden und nicht mehr als zwei- bis dreistündiger häuslicher Arbeit ohne jede Überanstrengung – also mit geringerer Mühe als der schlechtere Durchschnitt der großen Mehrzahl der Schüler unserer heutigen höheren Schulen – zwei der in den Lehrplänen dieser Schulen vorgeschriebenen Jahrespensen in einem Jahre erledigen können" (Petzold 1921, S.122)[12]. Er war dabei der Meinung, es könne diesen nicht zugemutet werden, „mit dem Mittelgut zusammen" unterrichtet zu werden (ebd., S. 122). Für die Entwicklung von Genie und Talent besonders zu sorgen, war für ihn „cura posterior". Er begründete die Notwendigkeit anschaulich damit, dass es – im Sinne von Gaudigs Methode der Entwicklung[13] – sehr viel mehr Zeit dauere, einen „schwachen Kopf" z. B. zu der Erkenntnis zu führen, dass ein Glas nicht einfach „leer" sei, als einen „hellen Kopf". Interessant ist dabei, dass Petzold offensichtlich nicht in erster Linie an die „Pauk- und Buchschule" dachte, in der es nicht möglich ist, „helle" und „schwache Köpfe" gleichermaßen zu fördern, sondern durchaus an reformpädagogische Unterrichtskonzepte wie z. B. die Arbeitsschule nach Kerschensteiner und Gaudig. Das Problem löste sich für Petzold allerdings nicht dadurch, dass die Schwächsten ausgesondert werden, da das „Mittelgut" weiterhin bleibt und die höhere Schule auf den schwächeren Teil des „Mittelguts" eingestellt ist und dass „der schwächste noch mitzunehmende Schüler (...) das Tempo des Fortschritts (bestimmt), wie der Langsamste auf einer gemeinsamen Fußwanderung" (ebd., S. 124). Der Begabte sei daher auf den guten Willen des Lehrers angewiesen, ihn zu fördern, obgleich er doch ein Recht auf die besten Lehrer habe. Den Einwand, dass Sonderschulen für hervorragend Befähigte den Hochmut dieser züchten würde, hielt Petzold ebenso wie Moede, Piorkowsi und Wolff für unbegründet: „Hochmut beruht auf Mangel an lebendigem Verständnis für das Zustandekommen der sozialen Schichtung und auf Mangel an psychologischem Verständnis der Mitmenschen. Der tief Gebildete wird nicht hochmütig sein" (ebd. S.126)[14].

1925 wurde auf Vorschlag Eduard Sprangers (1882-1963) die „Studienstiftung des deutschen Volkes" gegründet, aus der jedoch ab 1933 jüdische und marxistische Studenten ausgeschlossen wurden. 1935 wurde die Stiftung in eine Reichsgründung überführt und 1948 wieder neu gegründet (vgl. Feger/ Prado 1998, S. 20). In der Zeit des Nationalsozialismus, in der die Menschen unter rassebiologischen Gesichtspunkten eingestuft wurden, war eine objektive Hochbegabtenforschung nicht möglich. Der Begriff „Hochbegabung" wurde erstmals in den 60er Jahren in Deutschland verwendet. Er löste die Begriffe „Höhere Begabung" oder „Höchstbegabung" ab (vgl. Urban 1982, S. 19). In den Jahrzehnten danach erschienen erste Arbeiten über Hochbegabung wie u. a. Urban (1980) und interessanterweise von sonderpädagogischer Seite u. a. Weinschenk (1979 a/b). 1978 wird die „Deutsche Gesellschaft für das hoch begabte Kind e.V." mit Sitz in Hamburg gegründet. Internationaler Erfahrungsaustausch ist inzwischen über die alle zwei Jahre stattfindenden Weltkonferenzen „World Council for Gifted and Talented Children" möglich. 1985 fand eine solche Konferenz in Hamburg statt.

Weinschenk stellte Ende der 70er Jahre gegenüber anderen Ländern ein großes Forschungsdefizit in Deutschland fest und wies darauf hin, dass Deutschland im internationalen Vergleich sogar von den so genannten Entwicklungsländern lernen könnte, die ihre zukünftigen Bedarfslagen genau kennen und der Hochbegabtenförderung große Aufmerksamkeit widmen (1982, S. 174,175).

Die Hochbegabtenforschung läuft jedoch heutzutage auch in Deutschland – sicher verstärkt durch die internationalen Leistungsvergleichsuntersuchungen wie TIMSS und PISA – auf vollen Touren. Das EU-Parlament verabschiedete 1994 eine Empfehlung, Begabtenförderung in den Schulgesetzgebungen der Mitgliedstaaten zu verankern sowie Lehrerfort- und -weiterbildung einzurichten.

Derzeit liegen u. a. Untersuchungsergebnisse aus einer Marburger Längsschnittstudie zur Hochbegabung vor, die 1987 begonnen wurde und auf die im Folgenden an verschiedenen Stellen eingegangen werden soll (vgl. u. a. Rost 1993; Rost 2000). An der Universität Münster wurde 1997 ein Internationales Centrum für Begabungsforschung (ICBF) gegründet, das vor allem mit den Niederlanden zusammenarbeitet. Forschungsergebnisse zur expliziten Integration von Kindern mit besonderen Begabungen liegen aus der Bundesrepublik bislang nur in ersten Ansätzen vor. Von den Universitäten Hildesheim und Dresden wird derzeit ein Schulversuch zur integrativen Förderung von SchülerInnen mit besonderen Begabungen in Hannover wissenschaftlich begleitet (vgl. Henze/ Sandfuchs u. a. 1998)[15].

1.4 Bedeutung der Lehrerbildung für das Lehren in heterogenen Klassen

In heterogenen Klassen zu lehren, ist noch längst nicht selbstverständlich. Obgleich alle Lehrenden heute unter der Belastung leiden, die aus der Heterogenität der SchülerInnen in jeder Schulform zu resultieren scheint, haben die wenigsten gelernt, damit konstruktiv umzugehen und sie als Potential und nicht als Belastung zu sehen. Der Frage, inwieweit die Lehrerbelastung tatsächlich aus der Heterogenität rührt, kann hier nicht nachgegangen werden. Erfahrene LehrerInnen wissen jedoch, dass Probleme in einer Klasse meist nicht gelöst werden, wenn ein „störendes Element" ausgesondert wird, da sofort weitere „störende Elemente" auftauchen, die bisher offensichtlich „geschlummert" haben. Die Möglichkeiten, die LehrerInnen haben, um sozialpädagogisch tätig zu werden, sind begrenzt und ihre vordringliche Aufgabe ist nach wie vor das Unterrichten. Schule muss sich deshalb intensiver als bisher Verbündete u. a. in der Jugendhilfe, der Sozialpädagogik und therapeutischen Einrichten suchen, wenn sie die anstehenden Probleme bewältigen will (vgl. Graumann/ Mrochen 2001).

Da es keine empirische Untersuchung gibt, die die Kriterien für einen in kognitiver und sozialer Hinsicht effektiven Unterricht bestimmt, kann Heterogenität in den Schulen weder für angeblichen Leistungsschwund, noch für Überlastung und Burn-out verantwortlich gemacht werden. In Erfahrungsberichten und Untersuchungen zeigt sich immer wieder, dass LehrerInnen von Integrationsklassen sehr zufrieden und meist besonders engagiert in ihrem Beruf sind. Allerdings gibt es keinen Umkehrschluss, denn es ist zu vermuten, dass diese LehrerInnen in Integrationsklassen arbeiten, gerade weil sie engagiert sind.

Die Bedeutung der Didaktik wird angesichts sozialer Probleme häufig unterschätzt. Durch die Art ihrer Unterrichtskonzeption und die Wahl der Unterrichtsinhalte können LehrerInnen im weitesten Sinn großen Einfluss auf die Kinder nehmen. D. h., die „richtige" Didaktik kann Entlastung bieten, indem sie z. B. auf den Motivationsgehalt von Inhalten vertraut, auf die Selbsttätigkeit und Selbstständigkeit der Kinder, indem sie den SchülerInnen einen Teil der Verantwortung für ihr Lernen und für ihre MitschülerInnen übergibt. Heterogenität fordert dazu auf, innovative didaktische Wege zu gehen. Eine veränderte Didaktik in einer heterogenen Lerngruppe muss dabei nicht noch *mehr* Belastung erzeugen, sondern kann *Entlastung* durch eine neue und der heutigen Kindheit und Jugend angemessenere unterrichtliche Vorgehensweise bedeuten. Dass mit didaktischen Mitteln keine schwerwiegenden individuellen Probleme gelöst werden können, steht außer Frage. Dennoch werden die *didaktischen Möglichkeiten* von Problembearbeitung im allgemeinen unterschätzt. 1985 schrieb Hartmut von Hentig das Büchlein mit dem inzwischen viel zitierten Titel: „Die Menschen stärken, die Sachen klären". Er stellte die Fragen: „Wann zählt der Mensch selbst zu den Sachen, die zu klären sind? Wieviel Klärung der Sache Mensch verträgt sich mit der Stärkung desselben? Und wieviel Klärung von Sachen ohne die Möglichkeit des Handelns ist ihm bekömmlich?" (S. 64).

Die Kunst des Unterrichtens liegt darüber hinaus zu einem großen Teil darin, die richtige Entscheidung zu treffen, wann welches Kind seinen Lernprozess selbst in die Hand nehmen kann und wann es gezielte Förderung braucht. Das Kind mit der Hochbegabung kann die Förderung zu bestimmten Zeiten ebenso brauchen wie ein Kind mit einem Handicap und umgekehrt muss auch ein Kind mit einem Handicap die Chance haben, seinen Lernprozess selbst zu steuern. Dafür jedoch muss für die SchülerInnen in der Schule der Boden bereitet werden, der in einer *Vielfalt an Lernmöglichkeiten* besteht.

Einen weiteren Gesichtspunkt greift die Bildungskommission NRW auf, indem sie ein Verständnis von Lernen und Lernkultur vertritt, das darauf abzielt, in den Lernzusammenhängen *Identitätsfindung und soziale Erfahrung* zu ermöglichen. Die Lernkultur muss Fachlichkeit, überfachliches Lernen, individuelle und soziale Erfahrungen, Praxisbezug und die Einbeziehung des gesellschaftlichen Umfeldes miteinander verknüpfen. Dabei muss vor allem Lernkompetenz aufgebaut werden. Dies ist nur möglich im Erarbeiten konkreter Lerninhalte und in der Bewältigung anspruchsvoller Aufgaben. „Wissensinhalte, die in diesem Sinne angeeignet werden, stellen das eigentliche Ziel des Lernens dar, nämlich, intelligentes Wissen" (Bildungskommission 1995, S. XV).

So will in diesem Buch auch Öffnung von Unterricht verstanden werden (vgl. Kap. 5.4). Die Bedingungen für Öffnung von Unterricht sind derzeit keineswegs optimal. Je größer die Klassen werden, desto schwerer wird es, das Konzept umzusetzen. Die Streichung von Förderstunden und die Erhöhung des Pflichtstundenmaßes tragen ebenfalls nicht dazu bei, LehrerInnen zum Offenen Unterricht zu ermutigen.

Viele LehrerInnen zögern, differenziert und in offenen Konzepten zu unterrichten, auch aus der Sorge, dass es zu einem Schereneffekt kommt, den sie nicht mehr „in den Griff" bekommen könnten. Weinert und Helmke sind in ihrer Scholastik-Studie der Frage nachgegangen: Werden im Verlauf der Grundschulzeit die guten Schüler immer besser und die schlechten immer schlechter? Alle Befunde sprechen jedoch gegen diese Erwartung. „Es finden sich keine Hinweise auf Schereneffekte in der Leistungsentwicklung während der Grundschulzeit. Die Kompetenzveränderungen leistungsschwacher und leistungsstarker Schüler verlaufen vielmehr parallel" (Weinert/ Helmke 1997, S. 463). Die Ursachen für diesen Befund sind noch nicht geklärt. Heterogenität wegen eines Schereneffekts abzulehnen ist danach nicht gerechtfertigt. Die Studie legt insgesamt die Vermutung nahe, dass radikale Individualisierung des Unterrichts individuelle Unterschiede nicht stabilisiert, sondern optimiert, kompensiert und sogar verflüssigen könnte. Obgleich ein entwicklungsdiagnostisch fundierter individualisierender und differenzierender Unterricht nahe liegt, gibt es enorme Widerstände gegen die Einführung, wie die Geschichte der Schulreformen zeigt (vgl. Edelstein 1997, S. 479).

Seit den Diskussionen um Chancengleichheit bzw. Chancenungleichheit in unseren Schulen und der Erkenntnis, dass das kognitive Niveau aller Kinder gesteigert werden kann, wenn sie entsprechend gefördert werden, sind Lernschwierigkeiten, Prävention und Intervention in den pädagogischen Blickpunkt gerückt. Die Lehrerausbildung ist zwar noch längst nicht so strukturiert, dass die theoretische Auseinandersetzung mit Lernschwierigkeiten für alle Studierenden obligatorisch ist, dennoch werden Lehramtsstudierende in ihrer Ausbildung eher mit der Problematik der Lernschwierigkeiten als der der Hochbegabung konfrontiert. Weder Prävention noch Intervention von Lernschwierigkeiten kann in den Schulen heute als optimal bezeichnet werden, denn immer noch wissen zu viele Lehrende trotz aller Bemühungen letztlich nicht, *wie* sie einem lese-rechtschreibschwachen Kind oder einem Kind mit einer Rechenschwäche helfen sollen. Lehrende haben die Möglichkeit, sich auf diesen Gebieten weiterzubilden, allerdings werden sie dies nur tun, wenn sie ein persönliches Interesse daran haben. Auf den Umgang mit Kindern und Jugendlichen mit einer Hochbegabung sind die Lehrenden *aller* Schulformen noch viel weniger vorbereitet. Dies ist ein Problem, das keineswegs nur auf die Grundschule bezogen ist. Man kann nicht davon ausgehen, dass sich auf der Haupt- und Realschule *keine* SchülerInnen mit besonderen Begabungen befinden und die Hochbegabten im Gymnasium ja ohnehin zu ihrem Recht kommen. Besondere Begabungen können in *allen* Schulformen verkannt werden. Auch das Gymnasium nimmt die Heterogenität ihrer Schülerschaft meist nicht in angemessener Weise wahr, sondern neigt zu einer Nivellierung zur Mitte hin. Das kann als eine Auswirkung des falschen Glaubens an Homogenität gedeutet werden; an den falschen Glauben, dass die Zuweisung zu einer bestimmten Schulform bereits Homogenität in allen Bereichen erzeugt. In jüngster Zeit sind sich die Gymnasien dieser Problematik bewusst geworden, aber sie werden von ministerieller Seite nicht aufgefordert, mit *didaktischen Mitteln* innerhalb der Klassenverbände darauf zu reagieren (oder z. B. mit zusätzlichen Arbeitsgruppen), sondern z. B. mit der Bildung von Profilklassen. Profilklassen zu bilden erscheint viel einfacher zu sein, als den Unterricht umzugestalten, zumal gerade Lehrenden an Gymnasien von ihrem Studium her eher weniger didaktische Kenntnisse zur Verfügung stehen als z. B. den Lehrenden der Primarstufe.

In den Grundschulen liegt das Problem m. E. nicht so sehr in einem Mangel an didaktischen Möglichkeiten, sondern eher in einem Defizit in der fachwissenschaftlichen Ausbildung. Durch die Mediatisierung sind Grundschulkinder heute „vollgestopft" mit Wissen, das in diesem Alter meist nur Halbwissen sein kann. Sie beherrschen teilweise technische Geräte, wie Computer und sind oft schon dadurch ihren LehrerInnen überlegen. Die Ausbildung von GrundschullehrerInnen muss sich diesen neuen Gegebenheiten anpassen, indem sie den Lehrenden auch Kompetenzen vermittelt, wie die Flut an Informationen, Kenntnissen und Wissen kanalisiert und systematisiert werden kann. Lehrende heute brauchen Kompetenzen im Umgang mit Kindern, die ihrem Alter weit voraus sind oder voraus zu sein scheinen. Auch das sollte nicht nur als zusätzliche Belastung der ohnehin schon überlasteten LehrerInnen gesehen werden, sondern als eine Neuorientierung. Für

LehrerInnen, die schon länger im Dienst sind, bedeutet das sicherlich zunächst Mehrarbeit, wie jede Umstellung. Die oberste Schulaufsicht sollte weniger Lehrerschelte üben, sondern ihren Lehrenden in jeder Hinsicht dabei behilflich sein. Nicht förderlich sind zweifellos „von oben" angeordnete Lehrerfortbildungen, die offensichtlich von nicht dafür qualifizierten Personen durchgeführt werden. Das zeigt ein Zitat aus dem Brief einer befreundeten Lehrerin aus Bayern bzgl. einer Lehrerfortbildung:

„...Nun fing eine der Referentinnen an, uns über die Ziele des neuen Lehrplans zu informieren, die da sind: Toleranz, Teamgeist, Rücksichtnahme (...). All das las sie aus dem Lehrplan vor, und wir, ‚unkundig' dieser Kulturtechnik, lasen in unseren Exemplaren mit. Bei jedem Schlagwort erhob sich die zweite Referentin, eilte zur Kreismitte, drehte eines der Tonpapiere um und enthüllte, zur optischen Unterstützung unserer blöden Lehrerköpfe, das eben genannte Schlagwort in schriftlicher Form. In gleicher Weise wurden wir über alle Fächer belehrt (...). Nach der Pause lagen rund um all die hübschen Wortkarten Symbole, die wir zuordnen durften. Ein Kollege erhob sich und ordnete das mit dem Storch doch tatsächlich der ‚Sexualkunde' zu, ein anderer hatte die hundertprozentige Trefferquote mit Baum = Umwelterziehung...".

Leider sind Lehrerfortbildungen auf diesem Niveau *nicht* die Ausnahme. Wie jedoch sollen GrundschullehrerInnen Kindern mit einer Hochbegabung gerecht werden, wenn sie selbst zur Teilnahme an derartigen Verdummungsveranstaltungen verpflichtet werden? Die Lehrerausbildung ist an dieser Stelle aufgerufen, ihre Lehrerstudentinnen dazu anzuhalten, in Aus- und Fortbildung höchstmögliches wissenschaftliches Niveau einzufordern.

Ein Ziel der Ausführungen in diesem Buch ist es, deutlich werden zu lassen, dass Heterogenität nicht als Last, sondern als Chance zu sehen ist. Heterogenität gibt der Pädagogik und Didaktik neue Impulse, indem alle – auch die Lehrenden – von der „Verschiedenheit der Köpfe"[16] angeregt werden und sich in ihrer Persönlichkeit weiterentwickeln. In der lebendigen Auseinandersetzung und in der täglichen Interaktion mit anderen erwerben die SchülerInnen die Kompetenzen, die sie für ihr zukünftiges Leben brauchen, und erfahren die Lehrenden die Impulse, die sie in ihrer Arbeit vorwärts bringen. Eine Grundschulkollegin einer Integrationsklasse sagte über ihre Erfahrungen mit dem gemeinsamen Unterricht mit Kindern mit Down-Syndrom und hoch begabten Kindern: „Martin und Jakob, und Rebecca und Julian[17] waren für mich die größte Bereicherung in meiner bisherigen Arbeit als Lehrerin. Ohne sie hätte ich im Unterricht nicht so fröhlich sein können und hätte nicht so deutlich erlebt, was wirklich wichtig ist".

2. Lernstörungen – Lernschwierigkeiten – Lernbehinderungen

2.1 Begriffsdefinitionen

Die Entwicklung didaktischer und methodischer Konzeptionen kann nur auf dem Hintergrund einer bestimmten Auffassung des Phänomens „Probleme beim schulischen Lernen" erfolgen. Die folgenden Ausführungen sind daher den Begriffsdefinitionen sowie der Zusammenfassung verschiedener Erklärungsansätze gewidmet.

Das Schulwesen in Deutschland ist seit den 60er Jahren des zwanzigsten Jahrhunderts durch die organisatorische Ausgliederung von Sonderschulen für unterschiedliche Behinderungsarten (u. a. Lernbehinderte, Sprachbehinderte, Erziehungsschwierige/Verhaltensgestörte, Sinnesgeschädigte, Körperbehinderte) gekennzeichnet. Das kann zu der irrigen Ansicht führen, Normalität und Behinderung seien unveränderbare Persönlichkeitsmerkmale, d. h., ein Kind sei entweder ‚normal' oder ‚behindert'. Darüber hinaus kann es einseitige Ursachenannahmen und Festschreibungen schulorganisatorischer Maßnahmen nach sich ziehen. Topsch stellt 1975 in einer empirischen Untersuchung der Überweisungspraxis auf die Sonderschule für Lernbehinderte in Nordrhein-Westfalen fest, dass es z. B. in einem Landkreis eine Lernbehindertenquote von 7 % und in einem anderen Landkreis eine Quote von nur 0,7 % gab. Das bedeutet, dass an einem Ort 1000 Kinder die Schule für Lernbehinderte besuchten und an einem anderen Ort nur 100 Kinder (vgl. 1975, S. 79ff). Er folgert daraus: „Der Begriff Lernbehinderung ist in keiner wissenschaftlichen Disziplin hinreichend definiert (...). Ebenso besteht ganz offensichtlich keine Übereinstimmung darin, welche Schüler (aufgrund welcher Kennzeichen) als sonderschulbedürftig lernbehindert gelten sollen und in eine Schule für Lernbehinderte aufzunehmen sind" (ebd., S. 209).

Im 18. und frühen 19. Jahrhundert wurden Behinderung und soziale Benachteiligung als ein persönliches und unabänderliches Schicksal hingenommen. Bis weit in unsere Zeit hinein herrschte die Ansicht vor, aus einer medizinisch-biologisch mehr oder minder nachweisbaren und postulierten Schädigung resultiere Behinderung als unausweichliche Folgebeeinträchtigung. Pädagogische Maßnahmen könnten daran grundsätzlich nichts ändern, sie haben die Aufgabe der Korrektion, der Kompensation, der Ausnutzung der verbliebenen Funktionsreste und der Milderung des Gebrechens durch „heilende" Verfahren (Bleidick 1985, S. 255).

Stötzner schlug zunächst vor, die „Schule für Schwachbefähigte" „Nachhilfe-schulen" zu nennen „und zwar um der Eltern und Schüler willen; denn obschon dieser Ausdruck nicht vollkommen bezeichnend ist, so klingt er doch weniger hart und abstoßend, weniger niederdrückend als der Name Schule für Schwachsinnige" (Stötzner 1864, S. 10). Die Gefahr der Diskriminierung durch die Bezeichnung einer Schule war also bereits im 19. Jahrhundert bekannt. Die Bezeichnung „schwachsinnig" hielt sich jedoch hartnäckig und ebenso die Theorie vom „schwachsinnigen" und „schwachbefähigten Hilfsschulkind". Die Kinder wurden nun eingeteilt in „schwachbefähigt, schwachsinnig, schwerschwachsinnig und bildungsunfähig", wobei die „Schwachbefähigten" der Hilfsschule zugeordnet wurden, die „Schwachsinnigen" den Einrichtungen für Geistigbehinderte und die „Bildungsunfähigen" den Pflegeeinrichtungen. Die Gefahr einer Diskriminierung konnte weder die Bezeichnung „Hilfsschule" verhindern noch kann es die heutige Bezeichnung „Sonderschule für Lernbehinderte" oder „Sonderschule für Lern-hilfe", wie sie seit den 60er Jahren des zwanzigsten Jahrhunderts genannt wird. Im Volksmund wurde und wird diese Schule als „Dummen- oder Deppenschule" be-zeichnet und da Dummheit eine Schande ist, bemühen sich die Betroffenen dar-um, den Schulbesuch der Sonderschule zu verheimlichen. Die Bezeichnungen „schwachsinnig", „Hilfsschüler" oder „Sonderschüler" wurden zu Schimpfwörtern und die Festlegung eines „typischen Hilfsschülers" oder eines „typischen Sonder-schülers" ist weniger das Ergebnis wissenschaftlicher Forschung als mehr sozialer Vorurteilsbildung.

Für Klauer, der in seinem Buch „Lernbehindertenpädagogik" von 1966 sowohl von „Normalschule", von „Hilfsschule", als auch von „Lernbehindertenschule" spricht, ist es nicht mehr selbstverständlich, welches Kind in die Lernbehinderten-schule gehört. Er definiert „Normalschulfähigkeit" als „psychophysisch bedingte Befähigung, das Ziel der Normalschule in dem Bildungsgang der Normalschule zu erreichen" (Klauer 1966, S. 17). Die „Normalschulunfähigkeit" definiert er folge-richtig als Unfähigkeit, wegen einer physischen oder psychischen Schädigung das Ziel der Normalschule überhaupt nicht oder nicht im Bildungsgang der Normal-schule erreichen zu können (ebd., S. 18). „Hilfsschulfähig" ist demgemäß ein Kind, wenn es psychisch und physisch befähigt ist, „das Ziel der Hilfsschule in dem Bildungsgang der Hilfsschule zu erreichen" (ebd., S. 20).

Der Argumentationszirkel, der bis heute einer der schwerwiegendsten Kritikpunk-te an der Sonderschule ist, nahm seinen Anfang, indem das Zurückbleiben in der Schule durch Schwachsinn erklärt wurde, der Schwachsinn aber nur durch hypo-thetische Annahmen gestützt wurde, über die keine einhellige Meinung bestand. Der Einsatz von Intelligenztests, der sich nach der Entwicklung des ersten Tests 1905 von Binet und Simon schnell zur Auslese von Hilfsschülern durchsetzte, än-derte an dieser Sichtweise zunächst wenig. Binet hat selbst erkannt, dass der Intelligenztest kein objektives Verfahren ist, das über die Umschulung und damit über die lebensentscheidende Feststellung, als ein „schwachsinniger Hilfsschüler" bzw. ein Lernbehinderter klassifiziert zu werden, bestimmen kann (vgl. Begemann 1997, S. 129ff). Der Breslauer Hilfsschularzt Chotzen stellte 1921 fest, dass bei 40% der Hilfsschulkinder nach der Intelligenzprüfung nach Binet keine Intelligenzminderung vorliege und sie auch nicht in eine Hilfsschule gehörten, dass dagegen 8% wegen längerer Schulversäumnisse, häuslicher Verwahrlosung, sittlicher Defekte u.ä. zu Schulversagern wurden (Kanter 1974, S. 143).

In den 70er Jahren geriet die Sonderschule für Lernbehinderte ins Kreuzfeuer der Kritik. Es wurde erkannt, dass Sonderschulbedürftigkeit eine Funktion der ökonomischen und sozialen Depriviertheit ist (vgl. Probst 1973, S.146). Auch Begemann weist 1970 nachdrücklich darauf hin, dass das festgestellte oder potentielle Volksschulversagen in der sozio-kulturellen Benachteiligung dieser Schülerschaft begründet liegt. Als Ergebnis seiner Untersuchung stellt er fest, dass das Schulversagen relativ unabhängig vom intellektuellen Niveau der Kinder ist, aber in ursächlichem Zusammenhang mit sozio-kulturellen Faktoren der Lebenswelt dieser Kinder steht, wobei das Schulversagen in einer an der Sprache und Kultur der Mittelschicht orientierten Schule vorwiegend an sprachlichen Leistungen evident und global als Intelligenzmangel gedeutet wird (Begemann 1970, S. 84).

Zur selben Zeit erschien eine von der Bildungskommission des Deutschen Bildungsrates in Auftrag gegebene Aufsatzsammlung mit dem Titel „Begabung und Lernen", in der die zentrale Frage gestellt wurde: „Wie ist in der Lernentwicklung des jungen Menschen das Verhältnis von naturgegebener Anlage und menschlicher Einwirkung durch Umwelteinflüsse und veranstaltete Lehr- und Lernvorgänge zu sehen?" (Roth 1970, S. 5). Damit war ein Umdenkungsprozess angestoßen, *der Begabung als ein Zusammenwirken von verschiedenen Faktoren definiert*, die sich erst in Lehr- und Lernprozessen entwickeln kann, die dem einzelnen Kind adäquat sind.

Kanter definiert Lernen in den 70er Jahren dementsprechend als „Veränderung in Folge von Interaktionsprozessen personaler und materialer Art (...) Lernen ist darüber hinaus kein bloß lokales und punktuelles Geschehen. Es macht vielmehr in kumulativen Sequenzen zu einem entscheidenden Teil die menschliche Entwicklung aus (...). Sieht man Lernen in diesem Rahmen, dann bedarf es keiner Frage, daß hier eine Vielzahl fördernder und hemmender Bedingungen einwirkt und damit auch die Zahl möglicher Lernbeeinträchtigungen sehr groß ist. Lernbeeinträchtigungen in dieser Sicht sind dann ebenfalls keine lokalen Geschehnisse, sondern zugleich Beeinträchtigungen menschlicher Entwicklung und Existenz" (Kanter 1974, S. 119). Er betont damit die Prozesshaftigkeit von Beeinträchtigungen.

Bach weist (ebenfalls in den 70er Jahren) darauf hin, dass mit einer Definition des

Begriffs ‚Lernbehinderung' auch *Schwere, Umfang* und *Dauer* einer Lernbehinderung näher zu definieren seien. Unter Schweregrad ist zu verstehen, dass ein Schüler in einem oder mehreren Verhaltens- bzw. Leistungsbereichen Abweichungen aufweist, die unterhalb eines bestimmten Wertes des Regelbereichs liegen. Der Umfang bezieht sich darauf, in wie vielen Verhaltens- oder Leistungsbereichen Beeinträchtigungen von der Erwartungsnorm vorliegen. Die Dauer bezieht sich darauf, ob es möglich ist, vorhandene Abweichungen oder Beeinträchtigungen in absehbarer Zeit zu beheben (vgl. Bach 1970, S. 530ff und 1985, S. 8). Bach unterscheidet dabei zwischen *Behinderung, Störung* und *Gefährdung.* Er wendet sich bei der Definition des Begriffs *Behinderung* dagegen, Behinderung als ein Merkmal oder eine Eigenschaft zu bezeichnen. Behinderung definiert er als eine Diskrepanz zwischen Verhaltenserwartungen, -dispositionen und -bedingungen. Sie kann demnach nicht allein oder vorwiegend am Individuum festgemacht werden. Unter *Störung* versteht Bach Diskrepanzen zwischen partiellen, weniger schweren und kurzfristigen Verhaltensdispositionen, Verhaltenserwartungen und Verhaltensbedingungen. Als *Gefährdung* (von Behinderung Bedrohtsein) klassifiziert er Benachteiligungen hinsichtlich der Bedingungen oder Belastungen durch unangemessene Erwartungen ohne Vorhandensein einer Einschränkung der individualen Disposition. Den Begriff der *Beeinträchtigung* will er dabei als Oberbegriff für Behinderungen, Störungen und Gefährdungen verstanden wissen (Bach 1985, S. 6ff).

Auch Kanter schließt sich Bach an und schlägt vor, den Lernprozess beeinflussende Momente *Beeinträchtigungen* zu nennen, wobei er von *Störungen* spricht, wenn es sich um leichtere Formen der Beeinträchtigung handelt und von *Behinderung,* wenn es um schwerere Formen geht (Kanter 1974, S. 119)[1].

In der Folgezeit wurde die Bezeichnung Hilfsschule bzw. Hilfsschulpädagogik durch Sonderschule bzw. Sonderpädagogik ersetzt im Sinne einer besonderen Pädagogik und die Bezeichnung Hilfsschüler durch Schüler mit einer Lernbehinderung. Begemann bemerkt hier jedoch, dass die soziale Diffamierung, die sich mit dem Begriff des Hilfsschülers assoziiert hat und der man mit den neuen Begriffen zu entgehen hoffte, nicht durch eine Austauschung der Begriffe zu entschärfen ist (Begemann 1970, S. 19). Soziale Diffamierung und Diskriminierung ist ein gesamtgesellschaftliches Problem und kann nur durch eine positive Einstellung der öffentlichen Meinung zu den weniger leistungsfähigen und behinderten Menschen überwunden werden. Dass eine begriffliche Änderung noch nicht zwangsläufig auch eine inhaltliche Änderung nach sich zieht, zeigt sich auch in den „Empfehlungen zur Ordnung des Sonderschulwesens" der Kultusministerkonferenz von 1972. Lernbehinderte Schüler werden dort weiterhin definiert als solche mit geringerer intellektueller Begabung, mit Schwächen in der Aufnahme, Konzentration, Verarbeitung und Gestaltung (KMK 1972, S. 33). Damit wird an den alten Vorstellungen festgehalten, die sich aus der Wahrnehmungs- und Kognitionsforschung als unangemessen erwiesen haben (vgl. Begemann 1997, S. 41). Geändert haben sich jedoch die Einschränkungen, die nun für eine Überweisung in die Schule für Lernbehinderte gemacht werden: Zum einen die Forderung nach Überprüfung anderer geeigneter pädagogischer Maßnahmen, wenn Schüler mit Erziehungsschwierigkeiten, entwicklungs- oder umweltbedingten Leistungsausfällen oder Lernrückständen in nur einem Unterrichtsfach versagen und zum anderen die Forderung zur Nichtüberweisung von Schülern mit vorübergehenden partiellen oder milieubedingten Leistungsbehinderungen (vgl. ebd., S. 33)

Die Sonderschule für Lernbehinderte umfasst nach Kanter drei Personengruppen (vgl. 1974, S. 144):

- Schüler mit niedrigen Gesamt-Intelligenz-Testwerten,
- Schüler mit nur leicht verminderter Gesamtintelligenz, aber starken Leistungsirregularitäten und Persönlichkeitsstörungen,
- Schüler mit dominierenden Verhaltensstörungen und Milieuschädigungen.

Als „sonderschulbedürftig" für die Schule für Lernbehinderte bezeichnet er (vgl. ebd., S. 46) die Kinder, die

1. schwerwiegend, umfänglich und langdauernd in ihrem Lernen beeinträchtigt sind,
2. dadurch deutlich normabweichende Leistungs- und Verhaltensformen zeigen und
3. aus diesem Grunde im Unterricht der allgemeinen Schule auch unter Ausschöpfung spezieller Förder- und Stützmaßnahmen nicht hinreichend gefördert werden können.

Mit dieser Definition verliert die Feststellung einer Lernbehinderung durch eine Bestimmung des Intelligenzquotienten zunehmend an Bedeutung, vor allem, wenn Kanter weiterhin Lernbehinderung wie folgt definiert: „Unter Lernbehinderung im übergreifenden Sinne ist weder ein spezifisches psychologisches, medizinisches oder sonst einzelwissenschaftliches Syndrom (oder gar Symptom) noch ein bestimmter kausal-genetischer Faktor zu verstehen, vielmehr in pädagogisch-anthropologischer Sicht ein in Grenzen variables Leistungs- und Verhaltensbild, dem eine Mehrzahl von Verursachungsfaktoren und eine vielfältige Genese zu Grunde liegen können. Es ist dadurch gekennzeichnet, daß hemmende Momente im Lerngeschehen- und kumulativ im Lernaufbau – die psychische Entwicklung eines Menschen, seine Bildungsgenese und letztlich seine Personengenese beeinträchtigen" (Kanter 1977, S. 46).

In dieser Definition zeigt sich bereits deutlich, dass die Klientel für die Schule für Lernbehinderte von der Klientel für die Regelschule nicht klar abgegrenzt werden *kann* und es ist zu fragen, ob die Verwendung des Begriffs ‚Lernbehinderung' noch angebracht ist. Kleber fordert daher, den Begriff Lernbehinderung nur als ‚Arbeits-

begriff' zu gebrauchen, da der damit befasste Wissenschaftsbereich ‚Lernbehindertenpädagogik' keinen eigenen abgegrenzten Gegenstand hat und sich deshalb auch
nicht als eigenständiger Wissenschaftsbereich versteht, „sondern nur als eine Spe-
zialisierung für die gestellten Arbeitsaufgaben, für die Bearbeitung bestimmter Probleme" (Kleber 1980, S.13).

Die Zusammenstellung der hier zitierten Definitionen zeigt, dass der Begriff ‚Lernbehinderung' insgesamt seit den 60er Jahren zum einen im psychologischen Sinn
diffus als Gruppe hemmender Momente im Lernvorgang und -aufbau benutzt
wird und zum anderen als spezifische, Sonder*schul*bedürftigkeit bedingende Behinderungsart bei Kindern und Jugendlichen. Darin ist enthalten, dass eine Bedürftigkeit besteht, eine Sonder*schule* zu besuchen, was dazu führt, Lernbehinderte ausschließlich aus schulorganisatorischer Sicht zu definieren; d. h. als diejenigen,
die die Sonderschule für Lernbehinderte besuchen (Englbrecht/ Weigert 1994,
S.30). Diese Definition sagt nur aus, dass diese SchülerInnen offensichtlich – aus
welchen Gründen auch immer – in der Regelschule versagt haben.

Es wird deutlich, dass es bis heute keine allgemeingültige Sprachregelung gibt und
das liegt vermutlich in der Natur der Sache. Wie Haeberlin u. a. schreiben, wird
der Begriff in der Fachliteratur aus unterschiedlichen Perspektiven definiert (vgl.
Haeberlin u. a. 1991, S. 21): Ein Schüler gilt heute als ‚lernbehindert',

- wenn er aus *schulorganisatorischer* Sicht den Anforderungen der Regelschule
  auch nach einer oder mehrerer Klassenwiederholungen nicht gewachsen ist;
- wenn er aus *intelligenzdiagnostischer* Sicht einen deutlich reduzierten Intelligenzquotienten aufweist (zwischen 80 und 60);
- wenn er aus *lernpsychologischer* Sicht bei den üblichen, erfolgreichen Lehrme-
  thoden überdurchschnittliche Lernschwierigkeiten hat;
- wenn aus *entwicklungspsychologischer* Sicht eine Entwicklungsverzögerung im
  Vordergrund steht;
- wenn aus *soziokulturellen* Überlegungen heraus eine soziale Benachteiligung
  besteht.

Haeberlin u. a. verzichten in ihrer Forschungsarbeit auf den Begriff der Lernbehinderung zugunsten des Begriffes der Schulleistungsschwäche, da nach ihrer
Meinung der Begriff der Lernbehinderung der Festschreibung der schulorganisatorischen Zuordnungsregel diene und damit im Widerspruch zur Integrationsidee
im Sinne des Verzichts auf Schulen für Lernbehinderte stehe (ebd., S. 22). Obgleich ich dem zustimmen kann, werde ich in meinen Ausführungen auch den
Begriff der Lernbehinderung weiterhin verwenden, denn die schulorganisatorische
Zuweisung (die ja durch Integrationsmaßnahmen verhindert und vermieden werden soll), geht – wie Haeberlin selbst schreibt – auf einen Komplex von Kriterien
und nicht nur auf das Kriterium der testdiagnostisch erhobenen Schulleistungsschwäche allein zurück (ebd., S. 23) und wird nicht durch eine Änderung der Be-

griffe aufgehoben. Ich werde in meinen Ausführungen dem gängigen Sprachgebrauch folgen und die Begriffe Lernschwierigkeit, Lernstörung und Behinderung benutzen, wobei ich je nach Umfang, Dauer oder Grad der Symptomatik unterscheide.

2.2 Verursachungsbedingungen

Lernbehinderungen und Lernstörungen können die unterschiedlichsten Ursachen haben. Es ist jedoch nicht sinnvoll, einen Katalog an möglichen Ursachen aufzustellen, da eine Bedingung wie z. B. die Scheidung der Eltern bei dem einen Kind zu einer Lernstörung führen kann (wenn das Kind z. B. von den Eltern als gegenseitiges ‚Druckmittel' benutzt wird), bei einem anderen Kind jedoch sogar zu einer Leistungssteigerung (wenn das Kind glaubt, sich jetzt besonders anstrengen zu müssen) oder zu keiner schulisch erkennbaren Reaktion. Zuschreibungen wie z. B. „Ein Kind aus einem geschiedenen Elternhaus hat auch Lernschwierigkeiten" sind nicht zutreffend. Sie vereinfachen höchst komplexe Zusammenhänge in nicht zulässiger Weise. Dies trifft auf alle Verursachungsbedingungen zu. Aus diesem Grund soll hier auch auf eine bloße Aufzählung aller Möglichkeiten von Ursachen zugunsten einer Einbettung dieser Verursachungsbedingungen in systematische Raster verzichtet werden.

Ortner und Ortner (1995, S. 6f) unterscheiden z. B. zwischen dem Komplex der endogenen Ursachen und dem Komplex der exogenen Ursachen. Zu den *endogenen Ursachen* zählen sie diejenigen, die primär in der Person selbst liegen, wie z. B. Ursachen, die als hirnorganische oder sonstige bereits festgelegte Mängelzustände angesehen werden müssen. Diese körperlichen, psychischen und geistigen Behinderungen werden von der Medizin auf drei Störungsbereiche zurückgeführt: chromosomal bedingte, praenatal oder peri- bzw. postnatal entstandene Störungen. Es zählen auch Entwicklungsstörungen dazu wie Reifungsabweichungen von der altersgemäßen Norm: Entwicklungsverzögerung (Retardierung) oder Entwicklungsbeschleunigung (Akzeleration). Zu den *exogenen Ursachen* werden diejenigen gezählt, die von der Außenwelt auf das Kind einwirken. Sie liegen vorwiegend im Bereich der Familienkonstellation, des Erziehungsstils, der sozioökonomischen Verhältnisse, der Schule und der Gesellschaftsstruktur. Verursachungsmomente können z. B. ein zerrüttetes Elternhaus sein oder die Stellung in der Geschwisterreihe bzw. die Einzelkindsituation oder der Erziehungsstil der Eltern, der zu autoritär, inkonsequent, überbehütend etc. sein kann wie auch eine nichtdeutsche Herkunft. Ein nicht zu unterschätzender Verursachungsfaktor kann aber auch in der Schulsituation selbst liegen, in einer zu hohen Klassenfrequenz, einem zu hohen Leistungsdruck, Schwierigkeiten auf dem Schulweg, im Unterrichtsstil der Lehrenden wie auch im Lehrerverhalten selbst, aber auch in Schwierigkeiten mit den Mitschülerinnen und -schülern. Dies könnte mit folgender Grafik veranschaulicht werden:

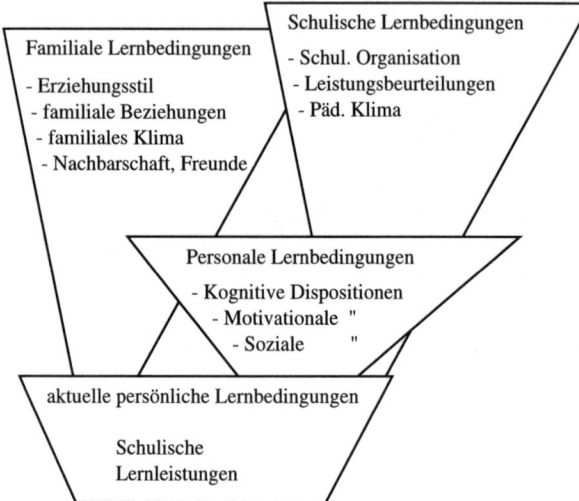

Abb. 1

Zielinski unterteilt Verursachungsbedingungen in (vgl. Zielinski 1995, S. 19):

Interne Bedingungen
- die Fähigkeit eines Schülers, Instruktionen zu verstehen
- die aufgabenspezifischen Vorkenntnisse des Schülers
- die Lernmotivation des Schülers

Externe Bedingungen
- die dem Schüler vom Lehrer zugestandene Lernzeit
- die Qualität des Unterrichts

Moderierende Bedingungen
- das Klima des Unterrichts
- die Peer-Group-Beziehungen
- die Bedingungen des Elternhauses
- der Einfluss von Medien

Instruktionsverständnis und Vorkenntnisse beeinflussen nach Zielinksi die Zeit, die ein Schüler zur Lösung einer konkreten Aufgabe benötigt. Je größer die Schwierigkeiten sind, die ein Schüler dabei hat und je unzureichender seine Lernvoraussetzungen, desto mehr Lernzeit muss zur Erreichung des Lernzieles aufgewendet werden. Je weniger der Schüler motiviert ist, die Aufgabe zu erfüllen, desto weniger wird er die ihm zur Verfügung gestellte Lernzeit nutzen. Ist die Lernzeit zu knapp, so ist das Lernziel nicht zu erreichen und Lernschwierigkeiten sind die Konsequenz. Auch die Qualität des Unterrichts wirkt sich auf die benötigte Lernzeit aus.

Ein negatives Unterrichtsklima sowie gestörte Peer-Group-Beziehungen beeinträchtigen die Lernmotivation und verkürzen dadurch die vom Schüler aufgewendete Lernzeit. Ebenso wirken sich ungünstige Verhältnisse im Elternhaus auf Vorkenntnisse aus und können die Lernmotivation reduzieren. Zielinski veranschaulicht die Einflussgrößen und ihre postulierten Beziehungen zueinander in einem Schaubild (vgl. 1995, S. 20):

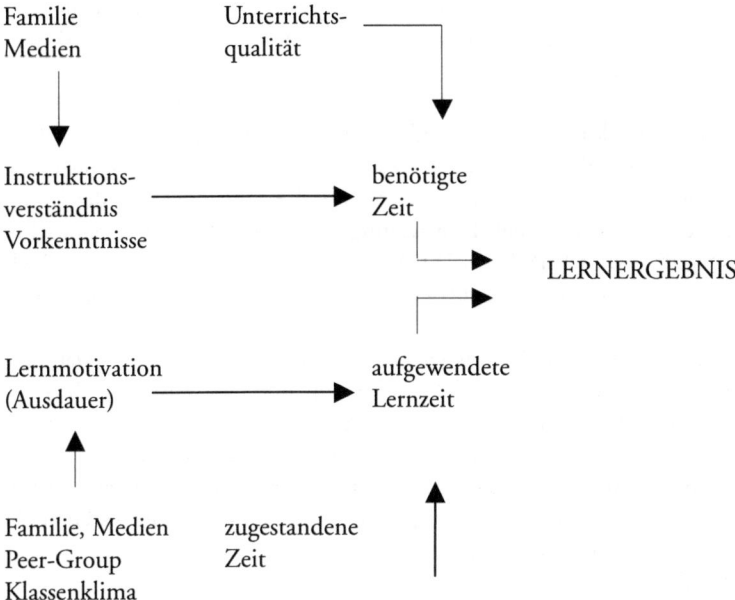

Zielinski schlussfolgert, „daß Lernschwierigkeiten immer dann entstehen, wenn die aufgewendete Lernzeit geringer ist als die zur Aufgabenlösung erforderliche Lernzeit" und ist der Meinung, dass mangelnde Vorkenntnisse und Schwierigkeiten beim Instruktionsverständnis bis zu einem gewissen Grade durch Verlängerung der Lernzeit kompensierbar sind (ebd., S. 19f).

Wie eingangs schon erwähnt, ließe sich der Katalog der möglichen Verursachungsbedingungen von Lernstörungen oder Lernbehinderungen beliebig erweitern, etwa bezüglich des Einflusses von Fernsehen und Computer etc. (vgl. u. a. Hurrelmann 1989, Mitzlaff 1997). Die wenigen Hinweise auf eine Systematisierung der Ursachen soll an dieser Stelle genügen. Für sehr viel aufschlussreicher bezüglich der Handlungsmöglichkeiten von Lehrenden halte ich die unterschiedlichen Erklärungsansätze auf die im Folgenden ausführlich eingegangen wird.

2.3 Erklärungsansätze

Wie aus den Definitionen bereits deutlich wurde, hängt der Behinderungsbegriff im einzelnen von der jeweiligen Sichtweise ab, die wiederum auf theoretische Vorannahmen zurückgeht.

Seit den 60er Jahren ist ein deutlicher Wandel zu erkennen, der von der eher medizinischen Sichtweise, die die Ursache im Kind selbst sieht, zu einer eher individualpsychologischen und soziologisch geprägten Sichtweise bis hin zur Auffassung einer multifaktoriellen Verursachung von Lernbehinderung und Verhaltensauffälligkeit geht.

Spätestens seit den 70er Jahren kristallisieren sich zwei Sichtweisen heraus, die eine unterschiedliche Didaktik im Lernbehindertenbereich zur Folge haben: die *behinderungsspezifische* und die *gesellschaftsorientierte* Sichtweise. Der einen liegt eine statische Begabungstheorie zugrunde, der anderen die Annahme, dass die Fähigkeiten des Lernbehinderten der Entwicklung bedürfen, also ein dynamischer Begabungsbegriff (Bleidick 1978, S. 18). Man kann auch in Anlehnung an Ulich von *stabilitätsorientierter* und *veränderungsorientierter* Sichtweise sprechen (Ulich 1976).

Die nun folgende Zusammenfassung einiger wesentlicher theoretischer Erklärungsmuster von Behinderung zeigt den Zusammenhang von Sichtweise bzw. Begriffsdefinition und jeweiligem theoretischen Hintergrund in differenzierterer Form.

Bezogen auf die vorliegende Problematik kann von drei Erklärungsansätzen ausgegangen werden, die in ihrer Aussagekraft für das Verstehen und Begreifen von Behinderung sowie in ihrer Bedeutung für pädagogisches und didaktisches Handeln unterschiedlich gewichtet werden müssen:
- Medizinische Erklärungsansätze
- Psychologische Erklärungsansätze
- Soziologische Erklärungsansätze (interaktions- und sozialisationstheoretische Konzepte; gesellschaftstheoretische Ansätze; ökosystemischer Ansatz).

Alle drei Erklärungsmodelle sind in sich stimmig, wie Hurrelmann schreibt. Sie können jedoch nur begrenzte Ausschnitte aus der Realität erfassen. Hurrelmann fordert, dass die isolierte Fixierung auf körperliche, psychische bzw. soziale Merkmale überwunden werden muss, da sich die Persönlichkeit stets in einem Spannungsverhältnis von Organismus, Psyche und sozialer Lebenswelt bildet, das historisch bestimmt ist. In den letzten Jahrzehnten haben sich „differenzierte Modellvorstellungen (herausgebildet), die die Beziehungen zwischen Körper, Psyche und Gesellschaft zum integralen Kern der Vorstellung machen und komplexe Annahmen über den Charakter der Beziehung zwischen Mensch und Umwelt zugrunde legen" (Hurrelmann 1991, S.123). Auf diesem Hintergrund sind die weiteren Ausführungen zu sehen.

2.3.1 Medizinische Erklärungsansätze

Nicht nur bei Sinnesschädigungen oder körperlichen Missbildungen, bei denen ein medizinisches Erklärungsmodell unmittelbar einsichtig ist, sondern auch bei Lernschwächen und Lernbehinderungen kann das Schulversagen mit einer leichten Hirnschädigung vor oder während der Geburt und einer daraus resultierenden Entwicklungsverzögerung erklärt werden. Aus dieser medizinisch mehr oder minder eindeutig nachweisbaren Schädigung scheint die Behinderung eine unausweichliche Folgebeeinträchtigung zu sein. Das bedeutet, dass die Verursachung der Behinderung in der Person gesehen wird, d. h. als einer Eigenschaft dieser Person. Die Behinderung wird in dieser Sichtweise als weitgehend unabänderliches und hinzunehmendes Schicksal betrachtet. Bleidick weist auf ein nicht gerade schmeichelhaftes Motiv hin, das die Beziehung der Heilpädagogik zur Medizin reflektiert. In der Geschichte der Heilpädagogik wurde seit ihren Anfängen Ende des 18. Jahrhunderts möglicherweise auch deshalb so hartnäckig an der medizinischen Sichtweise festgehalten, weil die Nähe zur Medizin und dem – im Vergleich zum niederen Stand des Lehrers – renommierten Ärztestand dem Lehrer Prestigeerhöhung bot. „Der weiße Kittel des Sonderschullehrers und die Attrappe des Stethoskops um den Hals des Sprachheillehrers haben hier ihren Ursprung" (Bleidick 1985, S. 255).

Dass Behinderung als ausschließlich medizinische Kategorie angesehen wird, ist inzwischen überholt. Auch in die medizinische Forschung (vornehmlich in die sozialmedizinische) haben komplexere Erklärungsmuster Eingang gefunden, da sich rein organmedizinische Befunde z. B. als untauglich zur Erklärung von chronischen körperlichen Krankheiten (vgl. Hurrelmann 1991, S.125ff), aber vor allem auch zur Erklärung von Lernversagen und Behinderungen herausgestellt haben.

2.3.2 Psychologische und sozialpsychologische Erklärungsansätze

Auch in der psychologischen Forschung wird heute in Richtung multifaktorieller Erklärungsmuster gedacht, während sich die frühere entwicklungspsychologische Forschung stärker auf die Identifizierung von persönlichen Verarbeitungs- und Bewältigungsstilen konzentriert hat.

Interessant im Zusammenhang mit Lernbehinderung und Verhaltensauffälligkeit ist das *Belastungs-Bewältigungs-Paradigma* und die *stresstheoretische Forschung*. Es geht dabei um belastungsverstärkende Faktoren bzw. um belastungsabschirmende Schutzfaktoren, die die Wahrscheinlichkeit für eine psychische Erkrankung erhöhen bzw. verringern. Es wird zwischen stressenden und unterstützenden Faktoren in der Sozialisationsumwelt eines Kindes unterschieden, die sich wechselseitig beeinflussen. Sie wirken zusammen mit den individuellen Persönlichkeitsmerkmalen, den jeweils spezifischen Verarbeitungs- und Bewältigungsstilen sowie den Temperament- und Naturellmerkmalen einer Person als Filter, durch den die

Risikofaktoren verstärkt, neutralisiert oder zurückgedrängt werden (Hurrelmann 1991, S. 139ff). Das soll an einem Beispiel veranschaulicht werden:

Susanne kommt mit einer leichten Hirnschädigung zur Welt. Die Ursache der Schädigung kann aus medizinischer Sicht nicht eindeutig geklärt werden. Die Familie ist wohlsituiert. Susanne hat eine zwei Jahre ältere Schwester. Den Eltern gelingt es mit fachkundiger Hilfe, die leichte Behinderung ihrer Tochter zu akzeptieren und ihr eine unbeschwerte Kindheit zu ermöglichen. Melanie dagegen, bei der eine vergleichbare Hirnschädigung festgestellt wird, wird in eine große Familie hineingeboren, die am Rande des Existenzminimums lebt. Die Situation verschlechtert sich durch die Behinderung des jüngsten, ungewollten Kindes. Als Melanie vier Jahre alt ist, verlässt der Vater die Familie, die nun auf Sozialhilfe angewiesen ist. Die Mutter kann sich mit der Behinderung ihrer Tochter nicht abfinden, sie lässt das Kind spüren, dass es ihr das Leben noch zusätzlich schwer macht.

Auch wenn es auf der Hand zu liegen scheint, lässt sich auf Grund dieser Angaben die Schullaufbahn von Susanne und Melanie nicht eindeutig vorhersagen. Rein medizinisch gesehen ist die Diagnose ‚leichte Hirnschädigung' bei beiden Mädchen gleich. Doch was heißt das bezüglich ihrer zu erwartenden Schullaufbahn? Vermutlich werden beide Mädchen die Schule nicht problemlos durchlaufen, da sie in ihren intellektuellen Fähigkeiten durch die Hirnschädigung ‚behindert' sein werden. Über das Ausmaß dieser Behinderung können jedoch zu dem frühen Zeitpunkt noch keine Aussagen gemacht werden.

Die entwicklungspsychologische Forschung konzentriert sich auf persönliche Verarbeitungs- und Bewältigungsstile und das Ausmaß der Empfindlichkeit gegenüber physischen, psychischen und sozialen Anforderungen und Belastungen. Es ist demnach keineswegs gesagt, dass *Susanne* in der Schule besser zurecht kommen wird als *Melanie*. Es wäre durchaus denkbar, dass *Melanie* aufgrund spezifischer körperlicher, psychischer und sozialer Merkmale Widerstandskräfte gegen ihre Lebensbedingungen entwickelt, die es ihr ermöglichen, Anfeindungen durch KlassenkameradInnen, durch verständnislose Lehrkräfte, durch Leistungsversagen etc. besser zu verarbeiten, als die behütet aufgewachsene *Susanne*. Ausgehend von der Unterscheidung zwischen stressenden und unterstützenden Faktoren in der Sozialisationsumwelt eines Kindes ist es keineswegs so, dass stressende Faktoren wie z. B. langandauernde Armut, Komplikationen während des Geburtsvorgangs, psychopathologische Erkrankungen der Eltern, Erbschäden oder niedriges Schulausbildungsniveau der Mutter *zwangsläufig* zu Verhaltensauffälligkeiten oder Schulversagen führen. Es kann im Gegenteil sogar so sein, dass sich diese Kinder unverletzlicher fühlen, da sie schon früh gelernt haben, belastende Situationen effektiv zu verarbeiten und produktiv mit ihnen umzugehen. Unterstützende Faktoren dagegen wie große Aufmerksamkeit für das Kind, positives Eltern-Kind Verhältnis während der ersten Lebensjahre, gute Pflege, klare Strukturen im Haushalt, Zufriedenheit der Mutter, gemeinsam geteilte Werte und Lebensperspektiven der Familienmitglieder, führen ebenfalls nicht zwangsläufig zu Entwicklung „normaler" Ausdruckformen des Verhaltens. Die Gefährdung der Persönlichkeitsentwicklung, die durch die Existenz der Risikofaktoren gegeben ist, führt nicht direkt zu Symptomen der Abweichung, sondern wird in ihrer Wirksamkeit durch günstige, individuelle Bewältigungsstile und soziale Ressourcen vermittelt. Ein Schema von Werner & Smith (1982) in der Übersetzung von Hurrelmann (1991, S.143) macht diesen Zusammenhang deutlich:

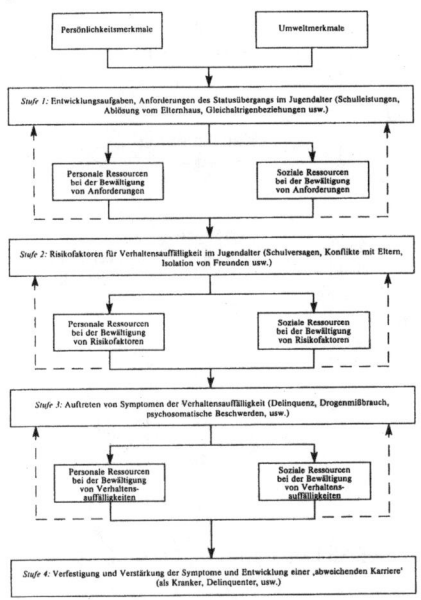

Abb. 2

Hilfreich zum Verständnis von Lernversagen und Verhaltensabweichungen ist das *Passungs- und Diskrepanzmodell.* Auch hier liegt der Akzent wieder auf dem Prozesscharakter der Entstehungen und Entwicklungen von Auffälligkeiten. Um bei obigen Beispielen zu bleiben: Sowohl *Susanne* als auch *Melanie* sind so vielen Risikofaktoren ausgesetzt, dass sie ggf. den Anforderungen, die nach Schuleintritt innerhalb und außerhalb der Familie an sie gestellt werden, nicht mehr (aus den eben genannten Gründen) gewachsen sind. Das kann (muss aber nicht) Auswirkungen haben auf ihr Lern- und Leistungsverhalten, auf ihre Lernmotivation, auf ihr soziales Verhalten (Kontaktprobleme oder Aggression), auf ihr Selbstwertgefühl und ihre Selbsteinschätzung, auf ihr gesundheitliches Wohlbefinden.
Auffälligkeiten dieser Art wiederum können in dem von Betz und Breuninger be-

schrieben *Teufelskreis* gipfeln (Betz/Breuninger 1982). Der Teufelskreis beginnt mit einer Lernstörung (aus welchen Gründen auch immer), wodurch das Selbstwertgefühl gestört wird und das Kind zu sozialen Reaktionen wie Aggression, Rückzug, Nägelbeißen etc. veranlasst wird. Dadurch kann eine misserfolgsorientierte Motivationslage hervorgerufen werden, die wiederum bestimmte Reaktionen der Umwelt erzeugt wie schlechte Zensuren, Verachtung, Hänseleien. Das letzte Stadium einer Lern- und Leistungsstörung zeigen Betz/ Breuninger in einem Schema (1982, S.30):

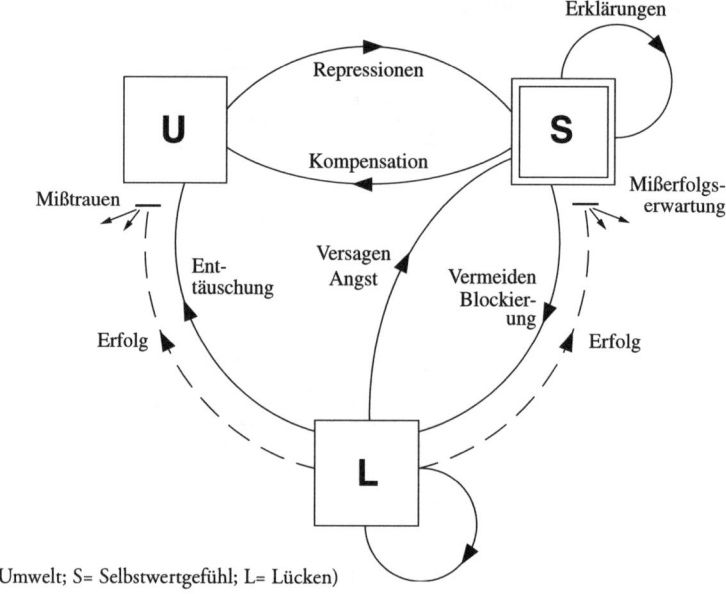

(U= Umwelt; S= Selbstwertgefühl; L= Lücken)

Abb. 3

Doch auch damit lässt sich Fehlverhalten, zu dem auch ein abweichendes Verhalten gekoppelt mit einer Lernstörung gezählt wird, noch nicht erklären. Die Bedeutung der Umwelteinflüsse auf die individuelle Entwicklung versuchen erst soziologische Erklärungsansätze zu zeigen.

2.3.3 Soziologische Erklärungsansätze
Interaktions- und sozialisationstheoretische Konzepte
haben in den letzten Jahrzehnten eine breite Akzeptanz in der pädagogischen Diskussion in Theorie und Praxis gefunden, denn sie bemühen sich um die Genese von Beeinträchtigungen und Schädigungen vor allem im Leistungs- und Sozialbereich der Entwicklung von Kindern und Jugendlichen.

Kurz zusammengefasst kann man sagen, dass Beeinträchtigungen auf solche Formen der Auseinandersetzung mit der sozialen Umwelt zurückgeführt werden, „die von dieser Umwelt nicht als ‚normal' akzeptiert werden. Im Vordergrund der Erklärungsansätze steht dabei die Diskrepanz zwischen den jeweils individuell verfügbaren Handlungskompetenzen des Kindes und den sozial (normativ, institutionell, organisatorisch) verankerten Handlungsangeboten und -anforderungen der wichtigsten sozialen Bezugsgruppen und (Erziehungs-)Instanzen" (Hurrelmann/ Jaumann 1985, S. 295). Das heißt, dass in der neueren Sozialisationstheorie Persönlichkeitsentwicklung und Gesellschaftsentwicklung jeweils in dynamischer Perspektive und in wechselseitiger Abhängigkeit verstanden werden. Der Mensch entwickelt sich in keiner seiner Funktionen und Verhaltensbereiche gesellschaftsfrei, sondern stets in einer konkreten soziohistorisch gestalteten Lebenswelt, die über interaktive und kommunikative Prozesse vermittelt wird.

In der Theorie des *Symbolischen Interaktionismus*, aus der die theoretische Begründung für pädagogisches Handeln abgeleitet werden kann, wird der Mensch als schöpferischer Konstrukteur seiner sozialen Lebenswelt verstanden. „Er ist nur dann zur Teilnahme an sozialen Interaktionen fähig, wenn er nicht nur Subjekt ist, sondern sich selbst in der Reflexion und dem Handeln auch als Objekt wahrnehmen und darstellen kann." (Hurrelmann/ Jaumann 1985, S. 297). Wir können davon ausgehen, dass Beeinträchtigungen und Schädigungen der normalen kognitiven und sozialen Entwicklung von Kindern und Jugendlichen mit Störungen der Interaktions- und Kommunikationsprozesse in den Sozialisationsinstanzen Familie und Schule zusammenhängen. D. h. die produktive Aneignung und Auseinandersetzung des Kindes oder Jugendlichen mit der sozialen Umwelt gelingt nicht in einer von der Umwelt akzeptierten Form. Die Ursache dafür kann darin gesehen werden, dass die Handlungsangebote und Handlungsanforderungen der Umwelt nicht mit den Handlungskapazitäten des Individuums in Einklang zu bringen sind. Durch Fehlanpassungen kommt es zu inneren und äußeren Konflikten, d. h. Störungen und Behinderungen sind in diesem Ansatz Ausdruck einer Auseinandersetzung mit dem Selbst und der Umwelt (vgl. ebd., S. 298ff).

Die sozialisations- und interaktionstheoretischen Erklärungsansätze führen dazu, familiale und schulische Interaktionsmuster in ihrer Bedeutung für Störungen und Behinderungen zu erkennen, da sowohl Familie wie auch Schule als umweltvermittelnde Sozialisationsinstanzen gesehen werden. In sozialisationstheoretischer Perspektive können Störungen und Behinderungen nur durch das Zusammenspiel von personalen und Umweltfaktoren, also durch die ‚Interaktion' von Person und Umwelt erklärt werden. „Leistungs- und Verhaltensstörungen sowie -behinderungen treten demnach mit hoher Wahrscheinlichkeit auf, wenn die familiale Sozialisation zu einer Ausprägung von motivationalen, sozialen, kognitiven und sprachlichen Kompetenzen führt, die zwar im familialen Lebensbereich funktional und

49

angemessen sind, im schulischen Bereich aber nicht erfordert und nicht erwünscht sind" (ebd., S. 307).

Diese Sichtweise ist erforderlich, wenn *integrativ* gedacht wird und einseitig personbezogene und einseitig umweltbezogene Erklärungsansätze keinen Bestand mehr haben. Personbezogene Variablen, familiale und schulische Umwelt müssen in ein Interdependenzverhältnis gebracht werden. Das heißt, auf die genannten Beispiele von *Susanne* und *Melanie* bezogen, dass *Susanne* aller Wahrscheinlichkeit nach aufgrund ihrer familialen Sozialisation die besseren Chancen haben wird bzw. die entsprechenden Hilfen bekommen wird, um die Bewältigungs- und Anpassungsstrategien zu erwerben, die erforderlich sind, Risikofaktoren zu verringern und Anfechtungen aller Art standzuhalten. *Susanne* wird eine familiäre Lobby im Rücken haben, die sie schützen, stärken und ihre kognitiven Fähigkeiten fördern wird. Zudem werden ihre Eltern in der Lage sein, eine adäquate Schule für ihr Kind zu suchen und dazu beitragen, einen entsprechenden Freundeskreis durch attraktive Angebote für ihr Kind zu halten. *Melanie* dagegen wird keine familiäre Lobby haben, sie wird mit allen Anfechtungen von außen allein fertig werden müssen, sie wird aller Wahrscheinlichkeit nach in einem Gebiet zur Schule gehen, in dem sie eher dazu gebracht wird, Bewältigungsstrategien zu entwickeln, die von der Umwelt nicht akzeptiert werden können (aggressives Verhalten bis hin zu Kriminaldelikten) und die ihre Lernschwäche durch geringe Lernbereitschaft noch verstärken.

Es ist wichtig zu betonen, dass es nicht zwangsläufig so kommen muss. Die Entwicklungsverläufe können auch – wie oben schon erwähnt – gegenläufig sein. Es könnte z. B. sein, dass sich *Susanne* unter einem großen Leistungsdruck befindet, es den Eltern recht machen zu müssen und aufgrund einer labilen Persönlichkeitsstruktur keine Strategie entwickeln kann, diesem Druck zu entgehen. Sie könnte darauf z. B. mit Leistungsverweigerung oder Krankheit reagieren. Ebenso könnte es sein, dass *Melanie* Persönlichkeitsmerkmale besitzt, die es ihr ermöglichen, sich von ihrer Familie zu distanzieren, ihre organisch bedingte leichte Hirnschädigung durch viel Fleiß soweit auszugleichen, dass sie in der Lage ist, einen Hauptschulabschluss zu erreichen und einen für sie befriedigenden Beruf zu ergreifen. *Susanne* dagegen könnte in Unselbstständigkeit und Abhängigkeit verharren und zu keinem selbstbestimmten Leben gelangen.

Jedes Erklärungsmodell für sich kann nur einen begrenzten Ausschnitt aus der Realität erfassen. Eine isolierte Fixierung auf körperliche, psychische oder soziale Merkmale jedenfalls entspricht nicht mehr dem heutigen Forschungsstand. Vor allem Lehrende in Schulen sollten sich mit diesen Theorien auseinandersetzen, denn *Alltagstheorien* oder *„implizite Persönlichkeitstheorien"*, die die Ursache für das Lernversagen und Verhaltensabweichungen vornehmlich im Kind selbst suchen, können fatale Auswirkungen nach sich ziehen, da sie nicht zuletzt dazu beitragen, die Schule zum Mitverursacher von Schulversagen zu machen. Unter „impliziter Persönlichkeitstheorie" verstehen Ulich und Mertens den Sachverhalt, „daß Wahrnehmung und Beurteilung von einer naiven Theorie über bestimmte Eigenschaftszusammenhänge beeinflußt werden (...). Ein wichtiges Mittel der Interpretation ist der *Analogieschluß* aufgrund der Vermutung von irgendwelchen Zusammenhängen (...). Es werden direkte *Ursache-Wirkungs-Beziehungen* postuliert (...)" (Ulich/ Mertens 1974, S.99). Damit ist gemeint, dass von Lehrenden Aussagen getroffen werden wie: „Das war ja zu erwarten, dass *Melanie* das Klassenziel nicht erreicht. Bei der Familie! Und der Bruder war ja auch nicht besser. Die Kinder aus dieser asozialen Familie sind alle dumm und faul und das verwundert ja auch nicht. Die Mutter ist total überfordert und der Vater ist abgehauen...." oder „*Susanne* macht sich jetzt gut in der Schule. Ich hatte schon ihre Schwester, die war Spitze. Der Vater hat als Pflegschaftsvorsitzender die letzte Wanderung ja wieder toll organisiert...". Damit wird von schulischer Seite dem Vorschub geleistet, was weiter oben mit der Teufelskreistheorie dargestellt wurde.

Dies führt zu einem weiteren Ansatz innerhalb der symbolisch-interaktionistischen Sichtweise, der zunächst in der Kriminalsoziologie unter dem Namen *labeling approach* bekannt geworden ist. Er kann ebenfalls zur Erklärung normabweichenden Verhaltens herangezogen werden. Die Ursache der Behinderung wird hier primär in einer Störung der Lehrer-Schüler-Interaktion gesehen. Nach Keckeisen artikuliert sich der *labeling approach* in zwei Dimensionen: er fragt zum einen nach den Bedingungen der Intersubjektivität der Zuschreibung von Bedeutungen im Allgemeinen und von Devianz (Abweichung) im Besonderen sowie nach der Macht, die solchen gesellschaftlichen Definitionen reale Geltung verschafft (Keckeisen 1974, S. 28). Das heißt, durch die Zuschreibung von Etiketten wie ‚faul', ‚dumm', ‚asozial' werden die betreffenden Kinder und Jugendlichen mit Merkmalen belegt, die sie in eine gesellschaftliche Kategorie einteilt, aus der es – auch wieder im Sinne der Teufelskreistheorie – kaum noch ein Entrinnen gibt. Darüber hinaus können Lehrende durch Selektionsmechanismen wie Ziffernzensuren und Sanktionen, Macht ausüben und über das Schicksal von Menschen weitreichende Entscheidungen treffen. Vor allem die Überweisung auf die Sonderschule und die damit verbundene öffentliche Etikettierung als Sonderschüler (= zu ‚dumm', um in der allgemeinen Schule bestehen zu können), kann wichtige Konsequenzen für die weitere soziale Partizipation und das Selbstverständnis eines Menschen haben (vgl. u. a. Becker 1973, S. 28). Ein symbolisch-interaktionistisches Verständnis ermöglicht es, Sonderbeschulung nicht nur als spezifischen Förderort zu sehen, sondern vor allem auch als Verursacher von Stigmatisierungen und deren Folgen. Da Integration zum Ziel hat, die Folgen von Stigmatisierung zu vermeiden und damit die Chancen zu einer gelingenden Auseinandersetzung mit Normalität zumindest potentiell zu ermöglichen, kann die Interaktionismus-Theorie gerade für den Bereich der Lernbehinderten und Verhaltensauffälligen als begründende Theorie herangezogen werden.

Antor weist allerdings auf die Begrenztheit dieses Theorieansatzes hin und auf ihre unmittelbaren Folgen für die Einschätzung des Handlungsspielraums des mit einem lernbehinderten Kind befassten Lehrers. Er ist der Meinung, dass der interaktionistische *labeling approach* die Hoffnung weckt, durch eine Änderung des Lehrerverhaltens könnte Lernbehinderung abgewendet oder wenigstens abgebaut werden. Es muss wohl Antor zugestimmt werden, wenn er schreibt: „Der symbolische Interaktionismus/ *labeling approach* kann für sich faktisches Lehrer- und Schüler-Handeln nur unvollständig erklären. Ein ausschließlich interaktionistisch konzipierter Interpretationsrahmen begünstigt eine Beurteilung von Handlungsmöglichkeiten, die die Realität verfehlen" (Antor 1979, S. 154).

Im Zusammenhang mit der Kritik an der Schule Ende der 60er Jahre wurde an zahlreichen Beispielen gezeigt, dass das System Schule Kinder zu Lernbehinderten ,macht'[2] . Es stellte sich die Frage, wer bei Schulversagen denn nun versagt. Bleidick spricht von den Lernbehinderten als *Systemprodukte*. Organisationen gelten als Systeme, die auf die Erfüllung von Zwecken ausgerichtet sind. Schule als soziales System hat Aufgaben für die Gesellschaft zu leisten. Sie soll die Schüler optimal lehren. *Systemtheoretisch* gesehen besteht die Zweckstruktur eines sozialen Systems vor allem in der Reduktion von Komplexität. Das heißt, dass ein soziales System erst durch Vereinfachung überschaubar und handlungsfähig wird. In unserem Schulsystem besteht die Lösung in der Aufteilung der Schüler in überschaubare Gruppen und Klassen. Das wird durch selektierende Maßnahmen erreicht, indem die inhomogene Gruppe z. B. nach Alter, Konfession, Leistung o.ä. aufgeteilt wird. Nach Fend hat das Schulsystem in unserer Gesellschaft drei Reproduktionsfunktionen: Qualifikation der Schüler durch Unterricht, Selektion und Positionsverteilung durch Prüfungen, Integration und Legitimation durch Bestätigung von Rollenerwartungen (Fend 1976, S. 65 f). „Wie in jedem sozialen System der vorhandene Sinnzusammenhang durch selektierende Reduktionsleistung von Komplexität erreicht wird, so muß im Subsystem Schule die inhomogene, komplexe Gruppe aufgeteilt werden, damit sie optimal gelehrt werden kann: nach Alter, Geschlecht, Konfession, Leistung, Schulfach, Verhalten, Gesundheit. Das System Schule erzeugt qua Komplexitätsreduktion Behinderte, wenn es Gesunde von Kranken scheidet. Ihr Mittel ist die bürokratische Schulorganisation, die dieses regelt (...). Für Behinderte gibt es besondere Schulen (...). Der theoretische Überbau dieses Systems heißt ,Sonderpädagogik'. Daher kommt es auch, daß Sonderpädagogik sich (...) als Sonderschulpädagogik konstituiert" (Bleidick 1985, S. 258). Steigt in der Regelschule der Leistungsdruck (z. B. durch die Bekanntgabe von Untersuchungen, die die Ineffektivität deutscher Schulen nachweist (s. Sputnik-Schock 1957 oder vor kurzem die TIMS-Studie) oder nimmt die Schülerzahl in den Regelschulen (vornehmlich in der Grundschule) rapide zu, so steigt damit die Bereitschaft, SchülerInnen mit Lernschwierigkeiten und/oder Verhaltensauffälligkeiten in die Sonderschule zu überweisen, sie also als Lernbehinderte etc. zu etikettieren. Hat die Grundschule jedoch eher zu wenig SchülerInnen, so steigt die Bereitschaft, Kinder mit Lernproblemen so zu fördern, dass eine Aussonderung nicht erforderlich ist. Lernbehinderung ist aus der Sicht der Systemtheorie keine Behinderung, sondern die systembedingte Selektion eines leistungsschwachen Schülers, dessen Etikett ihn erst nachträglich zum Behinderten stempelt (Bleidick 1984, S. 75ff).

Einen anderen und wesentlichen Gesichtspunkt in diesem Zusammenhang enthält die *gesellschaftstheoretische Sichtweise* auf die vor allem Jantzen in den 70er Jahren hingewiesen hat, in denen die Sonderschule am heftigsten kritisiert wurde. Er unterscheidet zwei Aspekte von Behinderung: Schädigung oder Beeinträchtigung, einmal ein ‚Minus' in der biologischen Ausstattung und in der Beziehung zur Umwelt sowie die Behinderung im engeren Sinn, die erst mit der Etikettierung durch die Umwelt zu existieren beginnt. Behinderung entsteht danach nicht naturwüchsig, sondern das Entstehen von Behinderung ist abhängig von bestimmten gesellschaftlichen Vorstellungen darüber, was Behinderung ist. Das heißt, dass ein Mensch erst dann als ‚behindert' bezeichnet wird, wenn die – wie immer gearteten – Merkmale der Behinderung im Widerspruch zu den in einer Gesellschaft geltenden „Minimalvorstellungen" stehen. Lernbehinderung ist demnach keineswegs eine naturwüchsige Kategorie, die losgelöst von gesellschaftlichen Verhältnissen z. B. als Schulversagen zu begreifen ist, sondern ein gesellschaftlich benutzter Begriff, der komplexe Sozialisationsprozesse von Kindern zusammenfasst und sie damit als Behinderte zum sozialen Gegenstand macht (Jantzen 1974, S.23).

Legt man diesen Behinderungsbegriff zugrunde, so lässt sich daraus eine Verpflichtung für staatliche Interventionen ableiten: Der Staat kann durch entsprechende Finanzmittel die Voraussetzungen für Behinderungen minimieren (das kann die Finanzierung von integrativer Beschulung sein), sowie die Qualität schulischer Versorgung maßgeblich bestimmen. Der Staat kann auch durch die Schulgesetze der Bundesländer, in denen das Verfahren zur Feststellung der Notwendigkeit einer Sonderbeschulung festgelegt wird, die Normen bestimmen, von denen das sonderpädagogische Urteil ‚behindert' letztlich abhängt. Der Staat kann weiterhin durch seine Sozialgesetzgebung entscheidenden Einfluss auf die soziale Eingliederung Behinderter in den Erwerbsprozess der Gesellschaft nehmen. Der Staat kann aber auch, wie es in vielen Ländern in der Bundesrepublik geschieht, trotz des im Grundgesetz verankerten Satzes: „Niemand darf wegen seiner Behinderung benachteiligt werden"[3] den Integrationsbemühungen die finanzielle Unterstützung entziehen. Welche bildungspolitischen Maßnahmen bezüglich der Kinder mit Lernschwierigkeiten ergriffen bzw. verhindert werden, hängt letztlich von den

Normen und Wertvorstellungen der Gesellschaft ab sowie von ökonomischen Bedingungen und Belangen.

Sander prägt einen *ökosystemischen* Behinderungsbegriff: „Behinderung liegt vor, wenn ein Mensch auf Grund einer Schädigung oder Leistungsminderung ungenügend in sein vielschichtiges Mensch-Umfeld-System integriert ist" (Sander 1990, S. 81). Diese ökosystemische Sichtweise hat nach Sander den Vorteil, dass sie den Blick unmittelbar auf den Prozess der Integration des betreffenden Menschen in sein konkretes Umfeld lenkt und damit pädagogische Handlungsmöglichkeiten eröffnet. Das bedeutet, dass die Umfeldbedingungen so verändert werden können, dass der betreffende Mensch weniger behindert ist als zuvor. In ökosystemischer Sichtweise wird nicht in erster Linie am Kind gearbeitet, sondern an den konkreten Umfeldbedingungen. Nicht das Kind passt sich der Schule an, sondern die Schule dem Kind.

Der sozialisations-, interaktions-, sozioökonomische, ökosystemische und gesellschaftstheoretische Ansatz bilden einen theoretischen Rahmen, in den die Forderung nach integrativem Lernen eingebettet werden kann. Die Anlehnung an diese Theorien beinhaltet eine Sichtweise, die davon ausgeht, dass Verursachungsfaktoren für eine Behinderung oder eine Störung sowohl im Kind selbst, als auch in der Familie, im sozialen Umfeld, in der Schule sowie in Maßgaben des Staates zu suchen sind[4]. Alle beteiligten Personen (Eltern, Schülerinnen und Schüler, Lehrpersonen, Schulaufsicht, BildungspolitikerInnen) sowie Institutionen sind aufgerufen, sich um Maßnahmen zur Steigerung von Lebensqualität für Kinder und Jugendliche mit einer Beeinträchtigung, einer Behinderung oder einer Störung zu bemühen. Diese Sichtweise ist die Voraussetzung, um über integrative pädagogische, didaktische und methodische Maßnahmen nachdenken zu können.

3. Hochbegabungen

3.1. Definitionen und Modelle von Hochbegabung

Die entscheidende Frage ist derzeit: Welche Kinder sind hoch begabt? Wie kann der Terminus „Hochbegabung" definiert, an welchen Kriterien kann Hochbegabung festgemacht werden? Eine allgemein akzeptierte Definition gibt es bis heute nicht; das ist im Grunde nicht verwunderlich, da die Definition zum einen von dem abhängt, der definiert (Pädagogen, Psychologen, Praktiker etc.) und zum anderen von den Erwartungen einer Gesellschaft in einer bestimmten Zeit.

In den USA orientierte man sich vorwiegend am Intelligenzquotienten. Wichtig wurde der Einfluss des amerikanischen Forschers Guilford, der in den 50er Jahren das Kriterium der Kreativität mit Intelligenz in Zusammenhang brachte und damit auf die Bedeutung *multipler Fähigkeiten* bei Hochbegabten hinwies (vgl. Urban 1982, S. 25). Wie schon erwähnt, wurde die Verwendung von Intelligenztests im Laufe der Forderung nach Chancengleichheit immer heftiger angegriffen. Tests sollten nicht länger dazu beitragen, Kinder aus niederen Sozialschichten zu diskriminieren. Vor allem in den USA verbreitete sich die Meinung, dass Hochbegabungen in allen Sozialschichten zu finden sind, dass sie jedoch durch die anregungsarmen Lebensumstände der unteren Sozialschichten nicht zum Tragen kommen können.

Lucito fasst 1964 sechs Definitionsklassen zusammen, die die meisten der gängigen Definitionen enthalten:

Ex-post-facto oder Post-hoc-Definitionen: Es müssen außergewöhnliche Leistungen vorliegen, der betreffende Mensch muss Berühmtheit erlangt haben – so wird nachträglich festgestellt, dass jemand ein Genie ist.

IQ-Definitionen: Jemand gilt als hoch begabt, der einen bestimmten Wert im Intelligenztest, in der Regel 130 und mehr, erreicht.

Die soziale Definition: Begabung wird gleichgesetzt mit der Fähigkeit zu „wertvollen Handlungen".

Prozentsatz-Definitionen: Ein bestimmter Prozentsatz, z. B. zehn Prozent der Jahrgangsbesten etc. wird als hoch begabt bezeichnet. Begabung wird hier mit Leistung gleichgesetzt, wobei Leistung sehr unterschiedlich definiert wird.

Kreativitäts-Definitionen: Die Kreativität wird an die Stelle des Intelligenzquotienten gesetzt. Hochbegabt ist jemand, der etwas Neues, Originelles schafft.

Lucito fügt eine eigene multifaktorielle Definition von Hochbegabung hinzu: „Hochbegabt sind jene Schüler, deren potentielle intellektuelle Fähigkeiten sowohl im produktiven als auch im kritisch bewertenden Denken ein derartig hohes Niveau haben, daß begründet zu vermuten ist, daß sie diejenigen sind, die in der Zukunft Probleme lösen, Innovationen einführen und die Kultur kritisch bewerten, wenn sie adäquate Bedingungen der Erziehung erhalten" (Lucito 1964, zit. n. Feger/Prado 1998, S. 31).

Urban zitiert aus den USA von 1971 die „staatliche Definition" der „Marland-Reports", die Grundlage für zahlreiche pädagogische Programme wurde: „Hochbegabte und talentierte Kinder sind jene, von berufsmäßig qualifizierten Personen identifizierte Kinder, die aufgrund außergewöhnlicher Fähigkeiten hohe Leistungen zu erbringen vermögen. (...) Kinder, die zu hohen Leistungen fähig sind, schließen solche mit gezeigten Leistungen und/oder mit potentiellen Fähigkeiten in irgendeinem der folgenden Bereiche mit ein" (Urban 1982, S. 12):

1. Allgemeine intellektuelle Fähigkeit
2. Spezifisch akademische (schulische) Eignung
3. Kreatives oder produktives Denken
4. Führungsfähigkeiten
5. Bildnerische und darstellende Künste
6. Psychomotorische Fähigkeit.

Urban hält jedoch *die dynamische Lernfähigkeit von Kindern, d. h. die Fähigkeit, mit hoher Effektivität, schnell, intensiv und vor allem selbständig zu lernen* für wichtiger als statistische intellektuelle Ist-Werte. Weiterhin müssen in ein Konzept von Hochbegabung vor allem auch soziale Fähigkeiten, „die mehr und anderes als nur soziale Führungsqualitäten meinen", integriert werden (ebd., 1982, S. 12).

Der Amerikaner Howard Gardner gilt als Pionier der *„multiplen Intelligenz".* Er kritisiert die Bedeutung, die die Bestimmung des IQ für die weitere Laufbahn eines Kindes erhält, obgleich sie doch letztlich nur misst, wie das Kind mit dem Schulunterricht bislang zurechtgekommen ist und in Zukunft vermutlich zurechtkommen wird. Die Intelligenzmessmethoden sind nicht geeignet, „um die Fähigkeit oder Leistung eines Menschen einzuschätzen, nach den Sternen zu segeln, eine fremde Sprache zu lernen oder mit Hilfe eines Computers Musik zu komponieren." (Gardner 1998, S. 18). Er hält Intelligenz entgegen den Befürwortern der IQ-Tests für nicht einfach messbar. Für ihn setzt sich Intelligenz aus verschiedenen Teilbegabungen zusammen:

1. linguistische Intelligenz,
2. musikalische Intelligenz,
3. logisch-mathematische Intelligenz,

4. räumliche Intelligenz,
5. körperlich-kinästhetische Intelligenz,
6. intrapersonale Intelligenz (Empfänglichkeit und Verständnis der eigenen Empfindungswelt),
7. interpersonale Intelligenz (soziale Intelligenz).

Gardner ist der Meinung, dass die beiden letztgenannten Teilbegabungen – die „personalen Intelligenzen" als Wissen vom eigenen und fremden Selbst und durch das Erlernen und Verwenden der Symbolsysteme der jeweiligen Kultur bestimmt – auf einer höheren Ebene angesiedelt werden sollten als die anderen Intelligenzen. Einerseits handelt es sich um eine „Basisintelligenz", andererseits aber um eine „allgemeingültige Methapher für die ganze Person, zu deren ‚Pflichten' es gehört, die übrigen Fähigkeiten zu verstehen und zu regulieren" (ebd., S. 251). Allerdings ist für ihn ebenso wichtig, festzuhalten, „daß diese ‚Glorifizierung des Selbst' eine kulturelle Option ist, die zwar in zeitgenössischen westlichen Kreisen wahrgenommen wurde, aber keineswegs einen humanen Imperativ darstellt" (ebd., S. 251). Letztlich ist die Beachtung des Gleichgewichts zwischen intra- und interpersonalen Faktoren für das Leben in einer Gesellschaft wichtig.

Gardners Anliegen ist es, einen fruchtbaren Mittelweg zu finden zwischen der Auffassung von Intelligenzentwicklung als sich separat entfaltender mentaler Funktionen, der Sicht einer Entwicklung des Organismus in einer uniformen Stufenfolge (Piaget) und der ethnologischen Beachtung der formenden Effekte einer kulturellen Umwelt. Dies ist „eine Position, die die Natur der angeborenen intellektuellen Begabungen, die heterogenen Prozesse der kindlichen Entwicklung und die Methoden berücksichtigt, durch die diese Prozesse mittels spezifischer Praktiken und Werte der betreffenden Kultur geformt und transformiert werden" (ebd., S. 296). Er ist der Meinung, dass in der Schule heute die Sensibilität gegenüber Anderen sowie die Fähigkeit, eine enge Bindung zur Lehrperson herzustellen und mit anderen Menschen zurechtzukommen weniger wichtig ist als in den vergangenen Jahrhunderten. Dagegen haben die intrapersonalen Fähigkeiten an Bedeutung gewonnen, „weil das Individuum seine eigenen Reaktionen überwachen und seine künftige Ausbildung sowie sein ganzes weiteres Leben planen muß" (ebd., S. 317). In den Vordergrund gerückt ist auch eine Kombination von linguistischer und logischer Begabung, die Fähigkeit, zu abstrahieren, zu synthetisieren, gelesene Texte zu kritisieren und neue Argumente zu finden. Die moderne Schule legt zunehmend mehr Gewicht auf logisch-mathematische Fähigkeiten, wiederum verbunden mit einer Vorrangstellung der intrapersonalen Intelligenz. Die übrigen intellektuellen Kapazitäten bleiben nach Gardner größtenteils der Freizeitbeschäftigung vorbehalten (ebd., S. 317). Das Leben in einer computerisierten Gesellschaft verlangt jedoch in sehr viel höherem Maße als die traditionelle Schule Kombinationen der sieben Intelligenzteilbereiche, die oben aufgelistet sind. Gardner prangert die unkritische Übernahme der säkularen Schule mit ihrer Betonung bestimmter Intelligenzen und ihrem Mangel an Integration des spirituellen und sittlichen Lebens der Gemeinschaft an. Die moderne Schule zieht objektiv messbare und intrapersonale Fähigkeiten vor, anstatt *subjektive Qualitätsmaßstäbe* anzulegen. Es sind auch im Zeitalter der Mikrocomputer die persönlichen Qualitäten der Lehrenden, die zur Effizienz der Schule beitragen (ebd., S. 320).

Bedeutsam und zu den wissenschaftlichen Erkenntnissen Gardners passend ist gegenwärtig die Diskussion um die *„emotionale Intelligenz (EQ)",* die Daniel Goleman, Redakteur bei der New York Times, populär gemacht hat. Er schreibt im Vorwort der deutschen Ausgabe seines Buches, das nach fünf Jahren bereits in der 13. Auflage vorliegt: „Das Buch *Emotionale Intelligenz* verdankt sein Entstehen meiner unmittelbaren Erfahrung einer Krise in der amerikanischen Zivilisation, mit erschreckender Zunahme der Gewaltverbrechen, der Selbstmorde, des Drogenmißbrauchs und anderer Indikatoren für emotionales Elend. Zur Behandlung dieser gesellschaftlichen Krankheit scheint es mir unerläßlich, der emotionalen und sozialen Kompetenz unserer Kinder und unserer selbst größere Aufmerksamkeit zuzuwenden und die Kräfte und Fähigkeiten des menschlichen Herzens energischer zu fördern" (Goleman 2000, S. 7). Goleman hält die Kräfte und Fähigkeiten des Herzens für genauso lebenswichtig wie die des Kopfes. „Rationalität und Mitgefühl müssen ins Gleichgewicht gebracht werden. Die Alternative wäre ein verelendeter Intellekt..." (ebd., S. 8). Damit setzt Goleman ein neues Zeichen innerhalb der Intelligenzforschung und lässt uns auch die Bestrebungen zur schulischen Elitebildung in einem anderen Licht sehen. Dass das Buch in Deutschland ein Bestseller wurde, könnte ein Zeichen für einen neuen Modetrend sein, es kann aber auch als ein Zeichen gewertet werden, dass Goleman einen bedeutsamen Punkt getroffen hat, der in der aktuellen Hochbegabungsdiskussion Beachtung finden sollte. Goleman weist auf eine Situation hin, die immer bedrängender und bedrohlicher wird, nämlich den Verfall von Höflichkeit, der bis zur Entfesselung bösartiger Impulse reicht – zunehmend unabhängiger von Bildung und Sozialschicht. Die rassistischen Gewalttaten, die stetig zunehmen, sind nur ein Faktor unter vielen. Goleman sieht die Unfähigkeit im Umgang mit den eigenen Emotionen, die Wut, Verzweiflung und Einsamkeit auslöst und immer mehr um sich greift. Als Psychologe und Journalist in New York konnte er den Trend in Amerika hautnah verfolgen, der allmählich auch auf Deutschland übergreift. Gebildetsein kann demnach heute nicht mehr mit Anstand und ausgeprägter Persönlichkeit gleichgesetzt werden.

Emotionen standen bislang nicht im Mittelpunkt des Forschungsinteresses bzgl. Begabung und Intelligenz. Wie bereits ausgeführt, ist die Wissenschaft jedoch schon seit langem bemüht, die verengte Auffassung von Intelligenz aufzuheben. Es macht Sinn, von „emotionaler *Intelligenz*" zu sprechen. Goleman versteht darunter: Selbstbeherrschung, Eifer, Beharrlichkeit, die Fähigkeit, sich selbst zu motivieren. Es muss ein Zusammenhang bestehen zwischen Gefühl, Charakter und moralischen Instinkten. Goleman ist der Meinung, dass ethische Grundhaltungen auf emotionalen Fähigkeiten beruhen. Ebenso wichtig ist Empathie, die Fähigkeit, die Gefühlsregungen anderer zu erkennen. Wenn die Not und Verzweiflung eines anderen nicht gesehen wird, gibt es keine Fürsorge mehr. Selbstbeherrschung und Mitgefühl sind jedoch die Fähigkeiten, die heute vor allem nötig sind (Goleman 2000, S. 12 f).

Emotionale Intelligenz ist erlernbar, Goleman zeigt anhand konkreter Fallbeispiele Wege dafür auf. Er ist der Meinung, dass sich unsere Gesellschaft nicht genügend darum gekümmert hat, jedem Kind die Grundbegriffe des Umgangs mit Zorn bzw. mit positiven Konfliktlösungen zu vermitteln sowie Empathie und Impulskontrolle, d. h. die Grundprinzipien der emotionalen Intelligenz. „Indem wir die emotionalen Lektionen, die die Kinder erlernen, dem Zufall überlassen, riskieren wir, das Fenster der Gelegenheit weitgehend ungenutzt vorbeiziehen zu lassen, das die langsame Reifung des Gehirns dem Bemühen bietet, ein vernünftiges Repertoire von Emotionen aufzubauen" (ebd., S. 358). Intelligenz auch unter diesem Gesichtspunkt zu betrachten und damit auch die Hochbegabtenförderung halte ich für sehr wichtig.

Allerdings lässt sich die emotionale Intelligenz schwer fassen. Welche Bedeutung der „EQ" für die weitere Begabungsforschung haben wird, ist derzeit noch nicht abzusehen.

3. 2. Identifikation von Hochbegabung

3.2.1 Warum ist Identifikation wichtig?

„Es ist sonderbar, daß man bisher ausführlichere Seelendiagnosen nur für die Sorgenkinder der Gesellschaft notwendig erachtete, aber *für ihre Hoffnungskinder nicht!*" bemerkte Stern schon 1916 (S. 114). Das ist auch heute noch ein bedenkenswerter Satz. Einen Menschen und besonders ein Kind als „hochbegabt" zu identifizieren, ist sehr viel umstrittener, als ihm das Etikett „lernbehindert" aufzudrücken. Dass ein Kind Schwierigkeiten mit dem Lernen hat, zeigt sich in seinen schulischen Leistungen, meist auch noch in seinem Lernverhalten und oft auch in seinem Sozialverhalten. Es nach einer gewissen Beobachtungszeit als „lernschwierig" oder sogar als „lernbehindert" zu bezeichnen, ist Alltagspraxis in unseren Schulen. Zu sagen: „Dieses Kind ist hochbegabt", ist jedoch sehr viel schwieriger. Woran könnte das liegen?

Die Argumente gegen eine Identifikation von Hochbegabung sind u. a.:

- Das Kind erleidet einen Schaden, denn es wird darauf festgelegt, immer Höchstleistungen zu bringen.

- Die anderen sind neidisch und verspotten oder verachten das Kind.
- Die anderen, nicht als hochbegabt eingestuften Kinder leiden darunter.
- Es gilt als arrogant und hochmütig.
- Es ist eine Tugend, bescheiden zu sein und „sein Licht unter den Scheffel zu stellen".
- Es wird als Schande empfunden, wenn sich zeigt, dass doch keine Hochbegabung vorliegt.

Es muss heute davon ausgegangen werden, dass ca. 50 % aller hoch begabten Kinder in der Schule nicht als solche erkannt werden. Die Folgen einer in der Schule nicht rechtzeitig erkannten Hochbegabung müssen zwar nicht, können aber ebenso große Konsequenzen für das Kind haben wie z. B. eine nicht rechtzeitig erkannte Sehstörung.

Die rechtzeitige Identifikation einer Hochbegabung kann Verhaltensänderungen hervorrufen, sowohl bei den SchülerInnen als auch bei den LehrerInnen, und zu einem Wendepunkt in der schulischen Karriere eines Kindes werden. Vor allem kreativ hoch begabte Kinder, die nicht als solche erkannt werden, sind in der Gefahr, ihre Kreativität zu opfern und entweder die Wege der Delinquenz vorzuziehen oder zumindest ein Leben der Mittelmäßigkeit und der unrealisierten Fähigkeiten. Was für den Durchschnitt gut ist, muss nicht auch für Hochbegabte gut sein. Wenn eine Lehrperson erfährt, dass ein Kind, das sie bisher in seinen intellektuellen und kreativen Fähigkeiten als eher beschränkt eingestuft hatte, hochbegabt ist, wird ihr Interesse für dieses Kind auf eine ganz andere Weise geweckt. Torrance konnte z. B. feststellen, dass der Lehrer fast immer überrascht war über das große Wissen des bislang verkannten Kindes und über seine Fähigkeit, exzellente Lösungen für Probleme zu finden (Torrance 1982, S. 57).

Die Forschergruppe um Henze und Sandfuchs hält es für schwerwiegender, ein hoch begabtes Kind *nicht* als solches zu identifizieren, als fälschlicherweise eine Hochbegabung anzunehmen (Henze/ Sandfuchs u. a. 1998, S. 8).

3.2.2 Verfahren zur Identifikation von Hochbegabten

Anfang des zwanzigsten Jahrhunderts wurden die Hochbegabten nahezu ausschließlich über die Lehrernomination identifiziert. Stern wies jedoch bereits auf die Grenzen des Lehrerurteils hin, die durch individuelle Zuneigungen und Abneigungen, Zufallsbeobachtungen sowie in der Tendenz, spezifische schulische Leistungen besonders zu bewerten und andere Seiten zu übersehen, entstehen (Stern 1916, S. 114). Er forderte das Führen eines „Individualbogens" („Psychographie"), der u. a. vor allem auch spontane Leistungen enthält, die aus dem Eigeninteresse und der ungehinderten Selbsttätigkeit hervorgegangen sind sowie eine experimentelle Fähigkeitsprüfung in Form eines Intelligenztests, wobei er bereits betonte, dass dieser nur *ein* Mittel unter anderen sein darf. Stern wies in diesem Zusammenhang auf die von Kerschensteiner ausgearbeiteten Untersuchungen zur zeichnerischen Begabung hin und forderte den Einsatz eines „Schulpsychologen" (ebd., S. 116ff).

Sterns Vorschläge sollten wieder mehr Beachtung finden, denn auch heute noch ist es üblich, die Lehrernomination an die erste Stelle zu setzen. Danach erst werden individuelle Intelligenztests oder ein Gruppentest[1], ein Schulleistungstest oder ein Persönlichkeitstest sowie detaillierte Verhaltensbeobachtungen, möglichst durch eine von außen kommende Person (SchulpsychologIn), durchgeführt. Die Grenzen und Gefahren von Tests sind seit langem bekannt, es wird jedoch weiterhin ziemlich rigide an der Bestimmung eines Intelligenzquotienten festgehalten, wobei Hochbegabung – wie schon erwähnt – ab einem IQ von 130 aufwärts diagnostiziert wird. Die Gefahren durch die Lehrernomination, die Stern anführte, haben immer noch Gültigkeit, denn es zeigt sich heute, dass die Tendenz besteht, *die* Kinder als hoch begabt anzuerkennen, die attraktiv sind, sich gut benehmen und konform verhalten und das weniger ehrgeizige, weniger ordentliche kreativ hoch begabte Kind nicht als solches einzustufen. Um das Lehrerurteil zu überprüfen, können Intelligenztest dann doch gute Dienste tun. Testdaten können helfen, Fähigkeiten zu sehen, die ansonsten übersehen worden wären. Niedrige Testleistungen sollten jedoch nicht dazu verleiten, für Fähigkeiten, die vorhanden sind, blind zu machen (vgl. Torrance 1982, S. 61).

In der Marburger Längsschnittuntersuchung wurde u. a. auch die Güte von Lehrerurteilen bei der Identifikation hoch begabter SchülerInnen untersucht. Wild kommt dabei zu dem Ergebnis, dass es eine Bandbreite von nahezu vollständigen Übereinstimmungen bis zu Nullkorrelationen zwischen Lehrerurteil und Test gibt. Das bedeutet, dass auf das Lehrerurteil nicht unbedingt Verlass ist. Über die Faktoren, die auf den Prozess der Urteilsbildung Einfluss nehmen und zu schwachen diagnostischen Leistungen führen, weiß man jedoch noch zu wenig. Es stellte sich heraus, dass die Einschätzungen für bestimmte begabungsrelevante Verhaltensmerkmale in solch hohem Ausmaß von der Gesamteinschätzung überlagert und homogenisiert wurden, dass die Identifikation von Einzelbegabungen besonders gefährdet erscheint (Wild 1993, S. 256/257).

Wichtig für die Identifikation ist die Frage nach dem Zeitpunkt. Um Problemen in der Schule vorzubeugen, sollte die Hochbegabung zum Schuleintritt festgestellt werden. In der Literatur ist die Zuverlässigkeit von Hochbegabungsdiagnosen im Vorschulalter umstritten (Henze/ Sandfuchs u. a. 1998, S. 8). Es gibt jedoch Untersuchungen, die belegen, dass intellektuelle Begabung schon im *Vorschulalter* identifizierbar sein dürfte, wobei die Indikatoren weniger aus Leistungseffekten als mehr aus der *Art und Weise* von Aufgabenlösungen gewonnen werden. Bereits im Vorschulalter finden sich erhebliche Differenzierungen in den intellektuellen Leistungsvoraussetzungen, d. h. Kinder mit außerordentlicher Leistungsfähigkeit und Leistungsbereitschaft (vgl. Schaarschmidt 1992, S. 132 f).

3.2.3 Stabilität

Ein weiterer wichtiger Faktor bei der Identifikation von Hochbegabung ist vor allem auch die Frage nach der Stabilität. Es kann zu einem bestimmten Zeitpunkt eine Hochbegabung festgestellt werden, aber damit ist noch nichts darüber ausgesagt, ob sich diese besondere Begabung auch weiterhin zeigen wird. In der großangelegten Marburger Studie zur Hochbegabtenforschung wurde in einer Teiluntersuchung die Frage gestellt, wie viel Prozent einer Ausgangsstichprobe hochbegabter Grundschulkinder nach einem Sechsjahresintervall erneut als hoch begabt klassifiziert werden können. 71 % der in der Grundschule als hoch begabt klassifizierten Kinder wurden auch noch als 15jährige Jugendliche als hoch begabt eingestuft. Interessant war nun die Frage, durch welche psychosozialen Rahmenbedingungen und personalen Merkmale sich diese „instabil" hoch begabten Kinder im Vergleich zu „stabil" hochbegabten auszeichnen (Hanses 2000, S. 150).

Als wichtigstes Merkmal für eine Vorhersage der Stabilität hat sich das *Interessenspektrum* erwiesen. Die „instabil Hochbegabten" zeigen weniger Interesse an Mathematik, weniger Drang, ihre Interessen zu vertiefen, sind weniger ausdauernd, weniger neugierig und weniger selbständig. Ihr Anspruchsniveau ist niedriger, sie entwickeln sich nicht zu so genannten „Selbstgängern". Es könnte davon ausgegangen werden, dass die kontinuierliche Auseinandersetzung mit vielfältigen Themen zum „Quasi-Intelligenztraining" wird. Mathematische Fähigkeiten und Kenntnisse scheinen Indikatoren für eine stabile Hochbegabung zu sein, doch verstärktes Interesse daran, mathematische Fragestellungen zu bearbeiten führt auch vermutlich zu einem verstärkten Training logischen Denkens (ebd., S. 150f). Ein *Beschulungseffekt* bei der Verschlechterung der intellektuellen Begabung der „instabil Hochbegabten" kann nicht ausgeschlossen werden, da z. B. bei Kindern, die die Hauptschule besuchen ein Abfall von durchschnittlich 5 IQ-Punkten zu verzeichnen ist, während sich bei Kindern, die das Gymnasium besuchen, die intellektuellen Fähigkeiten um ca. 7 IQ-Punkte erhöhen.

Ein wichtiger Faktor ist in diesem Zusammenhang der Aspekt des *sozioökonomischen familiären Hintergrundes*. Es wurde festgestellt, dass sich der Sozialstatus des Elternhauses als relevante Variable zur Vorhersage der Stabilität einer im Grundschulalter diagnostizierten Hochbegabung erwiesen hat. „Insbesondere bei hochbegabten Kindern aus den unteren Statusgruppen besteht vermehrt die Gefahr, daß sie ihre außergewöhnlich guten intellektuellen Fähigkeiten nicht langfristig über das Grundschulalter hinaus halten können" (ebd., S. 152). Je höher der Sozialstatus der Eltern, desto positiver entwickeln sich die Intelligenztestleistungen der Kinder im analysierten Sechsjahresintervall. Dieser Bereich ist jedoch noch nicht ausreichend erforscht, vor allem bezüglich der unmittelbar wirkenden Komponenten und dem Einfluss spezifischer elterlicher Verhaltensweisen auf die intellektuelle Entwicklung der Kinder. Abschließend stellt Hanses fest: „Bei all den hier durchgeführten Analysen gilt es zu beachten, daß der sozioökonomische Status des Elternhauses zwar ein wichtiger Prädikator für die intellektuelle Begabung der Kinder, für die Entwicklung der kindlichen Intelligenz (unter anderem auch der Stabilität der Hochbegabungsdiagnose) sowie für schulische Leistungen ist, der Sozialstatus selbst aber keinen *unmittelbaren* Erklärungsansatz bietet. Vielmehr fungiert er als ‚Trägervariable' einer Vielzahl von Merkmalen wie ‚Anregungsreichtum im Elternhaus', ‚Zugang zu kulturellen Bildungsgütern', ‚Bildungsaspiration der Eltern', ‚intellektuelle Erwartungen der Eltern', ‚Finanzielle Ressourcen'(...)" (ebd., S. 154).

3.2.4 Merkmale von Kindern mit einer Hochbegabung

An welchen Merkmalen Hochbegabung festgemacht wird, hängt untrennbar zusammen mit ihrer Definition. Hat man einen weiten Begriff, der soziales Verhalten und „emotionale Intelligenz" mit einschließt, so werden auch die Merkmale entsprechend sein. Es ist zudem zu bedenken, dass Begabung kein statischer, sondern ein dynamischer Begriff ist, d. h. dass Begabung nicht an einem definitiven Punkt festgestellt werden kann, sondern sich ständig entwickelt und verändert. Das Erstellen eines Merkmalskatalogs ist daher mit einer gewissen Skepsis zu betrachten. Zur rechtzeitigen Identifizierung ist es jedoch notwendig, einige Merkmale heraus zu arbeiten, die es (mit den angesprochenen Vorbehalten) LehrerInnen und Eltern leichter machen, Kinder mit einer Hochbegabung zu identifizieren.

Als ein wesentliches Merkmal für eine potentielle Hochbegabung hat sich das *vorsprachliche Niveau der Lautsprache* herauskristallisiert. Breuer stellte fest, dass von den in der Schule besonders erfolgreichen Schülern keiner zu Beginn des letzten Vorschuljahres ein schwaches, sprachbezogenes Niveau hatte. Allerdings erreichten nicht alle Schüler mit guten sprachbezogenen prä-semantischen Funktionen außergewöhnliche Schulleistungen. Das bedeutet, dass gute verbo-sensomotorische Grundlagen (Sprachwahrnehmungsniveau) als eine allgemeine Voraussetzung, nicht aber als Garantie für Schulerfolg angesehen werden können. Gute kognitive Basisfunktionen bilden für die Entfaltung differenzierter intellektueller Fähigkeiten grundsätzlich nur eine Voraussetzung und Möglichkeit für schulischen Erfolg, aber keine Garantie (Breuer 1992, S. 143ff.) [2].

In der von der Universität Marburg initiierten – insgesamt 13 Jahre dauernden – Langzeitstudie wurden Kinder im Alter von 9 Jahren und in einer zweiten Stufe als Jugendliche von 15 Jahren untersucht. Als „roter Faden" zieht sich ein Befund durch fast alle Resultate: „Hochbegabte Grundschüler sind zuerst einmal und vor allem Kinder wie alle anderen Kinder auch, mit ähnlichen Vorlieben, mit ähnlichen Abneigungen, mit ähnlichen Schwierigkeiten, mit ähnlichen Vorzügen" (Rost 2000, S. 5). Hoch begabte *Underachiever* (Kinder, die in ihren Leistungen hinter den Erwartungen zurückbleiben) dagegen können zu echten Problemkindern werden.

Besonders begabte *Grundschulkinder* sind deutlich weniger ablenkbar und in ihrer motorischen Aktivität beherrschter. Das wirkt sich auf die Güte der Informationsaufnahme und die Bearbeitung von Aufgaben aus (Czeschlik 1993, S. 155). Die Untersuchungsergebnisse sprechen für eine eher harmonischere Persönlichkeitsstruktur besonders begabter Jungen und Mädchen der 4. Jahrgangsstufe im Vergleich zu durchschnittlich intelligenten MitschülerInnen (Rost 1993, S. 131). Es ist auch festzuhalten, dass sich hoch begabte GrundschülerInnen von Vergleichskindern vor allem durch ihr positiveres aber auch realitätsgerechtes Selbstkonzept eigener schulischer Begabungen unterscheiden (Dörner 1993, S. 191).

Unterschiede zwischen hochleistenden und durchschnittlichen *Jugendlichen* zeigen sich vor allem bezüglich des Merkmals „schulischer Ehrgeiz" und „Bedürfnis nach Ich-Durchsetzung". Das (vor allem von besorgten Eltern) häufig geäußerte Bedenken, die Jugendlichen würden im normalen Schulkontext nicht genügend gefordert und würden ihre hohe intellektuelle Potenz nicht genügend einsetzen, konnte *nicht* bestätigt werden (vgl. Freund-Braier 2000, S. 202). Sie zeichnen sich durch Freude am Lernen, Wissbegierde und eine positive Arbeitshaltung aus. Eine problematische emotionale Verfassung der Hochbegabten – wie in den Medien zeitweise behauptet – konnte ebenfalls *nicht* festgestellt werden (ebd., S. 204). Hochbegabte Jugendliche verfügen über ein differenzierteres Konzept eigener Handlungsfähigkeit und Handlungskontrolle als Jugendliche mit durchschnittlicher Intelligenz (dies zeigte sich auch schon bei den GrundschülerInnen) (Schütz 2000, S. 331). Bei den Jugendlichen konnte auch noch festgestellt werden, dass Begabungs- und Leistungsunterschiede in weitaus geringerem Ausmaß Interessen determinieren, als es Geschlechtsunterschiede tun. Dies sollte bei der Förderung von Interessen vor allem im Jugendalter Berücksichtigung finden (Hoberg/ Rost 2000, S. 361).

Merkmale einer Hochbegabung – die, wie schon erwähnt, nur als Leitfaden benutzt werden sollten, können wie folgt zusammengefasst werden[3]. Hoch begabte Kinder und Jugendliche

- haben ein sehr hohes Detailwissen;
- einen für das jeweilige Alter ungewöhnlichen Wortschatz;
- können sich Fakten schnell merken;
- durchschauen sehr genau Ursache-Wirkungs- und faktische Zusammenhänge;
- suchen nach Gemeinsamkeiten und Unterschieden;

- erkennen schnell bei schwierigen Aufgaben zugrundeliegende Prinzipien;
- können außergewöhnlich gut beobachten;
- bevorzugen Bücher, die über ihre Altersstufe hinausgehen;
- gehen in bestimmten Problemen völlig auf;
- sind bemüht, Aufgaben vollständig zu lösen;
- arbeiten gerne unabhängig, um hinreichend Zeit für das Durchdenken eines Problems zu haben;
- beschäftigen sich viel mit Fragen und Klärung von Recht und Unrecht und sind bereit, sich gegen Ungerechtigkeiten zu engagieren;
- neigen dazu, Situationen zu bestimmen;
- können sich in andere einfühlen;
- finden Routineaufgaben langweilig.

3.2.5 Fallbeispiele

Dass die oben aufgeführten Merkmale von Hochbegabung in der Schule keinesfalls so einfach bei den SchülerInnen zu erkennen sind und Hochbegabung unterschiedliche Formen haben kann, zeigen folgende Fallbeispiele[4].

Malte und Robert

Malte und Robert sind im zweiten Schuljahr. Die Grundschule liegt in einem bezüglich der Sozialschicht eher gemischten Wohnviertel.

Beobachtung in einer Deutschstunde
(Thema: Umwandlung von Nomen in Verben):

Malte	Robert
• ist abgelenkt, redet mit dem Nachbarn	• meldet sich sofort
• fängt sofort mit der Aufgabe an, läuft nach kurzer Zeit durch die Klasse	• verhält sich ruhig
• versucht mit seinem Nachbarn zu reden	• soll nach Aufforderung der L. mit dem Nachbarn zusammenarbeiten, tut es aber nicht, weil er allein schneller ist
• hört nicht zu, wenn die L. etwas sagt	• geht zur L. und zeigt die Arbeit vor, fragt, ob sie richtig ist
• arbeitet weiter, obgleich er aufhören soll	• darf sein Ergebnis vorlesen
• redet mit dem Nachbarn und fängt mit der nächsten Aufgabe nicht an	• kann als Erster eine richtige Antwort im Gesprächskreis geben
	• entdeckt beim Nachbarn ein neues Wort, das verwandelt werden kann und meldet sich

- macht die Mathematik- statt die Deutschaufgabe
- wird ermahnt, weil er zu laut ist und stört
- wirkt desinteressiert
- malt während der Erklärung des Arbeitsblattes
- beginnt nicht mit der Arbeit am Arbeitsblatt, sondern arbeitet im Mathematikheft weiter
- schreibt schnell noch etwas, als deutlich wird, dass die Arbeitsblätter eingesammelt werden...

- kommt nicht dran und schaut vor sich hin
- beginnt sofort das Arbeitsblatt zu bearbeiten und will sein Blatt vorzeigen
- ist enttäuscht, weil andere ihm zuvorkommen...

Bei beiden Kindern wurde eine Hochbegabung diagnostiziert. Es kann und soll hier nicht analysiert werden, aus welchen Gründen Malte ein ganz anderes Verhalten zeigt als Robert. Deutlich wird an diesem Beispiel jedoch, wie unterschiedlich sich zwei Kinder mit einer Hochbegabung im selben Unterricht, derselben Lehrkraft und denselben Anforderungen verhalten können. Sowohl Malte als auch Robert zeigen seit dem ersten Schuljahr durchgängig ein ähnliches Verhalten wie hier skizziert, wobei sich Malte durch entsprechende Lehrerinterventionen inzwischen sehr viel länger auf eine Sache konzentrieren kann.

Moritz und Andi
Beide Jugendliche besuchen das 7. Schuljahr eines renommierten Gymnasiums in einer Großstadt. Die Eltern beider Jungen sind Hochschullehrer.

Beobachtung in einer Chemiestunde
(Thema: Oxidation)

Moritz	Andi
• meldet sich und gibt eine richtige Antwort • hört aufmerksam zu • meldet sich wieder, wird jedoch nicht aufgerufen • wendet sich dem zu, der aufgerufen wird	• schaut aus dem Fenster • zeichnet Figuren in sein Heft • schaut in die Luft • wird aufgerufen, zuckt ohne Worte mit der Schulter • L. fordert ihn energisch auf, zu antworten; er sagt gelangweilt: „Ich weiß es nicht!"

- da dessen Antwort falsch ist, meldet er sich nochmals, wird aber wieder nicht aufgerufen
- L. baut einen Versuch auf
- meldet sich zum Helfen und geht nach vorne
- misst die richtige Menge ab
- schreibt in sein Heft
- ist schnell fertig und unterhält sich mit seinem Nachbarn...
- wirkt so, als würde ihn der Ärger des Lehrers nicht berühren
- schaut wieder gelangweilt aus dem Fenster
- zeichnet Figuren in sein Heft ....

Bei Moritz und Andi wurde ebenfalls eine Hochbegabung diagnostiziert. Moritz' Lieblingsfach ist Chemie, aber auch in allen anderen Fächern zeigt er sehr gute bis gute Leistungen. Da er die Englischlehrerin nicht mag, hat er in diesem Fach nur durchschnittliche Leistungen. Er geht gerne in die Schule, macht seine Hausarbeiten sehr zügig, um Zeit für den Computer zu haben (Herstellen von Musikstücken, Erstellen einer Datenbank, PC-Spiele etc.).

Andi findet an der Schule nur die Pausen gut, da er dann Fußball spielen kann. In allen anderen Fächern produziert er sich als Klassen-Clown. Im Fach Chemie ist das nicht möglich, da der Lehrer sehr streng ist. Andis Leistungen sind durchgängig gerade noch ausreichend oder mangelhaft.

Mario

Mario besucht das 7. Schuljahr einer Hauptschule. Er ist als kleines Kind mit seiner Mutter und seiner Schwester aus Kroatien nach Deutschland gekommen. Die deutsche Sprache beherrscht er relativ gut, er hat sich jedoch eine nuschelige Sprechweise angewöhnt, vielleicht um Sprachschwierigkeiten zu überdecken. Mario schwänzt häufig die Schule, seine Leistungen liegen durchweg im unteren Bereich. Auf die Frage, weshalb er in der Schule so schlecht ist, obwohl er doch ein „kluger Junge" sei, antwortet er prompt: „Ja, ich setze meine Intelligenz eben nicht ein!" Ansonsten kann er im Gespräch sehr schnell Zusammenhänge erkennen und treffend beschreiben. Im Laufe der Zeit hat sich bei Mario eine ausgeprägte Begabung im zeichnerischen Bereich herauskristallisiert. Er zeichnet viele Stunden konzentriert ohne Vorlage Comics. Von seinem spärlichen Taschengeld kauft er sich teure Kohlestifte und Papier. Außer der Kunstlehrerin nimmt in der Schule niemand von dieser Begabung Notiz. Die städtische Kunstschule kann die Mutter nicht finanzieren. Mario möchte Graphiker werden, weiß aber, dass er auf keine weiterführende Schule gehen kann, wenn seine Leistungen weiterhin so schlecht bleiben. Er sagt selbst: „Ich will auf eine Graphikerschule, aber ich bin zu schlecht; die nehmen mich da nicht – Mathe und Englisch, ich kann das, aber ich hab keinen Bock – ich baue einfach zu oft Mist".

Julian und Rebecca

Julian und Rebecca besuchen eine Integrationsklasse im dritten Schuljahr[5]. Julian ist ein zierlicher, eher stiller Junge. Die Eltern sind beide Lehrer. Er ist in allen seinen Bewegungen bedächtig, langsam und macht oft einen eher abwesenden Eindruck. Julian nutzt jede Gelegenheit, um sich mit einem Buch in die Sofaecke zu verziehen. Wenn er im Sitzkreis aufgefordert wird, sich zu äußern, spricht er langsam, nachdenklich und eher leise. Zu schriftlichen Arbeiten braucht er lange, versieht sie jedoch mit äußerst witzigen Zeichnungen und Bemerkungen am Rand. Er konnte schon vor Schuleintritt lesen, im Zahlenraum bis 1000 addieren und subtrahieren. Julian ist in allen seinen Tätigkeiten von teilweise aufreizender Langsamkeit, z. B. beim Umkleiden zum Sport. Meist vergisst er die Turnschuhe oder lässt ein Kleidungsstück liegen. Der offene Unterricht gibt ihm die Möglichkeit, sich selbst zu beschäftigen, dennoch ist ihm offensichtlich häufig langweilig. In der Projektarbeit blüht Julian auf. Er entwickelt witzige und interessante Ideen, wälzt Bücher und schreibt lange Artikel. Er beschäftigt sich gerne und mit viel Geduld mit einem der Jungen mit einem Down-Syndrom. Julian zeigt keinen Ehrgeiz, er will auch in keiner Situation in den Vordergrund treten.

Rebecca ist ein eher kräftiges und lebhaftes Mädchen. Der Vater ist Hochschullehrer, die Mutter Lehrerin. Rebecca konnte vor Schulbeginn lesen und löste im zweiten Schuljahr bereits Bruchrechenaufgaben. Sie kann es schlecht aushalten, wenn die Lehrerin einen Fehler macht oder sich verspricht und verbessert sie sofort. Sie hat jedoch unendlich viel Geduld mit den Kindern mit Down-Syndrom. Sie versteht ihre Sprache am besten und kennt ihre Bedürfnisse. Rebecca erweckt nicht den Eindruck als würde sie sich langweilen, denn sie findet immer etwas für sich zu tun, vermutlich auch deshalb, weil sie immer bereit ist, Verantwortung für andere Kinder zu übernehmen. Sie bringt in allen Fächern – außer Sport – überragende Leistungen und ist von ihren kognitiven Fähigkeiten her mit dem Stoff der Grundschule unterfordert. Ihr Bedürfnis, *immer* perfekt zu sein, ist groß und bereitet ihr Probleme. Hat sie den Eindruck, eine Sache nicht so gut gemacht zu haben, leidet sie sehr darunter. Auch wenn sie ihren Willen nicht durchsetzen kann, „schmollt" sie und zieht sich zurück. Dann gelingt es meist nur einem Kind mit Down-Syndrom, sie wieder aus ihrer „Schmollecke" zu holen. Rebecca zeichnet sich durch Perfektionismus und Selbstkritik, wie auch durch einen ausgeprägten Gerechtigkeitssinn und Ehrgeiz aus.

An dieser Stelle soll zunächst die Erkenntnis genügen, dass es im schulischen Alltag keineswegs einfach ist, eine Hochbegabung zu erkennen, wie es die in den Medien verbreiteten Merkmalslisten suggerieren. Das erschwert die schulische Förderung der offensichtlich in hohem Maße unterschiedlichen Kinder und Jugendlichen mit einer besonderen Begabung.

3.3 Hochbegabtenförderung

3.3.1 Schulische Förderung

Auf dem 6th World Council for Gifted and Talented Children in Hamburg wurde kontrovers diskutiert: Unter dem Hinweis auf die internationale Konkurrenz geriet vor allem die Frage der Hochbegaben*förderung* zum Politikum (vgl. Schmalohr 1992, S. 57ff). Unterschiedliche Interessen standen sich gegenüber: Zum einen die Sorge um hochqualifizierten Nachwuchs und zum anderen die Warnung vor einer neuen Begabungsideologie und der Vergötzung von Hochleistung. Die Diskussion ist bis heute vielschichtig. Zu den beiden bereits genannten Argumentationssträngen kommt verstärkend die Problematik des verhinderten Hochbegabten (*Underachiever*) hinzu. Wie Schmalohr feststellt, ist kein Konsens zu erzielen, da drei „Gerechtigkeitsdiskurse" konstruiert wurden: *„(...) zur politischen Förderwürdigkeit, pädagogischen Förderbedürftigkeit* und zum *persönlichen Förderanspruch"* (Schmalohr 1992, S. 58).

Schmalohr zeigt am Beispiel kommunaler Modelle zur Hochbegabtenförderung die Schwierigkeiten auf, einen Konsens zwischen „Spitzenförderung" und „Breitenförderung" zu erzielen. Die „Spitzenförderung" verstößt gegen das Gleichheitsprinzip, weshalb in den Modellen eher für eine angebotsorientierte Breitenförderung in Interessengruppen, in Form von Wettbewerb plädiert wird. Der Wettbewerb bietet jedem die Freiheit, sich nach eigener Entscheidung einer Bewährungsprobe seiner Leistungsbereitschaft zu unterziehen. Da nach dem Gleichheitsprinzip und dem Individualprinzip jeder freien Zugang hat, handelt es sich um eine neue Art Gerechtigkeit, jedoch nicht um eine Hochbegabtenförderung im eigentlichen Sinn, denn Wettbewerb gibt es schon lange (vgl. Schmalohr 1992, S. 60). Konsens besteht heute darüber, dass jeder das Recht hat, seiner Hochbegabung entsprechend gefördert zu werden – wenn die Hochbegabung festgestellt wurde. Der Widerstreit spielt sich zwischen den Erfordernissen des Individuums und den Erfordernissen der Gemeinschaft ab. „In der positiven Ausprägung stehen sich auf der einen Seite die freie Entfaltung nach dem Individualprinzip und auf der anderen Seite die Chancengleichheit im Sinne des Ausgleichs von Benachteiligungen nach dem Sozialprinzip gegenüber. In der negativen Ausprägung kommt es einerseits im Hinblick auf das Individualprinzip zur Form der elitären Isolierung mit einer Ungerechtigkeit im Hinblick auf den Sozialbezug. Auf der anderen Seite führen die Gemeinschaftsinteressen in der Tendenz einer egalitären Gleichmacherei zu einer Ungerechtigkeit gegen das Individuum" (ebd., S. 63). Es besteht die Tendenz, den Begriff der Hochbegabtenförderung durch den Begriff „Begabtenförderung" zu ersetzen und es werden Argumente diskutiert wie: die Förderung der Behinderten darf unter der Hochbegabtenförderung nicht leiden; die gesellschaftlichen Interessen verlieren gegenüber der Förderung des Individuums an Bedeutung (vgl. ebd., S. 64). Der Widerstreit scheint derzeit noch nicht aufhebbar zu sein.

Konsens zwischen Bildungspolitikern und Wissenschaftlern besteht jedoch darüber, dass SchülerInnen mit einer Hochbegabung schulische Förderung erfahren *müssen*. Es geht dabei vor allem um die Weckung, Stimulierung und Entwicklung von besonderen Interessen und Begabungen in Form einer „Sonderpädagogik", die das individuelle Lernen in den Mittelpunkt rückt. Gallagher fordert vehement differentielle Curricula für Hochbegabte, die eine Differenzierung der Ziele, Inhalte und Unterrichtsstrategien ermöglichen (Gallagher 1982, s. 143ff). Das muss jedoch nicht heißen, dass dies nur in eigenen Schulen für Hochbegabte erfolgen kann.

Über eine Einbeziehung der Hochbegabtenforschung und Hochbegabtenförderung in den Zuständigkeitsbereich der *Sonderpädagogik* wird derzeit ebenfalls kontrovers diskutiert. Wenn sich die Sonderpädagogik in Zukunft der besonderen Problemlage Hochbegabter in der Weise annimmt, dass sie SchülerInnen – unter kompetenter und sonderpädagogischer Berücksichtigung ihrer besonderen Bedürfnislage – in die Regelschulen zu integrieren versucht, kann das durchaus Sinn machen. Bedeutet die Übernahme dieser Personengruppe in die Sonderpädagogik jedoch auch zugleich einen weiteren Ausbau der Sonderschulen um eine „Hochbegabtensonderschule", so sind – wie im Folgenden ausführlich zu zeigen sein wird – erhebliche Zweifel anzumelden. Noch geht der Trend in Deutschland nicht in die Richtung eigener Schulen zur Elitebildung[6], wohl aber einer äußeren Differenzierung innerhalb der Schulen. Das Ministerium in Nordrhein-Westfalen beispielsweise favorisiert unterschiedliche Ansätze der Hochbegabtenförderung: Die zeitliche Beschleunigung des Lernens (Akzeleration) durch frühzeitige Einschulung, Überspringen von Klassen sowie Einrichtung von Profilklassen ab Klasse 7, mit einem erweiterten Unterrichtsangebot (Enrichment). Grundsätzlich soll jedoch daran festgehalten werden, besonders begabte SchülerInnen möglichst innerhalb ihrer eigenen Schulen zu fördern[7] (vgl. Kap. 5.3.2).

Hoch begabte SchülerInnen gehören ebenso wie SchülerInnen mit einer Lernschwierigkeit zu einer Minderheit, auf die die Regelschule sowie die derzeitige Lehrerausbildung nicht zugeschnitten ist. Die traditionelle Schule geht von „DurchschnittsschülerInnen" aus, von denen zu erwarten ist, dass sie die geforderten Leistungen mit gewissen Niveauunterschieden erbringen können. Danach differenziert sich unser Schulsystem und scheint damit den Unterschieden Rechnung zu tragen. Man könnte nun annehmen, dass im deutschen Schulsystem mit der Möglichkeit des Übergangs zu einem Gymnasium bereits nach dem vierten Grundschuljahr Begabtenförderung institutionalisiert sei. Doch dabei darf nicht übersehen werden, dass die Zugangschancen auch heute noch nicht für alle Bevölkerungsgruppen gleich verteilt sind und dass auch im Gymnasium nicht zwangsläufig besondere Begabungen gefördert werden. Da im folgenden Kapitel die Selektionsthematik näher analysiert wird, soll an dieser Stelle der Schwerpunkt auf der Frage liegen, welche *Probleme* sich in der schulischen Hochbegabten*förderung* ergeben.

3.3.2 Das Problem der Nichterkennung

SchulpsychologInnen berichten immer wieder von Fällen, in denen die Eltern von „Problemkindern" Rat suchen, bei denen dann eine Hochbegabung festgestellt wird (vgl. u. a. Stapf/ Stapf 1991). Das Spektrum der Auffälligkeiten, die diese Kinder zeigen, reicht von motorischen Störungen über Störverhalten bis hin zu Leistungsversagen. Die Kinder erhalten keine Gymnasialempfehlung und besuchen Sonder-, Haupt- oder Realschulen, obgleich sie laut Testverfahren einen Prozentrang von 95 und mehr erreichen (d. h. nur 5 % oder weniger aller Gleichaltrigen erbringen gleiche oder bessere Leistungen in diesem Test).

Bei leistungsgehemmten hoch begabten SchülerInnen lassen sich folgende Merkmale beobachten: Die SchülerInnen sind häufig gegen die Schule eingestellt, sie sind unruhig und unaufmerksam, oft gelangweilt, sehr redegewandt, aber im Schriftlichen schwach, gedankenverloren, übertrieben selbstkritisch, zu Gefühlsausbrüchen veranlagt, ungeduldig, bei den Klassenkameraden unbeliebt und geschickt darin, ihre Fähigkeiten nicht zu zeigen. Diese überdecken in der schulischen Situation die anderen bereits genannten Merkmale wie schnelle Auffassungsgabe, Problemlösefähigkeit etc. (vgl. ebd., S. 208ff). Das führt nicht selten dazu, dass hoch begabte Kinder zu Problemkindern werden. Ihre Empfindsamkeit kann so weit gehen, dass sie zu Ängsten und Schulverweigerung führt, wenn sie in eine chaotische Klasse geraten (ebd., S. 202).

Von den hoch begabten SchülerInnen, die eine Beratungsstelle aufsuchen, zeigen 50 % Schulversagen oder schlechte schulische Leistungen, 20 % haben Probleme der sozialen Anpassung (vgl. Feger/ Prado 1998, S. 106).

Vier Kategorien werden im Zusammenhang mit den Schwierigkeiten der Kinder in der Institution Schule genannt:

- „Lernmotivation (Lustlosigkeit, Desinteresse, Langeweile);
- Schulische Probleme (Konzentrationsschwäche, Unterforderung, Leistungsverweigerung);
- Probleme mit Lehrern (mangelndes Verständnis, mangelnde Bereitschaft, auf das Kind einzugehen);
- soziale/emotionale Probleme (Anpassungsprobleme, Isolierung, Aggressionen, Verhaltensstörungen)" (ebd., S. 107).

Die Ursachen für die genannten Probleme liegen in erster Linie darin, dass die Hochbegabung nicht als solche erkannt wird und diese Kinder *unter*fordert werden. Es fällt auf, dass die Symptome denen sehr ähnlich sind, die Kinder bei Überforderung zeigen. Auch die Ursachen für die Probleme, die Stapf/ Stapf zusammenfassen, sind letztendlich dieselben, wie sie auch für Kinder mit Lernproblemen genannt werden, wobei die zu geringen Anforderungen nur durch zu hohe Anforderungen ersetzt werden müssten (1991, S. 209):

- Nichterkennen der Fähigkeiten durch zu geringe intellektuelle Anforderungen;
- fehlende Akzeptanz;
- „Zurechtstutzen" auf ein Mittelmaß;
- starres Festhalten an einer Didaktik, die die Langeweile und das Desinteresse der Kinder vergrößert und Unterbinden von originellen Lösungsmöglichkeiten;
- zu wenig Möglichkeiten, das Können zu zeigen („Ich nehme dich nicht dran, weil ich weiß, dass du es kannst" u. Ä.);
- zu späte Einschulung;
- zynische Zurechtweisungen und lächerlich machen vor den anderen;
- Konkurrenz der Lehrperson mit dem Kind

Rudimentäre Meldungen über die Auswirkungen der Verkennung einer Hochbegabung in den Medien können aber auch dazu führen, dass Eltern zu einem fatalen Schluss veranlasst werden: „Wenn mein Kind in der Schule Probleme hat, wenn es sich langweilt, ist es hochbegabt". Langeweile ist jedoch keineswegs ein Indiz für eine Hochbegabung, sondern eher für einen schlechten Unterricht. Wenn der Unterricht so gestaltet wird, dass die besonderen Begabungen und Interessen der Kinder Berücksichtigung finden und jedes Kind sich gemäß seiner Begabungen frei entfalten kann, sind aufgrund bisheriger Forschungsergebnisse keine Probleme zu erwarten (vgl. Kap. 1.3.2). Freeman stellte z. B. fest, dass Kinder, die als hochbegabt bezeichnet werden und deren Eltern sich einer Organisation für hochbegabte Kinder anschließen, im Vergleich zu ihren gleich begabten Kameraden mehr Problemverhalten zeigen und möglicherweise auch unglücklicher sind. Die Mütter der als hoch begabt eingestuften Kinder sind sehr viel ehrgeiziger als die Mütter der gleich begabten Kinder aus der Kontrollgruppe und häufig mit ihrer eigenen Erziehung nicht zufrieden. Freeman sieht aber auch, dass eine mögliche Quelle für Schwierigkeiten das frühe Lesen sein könnte, das den Kindern beim Schuleintritt das Gefühl geben kann, nicht willkommen zu sein. „Es ist möglich, daß der nicht seltene Widerspruch zwischen individueller Fähigkeit und pädagogischer Erwartung eine ständige Quelle für emotionales und intellektuelles Unbehagen für ein hoch intelligentes Kind in allen Altersstufen darstellt (...). Enttäuschung über das Erziehungssystem ist manchmal eine unglückliche Folge davon" (Freeman 1982, S. 129). Wie noch ausführlich zu zeigen sein wird, hängt es nicht zuletzt von der Berücksichtigung der Individualität eines Kindes im Unterricht ab, ob es aus den genannten Gründen „unglücklich" wird. Langeweile, zu geringes Lerntempo, kleinliches Stoffangebot und zu kleine Lernschritte können Ursachen für das Auftreten von Problemen sein.

3.3.3 Interpretation der Fallbeispiele

Bei zwei der in den Fallbeispielen vorgestellten Kinder, *Julian und Rebecca*, konnte die weitere Entwicklung beobachtet werden:
Beide Kinder haben sich erfolgreich weiterentwickelt, sie besuchen derzeit das 11. Schuljahr eines Gymnasiums. Sie hatten den Vorteil, in einer Integrationsklasse nach den Prinzipien des Offenen Unterrichts[8] unterrichtet zu werden. So wurde ihren Begabungen und ihren Schwächen (Julians Langsamkeit und Rebeccas Perfektionismus) Rechnung getragen. Es konnte in diesem Unterricht allerdings nicht immer vermieden werden, dass sich Julian langweilte. Für ihn hätte der gesamte Unterricht als Projekt gestaltet werden sollen. In der integrativen Klasse wurde ihm jedoch seine Langsamkeit nicht zum Verhängnis wie es in nicht-offenen Lernsituationen leicht hätte geschehen können und es gab Raum für seine kreativen und witzigen Ideen. Durch die Kinder mit Handicap fühlte er sich in seiner Schwäche verstanden. Er hatte vier Jahre Zeit, in aller Ruhe herauszufinden, wann es wichtig ist, Arbeiten zügig zu erledigen. In der weiterführenden Schule war seine Entwicklung dann so weit fortgeschritten, dass er selbst merkte, wann eine Anpassung an das allgemeine Tempo erforderlich ist, so dass er auch dort ein glänzender Schüler wurde. Als Julian im 8. Schuljahr war, habe ich ihn über seine Einstellung zu seiner Grundschulzeit befragt. Er sagte, dass für ihn die Projekte, vor allem die außerschulischen am wichtigsten gewesen wären, da er selber aktiv werden konnte. Das würde er jetzt im Gymnasium vermissen, dort sei zu viel Theorie. „In der Grundschule war mehr Kreativität möglich. Ich habe mich in der Klasse akzeptiert gefühlt, das Helfen hat mich nicht belastet. Lars[9] war so herzlich, er hat mich immer verstanden und ihn hat meine Langsamkeit nicht gestört".
Rebecca hätte mindestens eine Klasse überspringen können. Dann hätte jedoch die Gefahr bestanden, dass sie sich ausschließlich auf ihre kognitiven Fähigkeiten „reduziert" hätte. Es wäre dann möglicherweise keine Zeit geblieben, ihre soziale und emotionale Intelligenz weiterzuentwickeln. Rebeccas Hochbegabung wäre in jedem Unterricht aufgefallen und sie wäre vermutlich überall eine glänzende Schülerin gewesen, doch sie hätte mit ständigen Zurückhaltungen nicht gut leben können. Es ist zu vermuten, dass Rebecca entweder depressiv oder aufsässig geworden wäre. Sie hätte dann möglicherweise ihre Hochbegabung zugunsten von auffälligem Verhalten „geopfert". Für Rebecca bedeutete die Beschäftigung mit den Kindern mit einer Behinderung Entlastung, denn ihnen gegenüber musste sie nichts beweisen, hier durfte sie „ungestraft" ihre emotionale Seite leben. Auch Rebecca fragte ich, als sie im 8. Schuljahr war, nach ihren Erinnerungen an die Grundschulzeit. Sie sagte: „Ich hatte keine Probleme. Vor allem bei den Projekten habe ich gesehen, dass ich keine Probleme habe, das hat mich beruhigt. Da konnte man in der Gruppe etwas machen und da habe ich am ehesten gelernt, weil ich meine eigenen Gedanken haben konnte und selbstständig war. Ich habe gerne Jakob[10]

geholfen, das war manchmal eine Belastung, aber es war auch interessant. Ich habe mich akzeptiert gefühlt und trotzdem haben wir alles gemeinsam gemacht".

Bei den anderen oben beschriebenen Kindern und Jugendlichen kann derzeit über den weiteren Entwicklungsverlauf nur auf der Basis der oben referierten Forschungsergebnisse spekuliert werden. Robert (2. Schj.) und Moritz (7. Schj. Gymnasium) werden – wenn nicht etwas Unvorhersehbares eintritt – vermutlich als gute oder sehr gute Schüler die Schule durchlaufen. Bei Robert wird es (im Sinne Gardners und Golemans, vgl. 3.1) wichtig sein – neben dem Freiraum für seine intellektuelle Entfaltung –, seine Sensibilität bezüglich des sozialen Geschehens in der Klasse und seinen offensichtlichen Wunsch nach sozialer Integration im Auge zu behalten. Ein Offener Unterricht kann ihm Zeit und Raum für die Weiterentwicklung seines Intellekts *und* seiner „Seele" geben.

Moritz besuchte eine Grundschule, die ebenfalls integrativ und offen arbeitete. Projekte waren für ihn die „Highlights", doch wie bei Julian konnte nicht immer vermieden werden, dass er sich langweilte. Er erhielt in den ersten vier Schuljahren Lernentwicklungsberichte und keine Ziffernzensuren, möglicherweise ist das *ein* Grund für seine stressfreie Einstellung zur Schule. Es besteht derzeit kein Anlass anzunehmen, dass sich diese Haltung im Laufe der weiteren Schulzeit ändern wird. Allerdings findet er den Unterricht im Gymnasium häufig uninteressant, vor allem den Mathematikunterricht. Obgleich er den Stoff mühelos beherrscht, ist seine mündliche Note nur im Durchschnittsbereich. Auf meine Frage, was ihm an der Schule gefällt (er geht gerne in die Schule und kommt fast immer mit guter Laune mittags nach Hause) antwortet er: „Dass ich dort meine Freunde treffe, dass wir Spiele für den PC austauschen können". Auf meinen Einwand, ob ihn denn der Unterricht nicht interessiere, sagt er: „Der könnte schon interessant sein, wenn die Lehrer ihn interessant machen würden. Aber es gibt nur einen Lehrer, der das kann, die anderen können das alle nicht!"

Malte (2. Schj.), Andi (7. Schj. Gymnasium) und Mario (7. Schj. Hauptschule) sind „Risiko-Schüler". Es wird von sehr vielen Faktoren abhängen, wie ihre weitere Schullaufbahn verläuft. Neben dem häuslichen Umfeld, das bei allen drei Jungen nicht unproblematisch ist, wird es auch vom Geschick der Lehrkräfte, den angebotenen Inhalten, der Klassenatmosphäre, der Schule insgesamt abhängen, ob ihnen ihre Hochbegabung dazu verhilft, sich eine Zukunft aufzubauen. Mario wird es nicht schaffen, wenn sich keiner seiner LehrerInnen für ihn persönlich einsetzt, denn er wird von zu Hause nicht genügend Halt und Anregung bekommen. Wenn er seine kreative Seite nicht ausleben kann und in die falsche Clique gerät, besteht bei ihm sogar die Gefahr einer kriminellen Karriere. Andi könnte es gelingen, nach der Pubertät bei verständnisvollen Eltern und Lehrern zu erkennen, dass sich Anstrengung in der Schule doch lohnt. Er bräuchte einen Ausgleich zur Schule, der es ihm erlaubt, seine Begabung in einem bestimmten Bereich auszuleben. Bei Malte ist noch alles offen, denn er ist noch zu jung, um über ein weiteres Verhalten spekulieren zu können. Er wird in der Grundschulzeit weiterhin klare Regelungen, zeitlich limitierte Aufgabenstellungen und persönliche Zuwendung der Lehrperson brauchen. Wenn die Lehrkraft und die Klassengemeinschaft ihn jedoch so auffängt wie bisher und sich seine häusliche Situation stabilisiert, hat er gute Chancen.

3.3.4 Bedürfnisse hoch begabter Kinder und Jugendlicher

Es stellt sich die Frage, ob Hochbegabte besondere Bedürfnisse haben, denen in der Schule Rechnung getragen werden muss. Obgleich Lundy ausführlich in Anlehnung an die hierarchische Ordnung von Bedürfnissen nach Maslow (1970) die spezifischen Bedürfnisse Hochbegabter analysiert und diese Analyse hier kurz zusammengefasst werden soll, scheint Skepsis angebracht, ob diese Bedürfnisse nicht auf alle Menschen gleichermaßen zutreffen (vgl. Lundy 1982, S. 101ff):

1. *Physiologische Bedürfnisse:* Hochbegabte stehen häufig unter einer hohen Erfolgserwartung. Sie müssen früh lernen, mit Ärger angemessen fertig zu werden und ihn nicht gegen die zu richten, von denen sie glauben, dass sie deren Erwartungen evt. nicht zufrieden stellen können bzw. gegen sich selbst (Gefahr einer Depression).

2. *Sicherheitsbedürfnisse:* Hochbegabte sind in besonderer Weise Bedingungen unterworfen, in denen ihre Anstrengungen nur wenig Effekt auf die Resultate zu haben scheinen. Das löst Hilflosigkeit aus. Da sie oft das tun, was typischerweise nicht getan wird, stellen sie häufig einen Mangel an signifikanten Konsequenzen auf ihre Bemühungen hin fest. Es besteht dann die Gefahr, dass sie ihre Bemühungen einstellen.

3. *Zugehörigkeits- und Liebesbedürfnisse:* Das Bedürfnis, in angemessener Weise mit einer *Xenophobie-Reaktion* fertig zu werden, d. h. Hochbegabte werden wegen ihrer ungewöhnlichen Charakteristika mit sehr hoher Wahrscheinlichkeit Furcht, Aversion und/oder Verachtung sowie Neid spüren, die andere Menschen ihnen gegenüber dadurch zeigen, dass sie mit etwas Ungewöhnlichem, Unerwartetem oder Unbekanntem konfrontiert werden. Der hoch begabte Mensch muss lernen, mit diesen Spannungen fertig zu werden.

4. *Wertschätzungbedürfnis:* Das Bedürfnis, eine hohe Selbsteinschätzung zu erreichen und zu erhalten. Ohne einen hohen Selbstwert, ist der hoch begabte Mensch kaum in der Lage, seine Fähigkeiten zu nutzen. Das hoch begabte Individuum hat Fähigkeiten und Neigungen, die zu einem selbst-bejahenden oder selbst-negierenden Feedback beitragen können.

5. *Selbstverwirklichungsbedürfnisse:* Mit effektivem Spielen kann z. B. Stress reduziert und Vergnügen erlebt werden, es kann damit einer Umkehrung der Fähigkeiten und Neigungen in einen schmerzhaften Zwang nach Leistungen vorgebeugt werden.

Interessant ist an dieser Übertragung der Maslow'schen Bedürfnishierarchie auf Hochbegabte, dass bei Missachtung der spezifischen Bedürfnislage tatsächlich die entsprechenden Probleme auftreten, wie von Lundy referierte Untersuchungen zeigen. Das bedeutet, dass es wichtig ist, über diese Spezifika Bescheid zu wissen, ohne jedoch die Situation hoch begabter Kinder zu dramatisieren. Selbstverständlich verschlechtert eine Missachtung dieser Grundbedürfnisse die Situation eines jeden Menschen, unabhängig von seiner intellektuellen Ausstattung.

Besonders ernst zu nehmen ist das Problem, das unter Punkt 3 angesprochen wird, nämlich die Gefühle von Furcht und Neid bei den anderen, aber auch die Schwierigkeit mit anderen auf einer gemeinsamen Ebene zu kommunizieren. Gallagher veranschaulicht anhand eines Beispiels, dass eine hohe Intelligenz einen hohen sozialen Preis haben kann. In einem Roman wird ein geistig zurückgebliebener Mensch vorübergehend durch eine Operation zu einem extrem Hochbegabten. An einer Stelle sagt der Romanheld: „Auf einmal habe ich nun wieder das Gefühl von Scham, das in mir brennt. Diese Intelligenz hat einen Keil zwischen mich und all die Menschen getrieben, die ich einst kannte und liebte. Vormals lachten sie über mich und verspotteten mich wegen meiner Ignoranz und Dummheit; nun hassen sie mich wegen meines Wissens und Verstehens. Was in Gottes Namen wollen sie von mir? Nun bin ich noch mehr allein als je zuvor" (Gallagher 1982, S. 152). Das Bedürfnis hoch begabter Kinder, „normal" zu sein und Freunde zu finden, sollte nicht unterschätzt werden. Einsamkeit kann zu „underachievement" führen.

3.4 Risikogruppen

Rost und Wetzel fordern in der Marburger Studie Begabung und Leistung begrifflich voneinander zu trennen, „um durch empirische Forschung diejenigen Bedingungen zu identifizieren, welche dazu führen, daß sich eine hohe intellektuelle Potenz nicht in entsprechende exzellente Leistungen umsetzt, ein Phänomen, das in der Literatur unter der Bezeichnung ‚underachiever' diskutiert wird" (2000, S. 299). Welche Bedingungen vor allem dazu führen, dass sich intellektuelle Potenz nicht entfalten kann, ist noch nicht ausreichend erforscht. Sicher ist jedoch, dass sowohl das Aufwachsen in einer sozial unterprivilegierten Schicht wie auch eine Behinderung Risikofaktoren sind. Dabei soll nicht ausgeschlossen werden, dass bestimmte Familienkonstellationen, Streit in der Familie (unabhängig vom Sozialstatus), einschneidende Erlebnisse (Tod eines Elternteils, ein Unfall), Scheidung der Eltern, ein rigides Erziehungsverhalten der Eltern, zu hohe oder zu geringe Erwartungen, seelische Verwahrlosung und anderes mehr Faktoren sein können, die zu einem „underachievment" führen.

Im Folgenden soll jedoch nur auf die Aspekte der Schichtproblematik und der Behinderung in Bezug auf Hochbegabung näher eingegangen werden.

3.4.1 Hochbegabung und soziale Unterprivilegierung

Die Berliner Begabtenschulen in den zwanziger Jahren zeichneten sich – wie schon erwähnt – vor allem dadurch aus, dass sie in erster Linie die begabten SchülerInnen förderten, die nicht die finanziellen Mittel hatten, eine höhere Schule zu besuchen (Moede u. a. 1919). Die Bemühungen der Berliner Begabtenschulen um begabte Kinder aus den unteren Schichten können auch heute noch als vorbildlich angesehen werden – allerdings soll dahingestellt sein, ob es gerade heute notwendig ist, eigene Schulen zu etablieren, um auch diesen Kindern gerecht zu werden.

Faktoren, die die Entwicklung einer besonderen Begabung be- oder verhindern können (nicht müssen!) sind u. a. (Mira 1982, S. 224):

- Ein ärmlicher Familienhintergrund;
- geringe kulturelle Stimulation;
- sozialer Druck in Richtung auf Konformität;
- der Mangel an Gelegenheiten, besondere Talente zu üben;
- das Versagen der Schulen, die potentielle Begabung zu erkennen;
- niedrige Erwartungen von Eltern und/oder Lehrern.

Mit Konflikten beladene Interaktionen mit der Umgebung, soziale Konflikte, gespannte Familienverhältnisse, inkonsequente elterliche Erziehung und Frustrationen, wie sie in unterprivilegierten Familien gehäuft auftreten, können auch dazu beitragen, Kinder unsicher und ängstlich gegenüber ihren eigenen Fähigkeiten zu machen.

Nicht zu unterschätzen ist auch die immer noch bestehende Tatsache, dass ein Unterschied in der sozialen Herkunft zwischen dem Kind und der Lehrperson besteht. Schumacher stellt in einer Untersuchung fest, dass das herausragende LehrerInnenmilieu das „liberal-intellektuelle" Milieu ist (Schumacher 2000, S. 120). Das bedeutet, dass LehrerInnen bewusst reflektieren müssen, dass Kinder aus unterprivilegierten Schichten ihre Interessen, Begabungen und Talente möglicherweise anders ausdrücken, als von ihnen erwartet wird.

Ein Leben in Armut kann unmittelbare Auswirkungen auf die schulische Sozialisation eines Kindes und Jugendlichen haben wie u. a. Diskriminierung aufgrund der Wohngegend, gesundheitliche Schädigungen aufgrund vitaminarmer Ernährung, reduzierte Anregungen, psychosoziale Probleme z. B. durch überhöhten Alkoholkonsum, zu frühe Verantwortung für die Familie (vgl. Graumann 2001a). Gerade in Bezug auf SchülerInnen, die in Armut leben, zeigt sich die Chancenungleichheit der schulischen Bildung deutlich. Damit geht einher, dass besondere Begabungen, die diese Kinder haben (vgl. Fallbeispiel Mario) entweder gar nicht erkannt und gefördert werden, oder aufgrund psychischer Labilität nicht zum Tragen kommen können.

Mira stellt fest, dass Unterschichtkinder eher dazu neigen, von Organisationen, Personen und Institutionen abhängig zu sein, die ihre Bedürfnisse treffen. Sie sind jedoch unsicher in ihren Möglichkeiten, Fähigkeiten zu entwickeln und Erfolg zu haben (Mira 1982, S. 226). Entscheidend ist das Vertrauen, das die Kinder in sich selbst haben müssen und das sie aufgrund ihrer häuslichen Situation und sozialer Diskriminierung oft nicht entwickeln können.

Das Ergebnis einer Feldstudie mit kulturell und sozial deprivierten SchülerInnen in Israel brachte u. a. das Ergebnis, dass die Bewertung durch den Lehrer von den Hintergründen der Schüler, d. h. vom sozialen Status der Familie, beeinflusst wird. „Die Fähigkeiten von Schülern, die einer hoch respektierten Familie angehören, werden immer registriert, die Fähigkeiten von anderen seltener" (Bien 1982, S. 236). Es zeigte sich auch, dass das Verhalten der LehrerInnen besonders die Entwicklung kreativer Fähigkeiten entweder stimuliert oder blockiert. LehrerInnen, die sich nicht über den geistigen Hintergrund ihrer SchülerInnen, die persönlichen Interessen, Erfahrungen und den Wissensumfang informierten, konnten besondere Begabungen auch nicht wahrnehmen. Interessant ist auch die Feststellung, dass SchülerInnen, deren hohes kreatives Potential von den GrundschullehrerInnen nicht erkannt wurde, als störende Persönlichkeiten in den weiterführenden Schulen wahrgenommen wurden (ebd., S. 236 f).

3.4.2 Behinderung und Hochbegabung

Kann es das überhaupt geben? Kann ein Kind gleichzeitig hoch begabt *und* behindert sein? Es gibt in der Tat eine ganze Reihe sehr berühmter hoch begabter behinderter Menschen wie u. a. Helen Keller, die von Geburt an blind, taub und stumm war und dennoch eine begnadete Schriftstellerin wurde oder Stephen Hawking, der derzeit berühmteste Astrophysiker, dessen Gehirn kaum eine Körperfunktion gehorcht. Urban schreibt von ca. 300 000 Kindern im Schulalter in den USA, die sowohl hoch begabt als auch in irgendeiner Weise behindert sind (Urban 1982, S. 206). Menschen mit einer geistigen Behinderung entwickeln häufig schöpferische Talente wie Zeichnen, Malen, Schreiben von Gedichten, Spielen eines Instrumentes. Man kann z. B. bei Lernbehinderten davon ausgehen, dass 1-2 % eine Teilbegabung haben, die sich meist auf künstlerischem Gebiet befindet (Kurth 1992, S. 185). Diese Teilbegabungen rechtzeitig zu erkennen und zu fördern ist von großer Bedeutung, um gerade diesen Kindern eine Möglichkeit zu geben, ihr Selbstwertgefühl und die allgemeine Motivation zu steigern. Das setzt bei den Lehrenden allerdings voraus, dass sie ihr Augenmerk nicht auf die Defizite, sondern auf die Ressourcen richten, die die Behinderten mitbringen.

Es ist schwierig, festzulegen, wann ein behindertes Kind als hoch begabt zu bezeichnen ist. Corn berichtet von unterschiedlichen Ansätzen der Identifikation wie (vgl. Corn 1982, S. 209f):

• Behinderte Kinder werden als hoch begabt angesehen, wenn ihre Testleistungen denen begabter durchschnittlicher Kinder entsprechen.

- Die behinderten Kinder werden nur untereinander verglichen (z. B. spezielle Olympiaden für Retardierte o. Ä.).
- Die Talente und Begabungen eines behinderten Individuums müssen gleich und gleichzeitig denen anderer hoch begabter und talentierter Individuen überlegen sein, um Anerkennung zu gewinnen.
- Hoch begabte Behinderte können auch solche sein, die Schwierigkeiten haben, mit ihrer Hochbegabung in einer nicht-hoch begabten Welt fertig zu werden.

Corn stellt jedoch fest, dass kein einzelnes Kriterium angemessen zu sein scheint, ein Kind als hoch begabt einzustufen. Er fordert eine enge Zusammenarbeit der Sonder- und der Hochbegabten-Pädagogik.

Für behinderte Hochbegabte zeigt sich als besonderes Problem, dass sie lernen müssen, mit den Reaktionen der Umwelt auf die Hochbegabung (s. die bereits erwähnte Xenophobie) sowie mit ihrer Behinderung umzugehen. In einem Interview berichtet z. B. ein 26jähriger blinder Mann mit einem IQ von 150, dass er sich in einen „menschlichen Computer" verwandelt hätte, wenn soziale Belastungen und Spannungen auftraten, da er es auf diese Weise den anderen erlaubte, eher auf seine übergroßen Fähigkeiten zu reagieren als auf seine Behinderung (ebd., S. 211).

„Der Gedanke, daß eine Begabung von Natur aus die Behinderung überwindet, ist ebenso unzutreffend, wie zu glauben, daß die Behinderung jemandes Chancen, eine besondere Begabung oder ein Talent zu nutzen, zerstört. (...) Jede Hilfe und Beratung für das hochbegabte behinderte Kind muß darauf hinzielen, daß das Kind darin erfolgreich ist, seine Begrenztheit und Eingeschränktheit in weiter Perspektive und seinen Selbstwert in all seinen Fähigkeiten zu sehen. Das Vertrauen muß aus dem Kinde selber kommen" (ebd., S. 212). Auf die Frage, „Können sie sich selber als einer betrachten, der beide Merkmale hat, sowohl hochbegabt als auch behindert zu sein?" antwortete ein junger Mann mit einer Behinderung, der gerade in Philosophie promoviert hat: „Das ist eine schwierige Kombination, eine Mischung. Ich glaube, der Intellekt entwickelt sich zuerst und zu schnell, während die Behinderung die soziale Entwicklung verlangsamt. Diese Diskrepanz wächst weiter. Ich versuche nun, mit mir selber fertig zu werden" (ebd., S. 212). Corn fordert daher abschließend: „Die Begabung fördern, ohne die Behinderung zu verleugnen" (ebd., S. 214).

3.5 Lehrerbildung

In den bisherigen Ausführungen wurde immer wieder deutlich, welche bedeutende Rolle die LehrerInnen im Erkennen, sowie in der Herausbildung und Förderung von Begabungen spielen. Es kann die Persönlichkeit der Lehrperson, ihr Unterrichtsstil, ihre Didaktik, ihre Zielvorstellungen, ihre Kenntnis von der Individualität der einzelnen SchülerInnen ausschlaggebend dafür sein, ob ein Kind seine Begabungen, Talente und Interessen entwickeln kann oder nicht, d. h., ob es als hoch begabt eingestuft und entsprechend gefördert wird oder ob seine Begabungen eher verkümmern. Die Forderung, Lehrer für Hochbegabte zu trainieren ist daher nicht aus der Luft gegriffen. Bei einer Befragung von 21 Experten aus dem Bereich der Hochbegabtenerziehung stellte sich heraus, dass die Auswahl und das Training von Lehrern noch wichtiger ist als ein besonderes Curriculum.

Es wurden Merkmalslisten erstellt, die einen guten Lehrer für Hochbegabte kennzeichnen sollten wie z. B. (vgl. Addison 1982, S. 198):

- Höchst intelligent, flexibel, kreativ, selbstvertrauend, humorvoll, fair, effektiv, ordentlich und systematisch, anregend und phantasievoll;
- eher Feedback als Beurteilung gebend;
- große Spannweiten von Interessen;
- Bereitschaft, zusätzlich Zeit und Anstrengung zu investieren;
- fähig, alternative Lernstrategien mit mehr Möglichkeit, das Ziel zu erreichen, bereitzustellen;
- Selbstwert bei den SchülerInnen fördernd;
- positive Einstellung gegenüber den SchülerInnen;
- eher prozess- als produktorientiert;
- Liebe zum Lernen und den Wunsch, Lernen fortzusetzen.

In den USA (Florida) werden Lehrer in einem Modell einem eigenen Training unterzogen, in dem das Wissen und die Fertigkeiten vermittelt werden, die „Lehrer für Hochbegabte" brauchen. Diese Trainingsprogramme werden im Bereich der Sonderpädagogik durchgeführt. Lehrer für Hochbegabte erhalten eine besondere Qualifikation wie Lehrer für z. B. Lernbehinderte.

Es sind Kompetenzen wie (ebd., S. 202):

- „Kenntnisse über Natur und Bedürfnisse von Hochbegabten;
- Fähigkeit bei der Verwendung von Einschätzungsdaten und Fallstudien-Techniken;
- Fähigkeit in Gesprächsführung und Beratung;
- Fähigkeit der Verwendung verschiedener Lernstrategien, wie z. B. Simulation, gruppendynamische Arbeit und Kreativitätstraining;
- Fähigkeit, Lernmöglichkeiten für alle möglichen Kognitionsniveaus bereitzustellen;
- Fähigkeit, kognitive und affektive Dimensionen in Beziehung zu setzen;
- Kenntnisse über neue Entwicklungen im Bereich der Erziehung;
- Kenntnisse neuerer Forschungen im Bereich der Hochbegabung".

Es fällt auf, dass dies Merkmale sind, die doch eigentlich jeden Lehrer auszeichnen sollten!

In Deutschland ist man (noch?) nicht so weit, Lehrer für Hochbegabte im Bereich der Sonderpädagogik auszubilden. Es ist allerdings zu fragen, ob dies tatsächlich Sinn macht und ob es nicht doch möglich sein sollte, die Problematik der Hochbegabung in die allgemeine Lehrerausbildung als verbindlich einzubeziehen. Rost plädiert jedenfalls – als Fazit der Marburger Längsschnittstudie – dafür, *Methodik und Didaktik innerer Differenzierung* in der Lehrerausbildung stärker zu verankern: „Eine pädagogische Konzeption von Begabungsförderung, in deren Mitte eine experimentelle Atmosphäre im Klassenzimmer steht, die sich durch vielfältige Lernangebote und differenzierte Arbeitsmaterialien auszeichnet, die durch reichhaltige Lernansätze über die ganze Breite und Tiefe des Lehrstoffs hinweg gekennzeichnet ist, die sich durch Einfallsreichtum, Engagement und Flexibilität gut ausgebildeter Lehrer auszeichnet und in der Lehrer und Eltern zum Nutzen aller miteinander kooperieren, hat noch keinem geschadet, auch nicht den Hochbegabten" (Rost 1993, S. 212).

Ein wichtiger Punkt ist vor allem die Notwendigkeit von differenzierenden Instruktionen bei unterschiedlichen Arten von hoch begabten Kindern. Das bedeutet, dass die Lehrenden über die Lernwege und Lernarten von Kindern mit einer Hochbegabung Bescheid wissen sollten. Eine Reihe von Untersuchungen haben ergeben, dass „wann immer die Art und Weise des Unterrichtens gewechselt wird, verschiedene Kinder zu den besten Lernern und Denkern werden. In ähnlicher Weise stellen sich, wann immer die Verfahren der Ergebnisschätzung bei pädagogischen Experimenten verändert werden, verschiedene Kinder als die ‚Stars' heraus" (Gallagher 1982, S. 58).

Die Forderung, dass LehrerInnen immer ausreichende Kenntnisse über alle denkbaren Lernstrategien von Kindern besitzen, kann zwar erhoben werden, ist aber in der Alltagsrealität eher eine Überforderung. Dies spricht für eine *Methodenvielfalt* in heterogenen Gruppen, die den Kindern die Möglichkeit gibt, ihren eigenen Weg zu gehen (vgl. Kap. 5).

LehrerInnen sollten mit weniger Zurückhaltung Schulpsychologen u. a. heranziehen, wenn sie bei einem Kind ein Verhalten beobachten, das sie nicht einordnen können. Da es noch nicht Teil der Ausbildung ist, Diagnosen für eine Hochbegabung, eine Verhaltensstörung oder eine Lernbehinderung zu erstellen, vergibt sich keine Lehrkraft etwas, wenn sie Hilfe von außen holt. Auch wenn es pathetisch klingen mag, so muss doch gerade auch im Hinblick auf die große Zahl an nicht diagnostizierten Hochbegabungen und die Gefahr des „underachievment" bedacht werden, dass es um die Zukunft von Kindern geht, die nicht zuletzt auch in den Händen von Lehrenden in der Schule liegt. Es muss heute mehr denn je davon ausgegangen werden, dass gerade auch in der Grundschule Kinder mit einem erstaunlich hohen Wissensstand sitzen und mit Kenntnissen, die sie *nicht* mit ihren LehrerInnen teilen können. Es mag sich oft um „Halbwissen" handeln und die Kenntnisse mögen sich auf die Technik der neuen Medien beziehen. Doch zum einen gilt es ja, gerade dieses „Halbwissen" in fundierte Bildung zu überführen – und dazu müssen auch die LehrerInnen ausreichend fundiert gebildet sein – und zum anderen werden die Kinder von heute mit den neuen Medien und deren Weiterentwicklung auch noch morgen leben. Wenn Lehrende auf die Zukunft hin lehren und erziehen, dann muss auch von ihnen verlangt werden, sich mit dem auseinander zu setzen, was die Kinder in der Zukunft voraussichtlich erwartet. Ignoranz – auf welchem Gebiet auch immer –, können wir uns in der Schule weniger denn je leisten – auch nicht in der Grundschule. Die Auseinandersetzung mit Hochbegabung in der Lehrerausbildung könnte dazu verhelfen, das Niveau insgesamt anzuheben.

4. Selektion und Segregation versus Integration oder Homogenität versus Heterogenität

4.1 Die Selektionsfunktion der Schule

4.1.1 Entwicklung schulischer Selektion

Integration heißt Wiederherstellung eines Ganzen oder soziologisch erklärt: „Verbindung einer Vielheit von einzelnen Personen oder Gruppen zu einer gesellschaftlichen Einheit"[1]. *Segregation* kann als das Gegenteil von Integration definiert werden, als Abtrennung aus dem Ganzen, als „Absonderung einer Menschengruppe aus gesellschaftlichen, eigentumsrechtlichen oder räumlichen Gründen" (ebd., 1966, S. 641), während *Selektion* als auslesende Funktion definiert werden kann, die die Schüler in unterschiedliche Gruppen, Klassen, Ränge verteilt und jeweils platziert[2].

Weder die Frage nach der Bedeutung schulischer Selektion, schulischer Integration noch schulischer Segregation für die menschliche Entwicklung ist eine rein pädagogische Frage. Man kann sogar sagen, dass es in der Schulgeschichte bis heute den Anschein hat, als würden pädagogische Argumente die geringste Rolle bei der Entscheidung spielen, ob Kinder von der Teilnahme an der Vermittlung unserer Kultur durch Erziehung und Bildung ausgeschlossen werden, ob allen Kindern bis zu einem bestimmten Alter eine gemeinsame grundlegende Bildung vermittelt werden soll oder ob bestimmte Kinder eine ‚gesondert' vermittelte und inhaltlich reduzierte Bildung erhalten sollen. Es sind und waren in erster Linie gesamtgesellschaftliche Strukturen sowie wirtschaftliche und politische Interessen verantwortlich für derartige schulische Entwicklungen. Auch die Frage nach dem Ausmaß an Selektion bzw. Integration kann nicht losgelöst von gesamtgesellschaftlichen Prozessen diskutiert werden. Selektion bedeutet in der Schulrealität eben nicht nur Einteilung nach bestimmten Kriterien. Selektion nach Leistungsfähigkeit heißt in unserer Leistungsgesellschaft im Falle des Übergangs zum Gymnasium Prestige, gute Berufschancen, Teilhabe an der Gestaltung der Gesellschaft, während die Überweisung auf eine Sonderschule für Lernbehinderte sozialen Abstieg, gravierend eingeschränkte Berufschancen und in vielen Fällen auch ein Abschieben in die Randständigkeit bedeutet. Selektion kann daher zu Segregation im Sinne von Aussondern und Absondern führen. Dies zieht Folgen nach sich, die vor allem in der Zeit der Bemühungen um Chancengleichheit, also in den 60er und

70er Jahren, vielfach beschrieben worden sind wie: Entstehung eines Teufelskreises, Stigmatisierung und ihre negativen Folgen (Goffman 1967), Verminderung der Chancen auf einen Arbeitsplatz, institutionelle Etikettierung, soziale Deprivation, psychische Belastung, Einschränkung der persönlichen Freiheit.

Feuser zeigt einen aus sechs Momenten bestehenden Reproduktionszirkel des selektierenden und segregierenden Erziehungs-, Unterrichts- und Bildungssystems auf, der erst aufgebrochen werden muss, wenn es tatsächlich eine Schule für alle Kinder geben soll. Er benennt diese Momente wie folgt:

1. *„Selektion* der Kinder und Jugendlichen nach normwertorientierten Leistungskriterien im gesellschaftlichen Vor- und Umfeld der Erziehungs- und Bildungsinstitutionen, wesentlich aber durch diese selbst;

2. *Segregation* der Kinder und Schüler im Sinne ihres Verweises in verschiedene Schulformen und Bildungsgänge und Ausschluss Behinderter aus regulären Lebens- und Lernfeldern und Einschluss in Sonderinstitutionen;

3. *Atomisierung* behinderter Kinder und Schüler in defekt- und abweichungsbezogener Weise und dadurch Konstituierung einer ‚Andersartigkeit' i. S. von Behinderung als individuelle, ihrem ‚inneren Wesen' eigene Kategorie – mit der Folge teils hochgradiger ‚Isolation' und gravierender Beeinträchtigung der Persönlichkeitsentwicklung; (...)

4. *Homogenität* der Lerngruppen/Klassen i. S. des dogmatisch verhärteten Vorurteils, in homogenen Gruppen besser lehren und lernen zu können, mit der Folge extremer Ausdünnung sozialer Vielfalt und vielfältiger Handlungskompetenzen und Problemlösungsstrategien, was als ‚Chancengleichheit' für die Betroffenen, als ‚behinderungsspezifische' Notwendigkeit und mit dem scheinbaren Erfordernis eines ‚Schonraums' verbrämt wird;

5. *Äußere Differenzierung,* angeblich als Versuch, der individuellen Vielfalt an Lernvoraussetzungen und -möglichkeiten gerecht zu werden; im historischen Prozeß der Schulentwicklung mit der Folge der Konstituierung verschiedener ‚Segregation' bestätigt wie diese wiederum bedingt (2) und durch

6. *Reduktionistisch verengte und parzellierte Bildungsangebote und Lehrpläne* in Kombination mit deren Zuordnung zur ‚Äußeren Differenzierung' im Sinne schulform- und schulstufenbezogener individueller Curricula (5) das ‚Bildungsprivileg' als zentrales Moment der Herrschaftssicherung wahrt, was wiederum die ‚Selektion' bestätigt und bedingt (1)" (Feuser 1995, S. 166).

Äußere Differenzierung, reduktionistische Bildungsangebote sowie festgelegte Lehrpläne hält Feuser für den „harten Kern" der Selektion und Segregation. Wie jedoch lässt sich dieser ‚Reproduktionszirkel' erklären?

Selektion wird als genuine Aufgabe von Schule an sich gesehen, sie manifestiert sich in der äußeren Differenzierung in unterschiedlichen Schulformen wie Gymnasium, Realschule, Hauptschule, Sonderschule, Berufsbildende Schule. Entscheidungskriterium für den Besuch einer dieser Schulen ist in erster Linie die kognitive Leistung. Wenn das oberste Ziel von Schule – neben anderen Zielen wie dem Erwerb von sozialen Fähigkeiten, um in einer demokratischen Gesellschaft leben zu können – in erster Linie kognitive Qualifizierung ist, so kann die *Konsequenz* bzgl. der Schulstruktur im jeweiligen Extrem zum einen sein:

- Größtmögliche Homogenität bezüglich des Alters (= Jahrgangsklasse) und
- größtmögliche Homogenität bezüglich der Leistungsfähigkeit (= differenziertes Schulsystem).

Die Konsequenz kann zum anderen aber auch sein:

- Heterogenität bezüglich des Alters (= Jahrgangsübergreifender Unterricht) und
- Eine Schule für alle Kinder möglichst bis zum 10. Schuljahr.

Um es gleich vorwegzunehmen: Es gibt bis heute keine Untersuchung, die Vorteile bzw. Nachteile der einen gegenüber der anderen Variante eindeutig nachweisen könnte. Das sollte jedoch nicht dazu verleiten, anzunehmen, dass es beliebig sei, Homogenität oder Heterogenität im Schulsystem anzustreben, denn je nach Schwerpunkt der Zielsetzung ist das eine oder andere Konzept wirkungsvoller. Z. B. können allgemeine Ziele wie das Lernen demokratischer Verhaltensweisen in einer Gesellschaft der Vielfalt besser in einem heterogen zusammengesetzten Lernverband erreicht werden.

Diese Thesen werden nun im Einzelnen unter Rückgriff auf die Entwicklung des Lernens in der Institution Schule näher erläutert.

Schulisches Lernen war Ende des 19. Jahrhunderts für alle Kinder obligatorisch geworden, die Schule hatte aufgrund der veränderten Anforderungen der Wirtschaft an Bedeutung gewonnen. „Die starre ständische Gesellschaftsordnung wurde allmählich abgelöst von einer Gesellschaftsstruktur, die durch soziale Differenzierung anhand des Kriteriums Bildung und durch soziale Mobilität gekennzeichnet sein sollte" (Inckemann 1997, S. 188). Schulische Abschlüsse wurden eine wesentliche Voraussetzung zur Ergreifung eines Berufes. Als historischer Kristallisationspunkt kann die bereits erwähnte Reichsschulkonferenz von 1920 bezeichnet werden. Im Zuge des Zusammenbruchs des Kaiserreichs und des Versuchs des Aufbaus demokratischer Verhältnisse wurde die Herstellung sozialer Gerechtigkeit und die Bereitstellung von Aufstiegsmöglichkeiten begabter Kinder aus weniger begüterten sozialen Schichten angestrebt. Es wurde diskutiert, die soziale Selektivität des Schulsystems durch die Einrichtung eines gemeinsamen Unter- und Mittelbaus bis zum 9. Schuljahr (also einer Art Gesamtschule) zu entschärfen. Diese Konzeption konnte sich jedoch nicht durchsetzen, sie scheiterte am Widerstand der konservativen bürgerlichen Oberschicht. Der Kompromiss war die vierjährige Grundschule (unter Beibehaltung des Jahrgangklassenprinzips) und damit die frühe Selektion.

Eine Zwangsläufigkeit sozialer Selektion ergibt sich nach Luhmann historisch gesehen aus der zunehmenden funktionalen Differenzierung des Gesellschaftssytems. Der Einzelne ist nicht allein durch die Zugehörigkeit zu einer bestimmten Familie in die Gesellschaft eingeordnet, Individualität wird jetzt nicht mehr über den „Standort" (status) definiert, sondern das Individuum wird als sich selbst bestimmendes Subjekt aufgefasst (Luhmann 1986, S. 161/162). Dadurch erst wurde zum einen für die unteren sozialen Schichten die Möglichkeit eines sozialen Aufstiegs durch Schulbildung prinzipiell eröffnet – was als bahnbrechender gesellschaftlicher Fortschritt gesehen werden kann –, zum anderen aber auch die Funktion der Schule als Selektionsinstanz geprägt, mit allen negativen Auswirkungen sozialer Selektion. Luhmann weist darauf hin, dass soziale Selektion zu Unrecht als eine gesellschaftlich aufgezwungene, erziehungsfeindliche Aufgabe dargestellt wird. „Soziale Selektion im Erziehungssystem ist ein Vorgang, mit dem das Erziehungssystem Einfluss auf die Umwelt ausübt, und nicht umgekehrt; und nur weil dies so ist, müssen die Programme, die die Selektion steuern, auf Erfordernisse der Umwelt eingestellt werden oder ihnen jedenfalls in gewissem Umfange Rechnung tragen" (Luhmann 1986, S. 160).

Was mindestens seit der Reichsschulkonferenz 1920 angelegt wurde, nämlich den sozialen Stand, in den man hineingeboren wurde, prinzipiell durch Bildung überschreiten zu können, konnte erst nach dem zweiten Weltkrieg tatsächlich umgesetzt werden. Fend spricht davon, dass das Schulsystem zu einem „großen Rüttelsieb" werden sollte, das „zwischen den Generationen eingebaut ist und zu einer Neuverteilung von Lebenschancen führt, indem es den Zugang zu hohen und niedrigen beruflichen Positionen und damit zu Prestige, Macht und Einkommen reguliert" (Fend 1981, S.29). Nach Schelsky war die Schule der 50er/ 60er Jahre zur zentralen sozialen Dirigierungsstelle für die künftige soziale Sicherheit, für den künftigen sozialen Rang und für das Ausmaß künftiger Konsummöglichkeiten und damit zum zentralen bürokratischen Zuteilungsapparat von Lebenschancen geworden (Schelsky 1959, S. 17ff). „Nicht die unverdienten Merkmale der sozialen Herkunft und der Geburt schienen für die soziale Stellung wichtig zu werden, sondern jene der erwerbbaren Leistungsfähigkeit und der Tüchtigkeit" (Fend 1981, S. 31).

Für den Einzelnen verlor die soziale Einbindung den Charakter eines durch die Geburt bestimmten Status und nahm nach Luhmann die Form einer „Karriere" an, wobei der Begriff „Karriere" sehr allgemein und nicht nur auf Stellen und Gehälter bezogen verstanden werden muss. Es sind „positionsverändernde Ereignisse, die in jedem Einzelfalle durch eine Kombination von Selbstselektion und Fremdselektion zustande kommen (...). Karriere ist also nie nur Verdienst und nie nur Schicksal" (Luhmann 1986, S. 162). Die Beeinflussung einer Karriere durch die Kombination von Fremdselektion und Selbstselektion führt dazu, z. B. nicht ‚das Kind' allein oder ‚die Eltern' zum Verursacher einer gescheiterten Schullaufbahn zu erklären. Wodurch aber nun wird in der Schule selektiert? Selektionsentscheidungen sind nach Luhmann Lob und Tadel, Zensuren, Versetzungen bzw. Nichtversetzungen, Zulassungen bzw. Nichtzulassungen zu Kursen oder Schulsystemen (wie z. B. der Übergang in ein Gymnasium). Positive und negative Bewertungen haben weittragende Folgen. Sie werden zu Positionen verdichtet, da sie die Voraussetzungen für die weitere Teilnahme am System formulieren. Eine Selektion setzt andere voraus und ermöglicht wiederum andere. Inwieweit die Folgen von positiven und negativen Bewertungen auch das Selbstwertgefühl und die Selbsteinschätzung des Einzelnen beeinflussen, ist ein anderer Punkt. Das Selbstwertgefühl muss nicht zwangsläufig schwinden. Es besteht jedenfalls die prinzipielle Möglichkeit, dass z. B. die Handlung eines Aussteigers dadurch motiviert ist, dass er sich dem Selektionscode der Schule nicht fügt, ja ihn sogar pauschal abwertet. Darin liegt für Luhmann nicht das Problem der Selektion, denn „auch soziologisch muss ein Aussteiger nicht auf soziale Beziehungen und auf Kommunikation verzichten. Er verlässt nicht die Gesellschaft, sondern nur die Schule" (1986, S. 176). Das Problem liegt in dem Umstand, dass das Erziehungssystem nur zweiwertig (binär) reagieren kann: entweder hat man einen Schulabschluss oder man hat keinen, es gibt keine dritte Möglichkeit. Das bedeutet, dass dem Schulaussteiger nur Karrieren offen stehen, die von seiner Ablehnung nicht betroffen sind, d. h. er kann keine Hochschule besuchen, wenn er kurz vor dem Abitur aussteigt. „Leistungen sind entweder vergleichsweise gut oder vergleichsweise schlecht, aber nicht zusätzlich noch einer dritten Wertung, etwa unter dem Gesichtspunkt sozialen Mitleids oder individuellen Verständnisses, ausgesetzt. Wenn Lehrer hier zu Mogeleien neigen, verhalten sie sich inadäquat und geben den Schülern ein Beispiel für Willkür und Ungerechtigkeit" (Luhmann 1986, S. 178). In genau diesem Dilemma befinden sich jedoch LehrerInnen, wenn sie die Leistungen von SchülerInnen zensieren müssen, von denen sie wissen, dass diese aufgrund ihrer Vorerfahrungen, ihres häuslichen Umfeldes und/oder ihrer persönlichen Probleme die geforderten Leistungen trotz beiderseitiger Bemühungen nicht erbringen können. Wie noch zu zeigen sein wird (s. Kap. 5.7), gibt es im gegenwärtigen System keine wirklichen Lösungen. Luhmann schlägt Förderungsprogramme vor, „die auf der Ebene der Regulierung richtigen Verhaltens die Folgen des Selektionscodes ausgleichen – etwa Sonderprogramme für besonders leistungsstarke und leistungswillige Schüler, die im normalen Schulunterricht zu stark einnivelliert werden, oder Sonderprogramme für kompensatorische Erziehung, die sich um einen Ausgleich von sozialen familialen, eventuell auch schulisch verursachten Benachteiligungen bemühen" (Luhmann 1986, S. 178). Die Wirksamkeit der von Luhmann genannten Maßnahmen waren jedoch schon umstritten, als er sie vorschlug.

4.1.2 Schule tradiert Chancenungleichheit

Bereits seit den 60er Jahren wurden eine Reihe bildungspolitischer Bemühungen in Gang gesetzt, wie die Einrichtung von Gesamtschulversuchen und kompensatorischen Erziehungsprogrammen. Ziel dieser Bemühungen war es, den Zusammenhang zwischen sozialer Herkunft und Schulbildung zu reduzieren und unverschuldete Benachteiligungen der sozialen Herkunft auszugleichen (vgl. Fend 1981, S.33). Forschungsergebnisse, vor allem aus den USA, zeigten jedoch schon bald, dass diesen Bemühungen der Bildungspolitik um Chancengleichheit wenig Erfolg beschert ist.

Auch in Deutschland folgte der in den 60er Jahren aufgeflammten Euphorie bezüglich der Funktion von Schule als „Rüttelsieb" schon bald die Ernüchterung. Den Forschungsergebnissen zufolge bestand auch weiterhin ein Zusammenhang zwischen sozialer Herkunft und Bildungsbeteiligung (vgl. Fend 1974). Kinder der „Mittel- und Oberschicht" hatten in der Schule allein aufgrund ihrer schulrelevanteren Voraussetzungen, die sich vor allem im Sprach- und Verhaltensstil manifestierten, Vorteile gegenüber den Kindern der „Unterschicht". Die Notwendigkeit auf dem Wirtschaftsmarkt wettbewerbs- und konkurrenzfähig gegenüber anderen Ländern zu sein (vgl. „Sputnik-Schock" 1957), verlieh der Diskussion um die tatsächliche Chancengleichheit des Bildungssystems eine neue bildungspolitische Dimension. Der Bedarf an qualifizierten Fachkräften stieg und damit auch das Interesse der Politik an Bildung sowie die Bereitschaft, Innovationen auf dem Bildungssektor zu finanzieren.

Die Ergebnisse *kompensatorischer Erziehungsprogramme* zeigten, dass die anfänglichen großen Erfolge wieder verschwanden, wenn die Programme beendet wurden. Nur die konsequente Einbeziehung des familiären Umfeldes eines Kindes in die Fördermaßnahmen im Sinne eines familienzentrierten Ansatzes kann, nach einer Untersuchung von Bronfenbrenner, langfristige Wirkungen zeigen (Bronfenbrenner 1974). Da derartige Maßnahmen jedoch vom Staat nicht finanziert wurden, waren die Bemühungen um Kompensation zum Scheitern verurteilt. Fend stellte unter Berufung auf ausländische Forschungsergebnisse zwei Thesen auf (Fend 1981, S. 34):

• Ein Großteil der sozialen Vorteile hinsichtlich Einkommen, Macht und Prestige wird nicht durch das Schulsystem vermittelt, sondern außerschulisch erzeugt, aber schulisch zertifiziert.

- Schulen können wenig tun, um die außerschulischen Unterschiede durch schulische Beeinflussung zu beseitigen, Chancengleichheit ist unter den gegenwärtigen gesamtgesellschaftlichen Bedingungen nicht zu realisieren.

Ein Gleichmachen der Bildungschancen würde nach Jencks sehr wenig dazu beitragen, Erwachsene „gleicher" zu machen. Er schlussfolgert: „Wenn alle Elementarschulen gleich effektiv wären, würde die kognitive Ungleichheit zwischen den Schülern der sechsten Klasse um weniger als 3 Prozent abnehmen" (Jencks 1973, S. 275). Das Schulsystem in seiner gegenwärtigen Struktur ist demnach wohl doch kein „Rüttelsieb", das eine neue Verteilung der Lebenschancen ermöglicht.

Da sich die Jencks-Studie nur auf das amerikanische Bildungssystem bezieht, können diese Aussagen nicht undifferenziert auf deutsche Verhältnisse übertragen werden. Allerdings wird auch in deutschen Studien bestätigt, dass die soziale und materielle Lebenslage einer Familie die Rahmenbedingungen für den Erziehungs- und Sozialisationsprozess des Kindes bestimmt (Hurrelmann 1985, S. 56). Ein Mechanismus der Reproduktion sozialer Ungleichheit durch schulische Selektion kann für das deutsche Schulsystem dennoch nachgewiesen werden. Die Ursachen für den Zusammenhang zwischen schulischer Selektion und familialer Herkunft können gesehen werden in der Diskrepanz „zwischen den im schulischen Interaktions- und Kommunikationssystem verlangten kognitiven, motivationalen und sprachlichen Anforderungen und den im familialen Sozialisationsprozeß entwickelten kognitiven, motivationalen und sprachlichen Fähigkeiten der Kinder aus Arbeiterfamilien, die für den Selektionsprozess verantwortlich gemacht werden muß" (Hurrelmann 1985, S. 59; vgl. auch Hurrelmann/ Jaumann 1985). Wie Mansel 1993 in einer Längsschnittuntersuchung (auf der Grundlage neuerer schichtspezifischer Modelle) herausfand, strebt ein über Jahre steigender Anteil der Eltern für die eigenen Kinder als Schulabschluss das Abitur bzw. die Hochschulreife an. Es gelingt jedoch nur etwa der Hälfte der Jugendlichen, den elterlichen Erwartungen gerecht zu werden (Mansel 1993, S. 37f). Mansel stellt fest, dass die Chancen, einen hochwertigen Schulabschluss zu erwerben, auch nach der Bildungsexpansion je nach der sozialen Herkunft der Kinder und Jugendlichen bis heute deutlich unterschiedlich verteilt sind. Trotz gravierender Veränderungen im Produktions- und Beschäftigungssystem und trotz der Individualisierungsprozesse ist der Statuszuweisungsprozess zwischen Elterngeneration-Bildungswesen-Berufshierarchie und Berufskarriere nicht offener geworden (ebd., S. 38). Dass die Kinder sozial über Generationen hinweg „in die Fußstapfen der Eltern treten", liegt daran, dass die Art der beruflichen Tätigkeit, die vorgefundenen Bedingungen am Arbeitsplatz und die Erfahrungen im Rahmen der Berufsausübung und daraus resultierende Erziehungshaltungen und -verhaltensweisen der Eltern ausschlaggebende Variablen sind (ebd., S. 54). Mansel ist der Auffassung, dass dieser Kreislauf durch spezifische schulische Förderung von Kindern aus weniger privilegierten Familien *nicht* aufgebrochen werden kann. Er plädiert daher für die Minimierung in der Ungleichbewertung von intellektuellen und handwerklichen Fähigkeiten und Fertigkeiten und zu der Aufnahme von unmittelbar praktischen, handwerklichen und technischen Komponenten in den Unterricht (ebd., S. 54ff) – was neue Curricula erforderlich machen würde.

In diesem Zusammenhang sollte auch bedacht werden, dass von den Kindern, die von dem ‚Mittelmaß' abweichen, an dem sich die Schule orientiert, eine erhebliche soziokulturelle Anpassungsleistung verlangt wird, die nicht in Ziffernzensuren messbar ist. Diese Kinder (Migrantenkinder, so genannte ‚Randgruppenkinder') sind durch die erhöhten Anpassungsleistungen in ihrer kognitiven Leistungsfähigkeit eingeschränkt, und es besteht die Gefahr, dass sie dadurch weit unter ihrem eigentlichen kognitiven Leistungsniveau bleiben. In der Schule wird meist nicht erkannt, dass sie durch die Anpassungsleistung eine wichtige Qualifikation für das spätere Leben erwerben, die sich jedoch nicht zensieren lässt. Kinder deutscher Herkunft aus privilegierten Familien haben grundsätzlich eine bessere Ausgangsposition, da sie sich auf die Spielregeln des schulischen Interaktions- und Kommunikationssystems am ehesten einstellen können.

Eine Folge der Globalisierung in unserer Gesellschaft heute ist u. a. eine weniger eindeutige Platzierung, die zwar für alle die Hoffnung weckt, aufsteigen und zu Geld kommen zu können, die aber auch in vielen Fällen das Scheitern vorprogrammiert. Schulbildung eröffnet zwar nach wie vor Perspektiven, ist aber keine Garantie mehr für einen höheren Status. Das bedeutet, dass die Sonderschulen für Lernbehinderte weiterhin auf den sozialen Abstieg vorbereiten und ihn als gerechtfertigt erscheinen lassen. Dies wiederum ist durch Selektion eher erreichbar. Solange es politisch erwünscht ist, dass Sonderschulen die Funktion erfüllen, auf einen schwachen Status besser vorzubereiten als Regelschulen, werden die Sonderschuleinrichtungen nicht ab, sondern weiterhin zunehmen (vgl. Haeberlin 2002). Auf meine Frage, was er denn später einmal werden möchte, antwortete z. B. Erwin, ein Sonderschüler in einer Obdachlosensiedlung: „Mit dere Schul' kannst nur Müllfahrer wern!"

Auf der Basis dieser Erkenntnisse kann es keinen Sinn mehr machen, Schule nur unter Gesichtspunkten der in schulischen Situationen hervorgebrachten kognitiven Leistungen und des später zu erreichenden Einkommens sowie des späteren sozialen Prestiges zu untersuchen. Es sollte vielmehr der jeweiligen sozialen Anpassungsleistung, die ein Kind aufgrund seiner individuellen Vorerfahrungen und seiner häuslichen Umwelt zu erbringen hat, *ebensoviel* Aufmerksamkeit geschenkt werden, wie der kognitiven Leistung. Es sollte verstärkt untersucht werden, welche Auswirkungen ein Unterricht auf Kinder langfristig hat, der Teamfähigkeit, Flexibilität und Kreativität auf höchstem fachlich-inhaltlichen Niveau fördert *sowie* soziale Verhaltensweisen in den Mittelpunkt seiner Zielsetzungen stellt.

4.1.3 Reduktionistische Bildungsangebote als Folge von Selektion

Damit steht Schule vor der schweren Aufgabe, der von Luhmann als systemimmanent analysierten Selektion zumindest entgegenzuwirken. Schule kann nicht aus einem Kind mit einer Lernbehinderung ohne weiteres ein leistungsstarkes Kind machen, sie kann auch nicht das häusliche Umfeld eines Kindes umkrempeln – vor dieser Blauäugigkeit warnte bereits die zitierte Jencks-Studie (sie kann aber – wie noch zu zeigen sein wird, aus einem hoch begabten ein lernbehindertes Kind machen). Es geht vielmehr darum, zu fragen, mit welchen pädagogischen, didaktischen und methodischen Konzeptionen es gelingen kann, Chancengleichheit dennoch zumindest anzustreben.

Förderprogramme, die an das strukturell unveränderte System „angehängt" werden, scheinen nicht immer die gewünschten Erfolge zu zeitigen[3]. Sie lassen das Bildungssystem wie es ist und sind offensichtlich nicht geeignet, den oben zitierten Reproduktionszirkel zu durchbrechen. Äußere Differenzierung sowie reduktionistische Bildungsangebote und Lehrpläne sind für Feuser – wie bereits erwähnt – der harte Kern von Selektion. Äußere Differenzierung zieht eine Differenzierung im Bildungsangebot nach sich – darin liegt ja letztlich ihr Sinn. Das umfangreichste Bildungsangebot haben die Gymnasien, das Bildungsangebot der Realschule ist bereits etwas reduziert, und es reduziert sich weiter bis hin zu den Sonderschulen. Es ist daher schlüssig, dass das wesentliche Kennzeichen der Sonderschule für Lernbehinderte letztlich die Reduktion von Bildungsangeboten ist. Dies ergibt sich durch die vorgegebenen Lehrpläne, die ‚entspeckt' und auf die vorgebliche Lern- und Leistungsfähigkeit der Kinder mit einer Lernbehinderung abgestimmt werden. In den zwanziger Jahren, und verstärkt wieder nach dem Zweiten Weltkrieg, zeigte sich zwar ein Wandel in der Struktur der Hilfsschule, indem vom karitativ erzieherischen Charakter in Richtung Leistungsschule für Lernbehinderte gegangen wurde. Bekannte Sonderpädagogen jedoch bestätigten noch in den 60er Jahren die Notwendigkeit der Reduktion von Bildungsangeboten in der Sonderschule für Lernbehinderte. Klauer schreibt z. B.: „Eine Beschränkung des Bildungsgutes ist unumgänglich. Aus der Bildungsbehinderung folgt aber auch, daß dem Kinde nur ein begrenzter, überschaubarer Lebenshorizont gegeben ist (...), so daß es auch nur ein begrenztes – aber spezifisch zugeschnittenes – Ausmaß an Bildungsgut braucht" (Klauer 1966, S. 40). Die Reduktion wurde u. a. damit begründet, dass der Lebensrahmen eines Hilfsschülers dem eines Hilfsarbeiters entspräche und dass die Lernziele sich daher an dem Wissen und Können dieses Personenkreises zu orientieren habe. Es wurde damit deutlich gesagt, dass die Schule für Lernbehinderte als Zulieferer für minderqualifizierte Arbeitskräfte gesehen wurde. In den 70er Jahren antwortete mir ein Schulrat auf meine Frage, wie ich mich auf den Unterricht in der Lernbehindertenschule in einem Münchner Obdachlosengebiet vorbereiten solle: „Machen Sie die Hälfte von dem, was Sie bisher an der Landschule gemacht haben. Das genügt" (vgl. Jaumann 1975, S. 510). Es soll nicht in Abrede gestellt werden, dass Kinder mit einer Lernbehinderung bestimmte Bildungsinhalte nicht aufnehmen und für sich be- und verarbeiten können. Es steht BildungspolitikerInnen und PädagogInnen dennoch nicht zu, Kindern den Zugang zu der Vielfalt unserer Bildungsangebote zu verwehren, denn die von den LehrplangestalterInnen und SonderpädagogInnen getroffenen Vorentscheidungen über Bildungsinhalte widersprechen den Erkenntnissen des *selbsttätigen* Lernens. Ein reduziertes Angebot *kann* nur einen reduzierten Wissensstand zur Folge haben und ermöglicht es den SchülerInnen nicht, Bildungsinhalte auf ihre Weise zu verarbeiten und kleine „Mosaiksteinchen" zu einem Ganzen zusammenzufügen. Roth forderte schon Ende der 60er Jahre, nicht durch in ihren Zielen begrenzte Schularten den Rahmen im Voraus festzulegen, der nicht überschritten werden darf: „Wir sind auf keinen Fall berechtigt, für jemanden die Abstraktionsebene festzulegen, auf der allein er denken darf (...) oder die Lernziele festzulegen, die er höchstens erreichen darf, oder die Methoden des Lernens und Denkens, für die allein er aufgeschlossen werden darf. Lernen ist ein lebenslanger Prozeß, der nicht abschließbar ist, nicht abgeschlossen werden darf" (Roth 1970, S. 67).

Ein reduziertes Bildungsangebot wurde und wird teilweise auch Kindern mit einer besonderen Begabung zugemutet, die aus einer niederen Sozialschicht kommen. Wie eben ausgeführt, sind die Zugangschancen zu einer höheren Bildung auch heute noch nicht gleich verteilt. Vor 1970 hatten in Deutschland nicht alle Hochbegabten bzw. potentiell Hochbegabten die Möglichkeit, ihre besonderen Fähigkeiten durch schulische Unterstützung zu entwickeln. Bis zu der zunehmenden Kritik an der traditionellen Struktur des Schulwesens in den 60er Jahren, in denen noch die Vorstellung verbreitet war, „daß die Sozialpyramide mit der Begabungspyramide gleichzusetzen sei" (Urban 1992, S.13), wurden Hochbegabungen eher selten erkannt. Im Zuge der Forderung nach Chancengleichheit sollte sich die höhere Schule den so genannten „bildungsfernen Schichten" öffnen, um auch die Hochbegabten aus niederen sozialen Schichten zu gewinnen und damit die Zahl der Leistungsstarken und einer „geistigen Elite" insgesamt zu erhöhen. Die frühe Selektion, die letztlich ja bereits im 3. Grundschuljahr beginnt (in der Orientierungsstufe in Niedersachsen auf das 5. und 6. Schuljahr verschoben wurde), lässt jedoch zu wenig Zeit, um begabte Kinder, die keine häusliche Unterstützung haben, zur Entfaltung kommen zu lassen. Durch vorschnelle Hauptschulempfehlungen werden Kinder mit besonderen, in der Grundschule nicht erkannten Begabungen nur noch mit dem inhaltlich reduzierten Bildungskanon der Hauptschule abgespeist. Die Gesamtschule ist derzeit die einzige Schulform, die zumindest die Chance bietet, Begabungen über alle Sozialschichten hinweg zu erkennen und angemessen zu fördern.

Das Pendant zur Sonderschule für Lernbehinderte könnte in Zukunft die Sonderschule für Hochbegabte werden. Wie im Kapitel über Hochbegabte bereits erwähnt, wurden schon in den 20er Jahre Argumente genannt, die für bzw. gegen eine Separierung der Hochbegabten sprechen und die heute noch in der Diskussion sind (vgl. Petzold 1921). Die Begründungen sind vielfältig, sie reichen von der Notwendigkeit, Hochbegabten das „Futter" zu geben, das sie brauchen, um sich weiterzuentwickeln bis zu dem hinlänglich bekannten Argument, dass die weniger oder minder Begabten, die Hochbegabten in ihrer Entwicklung „behindern". Die Fragen, ob Hochbegabte in sog. Eliteschulen bessere Leistungen zeigen und ob sie motivierter zum Lernen sind, ob sie die scharfe Konkurrenz der Gleichbegabten brauchen, ob ihr Sozialverhalten in einer besonderen Klasse besser oder weniger gut gefördert wird, sind bis heute durch keine wissenschaftlich fundierte Untersuchung beantwortet.

Selektierung und ein abgestuftes Bildungsangebot haben zwangsläufig zur Folge, dass sich die Gruppe der Lernenden homogenisiert. In unserem derzeitigen Schulsystem ist ein in Lehrplänen und Rahmenrichtlinien vorgegebenes Bildungsangebot abgestimmt auf eine im Alter und in der kognitiven Aufnahmefähigkeit weitgehend *homogene* Lerngruppe.

Diese Gedanken führen zu den Fragen, denen ich im Folgenden nachgehen möchte:

- Kann eine den Entwicklungsfähigkeiten der SchülerInnen angemessenere Leistung nur in einem Schulsystem erbracht werden, das in Form von *äußerer* Differenzierung selektiert ?
- Können soziale Fähigkeiten eher in einer heterogenen oder eher in einer homogenen Lerngruppe erlernt werden?

Eine erste Antwort können wir in der Schulgeschichte finden, eine zweite in Forschungsergebnissen der letzten Jahre.

4.2 Das Lernen in heterogenen Gruppen – keine Erfindung unserer Tage

Die Idee von Heterogenität zur Steigerung sozialen *und* kognitiven Lernens ist keineswegs eine Erfindung unserer Tage, sie hat eine lange Tradition, ohne dass sich die pädagogische Bedeutung von Heterogenität in der Schullandschaft tatsächlich niedergeschlagen hat.

Schon bei Jan Amos Comenius (1592-1670) finden wir pädagogische und didaktische Überlegungen, mit denen er weit über die damalige Schulrealität hinausging. Bekannt ist vor allem der Anfang seiner „Großen Didaktik" in der es heißt: „Allgemeine Kunst, alle alles zu lehren oder zuverlässiges und erlesenes Verfahren, in allen Gemeinden, Städten und Dörfern irgendeines christlichen Reiches solche Schulen zu errichten, in denen die gesamte Jugend beiderlei Geschlechts ohne Ausnahme in den Wissenschaften unterwiesen, in guten Sitten erzogen, mit Frömmigkeit erfüllt und so in den Jugendjahren zu allem, was für das gegenwärtige und zukünftige Leben dienlich ist, angeleitet werden kann (...)" (Comenius 1638 [bearb. v. Ahrbeck] 1961, S. 35). Das war nicht nur für damalige Zeiten ein unglaubliches und revolutionäres Programm. Comenius leugnet keineswegs die Verschiedenartigkeit der Menschen, doch er schreibt zu dem Einwand, den auch wir heute an dieser Stelle bringen würden, dass die „Schwierigkeit der Dinge" selbst es bewirke, „dass nicht jeder sie auffasst": „Gibt es, frage ich, in der Natur irgendeinen so dunkelfarbigen Körper, dessen Bild nicht von einem Spiegel aufgefangen werden könnte, wenn du ihn nur bei genügendem Licht richtig davorstellst?" (ebd., S. 111). Er beruft sich dabei auf Plutarch, der schrieb: „Mit welchen Anlagen die Kinder geboren werden, steht in keines Hand, aber dass sie durch richtige Erziehung gut werden, steht in unserer Macht" (ebd., S. 115). Comenius spricht sich in seiner Großen Didaktik unmittelbar für das aus, was wir heute integratives Lernen nennen können, wenn er schreibt, dass „die Langsameren den schneller Auffassenden, die Stumpferen den geistig Regsameren, die Halsstarrigen den Folgsamen an die Seite gestellt und so lange nach denselben Vorschriften und Vorbildern gelenkt werden, als sie des Lenkers bedürfen. Wenn sie aus den Schulen entlassen sind, möge ein jeder den restlichen Studienlauf mit dem ihm eigenen Tempo weiterverfolgen (...). Jene Mischung verstehe ich jedoch nicht bloß im örtlichen Sinne, sondern weit mehr im Sinne gegenseitiger Hilfeleistung. Wenn nämlich der Lehrer einen Begabteren entdeckt, so möge er ihm zwei oder drei, die schwerfälligeren Geistes sind, zum Unterricht zuweisen (...). Auf diese Weise wird für beide Teile vortrefflich gesorgt, wenn noch obendrein der Lehrer darauf achtet, daß alles nach der Vorschrift der Vernunft ausgeführt wird" (ebd., S. 116/117).

Pestalozzi (1746-1827) äußert sich 200 Jahre später im so genannten Stanzer Brief im Jahre 1799 ähnlich, in dem er zwei wichtige Erfahrungen auf den Punkt bringt: „Erstens daß es möglich und leicht ist, eine sehr starke Anzahl Kinder, selbst von sehr ungleichem Alter, auf einmal in Masse zu lehren und sehr weit zu bringen; zweytens, daß diese Masse in sehr Vielem, mitten in ihrer Arbeit unterrichtet werden kann." (Pestalozzi 1799, [zit. n. Ausg. v. 1966], S.33). An anderer Stelle heißt es: „Die Menge der Ungleichheit der Kinder erleichterten meinen Gang. So wie das ältere und fähigere Geschwister unter dem Auge der Mutter den kleineren Geschwistern leicht alles zeigt, was es kann, und sich froh und groß fühlt, wenn es also die Mutterstelle vertritt, so freuten sich meine Kinder, das, was sie konnten, die anderen zu lehren. Ihr Ehrgefühl erwachte, und sie lernten selber gedoppelt, indem sie das, was sie wiederholten, andere nachsprechen machten. So hatte ich schnell unter meinen Kindern selbst Gehülfen und Mitarbeiter (...), die in den Fertigkeiten, die Schwächern das, so diese noch nicht konnten zu lehren, mit der Anstalt immer vorgerückt, und für die Augenblicksbedürfnisse der Anstalt ohne Zweydeutigkeit brauchbarer und vielseitig brauchbarer geworden wären als angestellte Lehrer" (ebd., S. 32).

Tendenzen zu einer „Verallgemeinerung heilpädagogischer Maßnahmen" – wie es damals hieß, gab es bereits in den ersten Anfängen der Heilpädagogik. Angeregt wurden diese Tendenzen zur „Verallgemeinerung" durch Pestalozzi, da man von seinen Grundsätzen für die Volksschule Hilfe auch für die Behindertenförderung erwartete. In sein Schlossinstitut in Ifferten (Yverdon in der Schweiz) nahm Pestalozzi 1809 ein taubstummes Kind auf und holte sich den Züricher Lehrer J.-K. Naef zur Mitarbeit. Dieser gründete 1813 in der Nähe des Schlosses und unter Mitwirkung von Pestalozzi das erste schweizerische Fachinstitut für Taubstumme. 1828 erließ das preußische Kultusministerium eine „Verordnung zur Realisierung der Verallgemeinerungsbestrebungen", die vorsah, die Taubstummen in der Schule am Wohnort durch einen ausgebildeten Lehrer zu unterrichten (heute würden wir vom ‚Ambulanzmodell' sprechen). Walther äußerte sich 1882 euphorisch über diese „Verallgemeinerungsbestrebungen", die sich vor allem in einer Favorisierung von Externaten gegenüber den Internaten für Taubstumme manifestierte. Er schreibt: „Durch die neue Einrichtung wurden die Taubstummen aus ihrer isolierten Lage herausgerissen und in den lebendigen Verkehr mit Vollsinnigen gestellt" (1882, S. 226). Der auch die heutige Pädagogik noch beherrschende Widerstreit zwischen besonderer und allgemeiner Pädagogik tritt hier bereits deutlich zu Tage. Es gab Taubstummenlehrer, die bereit waren, sich auch Elementarlehrer zu nennen, ohne jedoch den Taubstummenlehrer zu verleugnen. Die allgemeine Pädagogik wurde als „Mutter" bezeichnet, die reiche und gesunde Nahrung zuführt, sodass die Arbeit mit den Taubstummen in erfreulicher Vielgestaltigkeit gedeihen konnte. Walther zitierte seinen Kollegen Hill, der die Absonderung von der allgemeinen Pädagogik anprangert und ausruft: „Durch diese Absonderung verkümmert sie (die allgemeine Pädagogik, Anm. d. Verf.), vertrocknen wir selbst. Deshalb keine Separation, sondern Association!" (Walther 1882, S. 227). Das Streben nach Verallgemeinerung scheiterte jedoch am Widerstand der Mehrheit der Taubstummenlehrer, die an den bestehenden Taubstummenanstalten festhielten (vgl. Stadler 1975, S. 21).

Ende des 19. Jahrhunderts, als sich die Hilfsschule zunehmend etablierte, sprachen sich in Zeitschriftenaufsätzen immer wieder Pädagogen für das Verbleiben von „Schwachbegabten", – Kindern mit einer Lernbehinderung wie wir sie heute bezeichnen – in der Volksschule aus, jedoch offensichtlich ohne Wirkung. Piper, Direktor einer „Idiotenanstalt" in Berlin, und Hintz, Rektor einer „Volksschule" in Berlin, unterschieden allerdings eindeutig zwischen „schwachsinnigen" und „schwach begabten" Kindern. „Schwachbegabte" kommen der Normalität mehr oder weniger nahe bzw. stehen noch ganz innerhalb der normalen Grenzen, während „Schwachsinn" als geistige Abnormität definiert wird (Hintz 1897, S. 234). Sowohl Hintz als auch Piper sprachen sich für eine gesonderte Schule für „schwachsinnige" Kinder aus. Bezüglich der Kinder mit einer geistigen Behinderung, wie wir „schwachsinnige" Kinder heute nennen, sind die beiden Schulleiter demnach nicht als Vorläufer von Integration zu sehen; bezüglich der Kinder mit einer Lernbehinderung (also der „schwachbegabten" Kinder) plädierten sie jedoch für ein Verbleiben in der „Volksschule". Hintz wies in diesem Zusammenhang auf einen bedenkenswerten Umstand hin. Er war der Meinung, dass Lehrer nur dann ihre Fürsorge dem „schwachbegabten" Kinde widmen, wenn sie die Pflicht haben, alle Kinder nach Kräften zu fördern. „Bestehen für diese Kinder jedoch besondere Hilfsschulen, dann fühlt sich mancher Lehrer veranlasst, seine ganze Kraft in den Dienst der begabteren Schüler zu stellen" (Hintz 1897, S. 236). Auch Piper war der Meinung, dass die „schwachbegabten" und „schwachbefähigten" Kinder bei den gutbegabten und gutbefähigten Kindern bleiben sollten. „Das Zusammenleben, das Arbeiten, das Spielen mit diesen erhält sie obenauf, es wird ihnen der Mut nicht genommen. Nachhilfestunden oder Arbeitsstunden, einzeln oder der Billigkeit wegen, wohl auch aus pädagogischen Gründen, mit mehreren Schülern zusammen, gegeben von einer freundlichen, nachsichtigen Lehrkraft, die die betreffenden Kinder nicht betrachtet als Faulenzer und träge Menschen, sondern als solche, die einem gewissen schädlichen Einflusse unterstehen, werden daneben in den meisten Fällen den gewünschten Erfolg erzielen" (Piper 1897, S. 136/137). Es ist hochinteressant zu lesen, dass sich der Hamburger Lehrer Armack 1890 mit Argumenten, wie wir sie aus den jüngsten Integrationsdebatten kennen, gegen die Absonderung von schwachbefähigten Kindern ausspricht. Er schreibt u. a.: „Gute Schulen dadurch zu schaffen, dass man sich gute Schüler aussucht, ist wenig ehrenvoll. Der Einfluß, den die Schüler wechselseitig aufeinander ausüben, darf nicht zerstört werden. Das Ziel der Volksschule darf nicht künstlich geschraubt werden, denn die Volksschulbildung soll nicht den Abschluß, sondern die erste Stufe der Ausbildung bezeichnen. Die Kinder sind keine Schulware, die man in Prima- und Sekundaware und in Ausschuß teilen kann" (Armack 1890).

Auf die Bedeutung einzelner Reformpädagogen für integratives Lernen von behinderten und nichtbehinderten Kindern wie vor allem Maria Montessori (1870-1952) und Peter Petersen (1884-1952)[4] soll an dieser Stelle kurz eingegangen werden[5]. Möckel bezeichnet die Hilfsschule als Vorläufer der Reformpädagogik (Möckel 1981a, S. 85). Wie Ellger-Rüttgardt jedoch vermerkt, steht den reformpädagogischen Ideen, die von einem großen Optimismus hinsichtlich der Bildsamkeit des einzelnen Kindes getragen waren, das Beharren auf der These vom „schwachsinnigen" Hilfsschulkind entgegen. Möckels These ist mit Blick auf Montessori und Petersen so abzuwandeln, dass nicht die Hilfsschule, sondern einzelne heilpädagogische Erkenntnisse der Reformpädagogik Anstöße gegeben haben. Montessori entwickelte ihre Lernmaterialen in der Arbeit mit geistig behinderten Kindern. Ihre Konzeption (s. u. a. Montessori 1916, [zit. n. Ausg. v.] 1976) ermöglicht es, dass sich Kinder, die sich Lerngegenständen und Lerninhalten auf unterschiedliche Weise nähern, aufgrund des selbsttätigen Umgangs mit den Materialien auf ihrem individuellen Niveau in einer Lerngruppe gemeinsam mit nichtbehinderten Kindern weiterentwickeln können.

Für Petersen war es mehr eine Frage der Organisation – wie in seinem Prinzip der jahrgangsübergreifenden Lerngruppen –, dass auch leistungsschwache Kinder in der Volksschule gefördert werden können. In seinem Jena-Plan, den er 1927 in Locarno vorstellte, verwies er auf die Lösung des Hilfsschulproblems durch sein Konzept, das u. a. auf einer Aufhebung der Jahrgangsklasse beruhte. Petersen machte deutlich, dass mindestens 23% der Schülerschaft der Hilfsschule Spätentwickler sind und dass diese im jahrgangsübergreifenden Unterricht allmählich dem normalen Unterricht folgen können. Petersen wies darauf hin, dass 76% der Kinder zu Unrecht an der Hilfsschule seien und forderte, dass das Hilfsschulkind in die allgemeine Volksschule gehöre (1968 [1. Aufl. 1927], S. 17ff). Er schrieb in seinem Kleinen Jena-Plan:

„Es ist eben nicht so sehr die Frage der Begabung, um die es gehen sollte, als die des Menschen selbst. Wer jene schulmäßig wenig Begabten sich in ihrer Weise frei und froh ohne Anzeichen irgendwelcher seelischen Gedrücktheit unter den Mitschülern bewegen sieht, versteht, was ich meine. Sie können in dem reicheren Arbeitsleben der Normalschule vielseitiger und auf normale Weise lernen, auswählen, was ihnen zugänglich ist, und in ihrer Art dem freien Bildungserwerb nachgehen. Stets findet sich Gelegenheit, sie mit ihren Fähigkeiten einzustellen: mit einem Vortrag über sie besonders interessierende Dinge, mit praktischer Handarbeit, im Chor, im dramatischen Spiel usf. usf. Dazu sind sie Anlaß für reifere Mitschüler, sich ihrer anzunehmen, mit ihnen dies und das durchzuarbeiten. Didaktisch wie pädagogisch wirken jene sich an ihnen wertvoll aus, und das Bild wirklichen Menschenlebens wäre wiederum nicht vorhanden, fehlten diese sog. Hilfsschüler, die nun hier zu Schülern werden, die im besonderen der Hilfe aller Glieder der Schule bedürfen und dadurch einen sittlich wertvollen Teil bilden" (ebd., S.19). Petersen schreibt weiter: „Ebenso unentbehrlich sind die Begabten, auch die Hochbegabten (...). Da das Gruppensystem mit seinen, freies individuelles Fortschreiten ermöglichenden Arbeitsformen den Unterrichtsfortschritt keines Kindes hemmt, so bestätigen alle Eltern, daß diese begabten Kinder nicht Mangel an Beschäftigung litten, (...), daß sie ruhig und stetig reiften, in keiner Weise ‚zu kurz kämen'. Zugleich aber sind sie wichtigste Gehilfen der Lehrer und Erzieher an verschiedensten Stellen. Sie greifen überall und mehr aus eigenem Antrieb als auf Anordnung und Wunsch in Unterrichts- und Schulleben ein" (ebd., S.19/20).

Aus der Notwendigkeit zur Selektion im damaligen Schulsystem der zwanziger Jahre, zog er den Schluss, dass das Jahresklassensystem versagt habe.

„Jenaer Untersuchungen haben für einen erheblichen Teil der *Hilfsschüler* als Grund ihrer Überweisung in die Hilfsschule wahrscheinlich gemacht die rein konstitutionelle, physische wie psychische, Unfähigkeit zahlreicher Kinder, das unkindlich angespannte, mit täglichen, ja stündlichen, ‚Forderungen' nach ‚Leistungen' an sie herantretende Arbeitsleben einer ‚wohlgegliederten', dazu klassenmäßig gebundenen Unterricht erteilenden Volksschule zu ertragen. Dagegen hat der Versuch, solche Hilfsschüler im Gruppenverband zu belassen, ihnen keinerlei Gefühl von Minderwertigkeit zu geben, ihnen Zeit und Ruhe für ihre Entwicklung zu lassen, vor allem immer an erster Stelle für ihre körperliche Erkräftigung zu sorgen, gezeigt, daß diese über die 2-3 ersten Schuljahre gut hinübergeleitet werden können, um darauf auch im Sinne der normalen Schule zu ‚folgen', mit fortzuschreiten" (ebd., S. 17/18).

Wichtige Impulse erhielt Petersen durch seine Promovendinnen Vitta Lewin und Frieda Buchholz. Vitta Lewin stellte in ihrer Dissertation über das Arbeitserlebnis und die Leistung von Hilfsschulkindern fest, dass ein großer Teil der Kinder in die Hilfsschule durch die soziale Not der Eltern geraten waren und dass diese Kinder unter dem Status der Minderwertigkeit am meisten leiden. Durch die Aussonderung bleiben Fähigkeiten und Begabungen unentdeckt, da die Leistungen immer an bestimmten Standards gemessen werden und das Vorurteil der Minderwertigkeit die Hilfsschulkinder an der Entfaltung ihrer tatsächlichen Fähigkeiten hindert. Nach Lewin ist die Normalschule in ihrer Zielsetzung und ihrem Verfahren gescheitert. Lewins Arbeit bestärkte Petersen darin, von der Begrifflichkeit „schwachsinnig" oder „abnorm" Abstand zu nehmen – er zog die Bezeichnung „Andersbegabte" vor – und die Schule so zu organisieren, dass sie „Lebensstätte" und ein Ort des gemeinsamen Lernens für alle Grade von Begabungen werden kann (vgl. Retter 1999, S. 184ff).

Auch aus der Dissertation von Frieda Buchholz, die viele Jahre als Lehrerin an einer Bergedorfer Hilfsschule unterrichtete, zog Petersen Konsequenzen. Der Titel der Dissertation, die 1939 als Buch erschienen ist, sollte auf Vorschlag Petersens: „Das Hilfsschulkind – ein Normalkind" lauten. Petersen konnte in einer Zeit, in der bereits Kinder der Hilfsschule gefährdet waren als erbkranker Nachwuchs in Konzentrationslager eingeliefert und getötet zu werden, dennoch bewirken, dass dieses Buch gedruckt wurde. Es erschien jedoch unter dem Titel: „Das brauchbare Hilfsschulkind – ein Normalkind". Buchholz verstand unter dem Begriff der Brauchbarkeit, der heute heftig kritisiert wird, Lebenstüchtigkeit und bezeichnete ihn als „ein Charakteristikum des *normalen* Menschen, auf welcher Begabungsstufe und in welchem Lebenskreise er auch immer stehen mag" (Buchholz 1939, S. 157). Zu der Zeit, in der dieses Buch erschien, ist allerdings eine andere Deutung, nämlich brauchbares Menschenmaterial für den bevorstehenden Krieg in den Hilfsschulen zu ‚züchten' durchaus naheliegend. Das war keinesfalls das Anliegen von Buchholz. Im Jahre 1941 schrieb sie in einem Brief an ihren Doktorvater Petersen aus einem Lager in Bayern: „Das Schönste ist, daß die sorgfältige Erziehung der Hilfsschulkinder mir alles vollkommen beweist, was ich je über sie gedacht habe: normales Verhalten in allen Lagen des Lebens, Brauchbarkeit im praktischen Leben, Gemeinschaftsfähigkeit" (zit. nach Petersen U.-K. 1991, S. 146). Buchholz zeigte in ihrem Buch anhand von „pädagogischer Tatsachenforschung" in Form von Beobachtung, dass das Hilfsschulkind weder „schwachsinnig", noch „dumm" oder „asozial" sei, sondern dass bei ihm in Bezug auf Leistungen eine Minderbegabung in den theoretischen Fächern bzw. eine Lesehemmung vorliege. Sie machte den einseitigen Jahrgangsklassenunterricht sowie die keineswegs besseren Bedingungen in der Hilfsschule für die Lernhemmungen dieser Kinder verantwortlich. „Der Klassenunterricht, der Inhalt und Form eines Normalwissens vorschreibt, Zeitpunkt und Dauer von Übermittlung und Einprägung bestimmt, ist für ein Normalkind gedacht, das nie und nirgends existiert" (Buchholz 1939, S. 159). Buchholz zeigte die positive Entwicklung ihrer Hilfsschulkinder, die nach dem Jena-Plan unterrichtet wurden und die nur noch das Minderwertigkeitsgefühl des Ausgeschlossenseins beeinträchtigte (ebd., S. 168f) und bestärkte dadurch Petersen in seiner Forderung nach gemeinsamem Lernen.

Bezüglich der Hochbegabten stellt er fest, dass in den „überlieferten Schulen" häufig darüber geklagt würde, dass die Hochbegabten zu Selbstüberhebung neigen und dass sie in einer heterogen zusammengesetzten Gruppe die „rechte Menschenbehandlung" lernen können. Er bedauert vor allem auch aus diesem Grund die Abwanderung an Sonderschulen, da gerade die Begabten, die später eine führende Stellung einnehmen werden, in einem Schulleben aufwachsen sollten, „das ihnen ermöglicht, sich allgemein menschlich vielseitig aufzuschließen, sich zu betätigen und zu reifen" (Petersen 1968, S. 21). Diesen Gedanken können wir aus heutiger Sicht wohl kaum noch etwas hinzufügen. Petersen schließt seine diesbezüglichen Ausführungen: „Damit ist bereits alles Nötige über den Wert einer starken sozialen Mischung der Schülerschaft gesagt. Je treuer ihr Bild die tatsächliche soziale Schichtung widergibt, um so reicher ist sie auch an sozialen und rein menschlichen Aufgaben für die Kinder selbst, mithin wertvollere Vorbereitung für ihre Aufgaben als Erwachsene" (ebd., S. 21).

Die meisten Montessori- wie auch Peter Petersen-Schulen arbeiten auch heute integrativ. Nicht zuletzt die altersgemischten Lerngruppen bei Petersen und die Lernmaterialien von Montessori machen integriertes Lernen möglich; durch die Integrierung von Kindern mit Lernschwierigkeiten wird umgekehrt die didaktische Bandbreite dieser Konzeptionen erst im vollen Umfang deutlich. Da ihre Grundkonzeptionen jedoch nicht von den Regelschulen übernommen werden, verharren diese Schulen auf ihrem Modellcharakter, ohne die Integrationsentwicklung bildungspolitisch voranzutreiben.

Mit diesem Rückblick auf die Äußerungen von Pädagogen der letzten vier Jahrhunderte sind im Prinzip bereits eine Reihe von Gründen, die *für* alters- und leistungsbezogene Heterogenität in einer Lerngruppe sprechen, genannt: Der Wert für die soziale und kognitive Entwicklung sowohl der Kinder mit Lernschwierigkeiten wie auch der begabten Kinder, der vor allem in der gegenseitigen Bereicherung durch die Vielfalt liegt.

Die aufgezeigten pädagogischen Ansätze sind jedoch bis heute „Spielwiesen" innerhalb des staatlichen Schulwesens geblieben und die genannten Erkenntnisse und Ergebnisse werden erst langsam durch die Forderungen nach schulischer Integration zur Kenntnis genommen. Die wissenschaftlichen Begleitforschungen der integrativen Modellversuche sowie der Hochbegabtenforschung bringen erste empirisch abgesicherte Daten, die hier kurz zusammengefasst werden sollen[6].

4.3 Lernen in heterogenen Lerngruppen – Forschungsergebnisse

4.3.1 Integrationsforschung

In den letzten 25 Jahren wurden im Zuge der wissenschaftlichen Begleitung von Integrationsmodellen in unterschiedlichen Bundesländern und Städten zahlreiche empirische Forschungen durchgeführt sowie Berichte über integrativen Unterricht veröffentlicht. Aus diesen Berichten wird vor allem deutlich, wie groß der Gewinn für alle Kinder ist, wenn sie in heterogenen Gruppen lernen, gemeinsam mit hoch begabten, durchschnittlich begabten, lernbehinderten, verhaltensauffälligen aber auch geistig und körperlich behinderten Kindern. An derart heterogen zusammengesetzte Lerngruppen werden hohe Erwartungen bezüglich einer allseitigen Persönlichkeitsentwicklung, des sozialen sowie des kognitiven Lernens gestellt. Von den zahlreichen Untersuchungen, die in den letzten 25 Jahren in integrativ arbeitenden Klassen und Schulen durchgeführt wurden, werden einige Ergebnisse hier zusammengefasst (vgl. auch Jaumann-Graumann 1999).

Empirische Untersuchungen gibt es vor allem zu der Frage, ob begabte Kinder in Integrationsklassen behindert werden bzw. ob Kinder mit Lernschwierigkeiten in Sondereinrichtungen im kognitiven und sozialen Bereich besser gefördert werden könnten. Für den Stellenwert, den die Integrationsforschung innerhalb der pädagogischen Forschung hat, ist die Tatsache aufschlussreich, dass die Integrationsforschung – im Gegensatz zur Gesamtschulforschung – nicht nachweisen muss, dass gemeinsame Erziehung zu ‚besseren' Ergebnissen führt, sondern nur, dass daraus keine negativen Folgen für die Nichtbehinderten resultieren.

Forschungsergebnisse bezüglich der Leistung:
Die bisherige Integrationsforschung hat gezeigt, dass nichtbehinderte Kinder in leistungsmäßig heterogenen Klassen keine Leistungseinbußen haben. Wocken (1987 a), Unterleitner (1990) und Dumke (1991) kommen in unterschiedlichen Untersuchungen zu dem Ergebnis, dass die nichtbehinderten Schüler in Integra-

tionsklassen auf keinen Fall weniger lernen als Schüler in Regelklassen. In der Einschätzung der Klassenlehrer von Hamburger Integrationsklassen z. B. ist die Lern- und Leistungsentwicklung von 70% aller Schüler sehr positiv oder positiv, von nur 5,5% negativ und von 0,6% sehr negativ (Heyer 1990, S.134). Dies gilt nicht nur für die Grundschule, sondern auch für die Sekundarstufe.

Der Frage nach der Schulleistung der behinderten Kinder wurde im deutschsprachigen Raum vorwiegend bezüglich der *Kinder mit einer Lernbehinderung* nachgegangen. Wenn an die Integration von Lernbehinderten in die Regelschule gedacht wird und ggf. sogar an eine Auflösung der Sonderschule, dann muss es in der Forschung darum gehen, nachzuweisen, dass die Sonderschule für Lernbehinderte nicht ,besser' ist als die Regelschule. In den 80er Jahren stellten Reiser (1984, S. 91), Merz (1984) und 1991 Tent u. a. bereits fest, dass die Beschulung Lernbehinderter in der Schule für Lernbehinderte im Vergleich zur integrativen Beschulung keinen generellen positiven Effekt hinsichtlich objektivierbarer Schulleistungen hat. Sie bestätigten damit auch schwedische Untersuchungen aus den 60er Jahren. Bächthold und Tent u. a. bestätigen die Ergebnisse von Haeberlin und seinen Mitarbeitern (1991, S. 281ff) aus der Schweiz, dass schulschwache Schüler ihr Leistungsniveau durch einen hohen Anteil von speziellem Unterricht in homogeneren Fördergruppen nicht verbessern (Bächthold 1990, S. 272). Die Gruppe um Tent führt dies auf eine zu starke Homogenisierung in der Sonderschule für Lernbehinderte zurück und auf den Verlust von leistungsmotivierenden Anreizbedingungen (Tent u. a. 1991, S. 11). Interessant ist in diesem Zusammenhang, dass die gefundenen systematischen Leistungsunterschiede zwischen Hilfsschülern und integrierten schulleistungsschwachen Schülern deutlicher auf die Mathematikleistungen zurückgehen als auf die sprachlichen Leistungen (Haeberlin u. a. 1991, S. 277).

Alle Ergebnisse, die bezüglich der Schulleistung in der Tendenz durchweg zeigen, dass in Integrationsklassen ebensoviel gelernt werden kann, müssen allerdings auch unter dem Aspekt gesehen werden, dass in Integrationsklassen zumindest in der ,Pionierzeit' und unter wissenschaftlicher Aufsicht besonders engagiert unterrichtet wird. Die Erfolge beruhen vor allem auf dem flexiblen Einsatz verschiedener Organisationsformen des Unterrichts sowie einer ausreichenden und zum Teil therapieorientierten Einzelförderung (vgl. Dumke 1998, S. 249). Dasselbe Engagement kann in den Kontrollklassen oder im Vergleich zu Sondereinrichtungen nicht unbedingt vorausgesetzt werden. Es ist auch zu fragen, ob Lernbehinderte in Regelklassen und in Sonderschulklassen wirklich vergleichbar sind. Suhrweier weist darauf hin, dass sich Schulleistungen nur vergleichen lassen, wenn in den beiden Schultypen auch die gleichen Stoffe mit den gleichen Zielsetzungen zum Erhebungszeitpunkt behandelt und geübt worden sind, und das dürfte nicht der Fall sein (Suhrweier 1992, S. 195). Interessant ist jedoch, dass alle Untersuchungsergebnisse denselben Trend aufzeigen und dass offensichtlich trotz aller Vorbehalte und der generellen Kritik an empirischen Untersuchungen in pädagogischen Feldern davon ausgegangen werden kann, dass weder die nichtbehinderten noch die lernbehinderten Kinder leistungsmäßige Nachteile durch die Integration erfahren.

Forschungsergebnisse bezüglich der Selbsteinschätzung der Leistungsfähigkeit
Eng verknüpft mit der Frage nach der Schulleistung ist die Frage nach der Selbsteinschätzung der Leistungsfähigkeit. Haeberlin und seine Mitarbeiter konnten ihre Hypothese bestätigen, dass schulleistungsschwache Schüler, die zusammen mit Regelschülern in derselben Klasse beschult werden, die jeweils eigenen Fähigkeiten geringer einschätzen als ihre nichtbehinderten Mitschüler. Die Einschätzungen liegen niedriger als bei schulleistungsschwachen Schülern in Sonderklassen (Haeberlin u.a. 1991, S. 328). Dieses Ergebnis wird von Bächthold (zit. nach Randoll 1991, S. 143) und Tent u.a. (1991, S. 8) bestätigt. Randoll lehnt sich in seiner Untersuchung an das Untersuchungskonzept von Haeberlin u. a. an, geht jedoch darüber hinaus und stellt fest, dass nicht nur die Selbsteinschätzung ihrer schulischen Leistungsfähigkeit integrativ beschulter Lernbehinderter im Selbst- und Fremdurteil sehr signifikant niedriger ist als der Lernbehinderten in Schweizer Hilfsschulklassen und ihrer nichtbehinderten Mitschüler, sondern auch der *nichtbehinderten* Kinder mit Verhaltensproblemen und Teilleistungsstörungen. Beide Gruppen machen die Einschätzung ihrer schulischen Leistungsfähigkeit vom interindividuellen Vergleich mit leistungsstärkeren SchülerInnen abhängig. Nach den Untersuchungsergebnissen der Forschergruppe ist die Selbsteinschätzung schulischer Leistungsfähigkeit in homogenen Leistungsgruppen positiver als der Schüler in heterogenen. Die Sonderbeschulung wirkt sich offensichtlich – bezogen auf diesen Aspekt – im Vergleich zur integrativen Beschulung günstiger auf die leistungsbezogene Integration Lernbehinderter aus, was eindeutig für bezugsgruppentheoretische Überlegungen spricht (Randoll 1991, S. 236). Haeberlin u. a. erklären diese Befunde mit einem Bezugsgruppeneffekt unter leistungsideologisch geprägtem schulischen Wertklima, an dessen Veränderung sich auch bisher Integrationsmodelle nicht wagten. Es ist für Lehrende nicht einfach, gegen die einseitige soziale Bewertung von Leistungspotentialen anzukämpfen. Wenn ein schulleistungsschwacher Schüler seine Leistung mit der seiner MitschülerInnen vergleicht, muss er erkennen, dass er weniger leistet und er wird seine Leistung entsprechend beurteilen. „So gesehen, kann die tiefere Einschätzung der eigenen Fähigkeiten durch schwache Schüler in der Regelklasse als deren Bereitschaft zu einer unserer leistungsideologisch geprägten Gesellschaft adäquaten Selbsteinschätzung interpretiert werden" (Haeberlin u. a. 1991, S. 332). In einer leistungshomogeneren Hilfsklasse wird dem schulleistungsschwachen Schüler der Vergleich zum einen nicht ermöglicht und es wird ihm zum anderen vorgetäuscht, dass er sich optimal im Verhältnis zu seinen Fähigkeiten verbessern würde. Die Untersu-

chungsergebnisse haben jedoch gezeigt, dass schulleistungsschwache SchülerInnen in den Integrationsklassen bessere Leistungen zeigen als in den Hilfsklassen. Haeberlin u. a. resümieren: „Solange in unseren Schulen die Leistungsfähigkeit eine zentrale soziale Bewertungskategorie bleibt, können organisatorische Integrationsmaßnahmen die gruppeninterne Aussonderung von leistungsschwachen Schülern schwerlich verhindern. In unseren Forschungsergebnissen scheint sich der Grundwiderspruch zwischen Integrations- und Leistungsideologie zu dokumentieren" (ebd., S. 332).

Forschungsergebnisse bezüglich der sozialen Integration:
Einen wesentlichen Raum innerhalb der Integrationsforschung nimmt der Bereich der sozialen Integration ein. Diese Frage muss im Zusammenhang mit den bisher berichteten Ergebnissen gesehen werden. Wocken untersuchte in insgesamt 13 Integrationsklassen in Hamburg die Frage, ob die soziale Integration behinderter und nichtbehinderter Kinder im Sinne gleichgewichtiger sozioemotionaler Beziehungen gelungen ist. Diese Frage kann den Untersuchungsergebnissen zufolge weder mit einem klaren Ja noch mit einem klaren Nein beantwortet werden, d. h., es kann weder ein voller Erfolg und keinesfalls ein Misserfolg daraus abgelesen werden (Wocken 1987 b, S.255 f).
Bezüglich der *nichtbehinderten* Kinder spielt die soziale Integration eine untergeordnete Rolle. Dennoch gingen Bless u.a. in der schon erwähnten Untersuchung auch der Frage nach der sozialen Stellung *begabter* Schüler in Integrationsklassen und der Selbsteinschätzung des subjektiven Wohlbefindens wie der eigenen schulischen Fähigkeiten nach. Sie stellen fest, dass bezüglich der drei Faktoren durch die Integration von Lernbehinderten kein Nachteil für begabte Schüler in Integrationsklassen entsteht (Bless/ Klaghofer 1991). Randolls Befunde weisen insgesamt darauf hin, dass sich die integrative Beschulung Lernbehinderter positiv auf ihre sozialen Beziehungen zu den Mitschülern auswirkt. Im Vergleich zu Schweizer Hilfsschulklassen weist Randoll nach, dass es keine Hinweise auf zu erwartende Stigmatisierungseffekte bei integrativ beschulten Lernbehinderten gibt (Randoll 1991, S. 221). In einer neueren Untersuchung von 1995 in Brandenburg bestätigten sich die bisherigen Ergebnisse (Preuss-Lausitz 1996).
In der Tendenz zeigen die Erfahrungsberichte, dass die nichtbehinderten Kinder in Integrationsklassen neue und andere Möglichkeiten haben, soziales Verhalten einzuüben, da sich die Lernfelder durch die behinderten MitschülerInnen erheblich vergrößert haben. Rücksichtnahme, Aufmerksamkeit, Hilfsbereitschaft zur richtigen Zeit, der richtige Umgang mit Mitleid, Akzeptanz und Toleranz werden nicht gelehrt, sondern vor Ort gelebt. Im Umgang der behinderten und nichtbehinderten Kinder miteinander und vor allem in der Intensität der Zuneigung oder des Sich-Kümmerns zeigen sich zwar große Unterschiede, doch wird von keinem Fall

von Brutalität oder verletzender Ablehnung behinderter Kinder berichtet.

Den sozialen Gewinn, den die nichtbehinderten Kinder haben, zeigt auch die Untersuchung von Sucharowsky zur Dokumentation von Handlungsverläufen im Unterricht von Integrationsklassen in Schleswig-Holstein. Er weist darauf hin, dass in Integrationsklassen spezifische Kommunikationsbedingungen herrschen, die durch die Kommunikationsprobleme einiger Kinder geprägt sind. Es wird durch die Besonderheit der kommunikativen Bedingungen z. B. eines geistig behinderten Kindes bedeutend mehr Rücksichtnahme gefordert. Diese Rücksichtnahme bedeutet sowohl kognitiv wie auch emotional den Erwerb einer erweiterten kommunikativen Kompetenz (zit. nach Maikowski/ Podlesch 1990, S. 279).

Maikowski und Podlesch stellen in ihrer Untersuchung im „Fläming-Modell", einer Grundschule in Berlin, insgesamt eine überwiegend positive Sozialentwicklung zwischen den behinderten und nichtbehinderten Kindern fest, das von gegenseitigem Lernen geprägt ist (Maikowski/ Podlesch 1988).

In seiner Untersuchung in der Uckermark-Schule (Grundschule in Berlin) folgert Preuss-Lausitz, dass Durchschnittswerte über Sympathie und Beliebtheit nur über den allgemeinen Entwicklungtrend etwas aussagen und nicht so interpretiert werden dürfen, als ob die Beliebtheitseinstellung in den Klassen einheitlich sei. Es zeigen sich z.T. gravierende Unterschiede zwischen Mädchen und Jungen, deutschen und ausländischen Kindern, Einzelkindern und Geschwisterkindern, Mittelschicht und Unterschichtkindern. Z. B. sind Mittelschichtkinder häufig durchweg beliebt, Mädchen sind beliebter als Jungen, deutsche Schüler beliebter als ausländische, Einzelkinder beliebter als Geschwisterkinder. Dieser Trend zeigt sich im Laufe der Schuljahre als ansteigend. „Das – statistisch – beliebteste Kind ist also das deutsche Mittelschichtmädchen als Einzelkind" (Preuss-Lausitz 1990, S. 106).

Preuss-Lausitz bezeichnet es als fiktiv, den Behinderten die Gruppe der sog. Nichtbehinderten gegenüberzustellen, da dies eine Homogenität suggeriere, die es so nicht gäbe. In seiner Untersuchung waren alle Gutachtenkinder (Kinder mit sonderpädagogischem Förderbedarf):

• der Unterschicht angehörig
• überwiegend männlich
• alle Geschwisterkinder und
• überwiegend deutsch.

Das heißt, dass drei Faktoren dafür sprechen, dass die Beliebtheit unabhängig von einer Behinderung nicht hoch sein dürfte. Die Gutachtenkinder begannen mit überwiegend negativen Sympathiewerten, die Sympathieentwicklung wies jedoch durchweg in eine positive Richtung. Es wird festgestellt, dass die Beliebtheit stark vom Verhalten abhängig ist. Aggressive und ‚verhaltensauffällige' Kinder sind eher unbeliebt. Die schwersten Anforderungen an einen integrativen Unterricht stellen nach Feuser und Meyer nicht die Kinder mit dem höchsten pädagogischen

Förderbedarf, sondern die so genannten ,verhaltensauffälligen' Schüler (Feuser/ Meyer 1987, S. 165). Auf Studien aus den USA, die Benkmann referiert, soll in diesem Zusammenhang nur kurz hingewiesen werden. So lässt sich aus den Untersuchungen aus den USA herauslesen, dass den größten Teil der von Gleichaltrigen abgelehnten Kinder die Gruppe mit dem hochgradig aggressiven Verhalten darstellt, unabhängig von ihrer Lernauffälligkeit. Benkmann schließt daraus, dass soziale Integration weniger ein spezielles Problem von Sonderschülern ist, sondern eher ein allgemeines pädagogisches Problem in der Schule, wenn Störungen der Interaktion und Kommunikation vorliegen (Benkmann 1991, S. 377). Benkmann referiert auch, dass sich verhaltensauffällige geistigbehinderte Kinder in getrennten Einrichtungen aggressiver verhalten als in integrativen Einrichtungen (ebd., S.383).

Bezüglich *lernbehinderter* Kinder zeigt sich in der Untersuchung von Tent u.a., dass zwar – wie schon ausgeführt – im Bereich ,Selbstkonzept' das Selbstwertgefühl durch die Sonderschule positiv beeinflusst wird. Bezüglich ,Schulunlust', Kontaktbereitschaft', ,soziale Erwünschtheit', ,Beliebtheit und Einfluss' zeigt sich jedoch keine Wirksamkeit der Schule für Lernbehinderte (Tent u.a. 1991, S.8ff). Damit bestätigt Tent die Untersuchungsergebnisse der Gruppe um Haeberlin *nicht*. Die Gruppe stellte fest, dass schulleistungsschwache Schüler in leistungsheterogenen Regelklassen signifikant häufiger zu den unbeliebten Schülern gehören und dass daran die derzeitigen Maßnahmen der Heilpädagogischen Schülerhilfe in den deutschschweizerischen Schulmodellen nichts zu ändern vermögen. Die Unbeliebtheit geht häufig einher mit Merkmalen wie störendem Verhalten, unattraktivem Äußeren und niedrigem Intelligenzquotienten (Haeberlin u. a. 1991, S.332).

Heyer, Preuß-Lausitz und Schöler ziehen in ihrer jüngsten Untersuchung in Brandenburg das Fazit: „Schulzufriedenheit und Zufriedenheit mit den Lehrern ist in Integrationsklassen größer als in Vergleichsklassen. Beide Werte rangieren insgesamt auf erstaunlich hohem Niveau. (...) Kinder aus Integrationsklassen gehen noch lieber zur Schule und bewerten Lernen und Lehrer noch positiver." (Heyer u. a. 1997, S. 202).

Randoll stellt weiterhin fest, dass neben den Lernbehinderten auch spezifische Schülergruppen, die offiziell als ,Nichtbehindert' gelten, sozial, leistungsbezogen und emotional weniger gut bzw. vergleichbar zu den Lernbehinderten integriert sind (Randoll 1991, S. 255). Er weist jedoch in der Diskussion seiner Untersuchungsergebnisse darauf hin, dass die selbsteingeschätzte geringere soziale und leistungsbezogene Integration sowie die fremdeingeschätzte geringere leistungsbezogene und emotionale Integration Lernbehinderter in integrativen Klassen nicht „behinderungsspezifisch" interpretiert werden darf. „Würde man aufgrund der Ergebnisse mit Rekurs auf die pessimistischeren Befunde aus den Selbst-

und Fremdbeurteilungen die schul- bzw. bildungspolitische Konsequenz ziehen, daß Lernbehinderte aufgrund ihrer sozialen, leistungsbezogenen und emotionalen ‚Desintegration' in integrativen Klassen besser in der Sonderschule beschult werden sollten, dann müßte dies auch für ‚Nicht-Behinderte' mit Verhaltensauffälligkeiten und Teilleistungsstörungen zu fordern sein" (Randoll 1991, S. 255/256). Insgesamt geben die Ergebnisse für Randoll Anlass zum Optimismus, die gemeinsame Beschulung Lernbehinderter und Nicht-Behinderter weiter voranzutreiben, auch wenn die Forschung noch am Anfang steht (ebd. S. 259).

*Forschungserg*ebnisse *bezüglich der sozialen Integration in der Sekundarstufe*
Wie noch zu zeigen sein wird, steht integratives Lernen in der Sekundarstufe vor neuen und besonderen Schwierigkeiten (s. Kap. 6). An dieser Stelle sollen nur einige Untersuchungsergebnisse referiert werden, aus denen die Schwierigkeiten deutlich werden. Hass (1995) untersuchte die Entwicklung der sozialen Beziehungen in einer 7. Klasse im Übergang zum Kurssystem und stellte fest, dass die soziale Distanz zu den leistungsschwachen MitschülerInnen parallel mit der Zunahme des Leistungsdenkens deutlich anstieg. Die Attraktivität der behinderten MitschülerInnen als KommunikationsparterInnen nahm ab (zit. n. Köbberling 1998 b, S. 126). Wie stark die Kontakte zwischen den behinderten und den nichtbehinderten Jugendlichen in der Sekundarstufe sind hängt auch davon ab, wie viele nichtbehinderte MitschülerInnen aus der Grundschule in die weiterführende Schule mitgegangen sind. Freundschaften, die bereits im Kindergarten oder in der Grundschule geschlossen wurden, halten auch oft noch in der Sekundarschulzeit. Völz (1996) stellte bei einer Befragung eines 8. Jahrgangs fest, dass die Jugendlichen durch die Einteilung in Leistungskurse, kaum noch mit ihren behinderten MitschülerInnen zusammen waren und daher ihre Bereitschaft sank, weiterhin Rücksicht auf diese zu nehmen. Es verstärkte sich die Tendenz, nur noch an das eigene Fortkommen denken zu müssen. Der Übergang zur äußeren Differenzierung, verbunden mit einer selektierenden Leistungsorientierung spielt im Erleben der SchülerInnen eine bedeutende Rolle und nimmt das Gemeinschafts- und Verantwortungsgefühl füreinander (zit. n. Köbberling 1998 b, S. 127). Das bedeutet letztendlich, dass die zunehmende äußere Differenzierung nach Leistung für den Rückgang an Kontakten zwischen behinderten und nichtbehinderten Jugendlichen verantwortlich gemacht werden kann.

Köbberling berichtet von einer Abschlussevaluation, die in den zehnten Klassen des Abschlussjahrganges 1996 in Hamburger Gesamtschulen durchgeführt wurde. In einer Befragung nach dem Klassenklima im Urteil der SchülerInnen ergab sich, dass das Klassenklima von den SchülerInnen als höchst bedeutsam für ihr Lernen eingestuft wird. Mädchen schätzten das Klima ihrer Klasse freundlicher ein als Jungen, Jugendliche mit Behinderungen bewerteten es positiver als nicht behinderte.

Bezüglich des sozialen Integriertseins, erlebten sich Jugendliche mit einer Behinderung im Jahrgang zehn in vergleichbarer Weise sozial akzeptiert und angenommen wie ihre nicht behinderten MitschülerInnen. Hinsichtlich des Selbstkonzepts der Fähigkeiten unterschieden sich weder die Klassen, noch Mädchen und Jungen. Behinderte und nicht behinderte Jugendliche unterschieden sich in ihrem Selbstbild der Fähigkeit nur der Tendenz nach. Es ist anzunehmen, dass sie – obgleich sie sich der Unterschiedlichkeit der Leistungen durchaus bewusst sind – in der Integration gelernt haben, ihre eigenen Fähigkeiten selbstbewusst einzuschätzen. „Hierin kann ein ausdrücklich positives Integrationsergebnis im Sinne der Akzeptanz für Unterschiedlichkeit gesehen werden: Die SchülerInnen können sich in ihren unterschiedlichen Fähigkeiten erfahren und – je nach Blickwinkel – unterschiedliche Bezugssysteme anwenden" (Köbberling 1998 a, S. 271).
Es zeigt sich, dass Schulleistung, Einschätzung der eigenen Leistung und soziale Integration nicht unabhängig voneinander betrachtet werden dürfen. Wie mit Leistung umgegangen wird, welchen Stellenwert sie hat und welche organisatorischen Maßnahmen der Blick auf die Leistung nach sich zieht, hat einschneidende Auswirkungen auf die Selbsteinschätzung und die soziale Integration. Das Forscherteam um Haeberlin schreibt am Schluss der umfassenden Untersuchung: „So gesehen bleibt die Selektions- und Zuweisungsapparatur ‚Schule' trotz der Integrationsversuche voll erhalten. Ohne Kritik an der negativen Bewertung von Leistungsschwäche und ohne bewußte Hinwendung zum pädagogischen und gesellschaftlichen Ideal der personalen Gleichheit aller Menschen werden vermutlich die Integrationsversuche zu nichts anderem werden als zu neuen Organisationsformen in unserem Schulwesen. Integration hat aber nur teilweise etwas mit Organisation zu tun" (Haeberlin u. a. 1991, S. 333)

4.3.2 Hochbegabtenforschung bezüglich integrativen Unterrichts

Es sei den folgenden Ausführungen vorweg geschickt, dass der bekannte und bereits erwähnte Psychologe William Stern schon 1916 schrieb: „So decken sich die aus der Begabungsstatistik zu entnehmenden Leitgesichtspunkte mit jener vielfach aus sozialen Motiven ausgesprochenen Forderung: *daß die Auslese der Begabten nicht zur Entgeistigung der Grundschichten unseres Volks und der werktätigen Berufe führen dürfe*" (Stern 1916, S. 109).
Bless und Klaghofer versuchten in der Schweiz, herauszufinden, ob *begabte* Schüler in Integrationsklassen mit lernbehinderten Kindern im Vergleich zu begabten in gewöhnlichen Regelklassen bezüglich der Schulleistung benachteiligt sind. Sie kamen zu dem Schluss, dass die Integration von lernbehinderten Kindern keinen negativen Einfluss auf die Entwicklung begabter Schüler, d. h. Schüler mit einem IQ über 115, hat (Bless/ Klaghofer 1991). In einer neueren Untersuchung in Brandenburg, in der die Lehrer zur Schulleistung befragt wurden, bestätigten sich die

bisherigen Ergebnisse (Preuss-Lausitz 1996).

Freeman stellt in der bereits erwähnten Studie fest, dass hohe Intelligenz allein nicht „Unglücklichsein" bedeutet, wenn Kinder normale Schulen besuchen und keinen speziellen Unterricht für hoch begabte Kinder erhalten. Ob sie die Leistungshöhe erreichen, die sie in einer Schule für Begabte erreichen könnten, ist allerdings eine andere Frage. Die Interpretation der Untersuchungsergebnisse stützt nicht die Vorstellung von einem Kind mit Problemen, das zu seinem eigenen Vorteil separiert werden müsse. „Es konnte gesehen werden, daß sehr hochbegabte Kinder aus normalen Familien glücklich und in ihren örtlichen Schulen gute Schüler sein konnten. Die hoch begabten Kinder, bei denen Probleme beobachtet worden waren, die ihrer Hochbegabung zugeschrieben worden waren, zeigten auch ein Bündel anderer störender Merkmale, die auch bei weniger begabten Kindern zu Schwierigkeiten geführt hätten" (Freeman 1982, S. 129). Ob Probleme und Störungen auftreten ist letztendlich auch abhängig von der Flexibilität der Schule, und inwieweit Erziehung und Unterricht dem individuellen Kind angepasst ist (ebd., S.130).

Marjoram berichtet von einer Untersuchung des Unterrichts hochbegabter Kinder in Grundschulen sowie der Grundbedürfnisse von Hochbegabten in 30 Schulen in Großbritannien. Als Hauptbedürfnisse hochbegabter Schüler stellte sich u. a. heraus (Marjoram 1982, S. 158):

- Kontakt mit gleichaltrigen durchschnittlichen Schülern;
- Kontakt zu Kindern mit vergleichbarem Befähigungsgrad;
- Vermeidung der Separierung; jedoch Schaffung der Möglichkeit, sich selbst gelegentlich absondern zu können;
- Verfolgung der eigenen Forschungs- und Untersuchungsinteressen;
- Gleiche Behandlung wie andere Kinder.

Marjoram resümiert: „Das isolierte begabte Kind braucht mitunter die Gesellschaft gleicher und gleichgesonnener Kameraden" (ebd., S. 164). Es werden die Bemühungen verstärkt, Mittel und Unterstützung von dritter Seite zu bekommen wie Projekte für Lehrplangestaltung, Ferienkurse, Wochenendbetätigungen etc.

Auch die Ergebnisse der großangelegten Marburger Studie (vgl. Kap. 3) sprechen nicht dafür, Hochbegabte zu selektieren. In der Marburger Studie wurden bezüglich der häufig geäußerten Vermutung, eine außergewöhnliche Begabung ginge mit einem erhöhten psychosozialen Risiko einher, 118 Hochleistende mit 112 durchschnittlich Leistenden verglichen. Der Einwand, die Jugendlichen würden im normalen Schulkontext nicht genügend gefordert und setzten ihre hohe intellektuelle Potenz nicht erkennbar in Schulleistung um, konnte bezüglich der Stichprobe nicht bestätigt werden. „Letztlich kann also davon ausgegangen werden, daß die meisten der von uns untersuchten Jugendlichen im normalen Schulsystem integriert sind und auch entsprechend gute Schulleistungen erbringen. Darüber hinaus zeichnen sie sich durch Freude am Lernen, Wißbegierde und eine positive Arbeitshaltung aus" (Freund-Braier 2000, S. 203). Die Hochbegabten zeigten eine stabilere psychische Konstitution als die VergleichsschülerInnen. Hochbegabte können sowohl im Grundschul- als auch im Jugendalter als im Schulsystem gut integriert, schulisch erfolgreich, sozial unauffällig, psychisch besonders stabil und selbstbewusst charakterisiert werden. Das gilt auch für leistungsstarke SchülerInnen, die sich als emotional besonders belastbar und verantwortungsbewusst zeigen. Psychosoziale Probleme, die immer wieder in der Literatur genannt werden, wurden in dieser Studie als Vorurteile entlarvt (vgl. ebd., S. 204). Ein ebenfalls häufig genannter Aspekt, nämlich das Sinken der Leistungsbereitschaft bei permanenter Unterforderung, wurde an 107 stabil Hochbegabten und 107 stabil durchschnittlich Begabten untersucht. Es stellte sich heraus, dass Hochbegabte über eine positivere Einschätzung eigener Fähigkeiten als durchschnittlich Begabte verfügen und dass sie ein größeres schulleistungsbezogenes Selbstvertrauen aufweisen als ihre durchschnittlich begabten MitschülerInnen. Sie haben weniger soziale Unterstützung bei der Bewältigung schulischer Aufgaben nötig. Es ließ sich in dieser Untersuchung weder nachweisen, dass die Leistungsbereitschaft Hochbegabter sinkt, noch dass sie durch permanente Unterforderung jegliche Motivation verlieren. Generalisierungen aufgrund von Einzelfallbetrachtungen erweisen sich als unzulässig (Schütz 2000, S. 329ff). Bei einer Stichprobe von 444 Jugendlichen bezüglich Hochbegabung und Interessenunterschiede – auch ein Kriterium, das für die Separierung von Hochbegabten sprechen könnte – fanden sich keine Gruppenunterschiede. Hochbegabte zeigen *etwas* weniger konsum-, medien- und vergnügungsorientierte Freizeitgestaltungen und *etwas* mehr Interesse an Literatur und Musik. Die Geschlechtsunterschiede liegen in diesem Bereich erheblich höher und sollten in der Schule weit mehr Beachtung finden als die Interessenunterschiede zwischen Hochbegabten und durchschnittlich Begabten (Hoberg/ Rost 2000, S. 362). Ein weiterer wesentlicher Aspekt ist die Peer-Beziehung. Auch hier wird häufig die Meinung vertreten, dass hohe Schulleistung die Peer-Normen verändert und ein Mangel an entwicklungsgleichen Peers vorhanden sei, was ja für eine Separierung spräche. Die Frage: „Ist der hoch begabte Jugendliche sozial isoliert?" wurde bei einer Stichprobe von 107 stabil Hochbegabten und 107 stabil durchschnittlich Intelligenten mit einem eindeutigen „nein" beantwortet. Hochbegabte suchen entgegen der oft geäußerten Meinung *nicht* Freunde unter älteren Jugendlichen. Es konnte auch nicht ein besonderer Mangel an Sensibilität oder überdurchschnittlich ausgeprägter Empathiefähigkeit hoch begabter Jugendlichen bestätigt werden. Damit wird auch das Ergebnis der Untersuchung im Grundschulalter repliziert (Schilling 2000, S. 416). Auch die Sorge, Hochbegabte würden in der Regelschule ohne Freunde und einsam sein, wurde durch die Marburger Studie genommen.

Die Studie ging bestehenden Vorurteilen nach, die sie jedoch nicht bestätigen konnte. Es kann z. B. nicht von einer Unbeliebtheit oder fehlenden Integration der Hochbegabten gesprochen werden. Hoch begabte Kinder und Jugendliche können als im Schulsystem gut integriert und schulisch erfolgreich charakterisiert werden (Freund-Braier 2000, S. 203). Maßnahmen der äußeren Differenzierung sind in einer Befragung von Eltern und Lehrern von hochintelligenten und durchschnittlich begabten GrundschülerInnen umstritten. Günstig werden die Maßnahmen der *inneren Differenzierung* im Unterricht beurteilt. Allerdings wird erkannt, dass dies von LehrerInnen ein hohes Maß an Kreativität, Flexibilität und zusätzlicher Vorbereitung verlangt, was man nicht immer erwarten kann (Rost 1993, S. 211). Die Studie kommt auch zu dem Ergebnis, dass es keinesfalls stimmt, dass Jugendliche in der Regelschule durch permanente Unterforderung jegliche Motivation verlieren. Die Hochbegabten der Stichprobe waren nicht weniger motiviert als die durchschnittlich intelligenten Jugendlichen (Schütz 2000, S. 331). Es zeigen sich im Lehrkrafturteil zur Integration in der Klasse Effekte zugunsten der Hochbegabten, wobei der Halo-Effekt (positive Einstellung der LehrerInnen aufgrund der guten Noten) eine Rolle spielen kann. „Insgesamt ist das erfreulichste Ergebnis dieser Untersuchung, daß die von uns befragten Jugendlichen – unabhängig von den Gruppierungsvariablen – insgesamt ein recht positives Bild ihrer sozialen Beziehungen zu Peers zeichnen. Dies gilt gleichermaßen für die Eltern- und Lehrkrafteinschätzungen. Interessant ist, daß die Ergebnisse für den Grundschulbereich aus dem Marburger Projekt hier in wesentlichen Zügen repliziert worden sind (Rost 1993). Was die Hochbegabten und Hochleistenden angeht: Das Bild des ‚Strebers' oder ‚Eierkopfs', der als bedauernswerter Anti-Held vieler US-amerikanischer High-School-Komödien die Adoleszenz einsam und ohne Freunde durchleidet, konnte hier nicht bestätigt werden" (Schilling 2000, S. 417).

Bezüglich der Frage, wie sich *gezielt* integrierte Kinder mit einer Hochbegabung in der Schule entwickeln, gibt es derzeit nur eine mir bekannte Studie. In dem auf sieben Jahre angelegten „Schulversuch zur integrativen Föderung von Schülerinnen und Schülern mit besonderen Begabungen an der Grundschule Beuthener Straße in Hannover" sollen Maßnahmen entwickelt werden, durch die SchülerInnen mit besonderen Begabungen in der Grundschulzeit hinsichtlich ihres Lern- und Sozialverhaltens, ihrer intellektuellen und sozial-emotionalen Kompetenzen sowie hinsichtlich ihrer Neigungen, besonderen Fähigkeiten und Interessen gefördert werden (Henze/ Sandfuchs u. a. 1999, S. 3f). Der Schulversuch wird wissenschaftlich begleitet. Das Ziel ist, „die Leistungs- und Persönlichkeitsentwicklung sowohl der hoch begabten als auch aller anderen Schüler/-innen zu beschreiben und fördernde sowie hindernde Bedingungen in der Schule zu klären" (ebd., S. 4). Die erste Kohorte des Schulversuchs umfasste 93 Kinder im Schuljahr 1997/98. 17 Kinder werden als hoch begabt klassifiziert. Am Ende des 1. Schuljahres kann festgestellt werden, dass der größte Teil der Hochbegabten in Lernbestandserhebungen deutlich über dem Durchschnitt liegende Leistungen zeigt, dass aber auch einige Kinder, die nicht als hoch begabt klassifiziert wurden, vergleichbare Leistungen zeigen. Viele der Hochbegabten gehören zu den „Leistungsspitzen", einige zeigen aber auch nur durchschnittliches Lern- und Leistungsverhalten. Es konnten keine bedeutsamen Unterschiede zwischen hoch begabten und nicht hoch begabten SchülerInnen bezüglich der Einschätzung der eigenen Fähigkeiten festgestellt werden. Aber: SchülerInnen mit einem hohen Selbstkonzept eigener Fähigkeiten sind in der Tendenz schulzufriedener als SchülerInnen mit niedrigeren Selbsteinschätzungen (Henze/ Sandfuchs 1998, S. 42ff). Die Schulzufriedenheit ist auch in der zweiten Klasse – unabhängig von der schulischen Leistung – nach wie vor sehr hoch, dies möglicherweise als Folge der integrativen Förderung (Henze/ Sandfuchs 1999, S. 71). „Die Untersuchung der sozialen Beziehungen zeigte, daß die hoch begabten Kinder in ihre jeweilige Klassengemeinschaft integriert sind. Sie stellen keine isolierte Subgruppe dar. Dies ist angesichts der Tatsache nicht selbstverständlich, daß einerseits die hoch begabten Kinder zum großen Teil nicht im Einzugsbereich der Schule wohnen und sie sich andererseits von ihren Mitschülern in den Schulleistungen z.T. deutlich unterscheiden. Möglicherweise zeigt sich in diesem Befund ein Effekt der integrativen Förderung" (ebd., S. 71). Es stellte sich auch heraus, dass sich die Menge der Kontakte zwischen Lehrkraft und SchülerInnen bei denjenigen mit einer über – bzw. unterdurchschnittlichen Schulleistung in Planarbeitsstunden (Tagesplan-/Wochenplanarbeit) nicht unterscheiden. Die Forschergruppe sieht dies (vorsichtig) als Indiz dafür an, dass die Förderung hoch begabter Kinder nicht auf Kosten der eher leistungsschwachen geht. In ihrem dritten Zwischenbericht stellt die Forschergruppe fest, dass die Integration der hoch begabten Kinder in die Klassengemeinschaft gut gelungen ist, dass die Schulzufriedenheit in beiden Schülergruppen hoch ist und auch in der dritten Klasse nicht absinkt (Henze/ Sandfuchs 2000, S. 90).

4.3.3 Fazit

Die eingangs gestellten Fragen können demnach wie folgt beantwortet werden:

- Es gibt keinen Hinweis darauf, dass den Entwicklungsfähigkeiten der SchülerInnen angemessenere Leistungen *nur* in einem Schulsystem erbracht werden können, das in Form von äußerer Differenzierung selektiert und versucht, möglichst homogene Lerngruppen zu bilden.
- Es gibt ebenfalls keinen Hinweis darauf, dass soziale Fähigkeiten eher in einer homogenen Lerngruppe erlernt werden können. Es gibt aber eine Reihe von Untersuchungsergebnissen, die bestätigen, dass die sozialen Kompetenzen von SchülerInnen in heterogenen Gruppen wachsen.

In allen Untersuchungen zeigt sich durchgängig, dass behinderte Kinder in

Integrationsklassen keineswegs generell aufgrund ihrer Behinderung abgelehnt werden und dass es durchaus gelingen kann, stabile und positive soziale Beziehungen zwischen den Kindern aufzubauen. Es kann zu Freundschaften zwischen behinderten und nichtbehinderten Kindern kommen, aber auch zu direkten Ablehnungen (vgl. z. B. v. Freymann 1995). Dabei stellt sich die Frage, inwieweit es wichtig ist, die hohe Erwartung an soziale Integration aufrechtzuerhalten, auch wenn Anspruch und Realität nicht zur vollen Zufriedenheit übereinstimmen (Wocken 1987 b, S. 257ff). Dies ist allerdings keine Frage, die die Wissenschaft beantworten kann, es ist jedoch eine Frage, die alle diejenigen beschäftigt, die sich mit Integration auseinandersetzen. Kann Gleichgewichtigkeit der sozialen Beziehungen zwischen behinderten, nichtbehinderten und hoch begabten SchülerInnen überhaupt angestrebt werden und ist Integration gescheitert, wenn diese Gleichgewichtigkeit nicht in vollem Umfang erreicht wird? Haeberlin u. a. machen folgende Trendaussage: „Schulleistungsschwache Schüler sind in jeder Schulform weniger sozial integriert als nicht-schulleistungsschwache Schüler; diese Gesetzmäßigkeit scheint auch in Sonderschulen zu gelten. Die Möglichkeit zur emotionalen und leistungsmotivationalen Integration in die Schulklasse scheint in den heutigen Sonderklassen etwas günstiger zu sein als in den Regelklassen, unabhängig davon, ob diese eine spezielle Heilpädagogische Schülerhilfe anbieten oder nicht. Die Möglichkeit zur Verbesserung der Schulleistungen scheint hingegen in den Regelklassen günstiger zu sein als in den Sonderklassen; dabei scheint es nicht einmal eine Rolle zu spielen, ob es sich um eine gewöhnliche Regelklasse oder um eine Regelklasse mit Heilpädagogischer Schülerhilfe handelt" (Haeberlin u. a. 1991, S. 330). Für Kinder mit besonderer Begabung scheint dieser Aspekt der Integration nicht das Problem zu sein, da sie eher – vermutlich aufgrund differenzierterer sozialer Kompetenzen – sozial integriert sind. Die zitierten Untersuchungen zeigen, dass Heterogenität für Kinder mit besonderer Begabung keinen negativen Einfluss auf die Lernleistungen, das Selbstkonzept und die Schulzufriedenheit haben *muss*. Generell kann wohl davon ausgegangen werden, dass es nicht gerechtfertigt ist, die Ursache von Schwierigkeiten, die ggf. bei hoch begabten Kindern – im kognitiven wie im sozialen Bereich – auftreten, auf das Lernen in *heterogenen* Gruppen zu beziehen.

Aus den Ausführungen namhafter Pädagogen und den jüngsten Untersuchungsergebnissen wird deutlich, dass es – auf jeden Fall bezogen auf das soziale Lernen – keinen wissenschaftlich fundierten Einwand gibt, der gegen das Lernen in heterogenen Lerngruppen spricht, und es auch keinen fundierten Nachweis für die Notwendigkeit einer Reduzierung von Bildungsangeboten für Kinder mit Lernschwierigkeiten gibt. Die Ergebnisse berechtigen allerdings auch nicht den Schluss, dass *nur* in heterogenen Lerngruppen gelernt werden kann und soll. Empirisch kann bislang offensichtlich nicht nachgewiesen werden, ob heterogene oder homogene Lerngruppen für schulisches Lernen geeigneter sind. Allerdings schlägt die Forschergruppe um Haeberlin vor, einem Förderkonzept den Vorrang zu geben, das Lehrerkooperation und innere Differenzierung innerhalb des Klassenunterrichts favorisiert, da Förderunterricht in Kleingruppen in der Regel die soziale Integration der schwachen und behinderten SchülerInnen eher verschlechtert (Haeberlin u. a. 1991, S. 335f). Dabei ist zu bedenken, dass das Gelingen oder Misslingen sozialer Integrationsprozesse einhergeht mit der Art der Unterrichtsorganisation (Innere Differenzierung), „dem Erleben des Unterrichtsklimas (Interaktionsqualität) und mit bestimmten Mustern der Wahrnehmung abweichenden Verhaltens durch die Regelklassenlehrer" (Bächthold 1990, S. 272).

Da nicht nachgewiesen werden konnte, dass in heterogenen Gruppen die Leistung sinkt, soziales Lernen jedoch gefördert wird, rechtfertigen die Befunde Heterogenität als konzeptionelles Prinzip.

Einschränkend muss jedoch bedacht werden, dass vollkommene gesellschaftliche Integration eine Utopie ist. Hat man die Wirklichkeit im Blick, so ist es immer wieder notwendig, die Utopie pragmatisch umzuformulieren in erreichbare Ziele wie: Verringerung der Außenseiterposition der Kinder mit einem Handicap, Erhöhung ihrer schulischen Leistungsfähigkeit oder auch Versuch einer Annäherung an Normalität (vgl. Antor 1979, S. 65). Es ist sicher wichtig, dies bei allen weiteren Überlegungen zu berücksichtigen. Dennoch halte ich den viel zitierten „pädagogischen Optimismus" bei aller Realitätsnähe für unverzichtbar. PädagogInnen bleiben nicht dabei, Realität zu beschreiben, sie richten ihren Blick immer in die Zukunft, denn ihre Aufgabe ist es, Kinder und Jugendliche für die Zukunft zu erziehen, ohne dass sie die Zukunft letztendlich kennen. Sie müssen sich daher auf der Basis der Gegenwart, ihrer vergangenen und gegenwärtigen Erfahrungen sowie ihrer berufsbedingten gesellschaftlichen Loyalität eine Zukunftsvision selbst erschaffen, auf die hin sie erziehen wollen. Wenn Ziele wie „Erziehung zur Demokratie und Erziehung zum mündigen Bürger", die in Rahmenrichtlinien und Lehrplänen verankert sind, tatsächlich erreicht werden sollen, dann ist durchaus eine große Portion pädagogischer Optimismus und Utopismus sowie ein starker Glaube an das ‚Gute im Menschen' erforderlich. Auf der Grundlage dieser Überlegungen sind die folgenden Ziele zu verstehen.

Auf schulorganisatorischer Ebene kann es *durchgängiges* Lernen in heterogenen Gruppen nicht geben – das sei den folgenden Zielen vorausgeschickt. Gemeinsamer Unterricht in einer heterogenen Lerngruppe heißt gerade *nicht* zwanghaftes Lernen in einem Raum, sondern *individuelle* Förderung *in* einer Gemeinschaft. Das bedeutet z. B., dass es für ein Kind mit einer Verhaltensstörung wichtig ist, eine gewisse Zeit mit einer Lehrperson mit Gesprächen und Spielen in einem gesonderten Raum zu verbringen, für ein Kind mit einer Lernstörung die Bearbeitung eines stringent aufgebauten Lehrgangs mit Hilfe einer Lehrperson in eigens dafür ausgewiesenen Förderstunden oder für ein Kind mit einer Hochbegabung die Möglichkeit, in einem Raum mit gleichgesinnten KlassenkameradInnen ein Experiment durchzuführen. Die Ziele von Heterogenität werden letztendlich dadurch erreicht, dass Kindern die Chance des Lebens und Lernens in und mit der Vielfalt geboten wird, unter Wahrung ihrer individuellen Bedürfnisse, die zeitlich begrenztes und zeitweiliges Lernen in Einzelarbeit oder auch kleinen, homogen zusammengesetzten Gruppen erforderlich macht – wobei die gemeinsame Arbeit an einem Inhalt soweit als möglich aufrecht erhalten bleiben sollte.

Im Folgenden werden die Ziele zusammengefasst, die am ehesten durch *heterogen* zusammengesetzte Lerngruppen erreicht werden können.

4.4 Ziele von Heterogenität

Herstellen einer ‚Gesamtheit':
Der Begriff ‚Integration' leitet sich von integer (lat.) = ‚unberührt, unversehrt' ab. Durch die Eingliederung von Menschen in die Gesellschaft, die ausgegliedert wurden bzw. sich als ausgegliedert fühlen, wird diese ‚makellos' und ‚wiederhergestellt' (vgl. Paulig 1988). Nach dieser Sichtweise ist die Gesellschaft das ‚Ganze', und sie ist nur dann vollkommen, wenn alle Menschen sich zugehörig fühlen können. Sehen wir Schule im Sinne von v. Hentig als griechische ‚polis', also als Gesellschaft im Kleinen, dann ist auch sie nur vollkommen, wenn alle Kinder unabhängig von ihrer Herkunft, ihren Fähigkeiten und ihren Handicaps teilnehmen. „Teilnahme meint, in der Mit- und Umwelt als gleichwertiges Glied akzeptiert zu werden und in einer Lebens- und Arbeitsgemeinschaft verantwortlich mittun zu können. Nur so ist eine gute Basis für Interesse, Begabungs- und Lernbereitschaft, die Wahrnehmung von Aufgaben und Problemen zu sichern", schreibt Begemann (1997, S. 97). Er unterscheidet dabei drei Aspekte (ebd., S. 97/98):
- Zugehörigkeit und Geborgenheit: Voraussetzung für Lernen ist Lebensmut und Selbstvertrauen, und das kann sich nur in der Geborgenheit entwickeln.
- Verantwortliche Beanspruchung: Mitverantwortung entwickelt sich nur in der existentiellen Betroffenheit und in der Notwendigkeit, vielfältige Handlungskompetenzen zu erwerben.
- Gruppenidentität: Das Wir-Bewusstsein ist die notwendige Ergänzung eines einseitigen individualisierenden Selbstverständnisses.

Teilnahme ermöglicht also erst die Erfahrung eines sinnvollen Lebens, sie ist die Basis für das Lernen, sie kann Lebensperspektiven eröffnen. Lernen in heterogenen Gruppen vertieft und erweitert das Dabeisein, die Teilnahme und die verantwortliche Beanspruchung durch die Auseinandersetzung und Begegnung mit der Verschiedenheit und der Andersartigkeit.

Pädagogik der Vielfalt

„Pädagogik der Vielfalt versteht sich als Pädagogik der intersubjektiven Anerkennung zwischen gleichberechtigten Verschiedenen. Indem sie Missachtung im Bildungswesen zu vermeiden sucht, fördert sie persönliche Bildungsprozesse sowie Qualifikations- und Sozialisationsprozesse und wirkt den schädlichen Folgen des im Bildungssystem vorherrschenden Selektionsprinzips entgegen", schreibt Prengel (1995, S. 62). Sie nennt drei Dimensionen der Anerkennung (ebd., S. 185):

- die Dimension der Anerkennung der einzelnen Person in intersubjektiven Beziehungen,
- die Dimension der Anerkennung gleicher institutioneller Zugänge,
- die Dimension der Anerkennung der Zugehörigkeit zu (sub-)kulturellen Gemeinschaften.

Ziele einer Pädagogik der Vielfalt sind demnach vor allem das Kennenlernen der Anderen, die Selbstachtung und Anerkennung der Anderen, die Aufmerksamkeit für die individuelle und kollektive Geschichte, die Aufmerksamkeit für gesellschaftliche und ökonomische Bedingungen sowie Verschiedenheit und Gleichberechtigung als institutionelle Aufgabe (vgl. ebd., S. 185).

Konkret sind als Ziele zu nennen: die Erziehung

- zur Empathie, d. h. die Fähigkeit, sich in einen anderen hineinversetzen zu können und dadurch dessen Probleme zu erkennen und zu verstehen;
- zur Solidarität, zur Entwicklung eines Gemeinschaftsbewusstseins;
- zum Respekt vor dem Anderen;
- zu Toleranz und Akzeptanz von Andersartigkeit.

Alle genannten Ziele können eher in der lebendigen Auseinandersetzung als durch Belehrung erreicht werden.

Lernen von der Vielfalt

Heterogenität darf nicht nur strukturelles Moment sein, sondern sollte zum Lerninhalt selbst erhoben werden. „Für eine solche Sichtweise spricht eine Sicht des Lernens, auch des sozialen Lernens, die von einer aktiv gestalteten Rolle der Lernenden ausgeht. So ist soziales Lernen nicht einfach nur eine Anpassungsleistung an die soziale Umgebung, sondern eine produktive Leistung im Sinne einer Mitgestaltung (...). Es kann nicht allein dem Zufall überlassen werden, ob Kinder einander als Lerngelegenheiten wahrnehmen und dieses ausnutzen, auch was das soziale Lernen angeht. Es gilt, die Bedingungen so zu arrangieren, dass sie voneinander lernen können und sich gemeinsam an die Gestaltung ihrer sozialen Welt machen" (Speck-Hamdan 2000, S. 49). Als handlungsleitende Maximen für die Gestaltung von *sozialen Lernsituationen* nennt Speck-Hamdan zum einen die Wahrnehmung der Verschiedenheit der Stärken der Kinder, also das, was in den 70er Jahren unter der Differenzhypothese anstelle von Defizithypothese verstanden wurde, zum anderen die bewusste Reflexion der SchülerInnen und LehrerInnen über das gemeinsame Lernen und die Vielfalt an Lernwegen und Lernergebnissen (ebd., S. 53).

In einer gemeinsam zu verantwortenden Gesellschaft müssen Kinder früh Gelegenheit erhalten, sich mit dieser Vielfalt auseinander zu setzen und dazu gehört auch die Auseinandersetzung mit Kindern, die ein Handicap haben. Auch die Kinder mit Schwierigkeiten, welcher Art auch immer, müssen lernen, sich in einer Gemeinschaft zurechtzufinden, die von der Vielfalt geprägt ist. Sie müssen lernen, Hilfe anzunehmen, aber auch ihrerseits Rücksicht zu nehmen und Bedürfnisse gegebenenfalls zurückzustellen. Erst in der Auseinandersetzung mit dem Anderen gelingt auch die eigene Persönlichkeitsfindung und die Akzeptanz der eigenen Schwächen. Über eine persönliche und soziale Identität kann nur verfügen, wer in der Lage ist, die eigenen Ansprüche und die Erwartungen anderer so einzulösen, dass weder die Zugehörigkeit zu sozialen Gruppen noch das Selbstbild einer eigenständigen, unverwechselbaren Individualität mit eigenen Wünschen und Ansprüchen verletzt wird (vgl. Krappmann 1975, S. 11ff). Toleranz zu lernen ist in einer Gesellschaft, in der so viele Menschen mit so unterschiedlichen soziokulturellen Wertvorstellungen zusammenleben, und auf dem Hintergrund der nationalsozialistischen Vergangenheit Deutschlands sowie ihrer rechtsradikalen Ausuferungen heute, eines der wichtigsten sozialen Lernziele von Schule. Die schon erwähnte Untersuchung von Heyer/ Preuss-Lausitz/ Schöler in Brandenburg zeigt denn auch, dass Integrationserfahrung zu größerer Toleranz gegenüber Behinderten und stigmatisierten anderen Gruppen (Migranten, unsportlichen Kindern) führt und demnach eine demokratische Haltung fördert (1997, S. 202). Eine ähnliche Untersuchung hat Wocken 1993 durchgeführt, in der er die Nähe bzw. Distanz zu Kindern mit bestimmten Behinderungsarten erfasst hat. Das Ergebnis war, dass Schüler in Integrationsklassen eine geringere soziale Distanz zu den verschiedenen Behinderten haben als Schüler der Vergleichsklassen und dass eine geringere soziale Distanz gegenüber Behinderten auch zu einer geringeren sozialen Distanz gegenüber Ausländern führt (Wocken 1993, S. 103ff). Dies ermutigt zu der Annahme, dass die Erfahrungen, die SchülerInnen in Integrationsklassen machen, auch zum Abbau von Ausländerfeindlichkeit beitragen.

Abbau von Vorurteilen

Von Bracken prägte den Zielbegriff der ‚sozialpsychologischen Integration', der einen von Vorurteilen freien Umgang von Behinderten und Nichtbehinderten bezeichnen soll (von Bracken 1976, S. 346). Dieser vorurteilsfreie Umgang, der die Probleme der Diskriminierung vermindert, kann eher erreicht werden, wenn die Separierung aufgehoben wird und Vorurteile durch ein Miteinander lernen und leben abgebaut werden, bzw. gar nicht erst entstehen. Wie das Schwimmen nicht in einem Trockenkurs theoretisch erlernt werden kann, kann ein selbstverständlicher und normaler Umgang mit Menschen, die sich vom Durchschnitt unterscheiden, weniger durch theoretische Belehrung gelernt werden, als mehr durch die tägliche Auseinandersetzung in realen Situationen. Es geht dabei um einen Lernprozess von allen Seiten: das Kind mit einer Behinderung lernt z. B. um Hilfe zu bitten, das Kind einer Asylantenfamilie lernt die deutsche Sprache, das deutsche Kind lernt, die Eigenarten dieses Kindes zu akzeptieren und Hilfen zu geben, es lernt dabei auch, eigene Schwächen, die nicht so auffällig sind, anderen und vor allem auch sich selbst einzugestehen.

Dollase u. a. fanden z. B. in einer groß angelegten Studie heraus, dass sich die Stereotypenbeurteilung in multikulturellen Klassen, die aus *mehreren* Nationen und Ethnien zusammengesetzt sind, eher *verbessern* als verschlechtern. In multinational zusammengesetzten Klassen wird die Nationenzugehörigkeit vermutlich durch die Vielzahl der Nationen weniger wichtig, in binational zusammengesetzten Klassen dagegen können sich leichter Frontstellungen entwickeln (Dollase u. a. 2000, S. 254). Das bedeutet, dass Vorurteile in sehr heterogenen Gruppen eher abgebaut werden können.

Koppelung von sozialem und kognitivem Lernen

Schule hat u. a. die gesellschaftliche Aufgabe, zukünftige Generationen so auf das Leben vorzubereiten, dass sie ihre Persönlichkeit ausbilden, unsere demokratische Gesellschaftsstruktur weitertragen und ins Berufsleben eingegliedert werden können. Über diese Ziele besteht in allen Gruppierungen Konsens. Sicher führen viele Wege zu diesen Zielen. Wenn jedoch das Ziel der Erziehung zu demokratischem Verhalten untrennbar verbunden ist mit dem Ziel, Wissen zu erwerben und Leistung zu bringen, dann kann Lernen nur in einer sozialen Umgebung vonstatten gehen, wie es u. a. bei der Behandlung der Projektmethode noch näher ausgeführt werden wird (vgl. Kap. 5.3.3). Wissenserwerb ohne sozialen Bezug ist unvollständig als Ziel, wie umgekehrt auch das Leben in demokratischen Strukturen ohne Wissenserwerb. Zwischen beiden Zielen besteht eine Interdependenz, die nur zu Analysezwecken auseinanderdividiert werden kann. Unsere Welt ist voll von technischem Fortschritt, der – isoliert betrachtet – dazu da ist, die Menschheit zu vernichten. Derselbe technische Fortschritt jedoch kann auch dazu beitragen, Leben zu erhalten und zu bereichern. Im Kleinen wie im Großen stehen wir heute mehr denn je vor der zwingenden Aufgabe, unsere kognitiven Möglichkeiten mit den Fragen nach Ethik, Moral und demokratischen Grundsätzen zu koppeln.

Das heißt, dass ein Ziel von Heterogenität in einer Koppelung besteht von
• höchstem inhaltlichen Niveau auf der kognitiven Ebene und
• höchsten Anforderungen an soziales Verhalten.

Heterogentität heißt *nicht*, sich auf einem mittleren Level ‚einzupendeln‘, damit alle etwas vom Unterricht haben, sondern heißt, das höchstmögliche Niveau auf allen Gebieten anzustreben. Darin eingeschlossen ist die Forderung nach individuellen sonderpädagogischen Fördermaßnahmen, die je nach Erfordernis separat und parallel zum gemeinsamen Unterricht durchgeführt werden.

Veränderungen der Schulstruktur sowie der Lernbedingungen
Das gemeinsame Lernen ohne Aussonderung in ihrer konsequenten Umsetzung bezogen auf Grund- und Gesamtschule könnte langfristig organisatorische Veränderungen zwingend notwendig machen, die in der Wissenschaft und in der Bildungspolitik längst diskutiert werden, wie etwa Teamarbeit und Einbeziehung sonderpädagogischer Kompetenz in die Regelschule, Ganztagsschule bzw. Halbe Ganztagsschule, jahrgangsübergreifenden Unterricht und die Verlängerung der Grundschulzeit. In den Erfahrungsberichten über die integrativen Modellversuche wurden diese letztendlich erforderlichen Veränderungen, um das Lernen in heterogenen Gruppen sinnvoll zu gestalten, immer wieder erhoben, von den Ministerien jedoch meist ohne wirkliche Konsequenzen bestenfalls zur Kenntnis genommen (vgl. u. a. Borchert/Schuck 1992; vgl. auch Kap. 1). Viele dieser Strukturen wie vor allem die gemeinsame Bildung bis zum 6. oder auch 8. Schuljahr sind in unseren Nachbarländern selbstverständlich, lassen sich jedoch in Deutschland nur schwer realisieren. Es macht aber auch eine Änderung der Lernarrangements notwendig, wie sie für einen ‚guten‘ Unterricht seit der Zeit der Reformbewegung gefordert, aber noch längst nicht eingelöst werden. Lernen in heterogenen Gruppen macht wie in einem Brennglas sichtbar, was im Sinne *aller* Kinder erforderlich ist. Es verändert auch die Rolle des Lehrenden vom Belehrenden zum Begleiter, Mitlernenden und Freund.
Den Möglichkeiten der Umsetzung der genannten Ziele durch eine auf Heterogenität angelegte Didaktik und Methodik sind die nächsten beiden Kapitel gewidmet.

5. Didaktik in heterogenen Klassen

5.1 Allgemeine Überlegungen

Grundsätzlich stellt sich die Frage, ob es sinnvoll ist, eigene „Didaktiken" für das Lernen in heterogenen Klassen zu entwickeln, d. h. für das gemeinsame Lernen von Behinderten und Nichtbehinderten, für Hochbegabte sowie für Migrantenkinder. Das würde bedeuten, dass neben den schon bestehenden ‚Sonderpädagogiken' noch weitere etabliert würden. Um die Entwicklung eigenständiger Didaktiken für alle ‚Sonderfälle' kann es demnach nicht gehen, vor allem dann nicht, wenn das Ziel integrativen Lehrens und Lernens darin liegt, eine Schule für *alle* Kinder zu schaffen. Es ist jedoch erforderlich, zu fragen, welche didaktischen Vorstellungen es ermöglichen, allen SchülerInnen, ob hoch begabt, durchschnittlich begabt oder lernbehindert innerhalb eines gemeinsamen Unterrichts gerecht zu werden. Dazu muss es keine eigenständige Integrationspädagogik und -didaktik geben, sondern „nur" eine „*nicht* selektierende und segregierende Allgemeine Pädagogik", wie Feuser sie nennt[1]. „Hätten wir eine solche, bräuchten wir die Frage der Integration in der Pädagogik nicht einmal zu diskutieren. Zugespitzt könnte sogar gesagt werden, dass wir nur deshalb von Integration im Sinne der gemeinsamen Erziehung und Unterrichtung behinderter und nichtbehinderter Kinder und Schüler reden müssen, weil wir darin nicht entschieden sind, eine nicht selektierende und segregierende Allgemeine Pädagogik schulische Realität werden zu lassen" (Feuser 1995, S. 135). Eine „integrationskompetente Allgemeine Pädagogik" schließt nicht nur Kinder mit Handicaps ein, sondern ebenso Hochbegabte und Migranten. Diese integrationskompetente Allgemeine Pädagogik braucht – wie jede Didaktik – „die Fundierung des Lernens und Unterrichtens auf der Basis einer menschlichen Entwicklung und menschlichen Lernen gerecht werdenden Persönlichkeitstheorie und Entwicklungspsychologie" (Feuser 1995, S. 176).

Vier Momente sind für Feuser auf der Ebene der Didaktik im Sinne eines nicht zu unterschreitenden Fundamentums festzuhalten (vgl. Feuser 1995, S. 172):

- eine durch entwicklungsbezogene *Individualisierung* zu realisierende *Innere Differenzierung* und
- die *kooperative Tätigkeit* an einem *gemeinsamen Gegenstand.*

In einer Tabelle stellt Feuser (vgl. 1995, S. 173) die Grundpositionen der heutigen Pädagogik einer integrativen allgemeinen Pädagogik gegenüber:

Pädgogik heute (Regel- und Sonderpädagogik)	Allgemeine Pädagogik (integrative Pädagogik)
Menschenbild: defekt- und abweichungsbezogen	Menschenbild: Mensch als integrierte Einheit
Sozialform: größtmögliche Homogenität	Sozialform: Größtmögliche Heterogenität
Didaktisches Fundamentum: Selektion nach Leistungskriterien	Didaktisches Fundamentum: Kooperation *aller* Kinder miteinander
Reduzierte und parzellierte Bildungsinhalte (pädagogischer Reduktionismus)	Lernen am gemeinsamen Gegenstand in Projekten und offenen Unterrichtsformen
Segregation durch Äußere Differenzierung (in Schulformen und Sonderschultypen)	Innere Differenzierung (integrative, interkulturelle und jahrgangsübergreifende Lerngruppen)
Schulform- /– stufenbezogene individuelle Curricula (auch Fachleistungsdifferenzierung)	Entwicklungs-biographisch orientierte Individualisierung eines gemeinsamen Curriculums

Feuser nennt hier wesentliche Elemente einer *integrativen allgemeinen Didaktik.*
Eine solche Didaktik kann sich nur auf der Basis bereits bestehender und bewährter didaktischer Konzeptionen und entwicklungspsychologischer Kenntnisse entwickeln. Eine kurze Zusammenfassung wesentlicher entwicklungspsychologischer und didaktischer Strömungen soll deshalb an dieser Stelle dargestellt werden, um daraus das Konzept einer integrativen allgemeinen Didaktik zu erarbeiten.
Zunächst muss die Frage gestellt werden, welche der bekannten entwicklungs- und lernpsychologischen sowie didaktischen Theorien für die Theorie einer integrativen allgemeinen Didaktik herangezogen werden können. Die Kenntnis über die Bedingungen, unter denen Kinder lernen, sind umso wichtiger, je weniger es der herkömmlichen ‚Beschulung' gelingt, Kinder mit unterschiedlichen Vorerfahrungen, Kenntnissen und Lernstrategien erfolgreich zu unterrichten. Es ist nicht möglich, in der gebotenen Kürze Theorien und Konzeptionen umfassend darzustellen. Die folgenden Ausführungen können daher nur zum einen zeigen, auf welcher Basis eine integrative allgemeine Didaktik stehen sollte und zum anderen Anregungen zum weiteren Selbststudium geben. Bezüglich der Entwicklungs- und Lernpsychologie werde ich mich auf zwei Richtungen beschränken, die mir für eine unmittelbare Umsetzung in die Unterrichtspraxis relevant zu sein scheinen: zum einen die *entwicklungspsychologisch orientierte Genfer Schule* und zum anderen die *Kulturhistorische Schule,* die aus der ehemaligen Sowjetunion kommt und aus dialektisch-materialistischem Gedankengut entstanden ist[2]. Obgleich sich die

beiden Richtungen aus so unterschiedlichen gesamtgesellschaftlichen Backgrounds entwickelt haben, ergänzen sie sich und lassen sich mit einer integrativen allgemeinen Didaktik vereinbaren. Auch die *Theorie des ‚Denkenden Handelns'*, entstanden aus dem *amerikanischen Pragmatismus* gehört zur Basis integrativen Unterrichts. Es wird zu zeigen sein, inwiefern sich die genannten Theorien in einem *pragmatischen, moderaten Konstruktivismus* wiederfinden, der derzeit „den vielleicht vielversprechendsten Rahmen für eine Analyse und Förderung von Prozessen des Wissenserwerbs in den unterschiedlichsten sozialen Kontexten" (Gerstenmaier/ Mandl 1995, S. 883) bietet. Bezüglich didaktischer Theorien wird der Schwerpunkt in den folgenden Ausführungen auf der bildungs- sowie der lerntheoretischen Didaktik liegen. Die genannten Theorien bilden die Grundlage, um eine Didaktik für das Lernen in heterogenen Gruppen zu entwickeln.

5.2 Lern- und entwicklungspsychologische Modelle in ihrer Bedeutung für einen allgemeinen integrativen Unterricht

5.2.1 Genfer Schule

Als ‚Genfer Schule' wird die Entwicklungspsychologie bezeichnet, der Jean Piaget und seine Mitarbeiter in Genf auf der Grundlage theoretischer und experimenteller Untersuchungen für das zwanzigste Jahrhundert die entscheidende Richtung gegeben haben. Jean Piaget (1896-1980) gilt als der bedeutendste Wissenschaftler auf den Gebieten der Entwicklungspsychologie und Erkenntnistheorie. Seine Untersuchungen über die Entwicklung des menschlichen Erkennens haben das Selbstverständnis des modernen Menschen auf neue Grundlagen gestellt. Er war der Pionier der *Kognitionsforschung*, der mit seiner *„genetischen Erkenntnistheorie"* ein neues Bild vom Kind geschaffen hat, das für unser gesamtes pädagogisches Denken bedeutungsvoll ist.

Zwei wesentliche Aspekte der Piagetschen Theorie sollen hier Anlass geben, über integratives Lehren und Lernen nachzudenken (vgl. Piaget 1967; Piaget/ Inhelder 1970):

- die Äquilibrationstheorie und
- die stufenweise Entwicklung des Denkens

Piagets Werk zur Lerntheorie kann dahingehend zusammengefasst werden, dass kognitive Veränderungen immer dann auftreten, wenn ein Denk- bzw. Handlungsschema statt des erwarteten Ergebnisses zu Störungen führt und wenn diese Störungen ihrerseits eine Veränderung des Denkschemas (Akkommodation) nach sich ziehen und ein neues Äquilibrium hergestellt wird (vgl. v. Glasersfeld 1994, S. 36). Die *Äquilibrationstheorie* besagt, dass der Motor der Entwicklung das Streben nach Äquilibration (Findung von Gleichgewicht) ist. Aus der Erfahrung eines Ungleichgewichts, eines Widerspruches, einer Unzulänglichkeit oder eines kognitiven Konfliktes entsteht der Impuls zur inneren Koordination und zum Aufbau immer komplexerer Strukturen. Hierbei laufen immer zwei Prozesse beständig nebeneinander her: Assimilation *und* Akkommodation. Die *Anpassung* erfolgt nach Piaget durch einen fließenden Gleichgewichtszustand zwischen der Angleichung der Umwelt an das Individuum (= *Assimilation)* und der Angleichung des Individuums an die Umwelt (= *Akkomodation).*

Jede Frage und jedes Problem, welches das Kind nicht mit seinem bis dahin erworbenen Verhaltensrepertoire lösen kann, stellt eine Situation des Ungleichgewichts dar, d. h. das Kind merkt, dass sein Verhaltensrepertoire unzulänglich ist. Diese Erkenntnis der Unzulänglichkeit kann ein Äquilibrationsbedürfnis auslösen. Ein Beispiel dafür wäre das Problem, welche Körper auf dem Wasser schwimmen. Ein Kind hat die Hypothese, dass *große* Gegenstände untergehen, kleine aber schwimmen. Diese Hypothese wird empirisch widerlegt, indem ein großes Holzstück auf das Wasser gelegt wird, das schwimmt. Das Kind nimmt nun vielleicht an, dass *schwere* Gegenstände untergehen, leichte aber schwimmen. Das wird dadurch widerlegt, dass das Kind die Erfahrung macht, dass ein großes schweres Holzstück schwimmt, ein kleines leichtes Steinchen aber untergeht. Diese Widerlegungen zwingen das Kind zu einer Revision des Urteils und eventuell zu einer Reorganisation seiner kognitiven Strukturen (vgl. Montada 1970, S. 38/39). Eine äquilibrationsbedürftige Situation ist nur dann gegeben, wenn eine Diskrepanz zwischen einem unzulänglichen Lösungsversuch und dem subjektiven Verständnis der Frage existiert (vgl. ebd., S. 40). „Wenn Entwicklung Äquilibration ist, d. h. in der Überwindung von Unzulänglichkeiten und Widersprüchen besteht, dann kann es nur Veränderung in einer Richtung geben, nämlich in der Richtung der Überwindung der Widersprüche" (ebd., S. 41). Dazu ein Beispiel:

Vor einiger Zeit beobachtete ich einen dreijährigen Jungen, der einen runden Bauklotz auf der Rampe ablegen wollte, die er für seine Autos gebaut hat. Er wollte ihn offensichtlich als Barriere den Autos in den Weg legen. Doch der Klotz blieb nicht liegen, sondern rollte abwärts. Das Kind legte ihn immer wieder auf die Rampe und wurde zunehmend ärgerlicher. Nach einiger Zeit kam er auf die Idee, den Klotz auf der Plattform oberhalb der Rampe abzulegen. Als er sah, dass die Holzrolle dort nicht wegrollte, beruhigte er sich langsam und wandte sich einem anderen Spiel zu. Etwa eine Stunde später legte er einen rechteckigen Klotz als Barriere auf die Rampe und ließ seine Autos um sie herumfahren.

Piaget spricht von vier Hauptstadien der geistigen Entwicklung: Sensumotorische Phase (ca. bis 2 Jahre), Präoperationale Phase (ca. 2-7 Jahre), Phase der konkreten Operationen (ca. 7-12), Phase der formalen Operationen (ab 12 Jahre) (Piaget 1967, S. 139ff). Die Entwicklungssequenzen stellen eine notwendige und irreversible Abfolge dar: Keine Stufe kann übersprungen werden, weil sonst die nächstfolgenden nicht erreicht werden können. Lernen in diesem Sinne besteht im Erwerb immer komplexerer Strukturen, die auf elementareren aufbauen. Piaget sieht den typischen Lernprozess nicht in einem blinden Probieren der eigenen Verhaltensmöglichkeiten, sondern darin, durch einen gezielten Versuch ein Problem zu bewältigen. Die *Altersangaben* sind jedoch nur als Orientierungsrahmen zu verstehen. Einflüsse durch individuelle Sozialisation und Behinderungen und eine Fokussierung der Interessen auf bestimmte Bereiche können zu Entwicklungsverzögerungen oder -beschleunigungen führen. Martin, ein Kind mit Down-Syndrom, befindet sich z. B. mit 9 Jahren eher in der präoperationalen Phase, teilweise aber auch schon im Übergang zur Phase der konkreten Operationen, während Julian, ein Kind mit einer Hochbegabung, in dieser Situation bereits in der Phase formaler Operationen ist. Da sich ein Individuum bezüglich verschiedener Bereiche (Naturwissenschaften, Sprache, Ethik ...) in verschiedenen Phasen befinden kann, ist z. B. auch bei Martin feststellbar, dass er sich sozial in bestimmten Bereichen durchaus altersgemäß verhält. Ein Kind mit einer Hochbegabung kann sich dagegen z. B. im Bereich der Mathematik auf einer weit höheren Phase befinden, als in seinem Alter üblich, im Schriftspracherwerb jedoch in einer wesentlich niedrigeren, ebenso im Bereich sozialen Verhaltens. Das macht es den Lehrenden schwer, ein solches Kind richtig einzuschätzen. Es scheint nicht plausibel zu sein, weshalb z. B. ein Kind im zweiten Schuljahr bereits mit großen Zahlen rechnen kann, aber mit der richtigen Schreibweise von Wörtern kämpft. Es besteht dann die Gefahr, diesem Kind seine Fähigkeiten im mathematischen Bereich nicht zu glauben und es in die Schublade der Kinder mit Lernschwierigkeiten zu stecken. Die Folgen können schwerwiegend sein, da das Kind sein Selbstvertrauen verliert, was wiederum zu Leistungsverweigerung und letztendlich zu tatsächlichen Lernschwierigkeiten führen kann. Um dies zu verhindern, ist die Kenntnis über das Lernen in Stufen wichtig, da diese erst den Lehrenden ermöglicht, zu diagnostizieren, in welchem Bereich sich ein Kind auf welcher Phase befindet. Bezüglich der Kinder mit einem Handicap ist es wichtig zu wissen, dass keine Phase übersprungen werden darf. Kein Haus kann auf Sand gebaut werden, es braucht einen festen, stabilen Grund. Es macht z. B. keinen Sinn, von einem Kind mit einer Lernbehinderung die Division zu verlangen, wenn es noch keine stabile Zahlvorstellung im Zahlenraum bis Hundert hat. Dabei ist es wichtig, rechtzeitig zu erkennen, wenn ein Kind die neue Phase noch nicht erreicht hat, da dann möglicherweise gezielte Förderung schnell helfen kann. Es muss jedoch berücksichtigt werden, dass auch gezielte Förderung nur Abhilfe schaffen kann, wenn dem Kind die Zeit gelassen wird, sich so lange auf einer Lernstufe aufzuhalten, wie es für *dieses* Kind erforderlich ist. Die stetige Förderung ist notwendig, um die Grundvoraussetzungen und die Möglichkeit zum Weiterschreiten zu schaffen, erzwingen kann man jedoch diesen notwendigen nächsten Schritt nicht. Die Erkenntnis, dass ein Kind einen Lernstoff in einer bestimmten Zeit nicht aufnehmen *kann,* und das Vertrauen darauf, dass bei ausreichender Förderung die Zeit kommen wird, in der das Kind aufnahmebereit ist, schützt davor, Kinder vorschnell als „unfähig" zu etikettieren und an den eigenen didaktischen Fähigkeiten zu zweifeln.

Die gegenseitige Anregung in einer Lerngruppe ist für die Entwicklung aller SchülerInnen von großer Bedeutung, auch oder gerade dann, wenn die kognitiven Ebenen, auf denen die Äquilibrationsprozesse stattfinden, differieren. Ein Beispiel aus einer Integrationsklasse[3] soll dies zeigen:

Die Klasse befasst sich mit dem Thema Eskimo. An einem Vormittag beschäftigt sie sich mit den Fragen, wann gefriert Wasser zu Eis, wie kalt ist unser Leitungswasser, bei welchen Temperaturen empfinden wir das Wasser warm, bei welchen kalt u. a.m. Auf einem Tisch stehen mehrere Behälter mit Eis, Eiswasser, Leitungswasser, warmem Wasser. Mit einem Thermometer messen die Kinder die Temperatur und schreiben sie in Tabellen.
Martin, der Junge mit einem Down-Syndrom, ist fasziniert. Er fasst mit seinen Händen in das Eiswasser, dann in das warme Wasser. Immer wieder taucht er seine Hände in die verschiedenen Behälter, immer wieder und mit großer Konzentration überprüft er die Wirkung, die die veränderten Temperaturen auf seine Haut haben. Eifrig teilt er den anderen, die längst wieder auf ihren Plätzen sitzen und die Temperatur aufschreiben, seine Beobachtungen mit, indem er z. B. ruft: „Is kalt worden". Julian, ein hoch begabter Junge, steht wieder auf – er ist neugierig geworden – steckt seine Hand ins Wasser. Er überprüft die Temperatur auf dem Thermometer und bestätigt Martins Beobachtung. Martin schaut ihm zu und betrachtet interessiert das Thermometer. Jetzt wollen alle noch mal fühlen – durch die vielen Hände wird das Wasser natürlich wärmer. Auch das stellt Martin anschließend fest. Nun kommt Julian auf eine Idee. Er möchte herausfinden, in welcher Weise sich Eiswasser schneller erwärmt: wenn Hände ins Wasser getaucht werden oder wenn es nur im warmen Raum steht. Er bereitet unter Mithilfe von Martin die entsprechenden Behälter für das Experiment vor.

Martin regt die anderen durch seine intensiven und konzentrierten Versuche an, diese mit einem Messinstrument zu überprüfen. Er selbst erfährt, dass seine sinnliche Erfahrung messbar ist und erschließt sich ein Stückchen Welt auf einem abstrakten Niveau. Er bekommt eine erste Vorstellung davon, wozu ein Thermometer gebraucht wird, auch wenn er diese Erfahrung noch nicht verbalisieren kann. Hat ihn zunächst vermutlich nur das Spiel mit dem Wasser gereizt, so wird dieses Spiel durch das Interesse der anderen Kinder und den Einsatz eines Messinstrumentes für das Kind mit der geistigen Behinderung auf ein neues kognitives Niveau gehoben. Im Wechselspiel mit den anderen kann sich bei Martin – ohne dass er dafür Worte findet – ein erstes Interesse daran herausbilden, dass einfache Handlungen überprüfbar, messbar und systematisierbar sind, d. h. in Tabellen festgehalten werden können. Julian dagegen wird von Martin dazu angeregt, nicht nur einem Messgerät zu vertrauen und allzu schnell auf die kognitive Ebene zu gehen, sondern seine eigene sinnliche Erfahrung bewusst wahrzunehmen und mit der Überprüfung durch ein objektives Messgerät zu verknüpfen. Er wird außerdem dazu angeregt, seine neuen Erkenntnisse in einer Tabelle festzuhalten, zu vergleichen und sich dabei die Frage zu stellen, woran es liegt, dass sich die Temperatur des Wassers verändert und in welcher Weise sie sich ändert.

Das Streben nach Gleichgewicht, nach Äquilibration findet bei jedem Menschen in jedem Alter und unabhängig von seinem Leistungsniveau statt. Martin, der Junge mit Down-Syndrom spürt die Veränderung der Wassertemperatur, kann seine Beobachtung jedoch nicht auf dem Niveau verbalisieren und mit Messzahlen in Verbindung bringen, die einem Jungen von 9 Jahren angemessen wäre. Dennoch erwirbt er eine sinnlich-erfahrbare Erkenntnis, die ihn der nächsten Stufe ein wenig näher bringt. Julian dagegen, der Junge, der sich teilweise bereits in der Phase der formalen Operation befindet, ist auf das Erfühlen der Temperatur eigentlich nicht mehr angewiesen. Wenn er jedoch nur noch mit dem Thermometer arbeitet, läuft er bereits Gefahr, die sinnliche Erfahrung ganz außer Acht zu lassen und interessante Beobachtungen nicht zu machen. Durch Martin wird er angeregt, die ursprüngliche Aufgabe zu erweitern und sogar ein neues Experiment zu beginnen. Beide Kinder entwickeln sich auf ihrem Niveau ein Stück weiter und die unterschiedlichen Lernstrategien tragen zu einer Bereicherung für *beide* Kinder bei.

5.2.2 Kulturhistorische Schule

Lew Semjonowitsch Wygotski (1896-1934) gab der sowjetischen Psychologie eine neue Richtung, obgleich er früh starb. Er führte zahlreiche Experimente durch und entwickelte seine Theorien auf der Basis seiner Untersuchungsergebnisse. Seine Forschungsergebnisse waren bestimmend für die Theorie über die Entwicklung der spezifisch menschlichen intellektuellen und psychischen Funktionen beim Säugling, Kleinkind und Jugendlichen. Wygotski ist der Begründer der von ihm selbst so genannten Kulturhistorischen Schule. Das Fundament seines psychologischen Ansatzes ist die Erkenntnis, dass auch die individuelle Bewusstseinsentwicklung über die gegenständliche Tätigkeit des Menschen vermittelt ist und zu einer Strukturierung des Bewusstseins führt, die durch die objektive gesellschaftlich-historische Struktur geprägt, also selber gesellschaftlich-historischer Art ist. Zu der Entwicklungspsychologie Piagets besteht trotz vieler Konvergenzen ein entscheidender Unterschied. Piaget sieht Tätigkeit als eine Interaktion von Mensch und physischer Umwelt, wogegen die sowjetische Psychologie die Tätigkeit von allem Anfang an als sozial und die Sprache als Ursache und Wirkung dieser Interaktion versteht. Beide jedoch, die westliche und die östliche psychologische Denkrichtung beginnen in den 30er Jahren des zwanzigsten Jahrhunderts die Rolle von Erziehung und sozialer Umwelt im Verhalten, im Lernen und in der Entwicklung des Menschen zu erkennen (vgl. Aebli 1969, S. IX f). Im Folgenden werde ich mich auf Erkenntnisse Wygotskis beschränken, die sich unmittelbar auf schulischen Unterricht beziehen.

„Es gibt einen Lernprozeß. Er hat seine innere Struktur, seine Reihenfolge, seine Logik in der Entwicklung. Und in jedem einzelnen Schüler, der unterrichtet wird, existiert gewissermaßen ein inneres unterirdisches Netz von Prozessen, die ins Leben gerufen werden und sich im Verlauf des Schulunterrichts vollziehen, die aber ihre eigene Logik der Entwicklung haben", schreibt Wygotski aufgrund der Ergebnisse eigener Experimente auf dem Gebiet der Unterrichtspsychologie (1934/ 1971, S. 235). Das *aktuelle Entwicklungsniveau* der Schüler kann festgestellt werden, indem er Aufgaben löst, die eine *selbstständige* Lösung verlangen. Dadurch können wir erfahren, was das Kind im Augenblick weiß und kann, was bei ihm bis zum gegenwärtigen Augenblick ausgereift ist. Der Entwicklungs*stand* wird jedoch nicht davon bestimmt, was herangereift ist, sondern von den heranreifenden Funktionen und dem Bereich der kommenden Entwicklung. „...*die Zone der nächsten Entwicklung* (Hervorhebung v. Verf.) (besitzt) für die Dynamik der intellektuellen Entwicklung und den Leistungsstand eine unmittelbarere Bedeutung (..) als das gegenwärtige Niveau ihrer Entwicklung", schreibt Wygotski (ebd., S. 237). Das Kind kann z. B. nur lernen, was in der Zone seiner eigenen intellektuellen Möglichkeiten liegt. Damit es lernen kann, muss es die Möglichkeit haben, von dem, was es kann, zu dem überzugehen, was es nicht kann. „Die Untersuchung zeigt eindeutig, daß das, was in einem Stadium eines bestimmten Alters in der Zone der nächsten Entwicklung liegt, im zweiten Stadium realisiert wird und in das Niveau der aktuellen Entwicklung übergeht. Mit anderen Worten, was das Kind heute in der Zusammenarbeit macht, wird es morgen selbstständig zu machen fähig sein (ebd., S. 240). Wygotski zieht daraus nun aber nicht den zunächst naheliegenden Schluss, dass der Unterricht so lange hinausgeschoben werden muss, bis die notwendigen Funktionen herangereift sind, das heißt, er fragt nicht nur, ob das Kind für den Unterricht im Lesen etc. schon reif ist, sondern hält es für notwendig, nicht nur die unterste Grenze des Unterweisens zu bestimmen, sondern auch die oberste Grenze. Der Unterricht kann nur innerhalb dieser Grenzen fruchtbar sein. „Die Pädagogik muß sich nicht auf die kindliche Entwicklung von gestern, sondern auf die von morgen orientieren" (ebd., S. 241). Das bedeutet, dass das Lernen nur dann vonstatten gehen kann, wenn es Schrittmacher der Entwicklung ist, denn nur dann werden Funktionen, die sich im Stadium der Reifung befinden und in der Zone der nächsten Entwicklung liegen, geweckt und ins Leben gerufen und das spricht wiederum für das Lernen in heterogenen Gruppen, die die Vielfalt an Lernmöglichkeiten erst bietet. Die Schwierigkeit für den Unterrichtenden ist es, herauszufinden, auf welcher Stufe der Entwicklung sich das Kind befindet. „Das Kind zu lehren, wozu es nicht fähig ist, ist ebenso unfruchtbar, wie das zu lehren, was das

Kind bereits selbstständig tun kann" (ebd., S.244). Diese schwierige Aufgabe ist für Lehrende nur deshalb zu bewältigen, weil es nach den Untersuchungen von Wygotski Lernen zwar auf allen Stufen der kindlichen Entwicklung gibt, aber auf jeder Altersstufe nicht nur spezifische Formen, sondern auch ganz besondere Beziehungen zur Entwicklung.

Ziel der psychologischen Forschungen von Alexejew N. Leontjew und Pjotr J. Galperin, Schülern von Wygotski, war u. a. die Entwicklung neuer Unterrichtsmethoden, die es ermöglichen, die Schüler zu aktiverem Lernen anzuregen. Leontjew geht, in Anlehnung an Wygotski, davon aus, dass sich das Kind die Welt in *handelnder Form* aneignet. „Dominierend für die psychische Entwicklung ist (...) das Leben des Kindes, die Entwicklung der realen Prozesse dieses Lebens oder, mit anderen Worten, die Entwicklung der inneren und äußeren Tätigkeit, die wiederum von den vorhandenen Lebensbedingungen abhängt" (Leontjew 1973, S. 401). Ähnlich wie Piaget, zeigt er, dass die Entwicklung stufenweise voranschreitet. „Jede Stufe der psychischen Entwicklung ist durch eine bestimmte dominierende Tätigkeitsart und durch eine bestimmte dominierende Beziehung des Kindes zur Wirklichkeit gekennzeichnet. Typisch für den Übergang von einer Entwicklungsstufe zur anderen ist ein Wechsel dieser dominierenden Tätigkeit und dieser dominierenden Beziehung zur Wirklichkeit" (ebd., S. 402). Die dominierende Tätigkeit ist dadurch gekennzeichnet, dass sich in ihr bereits neue Tätigkeitsarten andeuten, sie führt zur Bildung und Umgestaltung psychischer Vorgänge und den grundlegenden Veränderungen der kindlichen Persönlichkeit. Wie auch Piaget betont Leontjew, dass die zeitliche Abfolge der Entwicklungsstufen zwar festliegt, ihre Altersgrenzen jedoch von ihrem Inhalt und dieser wiederum von den konkret-historischen Verhältnissen abhängen unter denen das Kind lebt. Den gesamten Verlauf fasst Leontjew folgendermaßen zusammen: „Zunächst muß sich das Kind die gegenständliche Welt aneignen, die es unmittelbar umgibt; danach lernt es im Spiel einen größeren Bereich von Erscheinungen und zwischenmenschlichen Beziehungen beherrschen; es folgt das systematische Lernen in der Schule, dem sich die weitere Spezialausbildung oder die Arbeit anschließt" (ebd., S. 403).

Auch die *Motivation* bildet sich in Etappen, wobei die erste Etappe gekennzeichnet ist von den Motiven, die im Lernen selbst liegen, die zweite von Motiven, die im Schulleben sowie in den Beziehungen innerhalb des Klassen- und des Schulkollektivs liegen und die dritte von den Motiven, die in der Umwelt, im künftigen Beruf und in den Lebensperspektiven liegen. Die Interessen gehen von den äußeren Handlungen, die mit dem Lernen zusammenhängen auf deren Inhalt über (ebd., S. 431 f). Leontjew erläutert dies an einem Beispiel, das zu der Diskussion um Hochbegabte heute sehr gut passt: Ein Kind ist in seinem Bedürfnis, Lernaufgaben zu erledigen seiner Altersstufe weit voraus, steht aber in der allgemeinen Motivation seiner Tätigkeit noch auf der ersten Stufe, da es noch nicht die beständige Haltung eines Schülers zeigt und noch kein ausreichendes Pflichtgefühl gegenüber den schulischen Aufgaben hat. Wenn dieses Kind in die erste Klasse kommt, wird der einfache Stoff sein Interesse kaum wecken. Es beginnt sich zu langweilen und es wird seine Aktivitäten anderen Dingen zuwenden. Damit verstößt es jedoch gegen die schulische Disziplin. Auch die Hausaufgaben will es nicht erledigen und seine Leistungen drohen zu versagen. Leontjew sieht die Lösung dieses Problems nicht in Belohnung oder Bestrafung, sondern nur darin, *den Inhalt des Lernstoffes zu bereichern* und dadurch das Pflichtgefühl des Kindes zu entwickeln. Es müssen neue Motive geschaffen werden, die im *Inhalt* des Unterrichtsstoffes liegen (ebd. S. 433 f). Dies ist ein wichtiger Aspekt, auf den auch in den Ausführungen zur Projektmethode eingegangen wird. Motive und Interessen durch Inhalte zu wecken ist nicht nur für Kinder mit besonderen Begabungen wichtig, sondern ebenso für Kinder mit Handicaps. Auch sie sind auf Inhalte angewiesen, die ihren Interessen entsprechen und die sie zum Lernen motivieren.

Galperin untersuchte die stufenweise Ausbildung adäquater geistiger Operationen. Er stellte sich die Frage, wie gegenständliche Handlungen zu geistigen Operationen werden und wie dadurch ein neuer konkreter psychischer Prozess gebildet wird. Diese Frage beantwortete er mit der Hypothese von der etappenweisen Bildung geistiger Operationen, d. h. mit einer Stufenleiter, die den Weg zeigt, auf dem eine Handlung, die ursprünglich äußerlich und materiell ist, zum inneren Bestand des Bewusstseins wird (Galperin 1969, S. 374ff). Die Stufenfolge soll hier am Beispiel des Schriftspracherwerbs veranschaulicht werden (vgl. Jaumann 1982, S. 88ff)[4].

1. Die erste Stufe bezeichnet Galperin als *Orientierungsstufe*. Jede Aneignung einer neuen Handlung setzt voraus, dass man sich eine vorläufige Vorstellung von der Aufgabe macht. Diese erste Begegnung mit dem Gegenstand hat im gesamten Lernprozess einen hohen Stellenwert, da durch sie das Schicksal der zukünftigen Handlung bestimmt wird. Wird die Aufgabe von vornherein falsch begonnen, so bedeutet jede nachträgliche Berichtigung bereits einen Umlernprozess. Wie könnte eine Orientierungsgrundlage beim Leselernprozess aussehen? Definiert man Lesen als das Verstehen geschriebener Sprache, das Kommunikation zwischen Menschen über Raum und Zeit hinaus ermöglicht, setzt es also gleich mit Sinnentnahme, so muss das Kind auf der Orientierungsstufe Gelegenheit erhalten, eben diese Erkenntnis gewinnen zu können. Dem wird im offenen Schriftspracherwerb heute bereits Rechnung getragen, indem die Kritzelbriefe der Schulanfänger als Kommunikation ernst genommen werden und indem die Kinder noch bevor sie alle Buchstaben und die Rechtschreibung „gelernt" haben, Texte schreiben (vgl. u. a. Scheerer-Neumann 1986). Hoch begabte Kinder haben sich das Lesen häufig schon vor Schulbeginn „selbst beigebracht". Sie haben damit – sofern sie nicht in ihrer

Entwicklung gestört werden – keine Probleme. Kinder mit Lernschwierigkeiten scheitern jedoch häufig gerade beim Schriftspracherwerb. Für sie ist es daher wichtig, stufenweise vorzugehen und jede Stufe zu beachten. Zielt man darauf ab, dem Kind von Anfang an geschriebene Sprache als vormals gesprochene Sprache zu vermitteln, sollte das Kind auf der Orientierungsstufe beim Erwerb einzelner Buchstaben soweit wie möglich mit Sinnlauten vertraut gemacht werden – mit Lauten also, die Worte ersetzen können wie z. B. „mmm" für „das schmeckt gut" oder „au" für Schmerz. So kann das Kind erkennen, dass es sich hier um Laute handelt, die es aus dem alltäglichen Sprachgebrauch kennt und dass diese Laute zu Wörtern zusammengesetzt werden können. Die Orientierungsgrundlage für die Aufgabe, Texte zu lesen, könnte durch Vorwegnahme des Inhalts und damit durch das Vertrautmachen mit dem Inhalt geschaffen werden, indem z. B. ein vorher von den Kindern ausgedachtes und gespieltes Puppenspiel aufgeschrieben und als Lesetext gegeben wird oder indem Handlungsabläufe nach ihrer Durchführung beschrieben werden.

2. Die zweite Stufe bezeichnet Galperin als *Stufe der materiellen bzw. materialisierten Handlung.* Im frühen Kindesalter beginnt jede Handlung anhand von Gegenständen in ihrer materiellen Form. Es spricht nichts dafür, dass eine neue geistige Operation sofort „im Geiste" entsteht. Sieht man nur die „geistige Form" einer Handlung, z. B. das blitzschnelle Zusammenfügen von Buchstaben bzw. Buchstabengruppen zu einem Wort, so ist es schwer, diese Handlung so zu entfalten, dass alle ihre Teiloperationen, die zur Durchführung der Handlung notwendig sind, deutlich erkennbar werden. Z. B. nimmt ein geübter Leser keine einzelnen Buchstaben mehr wahr – nicht selten genügt es sogar, eine Textseite nur mit den Augen zu überfliegen, um den Inhalt zu erfassen. Doch auch ein geübter Leser kann an sich selbst die Beobachtung machen, dass er seine Handlung zumindest dann wieder teilweise entfalten muss, wenn er z. B. Texte oder Namen in einer fremden Sprache liest. Er geht dann zurück auf das Buchstabieren, um anschließend diese Handlung wieder zu verkürzen und in einem zweiten Versuch das Wort flüssig zu lesen. Der Erwerb der Buchstaben, die Lautsynthese, das Erlesen von Silben und Wörtern und das laute Erlesen von Texten könnten als die Teiloperationen des entfalteten Lesevorgangs bezeichnet werden. Bezogen auf das Lesenlernen von Wörtern und Texten, ließe sich eine Materialisierung mit Hilfe von Buchstaben aus Holz oder Plastik[5], von Buchstaben- und Silbenkärtchen u. a. m. vorstellen, die zu Wörtern und Sätzchen zusammengefügt und wieder zerlegt werden, sowie durch Zuordnungsübungen von Gegenstand und Wort- bzw. Silbenkärtchen.

3. Auf der dritten Stufe wird die Handlung in die *gesprochene Sprache ohne gegenständliche Stütze* übertragen und damit verkürzt. Dem lauten Lesen kommt auf dieser Stufe die größte Bedeutung zu, da nach Galperin lautes Sprechen die

Voraussetzung für die Kontrollierbarkeit der Handlung ist. Beim lauten Lesen kann der Lehrer sowie das Kind selbst kontrollieren und durch Rückfragen absichern, ob der Sinn des Gelesenen erfasst wurde. Das laute Sprechen spielt auch beim Erwerb der Form der Buchstaben und beim Schreiben eine wichtige Rolle. Durch das laute Mitsprechen beim Bewegungsablauf entsteht beim Kind ein Bewusstsein von der Form des Buchstabens, von seinen unverwechselbaren Merkmalen.

4. Die vierte Stufe beginnt mit der *Verwandlung der lautsprachlichen Handlung in die innere Form* und endet mit der freien inneren Darstellung der Handlung „ganz für sich", d. h. die äußere Sprache beginnt, sich in die innere zu verwandeln. Bezogen auf den Leselernprozess heißt das, dass das Kind, wenn es diese Stufe erreicht hat, in der Lage ist, zuerst flüsternd, später still sinnerfassend zu lesen. Das Kind kann durch Übung den Lesevorgang zunehmend verkürzen, es ist nicht mehr auf das Buchstabieren angewiesen, sondern es nimmt Buchstabengruppen oder kurze Wörter auf einen Blick wahr, ohne mitsprechen zu müssen. Der Lesevorgang wurde automatisiert.

5. Die letzte Stufe bezeichnet Galperin als *Stufe der Kontrollhandlung*. Das Kind lernt bereits im Laufe der Aneignung einer Handlung, diese auf ihre Richtigkeit zu überprüfen, wobei sich die Kontrollhandlung schneller entwickelt als die Arbeitshandlung. Beim Lesen kann die Kontrolle, ob man richtig gelesen hat, nur über die Sinnerfassung erfolgen. Zur Durchführung der Kontrollhandlung ist mehr erforderlich als nur die Beherrschung der Lesetechnik. Das Kind muss den Text, den es lesen soll, inhaltlich verstehen können, wenn es selbst kontrollieren soll, ob es richtig gelesen hat. Das führt zurück zur Bedeutung der Orientierungsgrundlage, auf der das Kind bereits auf das sinnerfassende Lesen vorbereitet werden muss. Es ist also letztlich die Aufgabe der Lehrenden zu prüfen, ob das zu lesende Wort oder der Lesetext vom Kind überhaupt verstanden werden *kann*. Es muss vermieden werden, dass das Kind Worte liest, die es nicht versteht. Der inhaltlichen Klärung von Worten und Texten sollte deshalb gerade zu Beginn des Lernprozesses viel Zeit eingeräumt werden. Kontrollübungen könnten z. B. durchgeführt werden, indem das Kind zu selbstständig erlesenen Wörtern Bilder malt, indem es in spielerischer Form aufgeschriebene Handlungsanweisungen befolgt, indem es den Inhalt eines Textes auf verschiedene Weise wiedergibt u. a. m.

Das Vorgehen nach dieser Theorie des stufenweisen Aufbaus einer geistigen Handlung ermöglicht es in konsequenter Weise zu erkennen, auf welcher Stufe sich das Kind befindet und wie lange es nötig ist, auf dieser Handlungsebene zu verweilen. Wenn das Kind die Finger benutzt, um im Zehnerraum zu addieren, und es dies immer noch tut, wenn alle anderen Kinder längst darüber hinaus sind, so ist das ein Zeichen dafür, dass das Kind noch nicht bereit ist, von der zweiten Stufe auf die nächste überzugehen. Entweder wird ihm die Zeit gelassen, die es offenbar noch braucht, um sich weiterzuentwickeln oder es wird – wenn dies allzu lange zu dauern scheint – behutsam von der Lehrperson weitergeführt. Soll das Kind keinerlei Hilfsmittel mehr zum einerweisen Zählen benutzen, so muss gewährleistet sein, dass es das Zählen auch tatsächlich nicht mehr braucht und die Handlung „im Geiste" vollziehen kann. Wird dies übersehen, so ist der erste Schritt zur Lernschwierigkeit getan, denn das Kind wird sich im Rechnen in einer ständigen Überforderungssituation befinden und zunehmend Leistung verweigern.

Am Beispiel des Schriftspracherwerbs in einer Integrationsklasse[6], 1. Schuljahr, soll der stufenweise Aufbau einer geistigen Handlung abschließend veranschaulicht werden (vgl. Jaumann 1991/92, S. 46-51):

Die Kinder sollen den Buchstaben „R,r" erwerben. Die Lehrerinnen entscheiden sich für das Anlautverfahren und die Fabel vom Fuchs und dem Raben. Mit entsprechenden Handpuppen spielen die Kinder die Fabel. An diesem Rollenspiel, das einen hohen Aufforderungscharakter hat, können sich je nach Behinderungsart alle Kinder beteiligen.

Die Kinder mit einer besonderen Begabung verwenden das „R,r" bereits selbstverständlich, sie müssen es nicht mehr „lernen". Deshalb können sie im folgenden aussuchen, ob sie die Fabel nacherzählen wollen, ob sie eine Bildergeschichte daraus machen wollen, oder ein Fabelbüchlein gestalten wollen etc.. Sie vertiefen also auf der Stufe, auf der sie sich befinden, – der Stufe der Automatisierung –, ihre bis dahin erworbene Lese- und Schreibfertigkeit.

Die Kinder, die sich auf der dritten Stufe der Handlung ohne laute Sprache befinden, kleben vorgegebene Bilder der Fabel in die richtige Reihenfolge und erzählen sich die Geschichte mit ihren Worten gegenseitig. Dann bearbeiten sie Aufgaben, in denen die auditive und visuelle Differenzierungsfähigkeit geübt wird (z. B. Arbeitsblätter, in denen der Laut „R,r" aus einem Wort herausgehört werden muss u. a.m.)

Das Kind mit der Lernbehinderung und die Kinder, die etwas langsamer lernen und sich noch auf der Stufe der materialisierten Handlung befinden, spielen das Puppenspiel nochmals nach, sprechen über die Fabel und schneiden dann den Buchstaben „R,r" aus Sandpapier aus oder formen ihn aus Knetmasse, tasten ihn ab und sprechen laut dazu, wobei sie sich die Artikulation des Lautes bewusst machen. Dazu brauchen sie die Unterstützung einer Lehrperson.

Die Kinder mit einer geistigen Behinderung spielen das Rollenspiel mit Hilfe einer der Lehrerinnen. Dabei muss darauf geachtet werden, dass sie den Inhalt verstehen und beim Spiel deutlich sprechen (Artikulationsübung). Anschließend kann in vorgegebene Sprechblasen z. B. ‚ra, ra' („Gesang" des Raben) geschrieben werden, damit die Kinder, die sich noch auf der Stufe der Orientierung befinden, erleben und erfahren, dass man mit der geschriebenen Sprache gesprochene Worte wiedergeben kann. Die Kinder können bereits das „a", dies wird dabei wiederholt. Der Erwerb des Buchstabens „R,r" wird von ihnen zu diesem Zeitpunkt nicht erwartet.

Da die Kinder nicht in festen Gruppen auf bestimmte Stufen festgelegt werden dürfen, haben sie in den darauffolgenden Tagen die Möglichkeit, sich je nach Neigung mit visuellen und auditiven Differenzierungsübungen, mit kleinen Texten, mit Wort- und Silbenkarten, mit der Zuordnung von Gegenständen zu Wortkarten, mit Holz- und Plastikbuchstaben, mit den Handpuppen, mit dem Setzkasten etc. auseinander zu setzen und in ihrer individuellen Entwicklung fortzuschreiten. Die Aufgabe der Lehrerinnen ist es, darauf zu achten, dass das von ihnen gewählte Material oder die von ihnen gewählte Tätigkeit auch wirklich geeignet ist, sie weiterzubrngen[7].

5.2.3 Denkendes Handeln

Der theoretische Ansatz des „Denkenden Handelns", der heute vor allem im Zusammenhang mit Projekt, projektorientiertem Unterricht und Projektmethode diskutiert wird, ist mit dem Amerikaner John Dewey (1859-1952) verknüpft. Dewey war kein genuiner Pädagoge, er wurde im Laufe seines Lebens der einflussreichste amerikanische Philosoph, indem er die pragmatische Philosophie der Praxis für eine Wissenschaft im Dienste der Sozialreform vertrat. 1894 wurde er an die neu gegründete Universität Chicago berufen. Dewey entschied sich für Chicago u. a. auch deswegen, weil Pädagogik, Philosophie und Psychologie in einem Department zusammengeschlossen waren. Chicago hatte sich nach New York zur zweitgrößten Stadt der USA entwickelt. Sie verdankte ihren Aufstieg dem Zeitalter der Eisenbahn, was jedoch dazu führte, dass sie von enormen sozialen Problemen beherrscht wurde. Sie war daher eine geeignete Stadt, um die Bewältigung sozialer Probleme zu entwickeln und zu testen. Chicago war das Zentrum sozialistischer und anarchistischer Organisationen und hatte den Ruf, die radikalste der amerikanischen Städte zu sein. Es ist kein Zufall, dass sich Dewey für diese Stadt entschied, denn er war zeitlebens an den Unterdrückten und den sozial Schwachen interessiert. Das hat ihn früh zu einem der Hauptvertreter des amerikanischen Pragmatismus[8] werden lassen. Die Pragmatisten trugen dazu bei, die Universität in Chicago innerhalb von zehn Jahren zu einem der führenden Forschungszentren der Welt zu machen. Das Department of Education, das unter der Leitung Deweys stand, wurde zum Zentrum der Ausbreitung der Ideen des Pragmatismus (vgl. Suhr 1994, S. 13f). Ein Ziel des Departments und der von Dewey gegründeten Grundschule, der „Laboratory School", war, den sozial Schwachen die ihnen vorenthaltene Ausbildung zugänglich zu machen, um ihnen die Möglichkeit zu geben, ihre benachteiligten Lebensverhältnisse zu überwinden.

Dewey hat eine Philosophie der Pädagogik entwickelt, in der *das Denken in der Erfahrung* eine zentrale Stellung einnimmt. Er unterhielt enge Kontakte zur damaligen Sowjetunion. Seine Theorie von der Bedeutung der Erfahrung und dem Handeln kann daher auch in Verbindung zu den eben referierten Theorien auf der Basis des dialektischen Materialismus gebracht werden. Das Wesen der Erfahrung kann nur verstanden werden, „wenn man beachtet, daß dieser Begriff ein passives und ein aktives Element umschließt, die in besonderer Weise miteinander verbunden sind. Die aktive Seite der Erfahrung ist Ausprobieren, Versuch – man *macht* Erfahrungen. Die passive Seite ist ein Erleiden, ein Hinnehmen" (Dewey 1915, zit. n. 1964, S. 186). Wenn wir etwas erfahren, wirken wir z. B. auf den Gegenstand ein und der Gegenstand wirkt auf uns zurück. Je enger die Verbindung dabei ist, desto mehr erfahren wir. Bloße Betätigung oder blinder Aktionismus, wie wir heute sagen würden, stellt noch keine *Erfahrung* dar. Wir *lernen* erst etwas, wenn die durch unser Handeln hervorgebrachte Veränderung auf uns selbst zurückwirkt und in *uns* eine Veränderung bewirkt. Dewey ist der Meinung, dass man es nicht Erfahrung nennen kann, wenn ein Kind in eine Flamme greift, sondern erst dann, wenn die Bewegung mit dem Schmerz in Zusammenhang gebracht wird und das Kind von nun an weiß, dass es sich verbrennt, wenn es in die Flamme greift. „Durch Erfahrung lernen heißt das, was wir den Dingen *tun*, und das, was wir von ihnen *erleiden*, nach rückwärts und vorwärts miteinander in Verbindung bringen. Bei dieser Sachlage wird das Erfahren zu einem Versuchen, zu einem Experiment mit der Welt zum Zwecke ihrer Erkennung" (ebd., S. 187).

Ein wesentlicher Aspekt der Erfahrung ist für Dewey das *Denken* in der Erfahrung: „Es gibt keinerlei sinnvolle Erfahrung, die nicht ein Element des Denkens enthielte". Er unterscheidet zwischen Erfahrungen „auf gut Glück" und einer Erfahrung, in der das Geschehen zergliedert wird, um zu erkennen, welche Glieder zwischen dem Handeln und dem erzielten Ergebnis liegen und zu erkennen, wodurch Ursache und Wirkung, Handlung und Erfolg aneinander geknüpft sind. „Diese Ausweitung unserer Einsicht gestattet uns genauere und umfassendere Voraussicht" (ebd., S. 194). Mit der Zunahme dieses Anteils des Denkens ändert sich der Charakter der Erfahrung so bedeutsam, dass sie als *„denkende Erfahrung"* bezeichnet werden kann. „Das Denken ist mit anderen Worten das absichtliche Bemühen, zwischen unserem Handeln und seinen Folgen die Beziehungen im einzelnen aufzudecken, so daß die beiden zu einem Zusammenhange verschmelzen. (...) Das Denken besteht also darin, daß wir die intellektuellen Bestandteile unserer Erfahrung herausheben und klar ersichtlich machen. (...) Es bildet die Voraussetzung dafür, daß wir Ziele verfolgen" (ebd., S. 195). Das bedeutet, dass für das Handeln ein Plan gemacht wird. „Planloses, aus der Laune geborenes Handeln wertet nach den Gesichtspunkten des Augenblicks und übersieht die Beziehungen zwischen dem eigenen Tun und den Kräften der Umgebung" (ebd., S. 195/196). Das bedeutet auch, dass der Handelnde die Verantwortung für die zukünftigen Folgen seines gegenwärtigen Handelns übernimmt. „Denken heißt erwägen, welchen Einfluß die gegenwärtigen Vorgänge auf die in Zukunft möglichen haben können und haben werden", – ein Teilergebnis lediglich für sich zu betrachten ist dagegen *gedankenloses* Hinnehmen (ebd., S. 196/197).

Das Denken entsteht in noch unabgeschlossenen, in der Entwicklung begriffenen Sachlagen und hat den Zweck, einen bestimmten Abschluss zu erreichen, das Denken ist also ein Befragen, ein forschendes Betrachten, ein Erkunden der Dinge, also ein *„erforschen"*. Daher bezeichnet Dewey *alles* Denken als Forschung, *„alle* Forschung ist *eigene* Leistung dessen, der sie durchführt, selbst wenn das, wonach er sucht, bereits der ganzen übrigen Welt restlos und zweifelsfrei bekannt ist" (ebd., S. 198). Das Denken ist zunächst hypothetisch. In der Schule scheint es jedoch immer nur zwei Möglichkeiten zu geben: volle Erkenntnis oder volle Unkenntnis. Es besteht jedoch außerdem noch „das Zwielichtgebiet des Forschens, des Denkens" (ebd., S. 199).

Die allgemeinen Züge der denkenden Erfahrung sind nach Dewey (ebd., S. 201):

1. Befremdung, Verwirrung, Zweifel;
2. eine versuchsweise Vorausberechnung, probeweise Deutung;
3. eine sorgfältige Erkundung, Erforschung aller erreichbaren Umstände, die der Klärung des vorliegenden Problems dienen;
4. eine versuchsweise Ausgestaltung der vorläufigen Annahme, durch die diese bestimmter wird, weil sie nun einer größeren Zahl von Tatsachen Rechnung trägt;
5. Entwicklung eines Planes für das eigene Handeln auf der Grundlage der so durchgearbeiteten Annahme und das Handeln in der Absicht, gewisse Ergebnisse zu erzielen und dadurch die Richtigkeit der Annahme nachzuprüfen.

Vor allem durch die letzten beiden Schritte unterscheidet sich eine denkende Erfahrung von einem Handeln „auf gut Glück". Erfahrung ist für Dewey die Gesamtheit der aktiven Beziehungen, die zwischen einem menschlichen Wesen und seiner natürlichen und sozialen Umwelt bestehen.

Obgleich Deweys Kritik an der Schule auch heute teilweise noch zutrifft, muss er in seiner Zeit gesehen werden, in der er hauptsächlich gewirkt hat. Dewey selbst hatte in den 60er und 70er Jahren des 19. Jahrhunderts eine Schule in Neuengland erlebt, in der der Glaube an die heilsame Wirkung von körperlicher Züchtigung vorherrschte sowie die Theorie, „daß Wissen und anständiges Verhalten von außen komme (...)" (Suhr 1994, S. 32). Unter dem Einfluss von Pestalozzi, Fröbel und auch Herbart waren diese Annahmen zwar schon etwas ins Wanken gekommen, in den Schulalltag hatten sie jedoch kaum Eingang gefunden. Dem Kind wurde unterstellt, dass es von Natur aus zum Bösen tendiere und von sich aus kein Interesse zeige.

Dewey vertrat – wie etwa zur selben Zeit auch Maria Montessori in Italien – die Ansicht, dass *Interesse und Anstrengung* nicht zwei entgegengesetzte Dinge sind, sondern dasselbe Ding nur aus zwei Blickwinkeln betrachten. „Wenn der Drang zu handeln groß genug ist und die umgebenden Bedingungen hinreichend neu und schwierig sind, wird das Kind nach einer gewissen Überlegung irgendein Objekt oder Ziel wählen, das es im Augenblick als *seinen* Zweck und *seine* Absicht akzeptiert" (Suhr 1994, S. 34). Damit zeigt der Erwachsene eine grundsätzlich andere und neue Haltung dem Kind gegenüber. Es ergibt sich für Dewey die Frage danach, was in der Schule falsch läuft. Unter Beachtung dieser Denkweise ist für ihn die Missachtung des „Gleichgewichts der Kräfte" ein wesentlicher Kritikpunkt. Er gelangte zu der Überzeugung, dass u. a. geistiges Wachstum die Teilnahme an zielstrebigen Gemeinschaftsbetätigungen voraussetzt und die physische Umwelt durch den Gebrauch, der von ihr gemacht wird, die *soziale* Umwelt beeinflusst (Dewey 1964, S. 416). Die Frage, die sich stellt ist, welche Art der Erziehung wünschenswert sei. Sie soll danach beantwortet werden, wie vielfältig die Interessen sind und wie ausgeprägt und frei die Interaktion ist. Wenn dies als Kriterium zur Beurteilung von Gesellschaften genommen wird, so lässt sich daraus das Ideal der Gesellschaft konstruieren. Die Erfahrung jedes Mitglieds einer Familie ist z. B. für alle anderen Familienmitglieder wertvoll. Beherrscht jedoch ein Tyrann die Familie, der Furcht erzeugt, so verliert die Erfahrung jedes Einzelnen an Wert, Sinn und Bedeutung. Das *gemeinsame Interesse* jedoch und die Zusammenarbeit verweisen auf das *demokratische Ideal* (vgl. Suhr 1994, S. 64). *Demokratie* ist daher für Dewey keine Institution oder Konstitution, sondern Prinzip und Prozess, eine Methode zur Förderung des Erfahrungslernens und damit ein Mittel zum Zweck kooperativer Intelligenz (Dewey 1994, S. 56). „Demokratie ist mehr als eine Regierungsform; sie ist in erster Linie eine Form des Zusammenlebens, der gemeinsamen und miteinander geteilten Erfahrung" (Dewey 1915, zit. n. 1964, S. 121). Sein wichtigstes pädagogisches Werk nannte er deshalb „Demokratie und Erziehung".

Inwieweit sich die Philosophie Deweys in Form der Projektmethode in didaktisches Handeln umsetzen lässt und welche Bedeutung diese gerade für den integrativen Unterricht hat, wird unter 5.3.3 ausgeführt, deshalb wird an dieser Stelle auch auf ein Beispiel aus der Praxis verzichtet.

5.2.4 Konstruktivismus

Konstruktivismus als Theorie sowie der Begriff „konstruktivistisch" wird heute in den Fachdidaktiken aber auch in den Grundwissenschaften kritisch diskutiert. Kritiker führen vor allem an, diese Theorie sei nichts Neues, sondern nur alter Wein in neuen Schläuchen. Befürworter sehen in ihm – wie schon erwähnt – die Möglichkeit einer Analyse und Förderung von Wissenserwerbsprozessen in den unterschiedlichsten sozialen Kontexten (vgl. Gerstenmaier/ Mandl 1995, S. 883,884). Festzuhalten ist, dass es sich beim Konstruktivismus weniger um eine konsistente Theorie als mehr um „konstruktivistische Sichtweisen" (Möller 2001) handelt, die aus unterschiedlichen Wissenschaftsdisziplinen heraus entwickelt worden sind. In der Tat ist der Konstruktivismus nichts wirklich Neues, denn seine Grundgedanken finden sich in den Theorien von Piaget, Wygotski, Leontjew und Galperin sowie von Dewey wieder. Gerade deshalb kann eine konstruktivistische Denkweise das Grundgerüst für eine integrative allgemeine Pädagogik bilden, denn er stellt zum einen ein Bindeglied zwischen den genannten Theoriegebäuden her und enthält zum anderen genau die Prämissen, die es ermöglichen, in heterogenen Lerngruppen alle Kinder zu ihrem Recht kommen zu lassen.

In der Theorie unterscheidet man zwischen einem radikalen, erkenntnistheoretischen und einem sozialen Konstruktivismus:

Kernideen des *radikalen Konstruktivismus* wären u. a. (Möller 2001, S. 18):

- Lernende steuern ihre Lernprozesse selbst und sind weitgehend autonom;
- Lernende entwickeln eigene Interpretationen von Phänomenen und Problemen;
- es gibt keine objektiven Lernziele.

Kernideen des *sozialen Konstruktivismus* wären dagegen:

- Wissen wird nicht nur individuell, sondern in Gemeinschaften erworben;
- Wissenserwerb ist von sozialen Kontextfaktoren abhängig.

Hier soll die Position eines Konstruktivismus favorisiert werden, der das handelnde Subjekt, d. h. den in einer Gemeinschaft aktiv, selbstgesteuert und selbstreflexiv lernenden Schüler in den Mittelpunkt stellt – womit in pragmatischer Weise beide Positionen miteinander verbunden werden.

Was jedoch versteht man unter Konstruktivismus? Konstruktivistisches Denken basiert auf der Prämisse, dass ein Subjekt nicht das umgebende Milieu direkt abbilden oder erkennen kann. Die Struktur eines psychischen Systems bestimmt, wie sich ein Subjekt mit den Anregungen aus dem umgebenden Milieu auseinandersetzen kann. Alles was existiert hat eine „viable" (mögliche) Beziehung zwischen seiner Struktur und seiner Konstruktion von dem umgebenden Milieu entwickelt: „ Jede Konstruktion von Wirklichkeit bleibt ein Produkt des Subjekts, das sie erzeugt (...). Das heißt, daß wir als Personen für die Konstruktionen, die unsere Wirklichkeit ausmachen, Verantwortung übernehmen müssen. Wir müssen unsere Entscheidungen bezüglich der Präferenz für Konstruktionen begründen" (Werning 1998, S. 40).

Piaget war der erste, der Wissen als Konstruktion betrachtete und sein theoretisches Modell der kognitiven Tätigkeit als Konstruktivismus bezeichnete. Der Grundgedanke war: „Die Funktion der menschlichen Vernunft ist nicht, eine vom Wissenden unabhängige, *reale* Welt darzustellen, sondern Handlungsschemata und Begriffsstrukturen aufzubauen, die sich im Laufe der Erfahrung als brauchbar erweisen" (v. Glasersfeld 1997, S. 166). Das Bild, das wir uns von der Welt machen, haben wir konstruiert. Wir erkennen Dinge nicht, wie sie an sich sind, sondern so, wie wir sie beobachten. Das heißt, wir gehen nie mit der Wirklichkeit an sich um, sondern mit den Erfahrungen, die wir von der Wirklichkeit haben. Solange wir noch keine bestimmten Vorstellungen und Begriffe erarbeitet haben, sind wir nicht in der Lage, die ihnen entsprechenden Realitäten zu erfassen und sie dann auch in unserem Denken zu berücksichtigen. Dies zeigt sich z. B. bei den Versuchen von Piaget bezüglich des Mengenbegriffs bei Kindern. Wenn ein Kind von drei Jahren noch über keinen varianten Mengenbegriff verfügt, wird es nicht erkennen können, dass in dem hohen dünnen Gefäß die gleiche Menge Wasser ist, wie in dem flachen und breiten. Nach seinen bis dahin konstruierten Vorstellungen hängt die Menge des Wassers von der Höhe ab, entsprechend seiner Erfahrung mit seinem (immer gleichen) Trinkbecher; d. h. hier, dieses Kind ist der Meinung, im hohen Gefäß sei mehr Wasser, auch wenn es diese Menge Wasser vom flachen Gefäß selbst in das hohe geschüttet hat. „Ein Kind kann erst dann ein bestimmtes Verhalten nachahmen, wenn es Vorstellungen von diesem Verhalten besitzt, und es wird auch nur die Verhaltensaspekte nachahmen und übernehmen, die es in die ihm geläufigen Vorstellungen einordnen und so verstehen kann" (Seiler 1994, S. 83). Jeder Versuch, in einem Kind mit pädagogischen Angeboten eine Diskrepanz oder Passung zu erzeugen, muss die kognitiven Möglichkeiten des Kindes wie auch seine emotionale Beschaffenheit und seine motivationale Dynamik berücksichtigen. Es ist nicht sinnvoll, allein aus einem bestimmten Entwicklungsstand heraus, didaktische Maßnahmen abzuleiten. Das heißt, dass konstruktivistische Erklärungen notwendige aber nicht unbedingt hinreichende Bedingungen für Entwicklungs*veränderungen* liefern. „Sie ermöglichen eine theoretische Rekonstruktion im nachhinein, Vorhersage aber nur in einem sehr beschränkten Sinn (...). Die Prinzipien konstruktivistischer Entwicklungstheorien nennen wesentliche und notwendige Bedingungen und Prozesse der Entstehung neuer kognitiver Strukturen. Ihre Analyse kann aber nie so erschöpfend sein, daß sie den Einzelfall mit allen seinen konkreten Bedingungen und Aspekten erfassen würde" (ebd., S. 97). Vorhersagen über den nächsten Entwicklungsschritt und über individuelle Entwicklungsverläufe können daher nicht gemacht werden. Das bedeutet, dass weder bei einem Kind, bei dem zu einer bestimmten Zeit eine Hochbegabung festgestellt wurde, die sichere Voraussage gemacht werden kann, dass es später zur geistigen Elite gehören wird, noch kann bei einem Kind mit einer Lernbehinderung mit absoluter Sicherheit vorausgesagt werden, dass es später bestenfalls zur Müllbeseitigung taugen wird. Diese „Nicht-Vorhersagbarkeit" macht Didaktik erst wirklich spannend und fordert dazu heraus, mit pädagogischem Optimismus Lernangebote zu machen, die dann von den Kindern je nach individueller Befindlichkeit aufgenommen werden können.

Nach Piaget und Wygotski vollziehen sich beim Kind kognitive Entwicklungen in aufeinander folgenden Ebenen oder Zonen. Das Kind braucht dazu auch Anleitung durch Lehrende, aber es kann nicht direkt instruiert werden, wenn es dazu nicht bereit ist. Die Grundannahme des Konstruktivismus ist, dass Bedeutungen oder Wissen ausnahmslos selbst erzeugt werden müssen, weil kognitive Systeme semantisch abgeschlossen sind. Aufschnaiter berichtet von neueren Felduntersuchungen, in denen festgestellt wurde, „daß Wissen immer bottom-up, d. h. in Bedeutungsentwicklungen von niedrigerer zu höherer Komplexität von den Lernenden selbst erzeugt wird" und dass „das Erreichen höherer Komplexitätsebenen sehr sensibel von der Qualität der Lernumgebung abhängt. Nur wenn die Kompliziertheit der Aufgaben sehr gut auf das aufgrund früherer Lernerfahrung erreichbare Komplexitätsniveau der Lernenden abgestimmt ist und parallel zum weiteren Lernzuwachs zunimmt, kann man unter Beachtung weiterer z. B. motivationaler Randbedingungen erwarten, daß Lernen optimal gefördert wird" (Aufschnaiter 1998, S. 57).

Im Konstruktivismus spricht man von „trivialen" und „nicht-trivialen" Organismen. Menschen sind „nicht-triviale" Organismen. Der PC ist beispielsweise ein triviales System, von dem ich erwarten kann, dass bei dem Druck auf das @ immer eben dieses @ sowohl auf dem Bildschirm als auch auf dem Papierausdruck erscheint. Nicht-triviale Organismen sind dagegen durch Geschichtlichkeit und strukturelle Dynamik gekennzeichnet. Wie z. B. ein Lob oder ein Tadel von einem Schüler aufgenommen wird, ob er dadurch motiviert oder entmutigt wird, hängt von seinen persönlichen Schulerfahrungen, seiner Biographie, seiner Tagesform u. Ä. ab. In der Pädagogik hat man – um der schon von Spranger (1962) so bezeichneten „Unsicherheitsrelation" zu entgehen – immer wieder versucht, durch Drill, Zucht und Ordnung SchülerInnen zu „trivialisieren". Dagegen steht jedoch schon seit Comenius, Rousseau, Pestalozzi und den ReformpädagogInnen das Bemühen um Förderung der Vielfalt und der Individualität. Die Vielfalt, die in heterogenen Gruppen entsteht, wird als Bereicherung und als Chance wahrgenommen. Auf der Ebene der Schule als soziales System kann heute Vielfalt die Entwicklung als lernende Organisation bedeuten.

Es wird wie oben schon erwähnt – neben einem erkenntnistheoretischen Konstruktivismus im Sinne von Piaget – auch von einem *sozialen Konstruktivismus* gesprochen. Piaget ging in seinen Untersuchungen kaum auf kommunikative und soziale Bedingungen und Vorgaben ein, weshalb man sagen kann, dass der soziale Konstruktivismus eine über Piaget hinausgehende Dimension enthält (Bauersfeld 1993, S. 39). Gerade die subjektiven Konstruktionen sind es, die unser soziales Leben befördern. Es geht eben nicht um eine einseitige Anpassung an eine „objektive" Welt, sondern um eine fortwährende enge Wechselbeziehung zwischen Individuum und Gesellschaft. Es war Wygotski, der darauf hingewiesen hat, dass die Ausbildung der Tätigkeit anfänglich sozial ist und sich nur unter den Bedingungen der sozialen Interaktion unter Menschen entwickelt. Nach Bauersfeld sind sich daher die fundamentale Rolle des „Tätigkeits-Begriffs" in der Tätigkeitstheorie und der Begriff der „Konstruktion" im Konstruktivismus sehr nahe (vgl. Bauersfeld 1993, S. 42). Auch Dewey kann als Wegbereiter einer konstruktivistischen Pädagogik bezeichnet werden. Beide Richtungen, die kulturhistorische Richtung mit der Tätigkeitstheorie und der amerikanische Pragmatismus von Dewey enthalten die kommunikative und soziale Komponente. Den Kreislauf, den Dewey mit dem reflektierten Verstehen meint, bezeichnet Reich als „durch und durch konstruktivistisch". „…immer dann, wenn die unmittelbaren Erfahrungen und Erlebnisse nicht ausreichen, um ein Ziel zu erreichen, eine Handlung auszuführen usw., d. h. also immer dann, wenn ein Problem auftritt, (muß) auch eine Reflexion einsetzen" (Reich 1996, S. 199). Kinder leben zunächst in den Tag hinein, weil sie ihre Wahrnehmungen noch nicht spezifisch ausrichten und unmittelbares Handeln noch nicht durch selbstbeherrschtes und kontrolliertes Verhalten ersetzen. Der Prozess der Zivilisation richtet sich jedoch gegen diese Unmittelbarkeit und gegen die unanalysierbare Totalität und versucht die Komplexität durch Analysen zu reduzieren. Nach Dewey konstruieren Menschen bedeutungsvolle Zusammenhänge, die die Konfliktsituationen in ihre bereits entwickelten Persönlichkeitsstrukturen integrieren und sie versuchen, mit Bewusstsein und Intelligenz möglichst alle situativen Bedingungen zu identifizieren und Konsequenzen einzubeziehen. „So geht zwar die Unmittelbarkeit des ‚primary experience' verloren, aber die symbolische Ordnung, die durch Reflexion erreicht wird, kehrt in weitere unmittelbare Beobachtungen als Ausdruck eines Verstehens zurück. Nur in solchem reflektierten Verstehen können wir eine neue Einheit finden und die Entfremdung aufheben" (Reich 1996, S. 199). Was nun hilft den Lernenden bei der Konstruktion von Wirklichkeit? Reich verweist auf drei Aspekte, die bei Dewey zum Tragen kommen (vgl. ebd., S. 200/201):

- Lernen geschieht immer in einem *sozialen Interaktionskontext*. Effektive Kommunikation zwischen Lerner und Lehrer sind unerlässlich, auch die Verbalisierung von Bedürfnissen und Anforderungen.
- Konstruktionen der Gegenwart müssen in die *Rekonstruktion* eines schon erreichten Wissens- und Erfahrungsstandes eingebettet werden. Dabei ist es wichtig, aus Handlungen in der Gegenwart auch auf Vergangenheit und Zukunft zu sehen.
- Die Interaktion und Kontinuität pädagogischer Arbeit wird durch *situative Rückbezüglichkeit* erst sinnvoll. Durch Rückbezüglichkeit entsteht eine Zirkularität, die durch das Wechselspiel von unmittelbarer Erfahrung oder sinnlichen Erlebnissen und gedanklicher Bewältigung erreicht wird. Erst dadurch kann zu einer neuen Beobachtungseinheit gelangt werden und durch Reflexion das Problem, der Konflikt, die Ent-Fremdung gelöst werden.

Ein Beispiel soll in diesen Gedankengang illustrieren:

In der bereits genannten Integrationsklasse[9] wird am Ende des 2. Schuljahrs ein Projekt zum Thema „Ich bin ich" durchgeführt. Es wird u. a. über die Familie in ihrer Struktur und den Stammbaum gesprochen. Als Rechtschreibübung wird in diesem Zusammenhang ein Text erarbeitet, in dem u. a. eine „normale" Familie beschrieben wird, also Vater, Mutter und Kinder. Auf die Frage der Lehrerin, welche Schwierigkeiten – gemeint waren Schwierigkeiten im rechtschriftlichen Sinn, also z. B. Familie mit „ie" am Wortende etc. – in diesem Text enthalten sind, meldet sich ein Junge und sagt: „Mein Papa lebt nicht mehr bei uns, ich habe einen Stiefvater und einen Stiefbruder!" Daraufhin meldet sich eines der Mädchen und sagt leise: „Bei mir ist es auch so."

Die Lehrerin wollte eine Rechtschreibübung an einem Text durchführen, der jedoch in einigen Kindern Assoziationen auslöste, die mit Rechtschreiben nichts zu tun hatten. Die Technik des Rechtschreibens tritt angesichts der Lebensproblematik dieser Kinder in den Hintergrund. Das von der Lehrerin Dargebotene wird ganz anders aufgenommen als von ihr erwartet. Wie kann sie nun reagieren? Sie kann sagen: „Das gehört jetzt nicht hierher. Hier geht es um die Rechtschreibung, also, welche Schwierigkeiten seht ihr...". Damit würde sie *nicht* im Sinne einer konstruktivistischen Theorie agieren, die besagt, dass menschliche Wesen nur ihre eigenen Interpretationen konstruieren können und damit ihre eigenen subjektiven Wirklichkeiten. Durch ständige Versuche passen daher die Kinder ihre subjektiven Konstrukte gerade so weit an, dass sie in der sozialen Interaktion bestehen können (Bauersfeld 1993, S. 40). Das bedeutet, dass die schulische Anpassung der Kinder in diesem Beispiel vermutlich ausgereicht hätte, um den Anschein von weiterer Mitarbeit im Rechtschreibunterricht trotz anderer Assoziationen zu erwecken. Es kann jedoch als ein Ergebnis der Projektorientierung angesehen werden, dass beide Kinder ihre Gedanken so offen in diesem Unterricht sagen konnten. Die Assoziationen hier nicht aufzugreifen hätte bedeutet, die tieferliegenden Erfolge des Projekts wieder zu unterlaufen.

Die Lehrerin war betroffen von den Einwürfen der Kinder. Sie sagte: „Ja, darüber haben wir noch gar nicht gesprochen." Die Kinder setzten sich in den Sitzkreis und in einer sehr dichten und warmen Atmosphäre sprachen sie über die verschiedenen Familienkonstellationen, auch darüber, dass eines der Kinder mit Down-Syndrom ein adoptiertes Kind ist. Die Lehrerin bot den Kindern noch verschiedene Bücher zu diesem Thema an. Eines davon wurde zum Vorlesen ausgewählt.

Für eine allgemeine integrative Pädagogik ist die Prämisse des Konstruktivismus, das Kind als autonomes, sich selbst organisierendes und selbstreflexives Individuum zu betrachten, das nur in seiner eigenen Erlebenswelt das Gleichgewicht zu schaffen sucht, von großer Bedeutung. Was heißt das nun für die Didaktik? SchülerInnen können nicht von außen zu einer bestimmten Reaktion veranlasst werden, sondern nur ihre innere Struktur bestimmt, wie sie sich mit dem auseinandersetzen, was ihnen in der Schule geboten wird. Lernende sollten sich daher nicht als passive Rezipienten von Wissen, sondern als aktive selbstgesteuerte Lernende verstehen und Lehrende weniger als Vermittler von Wissen, sondern mehr als Mitgestalter und Unterstützer in Lernumgebungen. Piaget, Wygotski und Dewey postulierten – in unterschiedliche Theorien gebettet – letztendlich eben dies. Unterrichten kann damit nur noch als Versuch bezeichnet werden, komplexe affektiv-kognitive Systeme anzuregen, die jedoch nach ihrer eigenen Logik operieren. Speck-Hamdan sagt dazu sehr richtig: „Schule ist demnach die institutionalisierte Hoffnung auf Lernen" (Speck-Hamdan 1998, S. 43).

Lehrende sollten dabei ihr eigenes Interesse am Stoff glaubhaft machen, das Suchen und Versuchen ihrer SchülerInnen ernst nehmen und es aus deren Blickwinkel sehen – auch wenn dieser Blickwinkel ungewohnt ist oder zunächst vielleicht sogar unsinnig zu sein scheint. „Was Schüler im Lauf der Arbeit tun oder sagen, ist nur selten von *ihrem* Standpunkt aus unsinnig. Der Lehrer muss es darum ernst nehmen und zu verstehen suchen, denn nur insofern man eine Ahnung von den Begriffsstrukturen und der Denkweise eines anderen hat, kann es mit einiger Sicherheit gelingen, das Wissen dieses anderen zu ändern und zu erweitern" (v. Glasersfeld 1997, S. 170). Es ist sicher nicht leicht, die Begriffsstrukturen und Denkweisen von über zwanzig unterschiedlichen SchülerInnen kennen zu lernen, von Kindern mit einer Hochbegabung mit ihrer raschen Auffassung und ihren oft recht komplexen Denkstrukturen sowie von Kindern mit Lernschwierigkeiten, deren Denkvorgänge eher langsam sind und oft verschlungene Wege gehen. Doch darin besteht ja gerade die Kunst des Lehrens im Sinne von „Hervorbringung von Verstehen" auf unterschiedlichen Ebenen.

5.3. Reformpädagogische Konzeptionen in ihrer Bedeutung für das Lernen in heterogenen Gruppen

Die Frage nach methodischen Konzeptionen wird umso dringlicher, je heterogener eine Lerngruppe ist und je schwerwiegender die Handicaps sind, die Kinder am Lernen hindern. Die Frage nach der ‚richtigen' Methode scheint in alters- und leistungsmäßig homogenen Klassen deshalb oft keine so große Rolle zu spielen, weil die größte Anzahl der Kinder unter den verschiedensten Bedingungen und Methoden *trotzdem* lernt. Dabei ist jedoch noch nicht erwiesen, ob die Kinder unter bestimmten Bedingungen und mit bestimmten Methoden nicht leichter, schneller, effektiver gelernt hätten. Lehrerinnen und Lehrer geben sich manchmal schnell zufrieden, wenn alle Kinder in ihrem ersten Schuljahr – bis auf ein oder zwei ‚Ausnahmen' – z. B. das Lesen in der dafür vorgesehenen Zeit lernen. Es scheint keine Notwendigkeit zu bestehen, die Lehrmethode zu hinterfragen, wenn Kinder Lernerfolge zeigen. Die Bedeutung methodischen Vorgehens wird erst in vollem Umfang deutlich, wenn die Klasse heterogen zusammengesetzt ist, denn erst dann zeigen sich individuelle Verhaltensweisen und unterschiedliche Lernstrategien in aller Deutlichkeit.

Das Ziel, Unterricht so zu gestalten, dass er *allen* Kindern in ihrer Individualität in einer *sozialen* Gemeinschaft gerecht wird, ist nur in einem Unterricht zu verwirklichen, der sich einer Vielfalt von Konzeptionen und Methoden *öffnet*, die einerseits selbsttätiges, selbstständiges sowie gemeinschaftliches Lernen fördert, zum anderen aber auch Kindern – je nach Erfordernis – individuelle Lernbegleitung ermöglicht. Von der Reformpädagogik in den Anfängen des zwanzigsten Jahrhunderts sowie von Modellen aus der Zeit nach dem zweiten Weltkrieg kann die Regelschule viel lernen und hat die heutige Grundschule auch schon viel gelernt. Die Schule der Zukunft verlangt von den LehrerInnen die Entwicklung eigener Ideen und den Mut, „Neues" auszuprobieren. Da jedoch kaum eine didaktische Idee nicht schon zu irgendeiner Zeit verwirklicht und öffentlich bekannt gemacht worden ist, kann es nicht anders sein, als dass sich eigene Konzeptionen aus bereits Bekanntem zusammensetzen. Die bisherigen Ausführungen haben auch aus diesem Grund immer wieder auf die Geschichte der Pädagogik verwiesen. Das, was wir heute mit „Offenem Unterricht" bezeichnen, sind letztlich die „Rosinen" aus den Konzeptionen bekannter PädagogInnen. Obgleich ich es für legitim halte, sich das aus reformpädagogischen Ansätzen zu nehmen, was in die eigene Konzeption zu passen scheint, liegt darin doch auch die Gefahr der Verwässerung und Vereinfachung theoretisch gut durchdachter und in der Praxis seit langem erprobter Konzeptionen. Das hat zur Folge, dass es sich dann bei den „neuen Ideen" nur um eine Auflockerung des Frontalunterrichts, schlimmstenfalls um sinnentleerte Beschäftigung der Kinder handelt – wie bei der Verwechslung von „Freiarbeit" mit Spielzeit oder der Überflutung mit unproduktiven Arbeitsblättern in der so genannten „Wochenplanarbeit". Die Erreichung der wesentlichen Ziele, wie sie im letzten Kapitel genannt wurden, nämlich der Koppelung von höchstem fachlich-inhaltlichem Niveau auf der kognitiven Ebene und höchsten Anforderungen an soziales Verhalten kann nur mit einem Unterricht verwirklicht werden, hinter dem die theoretische Durchdringung und Verarbeitung dieser Ziele steht. Aus den theoretischen Überlegungen heraus kann die didaktische Konzeption entwickelt werden, die dann wiederum in der Praxis reflektiert und gegebenenfalls variiert oder auch neu entworfen wird. Unter diesem Gesichtspunkt der sich durch die Lehrpersonen und ihre praktische Arbeit selbst immer wieder neu zu gestaltenden Konzeptionen, sollen die folgenden Ausführungen gesehen werden. *Es werden keine Rezepte geboten und keine Maßgaben festgelegt, wie der Unterricht in heterogenen Gruppen aussehen soll, sondern es sollen Anregungen für die Erarbeitung einer je eigenen Konzeption unter den aufgezeigten Prämissen gegeben werden.*

Einige Konzeptionen bekannter PädagogInnen, die in der heutigen Schullandschaft – bezogen auf das Lernen in heterogenen Gruppen – noch immer eine bedeutende Rolle spielen, sollen zunächst zusammengefasst werden: Maria Montessori, Peter Petersen, John Dewey und William Kilpatrick sowie aus der Nachkriegs-
zeit Hartmut v. Hentig [10]. In die Grundschule sind in den letzten zwanzig Jahren
viele dieser Ideen eingegangen wie der Morgenkreis, die bereits erwähnte Freie Arbeit, der Wochenplan. Die Durchführung von Projekten ist mittlerweile auch in
den weiterführenden Schulen in vielen Bundesländern lehrplanmäßig vorgeschrie-
ben. „Offener Unterricht" sowie „Innere Differenzierung" als Unterrichtsprin-
zipien ergeben sich letztendlich aus den genannten Konzeptionen. Die weiterführenden Schulen aber auch die Sonderschulen, nähern sich allerdings nur recht
zögerlich diesen Prinzipien. In Gesamtschulen sind sie – obgleich sie dort strukturelles Moment sein sollten – auch nicht überall selbstverständlich (vgl. Kap. 6).
Verschiedene Unterrichtskonzeptionen sollen hier kritisch auf ihre Brauchbarkeit
für das Lernen in heterogenen Gruppen untersucht werden.

5.3.1 Maria Montessori und die Bedeutung der „Freien Arbeit"

Das Vertrauen in die kindliche Neugier und in den kindlichen Wissensdurst und
das Vertrauen in die Fähigkeit des Kindes, das Richtige für sich selbst zu finden, hat
in erster Linie die Reformpädagogin Maria Montessori (1870-1952) zum Prinzip
erhoben. Sie war es, die als erste darauf aufmerksam gemacht hat, dass das Kind aus
sich selbst heraus lernt und zu lernen bereit ist – im Gegensatz zu der damals üblichen Prügelpraxis ‚fauler', ‚desinteressierter' und ‚roher' Kinder in den überfüllten
Schulklassen. Sie erinnerte an die Leistungen, die ein Kind in der Kleinkindzeit
ohne jede schulische und gelenkte Unterweisung vollbringt, wie das Lernen des
Gehens und der Sprache. „Was das Kind während seiner psychischen Entwicklung
vollbringt, gleicht einem Wunder, und nur darum, weil wir gewohnt sind, diese
Wunder unter unseren Augen sich vollziehen zu sehen, stehen wir ihm ohne Ergrif-
fenheit gegenüber. (...) Wie gelangt es dahin, Gegenstand von Gegenstand zu unterscheiden und ohne Lehrer, einfach indem es lebt, eine Sprache mit allen ihren
winzigen Besonderheiten zu erlernen?" (Montessori 1950, zit. nach 1971, S.63).
Montessori schließt daraus, dass das Kind Empfänglichkeitsperioden hat, in denen
es einen außerordentlich intensiven Zusammenhang zwischen sich und der Außenwelt herstellt. Diese ‚sensiblen Perioden' werden abgelöst von Zeiten der
Gleichgültigkeit und Müdigkeit. In dieser Zeit ist das Kind nicht empfänglich für
bestimmte Lernprozesse. So wie sich in früheren Zeiten Mütter darum bemühten,
das Kind das Laufen zu lehren und der Lernerfolg auf die Leistung der Mütter
zurückgeführt wurde, da man noch nicht wusste, dass das normalsinnige Kind
ohne Hilfe das Laufen lernt, glaubt man heute, Kinder alles lehren zu müssen und
man führt es auf die eigene Lehrfähigkeit zurück, wenn das Kind etwas gelernt hat.

Doch Montessori schreibt: „Wehe, wenn wir uns verantwortlich glauben für Tatsachen, die uns nicht betreffen, und uns einbilden, Dinge zu vollbringen, die sich unabhängig von uns vollziehen; dann wären wir Narren." (Montessori 1916, zit. n. Ausg. 1976, S. 15).

Maria Montessori muss – wie alle Reformpädagogen – vor allem auch in ihrer Zeit und in ihrem Land, in dem sie lebte, gesehen und interpretiert werden. Zu ihrer Zeit herrschte eine rigide Kindererziehung vor, die den Kindern der oberen Sozialschichten im häuslichen Umfeld und in der Schule wenig Freiraum zur selbsttätigen Entwicklung ließ und in den unteren sozialen Schichten Verwahrlosung erzeugte. Montessori machte auf Aspekte aufmerksam, die auch heute – teilweise aus anderen Gründen als damals – die freie Entscheidung und Selbsttätigkeit erst in sinnbringende Bahnen lenkt wie z. B. der Respekt des Erwachsenen vor dem Kind und das *Bewahren seiner Würde*. Sie zeigte an Beispielen, dass gerade Kinder aus sozial niedrigen Schichten Sinn für die eigene Würde haben: „Als die warme Schülerspeisung noch nicht organisiert war, brachten die Kinder sehr verschiedenes Essen mit; zwei oder drei Kinder waren einigermaßen wohlhabend und hatten Fleisch, Obst usw. O. saß neben einem dieser Kinder. Der Tisch war gedeckt, und O. konnte nichts weiter als sein durch Kampf erobertes Stück Brot auf den Teller legen; er schaute zu seinem Nachbarn, als wollte er sich zeitlich mit dem Essen nach ihm richten, ohne daß Verlangen in seinem Blick war; im Gegenteil suchte er mit viel Würde langsam sein Stück Brot zu essen, um nicht eher fertig zu sein als das andere Kind und so zu zeigen, daß er nicht mehr hatte, während das andere noch aß. Er knabberte langsam und ernst an seinem Brot" (ebd., S. 114/115). Auch wenn sich die Zeiten geändert haben, so ist es doch auch heute noch so, dass Kinder aus verarmten Familien[11] viel Geschick und Energie darauf verwenden, ihre Armut zu verstecken, um ihre Würde nicht zu verlieren. Um in den peer-groups bestehen zu können, kaufen sie auf Kosten einer gesunden Ernährung Statussymbole – wie aktuelles Spielzeug oder Markenkleidung. Auch Kinder mit einer Behinderung sind darauf bedacht, ihre Würde zu wahren.

Mein Vorschlag, Andreas (einem Jungen mit einer schweren Körperbehinderung)[12] mit Hilfe von Stoffwindeln den Speichel abzuwischen – da diese besonders weich sind – wurde mit Entrüstung abgelehnt. Ich hatte die Würde dieses Kindes verletzt. Er trug von da an farbige Halstücher, die den Speichel auffingen.

Von Montessori können wir die genaue *Beobachtung* lernen, durch die die Lehrenden erst fähig sind, die individuelle Persönlichkeit des Kindes zu erfassen. Erst die genaue Beobachtung ermöglicht es, das Handeln eines Kindes in einer bestimmten Situation zu interpretieren. Diese genaue Beobachtungsgabe, die Montessori unter allen Reformpädagogen auszeichnet und die vermutlich in Zusammenhang mit ihrem Medizinstudium zu sehen ist, ist gepaart mit dem *Vertrauen,* dass die Handlungen von Kindern – mögen sie uns im Moment auch noch so unsinnig erscheinen – für die Kinder einen Sinn haben. Das sollte Lehrende dazu veranlassen, vor die Reaktion das Beobachten und Interpretieren zu stellen, eine Vorgehensweise, die bei Kindern, die nicht zum Durchschnitt gehören, von entscheidender Bedeutung ist. SchülerInnen mit einem Handicap, aber auch Hochbegabte handeln oft in einer uns nicht sofort verständlichen Weise, ihre Lernstrategien und Vorgehensweisen sind oft nicht auf den ersten Blick nachzuvollziehen. Es ist keinesfalls Zufall, dass Montessori aufgrund der Beobachtung von verwahrlosten und geistig-behinderten Kindern in einer Anstalt – einem Schlüsselerlebnis wie sie selbst es nannte – das Interesse an Pädagogik gewann. Die genaue Beobachtung eines Kindes über einen längeren Zeitraum steht in der Montessori-Pädagogik an erster Stelle. Die *„Beobachtungsmethode"* muß der „beständige Leitstern" sein, und in sie eingeschlossen die Freiheit des Kindes (Montessori 1913, S. 103).

Unterricht, wie er zur Zeit Montessoris üblich war und wie er in heutigen Schulen oft noch praktiziert wird, macht es Lehrenden schwer, das eigene Handeln zugunsten von Beobachten, Abwarten und Interpretieren zurückzustellen. Montessori ging davon aus, dass das Kind von Natur aus zu einer spontanen organischen Entwicklung fähig ist, wenn es in seiner Tätigkeit frei gelassen wird und wenn es in seiner Umgebung etwas vorfindet, das in direktem Verhältnis zu seiner, sich nach Naturgesetzen abwickelnden inneren Organisation, organisiert wurde (ebd., S. 72). Montessori nennt dies die *„vorbereitete Umgebung".* Der spontanen Entwicklung des Kindes muss man Freiheit lassen, das Kind kann jedoch eine organisierte und umfassende Tätigkeit nur entwickeln, wenn es Hilfsmittel erhält, die geeignet sind, eine Übereinstimmung zwischen den inneren Bedürfnissen des Kindes und den Anregungen durch die Mittel herzustellen. Sie entwickelte *Lernmaterialien,* die sie als „materiellen Abdruck" der inneren Entwicklung bezeichnet (ebd., S. 82). „Das objektive Material der alten Schule war eine *Hilfe* für den Lehrer, um seine *Erklärungen* der Gesamtheit einer Klasse verständlich zu machen, die ihm passiv zuhörte. Die Gegenstände bezogen sich einzig und allein auf *die zu erklärenden Dinge* (...). Hier hingegen sind die *Entwicklungsmittel* experimentell in Bezug auf die psychische Entwicklung des Kindes festgelegt. Ihr Zweck liegt nicht darin, eine Kenntnis zu vermitteln, sondern sie stellen Mittel dar, die spontan die inneren Energien sich entfalten lassen", beschreibt Montessori ihre Lernmittel (ebd., S.86). Die Arbeit mit den Montessori-Materialien[13], die sowohl eine entsprechende Montessori-Ausbildung als auch einen großen Finanzrahmen voraussetzt, ist für integratives Lernen in hohem Maße geeignet[14].

Von 1899-1901 leitete Maria Montessori eine Schule für „Schwachsinnige" und hatte mit ihrer Methode so großen Erfolg, dass zahlreiche der angeblich „schwachsinnigen" Kinder das Lesen und Schreiben so gut wie normale Kinder lernten. Montessori blieb dabei nicht stehen. „Während nun alles die Fortschritte meiner Idioten bewunderte, forschte ich nach den Gründen, welche die bedauernswerten Kinder unserer öffentlichen Schulen auf einer so tiefen Stufe zurückhielten, daß meine unglücklichen Schüler ihnen in der geistigen Bildung die Stange halten konnten!" (Montessori 1913, S. 36). Wie schon erwähnt, muss Montessori in ihrer Zeit gesehen werden. Geistige Behinderung war zu Beginn des zwanzigsten Jahrhunderts häufig vor allem geistige Verwahrlosung. Es gab für die meisten Kinder mit einer geistigen Behinderung (und für solche, die so wirkten, als wären sie geistig behindert) nur Bewahranstalten, in denen sie mit Nahrung versorgt wurden. Auf diesem Hintergrund sind die Erfolge, die Montessori in ihrem ersten Kinderhaus hatte, zu verstehen. Erst später übertrug sie die Erkenntnisse, die sie im Umgang mit den behinderten Kindern machte, auf alle Kinder. Das kann als revolutionär angesehen werden. Darin enthalten ist der Gedanke, dass sich Didaktik und Methodik vor allem dort entwickeln lässt, wo sie an ihre Grenzen stößt und dass die Didaktik für Kinder mit Lernschwierigkeiten letztendlich dieselbe ist wie für so genannte ‚normale' Kinder. Montessori schreibt: „Dies Gefühl von der Tiefe einer Intuition wurde zu meiner Hauptidee. Ich war ganz sicher, daß ähnliche Methoden, wie ich sie bei den Schwachsinnigen angewandt hatte, auch die Persönlichkeit normaler Kinder entwickeln und auf das wunderbarste und überraschendste befreien würde" (zit. nach Hellbrügge/ Montessori, Mario 1978, S. 40). Ein sehr begabtes Kind durchläuft die Entwicklungsstufen oftmals unbemerkt, alles Lernen scheint so leicht und mit nur geringer Hilfe möglich zu sein. Erst wenn dieses Kind durch eine Krise, eine Krankheit, einen Unfall oder auch durch Unverständnis in seiner Entwicklung gestoppt wird, sind auch bei einem solchen Kind die Stufen erkennbar, die es eine nach der anderen erklimmen muss.

Die Fokussierung der Didaktik Montessoris auf die Lernmaterialien ermöglichte es, den Unterricht auf eine Methode zu zentrieren, die Montessori *„Freie Arbeit"* nannte. Sie ging davon aus, dass das Kind ein „gehobenes Interesse an der eigenen Arbeit" hat. Das Kind neigt dazu, ein äußeres Werk zu vollenden oder eine Kenntnis in ihrer Gesamtheit zu vervollständigen. Diesem Bedürfnis des Kindes steht der Unterricht mit seinem 45 Minutentakt entgegen. Kinder dürfen in unseren Schulen auch heute noch kaum jemals eine angefangene Arbeit nach Beendigung einer Unterrichtsstunde fertig stellen, sie werden von der Lehrperson in ihrer Arbeit unterbrochen. Dieselbe Lehrperson beklagt an diesem Schüler möglicherweise, dass er sich nicht auf eine Sache konzentrieren könne, ohne zu reflektieren, dass sie selbst ihn permanent unterbricht. Montessori setzte dagegen die „Freie Arbeit", das bedeutet eine mehrstündige Phase täglich, in der die Kinder sich einer der im Raum befindlichen Materialien widmen können, so oft und so lange – also auch über mehrere Tage – wie es nötig ist, um diese Arbeit zu „vollbringen", wie Montessori es ausdrückt (Montessori 1916, zit. n. Ausg. 1976, S. 107).

146

„Freie Arbeit" in der Montessori-Pädagogik bedeutet die freie Wahl innerhalb der angebotenen Materialien oder der zum derzeitigen Fachunterricht passenden Übungsmittel. Diese Materialien sind – wie schon erwähnt – auf der Basis von Montessoris Lerntheorie entwickelt worden. Das Material hat einen bestimmten Aufbau und soll dem Kind bei seiner Weiterentwicklung helfen. „Das äußere Material muß sich also den psychischen Bedürfnissen des Kindes wie eine Leiter darbieten, die ihm Stufe für Stufe bei seinem Aufstieg behilflich ist; und auf den Stufen dieser Leiter werden notwendigerweise die Mittel zur *Kultur,* zur höheren *Bildung* angeordnet sein. Denn für die psychischen Übungen ist neues Material notwendig, und damit es seinen Zweck erfüllt, muß es neue und vielfältige Formen von Gegenständen enthalten. Diese müssen in der Lage sein, die Aufmerksamkeit zu fesseln, die Intelligenz durch ständige Übung ihrer Energien *reifen* zu lassen und jene Phänomene der Ausdauer in der Beschäftigung und der Geduld erzeugen, die dann wiederum die Beweglichkeit, das psychische Gleichgewicht und die Fähigkeit zur Abstraktion und zur spontanen Schaffenskraft erhöhen" (ebd., S. 84). Die Bedeutung der Freien Arbeit im Sinne Montessoris für Kinder mit Lernproblemen zeigt sich vor allem darin, dass sich das Kind so lange auf der Stufe des Erfassens aufhalten kann, wie es erforderlich ist. Es besteht keine Gefahr, dass es auf den Stufen (nach Piaget und Galperin) vorangetrieben wird oder dass Leistungen von ihm verlangt werden, die das Kind nicht bringen kann, da es sich auf dieser Stufe noch nicht befindet.

„Freie Arbeit" ist auch in Schulen denkbar, die nicht nach der Montessori-Pädagogik arbeiten. Die Art der „Freiarbeit", wie sie in manchen Grundschulen heute angeboten wird, hat jedoch wenig mit der „Freien Arbeit" im Sinne von Montessori gemein. Es sind in den meisten Fällen ein bis zwei Stunden in der Woche, in der die Kinder zwar durchaus ihre Beschäftigung innerhalb der gegebenen Möglichkeiten frei wählen können, in denen sie diese Beschäftigung jedoch am Ende der Stunde abbrechen müssen. Die wenigsten Klassen sind so eingerichtet, dass es möglich wäre, eine begonnene Arbeit bis zur nächsten Freiarbeitsstunde liegen zu lassen. Die Arbeitsmaterialien, die angeboten werden, bestehen häufig nur aus einer Sammlung an Lern- und Gesellschaftsspielen und sind in keiner Weise mit den Montessori-Materialien zu vergleichen, da diese nach einer in sich schlüssigen didaktischen Struktur entwickelt sind.

„Freiarbeit" im heutigen Sinn kann dennoch innerhalb des integrativen Lernens einen hohen Stellenwert haben, da sie den Kindern die Möglichkeit bietet, sich in unterschiedlichen Sozialformen (Gruppen-, Partner-, Einzelarbeit) einer selbst gewählten Sache zu widmen.

Dadurch können Sozialkontakte intensiviert und neue Kontakte angeregt werden. Diese Zeit kann auch zur Vertiefung und Wiederholung von Unterrichtsinhalten genutzt werden. Auch wenn nicht nach der Pädagogik Montessoris unterrichtet wird, sollten bei der „Freiarbeit" bestimmte Prinzipien beachtet werden:

- Die Inhalte und Materialien, mit denen sich die SchülerInnen in der „Freiarbeit" beschäftigen, müssen dazu beitragen, sie in ihrer Entwicklung fortschreiten zu lassen.
- Die SchülerInnen wählen ihre Arbeit selbst aus, erhalten jedoch Hilfe, wenn sie
sie brauchen.
- Die SchülerInnen bestimmen die Dauer der Auseinandersetzung mit dem Inhalt und/oder dem Material selbst.
- „Freiarbeit" sollte möglichst täglich über die Zeit von etwa zwei Unterrichts-
stunden angeboten werden.

„Freiabeit" bedarf intensiver Vorbereitung durch die LehrerInnen, der genauen
Kenntnis, auf welcher Stufe sich das Kind befindet sowie der Fähigkeit zur genauen
Beobachtung. Die „Freiarbeit" gibt den Lehrenden die Freiheit und die Zeit, Kinder in ihrem Tun zu beobachten, diese Beobachtungen zu interpretieren und erst
dann zu reagieren. Den Lehrenden kommt in dieser Zeit eine andere Rolle zu. Sie
sind keine Akteure, die in der Situation zu mehr oder minder unreflektierten Handlungen gezwungen sind, sondern sie können zurücktreten (auch im räumlichen
Sinn, in dem sie sich auf einen Platz im Raum zurückziehen, von dem aus sie einen
guten Überblick haben) und die Rolle des Beobachters und Helfers übernehmen.
Dann wird die Berücksichtigung der Individualität nicht zur Überforderung der
Lehrenden, sondern integrierter Bestandteil des täglichen Lehrens und Lernens.

5.3.2 Der Jena-Plan von Peter Petersen

Eng verbunden mit der Forderung, dass Kinder so lange auf der Lernstufe verwei-
len können, wie nötig, ist die Auflösung des Jahrgangsprinzips. Dafür steht ein
Name: Peter Petersen (1884-1952). Auch Petersen stellte – wie Montessori – über
seine Pädagogik die Ehrfurcht vor dem Leben und der Erziehung. Für ihn unterschied sich die alte von der neuen Erziehung vor allem dadurch, dass das Wesen des
Menschenkindes gut ist (Petersen U.-K. 1991, S.43). Wie schon erwähnt, war
Petersen ein Kritiker der damaligen Hilfsschule. Er ging davon aus, dass auch das
Hilfsschulkind nicht in sämtlichen Ausdrucks- und Leistungsformen schwach oder
behindert sei, sondern dass die meisten ein gestaffeltes Profil besäßen und auch
über normale Fähigkeiten verfügten. Es ist die Aufgabe der Schule, dass diese Fähigkeiten nicht verkümmern. Petersen war der Meinung, dass sich das ursprünglich gute Wesen durch das Gestrüpp der gesellschaftlichen Fehlentwicklungen hin-
durch winden muss. Er propagierte die gemeinsame Erziehung aller Kinder bis
zum 10. Schuljahr und wollte eine „freie allgemeine Lebensgemeinschaftsschule"
gründen (ebd., S. 43ff). Dabei sprach er von „Führen" und von „Führungslehre des
Unterrichts" und davon, dass die Lehrer nicht als „aufdringliche Berater, sondern
als die erwachsenen Freunde und die treuen Führer ihrer Kinder" wirken sollten –

eine Begrifflichkeit, die inzwischen durch den Nationalsozialismus negativ besetzt ist. Wie Petersens Sohn Uwe-Karsten Petersen jedoch schreibt, ist für Petersen „die Führung" eine deutsche Übersetzung des Begriffs „Pädagogie" (ebd., S. 47). Die Lebensgemeinschaftsschule und Erziehungsschule ist für ihn eine „Hilfsschule, eine Hilfsveranstaltung für das aufwachsende Geschlecht, (...) um dem heranreifenden Menschenkinde zur Autonomie, zur Freiheit, zu seinem Menschentum zu verhelfen" (Petersen 1931, S.169).

Petersen erhielt 1923 einen Ruf an die Universität Jena. Er fand dort eine Volksschule und eine Hilfsschule vor, die nach den alten Unterrichtsformen unterrichteten. Eine neue Schule begann sich für ihn aus dem Spannungsfeld zwischen Volksschule und Hilfsschule herauszukristallisieren. Dabei ging Petersen grundsätzlich davon aus, alle Kinder als Schulkinder zu betrachten, ohne eine sie wesentlich kennzeichnende Abnormität. Das beinhaltete die Sichtweise, dass das ‚Durchschnittskind' ebenso der Hilfe bedarf wie das ‚Hilfsschulkind'. Petersen nannte seine Lebensgemeinschaftsschule, die er 1927 erstmals auf einer Konferenz in Locarno vorstellte „Jena-Plan einer freien allgemeinen Volksschule".

In der Jena-Plan Schule sollte es keine ‚festen' Plätze geben und keine Klassen, sondern „Gruppen" bzw. „Stammgruppen":

- Die Untergruppe =   1.-3. Schuljahr,
- die Mittelgruppe =   4.-6. Schuljahr,
- die Obergruppe =   6.-8. Schuljahr und
- die Jugendlichengruppe = 8.-10. Schuljahr.

Kein Kind blieb sitzen, sondern alle rückten nach dreijähriger Arbeit in einer Gruppe in die nächste auf. Petersen definierte die *Stammgruppe* wie folgt: „Die Stammgruppe ist eine Sozialform, die sich unter Führung eines erwachsenen Erziehers planvoll gestaltet, absichtlich Mittel der geistigen Gemeinschaft sein will und unabhängig daran arbeitet, ihre Organisationseinheit als *bloßes* Mittel zu erhalten, sie niemals Selbstzweck werden zu lassen (...). Die in solcher Gruppe vereinigten Kinder sind in keinem Stück zum gemeinsamen Fortschreiten vom Lehrer gezwungen, sondern arbeiten frei, selbsttätig und weitgehend selbstständig vom ersten Schultage an im Vollbesitz ihrer Bewegungsfreiheit unter jenem Gesetz, das weiter unten als das ‚Gesetz der Gruppe' noch aufgezeigt wird" (Petersen 1927, 51. Aufl. 1968, S. 28). Das ‚Gesetz der Gruppe' lautet: „(...) im Raume darf nur geschehen, was alle gemeinsam wollen und was das Zusammenleben und die Schularbeit in Ordnung, Sitte und Schönheit allen in diesem Raume gewährleistet. Dabei werde nicht, wie es Oberflächliche noch oft meinen, vergessen, daß zu diesen allen auch der Lehrer gehört. Mithin sind *Grenzen der Freiheit*: a) die gleichen Rechte und Pflichten aller Kameraden, b) die Bindungen, welche durch die räumliche Enge gegeben sind und die zu Rücksichtnahme mannigfaltigster Art nötigen, und c) die Beschränktheit mancher Arbeitsmittel; es können z. B. nicht alle gleichzeitig an den Wandflächen tätig sein, dieselben Lehrmittel benutzen, gewisse Bücher, das Mikroskop beanspruchen usf." (ebd., S. 31). Der Gruppenraum sollte einer „Schulwohnstube" gleichen. Die Feier in der Stammgruppe und am Wochenanfang und Wochenende für alle Schüler und Schülerinnen hatte einen hohen Stellenwert.

Petersen hob zehn Vorteile des jahrgangsübergreifenden Gruppenunterrichts hervor (ebd., S.38ff):

1. Vermehrte geistige und allgemein menschliche Anregung und Förderung für die ganze Gruppe durch die Altersunterschiede, die zugleich verstärkte Bildungsunterschiede sind – es entsteht ein fruchtbares ‚Bildungsgefälle'.

2. Die drei Jahrgänge verhalten sich wie Lehrlinge, Gesellen und Meister.

3. Die wirklich (intellektuell) Begabten müssen sich in der zehnjährigen Volksschule dreimal neu ein- und unterordnen und sich mit Begabteren messen.

4. Das gilt auch für die echten ‚Führer'. Auch sie müssen sich dreimal wieder neu durchsetzen und sich ggf. der Gefahr der Entlarvung von Besserwisserei aussetzen.

5. Die zwei immer verbleibenden Drittel der Stammgruppe gewährleisten das Fortleben der guten ‚Überlieferung' und damit deren großen bildenden und erziehenden Wert.

6. Durch das jeweils neue Drittel kommen neue Anregungen und ‚neues Blut' hinzu, neue Aufgaben und neue Pflichten für Lehrer und Gruppenverband.

7. Die neu hinzukommende Untergruppe ist relativ klein (12-15 Schüler), sie erhält dadurch leichter eine echte Einführung.

8. Der Lehrer wird Pädagoge und Führer seiner Schüler.

9. Die richtige Sozialbildung wird erleichtert, es wird eine wirkliche Spiel-, Lebens- und somit auch Lerngemeinschaft gebildet.

10. Die Gruppe sichert das Primat der Erziehungs- und Lebensschule vor der Unterrichtsanstalt und einseitigen Lernschule.

Petersen prägte den Begriff „Wochenarbeitsplan", er bildet die Basis der Wissenskreise innerhalb derer die Schüler das erlernen und üben, „was ihnen Mittel liefert, um in die Geheimnisse der Bereiche von Natur, Menschenleben und Religion einzudringen. Sie können dabei gleichzeitig diese Mittel in freiester Form, dem erwachten oder dem in ihnen angelegten individuellen eigentümlichen Streben entsprechend, verwerten, sei es Farbe und Form, Schrift und Zahl, sprachlicher Ausdruck oder technischer und künstlerischer Ausdruck" (ebd., S.58). Dieser Wochenplan unterscheidet sich erheblich von dem Wochenplan, der in vielen Grundschulen derzeit durchgeführt wird.

Wie auch viele heutige Montessori-Schulen, so arbeiten auch Peter-Petersen-Schulen, wie z. B. die Peter-Petersen-Schule am Rosenmaar in Köln, integrativ, da beide Konzeptionen in hohem Maße geeignet sind, der Heterogenität gerecht zu werden.

Dennoch unterscheiden sich beide in wesentlichen Aspekten:

- Die Montessori-Pädagogik kann als individualistisch bezeichnet werden, während im Jena-Plan der Gemeinschaftsgedanke im Mittelpunkt steht.
- Die Montessori-Pädagogik ist nicht zu trennen von der Arbeit an den von Montessori und ihren MitarbeiterInnen entwickelten Lernmaterialien, während im Jena-Plan die Kinder frei wählen können, auf welche Weise und mit welchen Hilfsmitteln sie sich Bildungsinhalte erarbeiten.

Von beiden Konzeptionen kann der allgemeine integrative Unterricht in der Regelschule heute lernen, sowohl von den methodischen Konzeptionen als auch von den dahinter liegenden Bildungsphilosophien. Konzeptionell ermöglicht sowohl jahrgangsübergreifender Unterricht als auch die Arbeit mit den Montessori-Materialien integriertes Lernen. Die Förderung des individuellen Lernvorgangs jedes Kindes wie auch die Erziehung zum gemeinschaftlichen Leben sind dabei Grundvoraussetzungen. Beide Konzeptionen sind jedoch an strukturelle und organisatorische Veränderungen wie u. a. jahrgangübergreifenden Unterricht gebunden, die derzeit nur in Modell-, Ersatzschulen oder in Freien Schulen umsetzbar sind.

Eine weitere Konzeption, die *Projektmethode*, die hier vorgestellt werden soll, kann dagegen jederzeit, mit nur geringem organisatorischem Geschick, auch in der heutigen allgemeinen Schule umgesetzt werden. Ihr kommt für den allgemeinen integrativen Unterricht deshalb eine besondere Bedeutung zu.

5.3.3 Die Projektmethode

John Dewey (1859-1952) wird häufig der „Vater" der Projektmethode genannt. Nach Apel und Knoll hat sich Dewey zwar seit 1916 immer wieder zur Projektmethode geäußert, er hat jedoch keine eigenständige Theorie des Projektunterrichts hervorgebracht. Was er in seinen Schriften entfaltete, kann eher „Lernen am Problem" genannt werden (Apel/ Knoll 2001, S. 35)[15].

Deweys Erziehungsziele sind: Erziehung für ein Leben in einer demokratischen Gesellschaft, hin zu einem persönlichen Interesse an sozialen Beziehungen und an Gruppenprozessen, die Einfluss haben auf unser soziales Leben (vgl. Dewey 1916, zit. n. Ausg. 1964, S. 136). Die über allem stehende Aufgabe ist die *Erziehung zur Demokratie*. „Der ‚Bildungswert' einer Erfahrung in der Schule bemisst sich daran, wie hoch das Problemlösungspotenzial ist, das die Schule bereitstellt, damit das reflektierende Denken eines Individuums fortschreitet und die demokratische Entwicklung seiner Gesellschaft positiv beeinflusst (Kleinespel 1998, S. 101).

Teilziele, die in einem Unterricht angestrebt werden, der sich an der Erziehung zur Demokratie orientiert, könnte man wie folgt zusammenfassen:

- Selbstverantwortlichkeit
- Selbsttätigkeit
- Praktisches Problemlösen

- Lebensnahes Lernen
- Lernen, das auf die realen Bedürfnisse des Lebens bezogen ist
- Lernvorgänge, bei denen die Lernenden für sich selbst etwas Neues erfahren können
- Lernen und sich betätigen in der Gemeinschaft
- Gegenseitige Rücksichtnahme auf die Rechte des anderen
- Verantwortung für das eigene Denken und Handeln
- Gegenseitige Verantwortung für das Allgemeinwohl
- Planvolles Handeln aus vollem Herzen inmitten einer sozialen Umgebung

Planvolles Handeln als typische Einheit wertvollen Lebens: Planvolles Handeln aus vollem Herzen inmitten einer sozialen Umgebung ist der Kernsatz der Projektmethode, wie William H. Kilpatrick (1871-1965), Schüler und Mitarbeiter Deweys, sie verstand. Er setzte planvolles Handeln gleich mit wertvollem Leben und schrieb: „Wir verachten den Menschen, der passiv annimmt, was das ‚Schicksal‘ oder der bloße Zufall ihm bringt. Wir bewundern den Mann, der der Meister seines Geschickes ist, der mit umsichtigem Blick für eine Gesamtsituation klare und weitreichende Ziele aufstellt, der die so gesetzten Ziele plant und mit regelrechter Sorgfalt ausführt." Und er schrieb weiter: „Es ist gleich wahr, daß das planvolle Handeln nicht die Lebenseinheit für den Knecht oder den Sklaven ist." Aus diesen Gedanken zog er den Schluss: „Da das planvolle Handeln also die typische Einheit des wertvollen Lebens in einer demokratischen Gesellschaft ist, so sollte es auch zur typischen Einheit des Schulverfahrens gemacht werden" (Kilpatrick 1935, S. 168/169).

Nun gibt es heute keine Sklaven mehr, doch es gibt Knechte in jeglicher Hinsicht, auch schon im Kindesalter. Kinder machen sich zu Knechten der Medien, die ihnen planlose, chaotische Scheinrealitäten vorspiegeln. Ehrgeizige Eltern machen sich und ihre Kinder zu Knechten des Terminkalenders. Es ist für Kinder heute schwer, planvoll zu handeln. Kinder sind in ihrem täglichen Leben häufigen Wechseln ausgesetzt: Wechsel in der Familie durch Scheidung, Wechsel in der Kultur durch das Verlassen ihres Landes, Wechsel durch häufige Umzüge. Planvolles Handeln ist daher umso wichtiger, denn es gibt Sicherheit und Stabilität in dem Chaos, in dem so viele Kinder leben müssen. Planvolles Handeln braucht Zeit. Viele Kinder können sich diese Zeit nicht nehmen und vielen wird sie von den Erwachsenen, von denen nur wenige im Beruf das Privileg haben, ihr eigenes Handeln selbst planen zu dürfen, auch nicht gelassen.

Doch Kinder können planvoll handeln, wenn ihnen Zeit und Gelegenheit dafür gegeben wird. Dies möchte ich an einem Beispiel zeigen:

Vor einiger Zeit beobachtete ich einen siebenjährigen, sehr lebhaften Jungen. Er besuchte das erste Schuljahr. Ein Familienausflug wurde kurzfristig verabredet. Moritz sollte ganz schnell ein paar Spielsachen für die Fahrt einpacken. Er jedoch nahm sich die Zeit, alles mitzunehmen, was ein Forscher braucht, denn er hatte sich in der letzten Zeit, wohl angeregt durch einen geplanten Klassenausflug zu einem Biologieforschungszentrum, mit dem Beruf des Forschers befaßt. Er holte einen ausgedienten Fotoapparat, ein Fernglas, eine Lupe, Papier, Farbstifte und eine Unterlage zum Schreiben und packte alles in eine Tasche. Nun war er ausgerüstet. Die erste Station war ein großer Spielplatz. Die Eltern dachten, er hätte sein Vorhaben vergessen – doch keineswegs. Als sie zur Weiterfahrt drängten, kam Moritz sofort, denn er wollte doch im Wald forschen. Ein Spaziergang im Wald war daher unumgänglich. Er war bereit, seine schwere Forschertasche selbst zu tragen. Moritz schaute sich um, was er denn nun erforschen könne, und kein Vorschlag von seiten der Eltern war passend. Doch dann fand er einen Baumstumpf, der mit Pilzen bewachsen war. Er kniete sich auf den Boden, betrachtete das Objekt mit der Lupe, „fotografierte" es und zeichnete es mit großer Sorgfalt ab. Das sonst so lebhafte Kind war über einen langen Zeitraum ausschließlich auf die Sache konzentriert. Zuletzt packte Moritz eine „Probe" ein, die er am nächsten Tag in der Schule zeigen wollte. Am Abend sagte er glücklich und zufrieden, es wäre ein „wunder-, wunderschöner Tag" gewesen.

Was machte diesen Nachmittag für Moritz so wertvoll? Der Junge hatte ein langfristiges Ziel: Er will später Forscher werden (so diffus diese Vorstellung auch sein mag). In seinem ihm zu diesem Zeitpunkt möglichen inhaltlichen und zeitlichen Rahmen, verfolgte er dieses Ziel und konnte es auch erreichen, da er es sich selbst gesteckt hat. Das verschaffte ihm Befriedigung und Raum für Neues. Das wahre Problem der geistigen Erziehung besteht für Dewey darin, die natürlichen Kräfte in geschulte, erprobte Kräfte zu verwandeln und zufällige Neugier und sporadische Einfälle in eine aktive forschende Haltung (vgl. Kleinespel 1998, S. 101).

In den Schulen sitzen viele dieser kleinen Forscher und es stellt sich zunehmend drängender die Frage, ob vor allem die Grundschule ihnen gerecht wird. Desinteresse, Unkonzentriertheit, Unruhe sind sicher häufig auch Zeichen dafür, dass es Kindern in der Schule zu wenig ermöglicht wird, ihrem ganz eigenen Wissensdrang zu folgen.

Dies gilt nicht nur für die hoch begabten SchülerInnen, sondern ebenso für SchülerInnen mit einem Handicap. Es ist bekannt, dass das Vertrauen in den Wissensdurst und Wissensdrang von Kindern mit einer Behinderung sehr viel geringer ist als bei einem „normalen" Kind. Wissensdurst als solcher ist jedoch zunächst nicht abhängig vom Niveau. Von einem Säugling wird nicht erwartet, dass er sich für die Enten am Teich interessiert, sondern dass er vielleicht nur die Bewegung der Vögel im Wasser wahrnimmt. Von einem Kind mit drei Jahren jedoch wird angenommen, dass es den Enten interessiert zusieht oder nachläuft, während von einem Schüler ein Interesse an der Vogelgattung und deren Lebensweise erwartet wird. Es kommt also in einer integrierten Klasse darauf an, den Wissensdurst als solchen –

unabhängig vom Niveau und unabhängig vom Alter des Kindes – zu erkennen und diesem nachzugeben. Dies ist nur durch vielfältige Angebote möglich, die allen Kindern die Chance geben, sich innerhalb ihrer kognitiven, physischen und psychischen Möglichkeiten Ziele zu setzen und planvoll zu handeln. Das können recht verschiedene Ziele sein, zu deren Erreichung vorherige Planung nötig ist.

In einem Projekt im vierten Schuljahr einer Integrationsklasse[16], in dem sich alle Kinder selbsttätig ein Thema suchen konnten, zu dem sie vor der Klasse ein Referat halten sollten, referierte Julian (ein Junge mit einer Hochbegabung) über den Mondlandungsversuch der Apollo 13, während sich Jakob (ein Junge mit einem Down-Syndrom) für ein Bilderbuch über Enten entschied. Julian hielt ein exzellentes Referat über die Apollo 13 und Jakob zeigte sein Bild von der Ente und erzählte, was ihm an der Ente gefällt.

In einer Dokumentation (vgl. Jaumann 1996) wird von einem Theaterprojekt berichtet, das in obiger Klasse durchgeführt wurde und in dem behinderte und nichtbehinderte Kinder „Peter und der Wolf" in ein Theaterstück umschreiben, dialogisieren, einstudieren und aufführen. In diesem Projektbeispiel sind viele unterschiedliche Ziele, die sich die Kinder je nach Neigung und Fähigkeit setzen und für die sie einen Plan machen müssen, wie z. B. ein „Peter und der Wolf- Buch" nachzugestalten, eine neue Geschichte zu erfinden und in Dialogform umzuschreiben, die gewählte Rolle zu verkörpern u. a. m. Das jeweilige Ziel kann nur dann erreicht werden, wenn das Kind einen Plan hat, dem es folgt, den es gegebenenfalls auch ändert, wenn er sich als nicht sinnvoll erweist.

Über die Projektsituationen hinaus gibt es zahlreiche Möglichkeiten, den Kindern die Gelegenheit zu bewusst planvollem Handeln zu geben. Das können scheinbar nebensächliche Dinge sein – wenn z. B. ein Kind mit einer Lernbehinderung über einen langen Zeitraum einem anderen Kind beim Malen zusieht und später selbst ein Bild gestaltet oder wenn ein Kind mit einer geistigen Behinderung ohne Aufforderung in der Freiarbeitszeit immer wieder Pfennige in die richtigen Behälter ordnet, bis es diese Tätigkeit beherrscht und zu einer neuen übergeht. Das Kind folgt dabei einem Plan und in seiner Ausführung darf es durch Erwachsene nicht gestört werden.

Planvolles Handeln ist immer auch verantwortliches Handeln: Dies ist ein weiterer Kernsatz der Projektmethode. Keiner kann für sich allein planen, er muss seine Mitmenschen einbeziehen in seine Überlegungen und verantwortlich für sich und seine Mitmenschen handeln. Als entscheidend betrachtet Kilpatrick die Gestaltung des mitmenschlichen Verhältnisses, indem er schreibt: „Achtung vor der Persönlichkeit bedeutet (...), jeden dabei zu unterstützen, das Beste, was in ihm angelegt ist, durch eigene Anstrengung zu entfalten, besonders, ihm zu helfen, sich aus freien Stücken für die besseren Ziele zu entscheiden (...). Solche Achtung vor der Persönlichkeit ist das Heiligste unter den Menschen" (zit. nach Röhrs 1991, S. 38/39).

In der eben zitierten Dokumentation eines Theaterprojektes gibt es ein anschauliches Beispiel für verantwortliches Handeln:

Es geht um die Verteilung der Rollen, eine sensible Phase innerhalb eines Theaterprojektes. Rebecca, ein hochintelligentes Mädchen möchte gerne die Hauptrolle spielen. Sie wäre sehr gut dafür geeignet und entwickelt genaue Vorstellungen von der Gestaltung der Rolle. Ein anderes Kind möchte jedoch gerne zusammen mit einem Kind mit Down-Syndrom diese Rolle übernehmen. Rebecca gerät in einen persönlichen Konflikt. Sie wird still und wendet sich ab. Das Problem wird zunächst zurückgestellt und die anderen Rollen werden ausgesucht. Andreas, der auf einen Rollstuhl und auf Hilfe in jeder Hinsicht angewiesen ist, möchte einen Polizist spielen. Ein zweiter Polizist ist nötig, da der Rollstuhl geschoben werden muß. In Rebeccas Gesicht spiegelt sich ein innerer Kampf. Nach kurzer Zeit entscheidet sie sich für die Rolle des zweiten Polizisten. Sie wendet sich wieder allen zu und hat eine gute Idee: Sie wird den Rollstuhl zum Polizeimotorad umfunktionieren und für sich und Andreas die erforderlichen Mützen, Schilder etc. basteln. Sie macht sich mit Eifer an die Arbeit.

Rebecca hat sich verantwortlich für die Gemeinschaft gezeigt, aber auch für sich selbst. Sie hat auch für sich eine gute Entscheidung getroffen – weder das Beharren noch der bloße Verzicht auf die Hauptrolle hätte sie befriedigt. Befriedigung konnte sie nur in einer dritten Lösung finden, die sie vor die reizvolle Aufgabe stellte, die Rolle für sich und den schwerbehinderten Mitschüler auszugestalten.
Ein weiteres Beispiel:

Alle Kinder dieser Klasse stürzen im 2. Schuljahr vor der Pause in den Pausenhof. Andreas, das Kind im Rollstuhl steht verlassen da, die Kinder haben ihn offensichtlich vergessen. Jakob, das Kind mit Down-Syndrom packt noch seine Tasche. Jakob sieht Andreas, holt ohne ein Wort zu sagen den Anorak von Andreas aus dem Flur, geht zu seinem Freund und plagt sich lange Zeit, die spastisch gelähmten Arme von Andreas in den Anorak zu stecken. Es gelingt ihm mehr schlecht als recht. Dann stopft er Andreas noch den Rest seines Brotes in die verkrampften Finger, löst die Bremse des Rollstuhls und fährt ihn auf den Schulhof. Die Lehrerinnen, die noch im Klassenzimmer anwesend sind, beachtet Jakob dabei nicht. Er übernimmt selbst die Verantwortung für seinen Klassenkameraden.

Verantwortlich handeln – Verantwortung übernehmen, das wird in den Schulklassen so oft vermisst. Doch nur in sinnvollen Zusammenhängen, wenn die Sache oder die Situation es verlangt und wenn sie die Möglichkeit dazu erhalten, können

Kinder das lernen.

Das planvolle Handeln macht die Gesetze des Lernens nutzbar, schreibt Kilpatrick (1935, S. 166). Er versteht darunter die Bereitschaft zum Lernen, wenn Interesse an einer Sache vorhanden ist, die Suche nach den Dingen, die das Kind vorher wissen muss, um handeln zu können, das Handeln selbst und die Erreichung des Ziels, die Befriedigung, die aus der Erreichung des Ziels resultiert und die eine neue Bereitschaft zum Lernen hervorruft. Inhalte so zu wählen und zu strukturieren, dass sie auf den bisherigen Lebenserfahrungen der Schüler aufbauen, neue Erfahrungen und Erkenntnisse ermöglichen und Schüler auf unterschiedlichsten Lernstufen sinnvoll zum gemeinsamen Lernen zu führen, ist für die Lehrenden die wichtigste Aufgabe. Gerade hierbei sind die von Dewey theoretisch entwickelten Prinzipien hilfreich, die wie folgt zusammengefasst werden können (vgl. Dewey 1916, zit. n. Ausg. 1964, S.203ff.):

1. Der Schüler muss eine wirkliche, für den Erwerb von Erfahrung geeignete Sachlage vor sich haben – eine Tätigkeit, an der er um ihrer selbst willen interessiert ist.
2. In dieser Sachlage muss ein echtes Problem erwachsen, das zum Denken anregt.
3. Der Schüler muss das nötige Wissen besitzen und die notwendigen Beobachtungen anstellen, um die Sachlage (das Problem) zu behandeln. Es müssen Daten zur Verfügung stehen, die für die Behandlung bestimmter auftretender Schwierigkeiten notwendig sind.
4. Er muss mögliche Lösungen suchen und ist verpflichtet, sie in *geordneter Weise* zu entwickeln und sich *selbsttätig* mit der Sachlage auseinander zu setzen.
5. Er muss die Möglichkeit und die Gelegenheit haben, seine Gedanken durch praktische Anwendung zu erproben, ihren Sinn zu klären und ihren Wert selbstständig zu entdecken – d. h. auch, das eigene Tun zu reflektieren.

Die *Strukturierung des Bildungsinhalts* (durch die Lehrpersonen ebenso wie durch die SchülerInnen während ihres gemeinschaftlichen und selbsttätigen Handelns), sorgfältig *geplante Handlungsschritte,* die *Erstellung eines Produktes* im weitesten Sinn und vor allem die *Reflexion des eigenen Tuns* sind die wesentlichen Stationen im Projekt.

In dem schon erwähnten Theaterprojekt gab es für alle Kinder, unabhängig von ihren Fähigkeiten und Fertigkeiten reichlich Gelegenheit zu selbsttätigem Tun. Zahlreiche Probleme mussten von den Kindern selbst gelöst werden, z. B. wie kann ein Ententeich dargestellt werden, wie kann Andreas, der Junge im Rollstuhl, sinnvoll einbezogen werden, wie schreibe ich einen Dialog so, dass er auch wirklich das ausdrückt, was ich ausdrücken will, wie verhalte ich mich als Ente oder Großvater, wie kann Jakob, der Junge mit dem Down-Syndrom dazu gebracht werden, seinen Satz gut artikuliert zu sprechen u. a. m. Indem die Kinder in eine andere Rolle schlüpften, lernten sie, sich selbst in dieser Rolle bewusst wahrzunehmen. Sie erfuhren etwas über ihre Außenwirkung und damit etwas Neues über sich. Sie machten die Erfahrung, wie wichtig es ist, die Rezeption des von ihnen Vorgetragenen durch die Zuschauer in ihr situatives Verhalten mit einzubeziehen und ihr Verhalten danach auszurichten. Sie konnten auch die Erfahrung machen, dass ein bestimmtes Verhalten erforderlich ist, um eine bestimmte Wirkung zu erzielen. D. h. sie lernten z. B. deutlich zu artikulieren und laut zu sprechen, obgleich dieses Verhalten nicht ihrem Bedürfnis entsprach. Jedes Kind übernahm selbst die Verantwortung für sein Handeln, d. h. für seinen Beitrag innerhalb der Gruppe, für das Requisit, das es besorgen sollte, für das Auswendiglernen seines Textes u. a.m. Das ganze Projekt lebte von gemeinschaftlicher Arbeit, bei der sich die Notwendigkeit gegenseitiger Rücksichtnahme vornehmlich auf die Kinder mit Behinderungen aus der Situation heraus ergab. Es wurde allen Kindern deutlich, dass die Theateraufführung nur dann Erfolg haben wird, wenn jedes Kind sein Bestes gibt. Damit übernahm auch jedes Kind dieser Klasse die Verantwortung für das ganze Projekt (vgl. Jaumann 1996, S. 52).

Ein weiteres Beispiel soll zeigen, wie planvolles Handeln Lernen auf ganz verschiedenen Niveaustufen ermöglicht:

Im zweiten Schuljahr der bereits beschriebenen Integrationsklasse wird ein Indianerprojekt durchgeführt. Als gemeinsame Grundlage für alle Kinder wird ein Buch über einen Indianerjungen und seine Lebensweise vorgelesen. Die einzelnen Kapitel werden besprochen, gespielt und teilweise nochmals vorgelesen, damit alle Kinder Zeit haben, sich mit dem Inhalt auf ihre Weise auseinander zu setzen. Dass auch die Kinder mit einer geistigen Behinderung den Inhalt weitgehend verstehen, zeigen sie, indem sie Teile des Gehörten im Rollenspiel auf ihre Weise nachspielen. Die Kinder beschäftigen sich nun auf verschiedene Weise mit dieser Geschichte, indem sie u. a. Textteile von der Druckschrift in Schreibschrift übertragen und somit ein eigenes Buch über den Indianerjungen gestalten. Die Kinder mit einer Behinderung, für die die Erlernung der Schreibschrift noch nicht das Ziel sein kann, drucken vereinfachte Sätzchen.

Es geht hier *nicht* um eine Reduzierung des Inhaltlichen, denn die Geschichte des Indianerjungen wurde allen im gleichen Umfang geboten, sondern nur um eine andere Lernstufe der Verarbeitung auf schriftsprachlicher Ebene. Das inhaltliche Lernniveau ist für alle Kinder gleich und ihrer gedanklichen Verarbeitung dieses Themas sind, trotz Differenzierung im schriftsprachlichen Umgang, keine Grenzen gesetzt. In der Woche, in der in verschiedenen Stationen Kleidung und Gegenstände aus der Indianerzeit hergestellt, sowie Indianerspiele und -tänze aufgeführt werden, besteht wiederum für alle Kinder, unabhängig von ihrem Handicap das gleiche Angebot. Jakob, den Jungen mit Down-Syndrom, hat die Geschichte mit der Schlange offensichtlich tief beeindruckt, denn bei der Herstellung eines Amu-letts aus Gips formt er eine Schlange. Er hat – ohne dies auch nur ansatzweise verbalisieren zu können – sowohl die Geschichte verstanden als auch die Bedeu-tung eines Amuletts erfasst.

In einem Spiralcurriculum wird das Thema ,Indianer' im 4. Schuljahr nochmals aufgegrif-fen. Diesmal geht es um die Entdeckung Amerikas, um Columbus und die Lebensweise der Indianer heute. Dazu werden Arbeitsgruppen gebildet. Eine Gruppe befasst sich mit der Wiederholung des im zweiten Schuljahr Erfahrenen. Ihr schließen sich spontan die Kinder mit einer Behinderung an. Mit großer Begeisterung holen sie ihre Indianermappen vom zweiten Schuljahr hervor und fassen die Erkenntnisse zusammen. Diesen wird dann mit Hilfe von Bildmaterial die Lebensweise der Indianer heute gegenüber gestellt. Es ist nicht nachprüfbar, ob die Kinder mit einer geistigen Behinderung tatsächlich etwas über Colum-bus erfahren haben, doch das ist auch nicht wesentlich. Sie haben die Gelegenheit erhalten, sich auf einer anderen Lernstufe mit einem Inhalt auseinander zu setzen, der ihnen bereits vertraut ist. Damit erhöht sich die Chance, ihre Weltsicht zu erweitern – um es sehr allge-mein auszudrücken.

Der Reflexion kommt in der Projektmethode eine besondere Rolle zu, denn nur ein reflektiertes Handeln bringt einen tatsächlichen Lerngewinn. Es ist die Aufgabe der Lehrenden diese Reflexion anzustoßen und den Kindern dabei zu helfen, die Planung, Durchführung und das Produkt zu überdenken und ggf. Fehler zu revi-dieren. Es ist für die Lehrenden nicht immer leicht, im Einzelnen herauszufinden, was jedes Kind gelernt hat und welches Ziel es tatsächlich erreicht hat. Das ist vermutlich einer der Gründe, weshalb die Projektmethode so schwer Eingang in unsere Schulen findet. Was ein Kind aus der Projektarbeit gewinnt, zeigt sich gera-de bei Kindern mit einer Lernschwierigkeit häufig erst später. Abwarten, vertrauen und zur rechten Zeit Anstöße geben, das sind „Tugenden", die wir von den ReformpädagogInnen lernen können. Neben Dewey und Kilpatrick haben auch in Deutschland verschiedene Reformpädagogen die Projektidee in unterschiedlicher Weise aufgegriffen, wie z. B. Bertold Otto (1859-1933) mit seiner Form des „Ge-samtunterrichts", in dem der Lehrer nur als ,Moderator' agiert, Hugo Gaudig (1860-1923), der die Schüler den Unterricht selbst planen ließ, um ihnen durch ständig praktizierte Selbsttätigkeit neue Horizonte zu eröffnen, Hermann Lietz (1868-1919), der Landerziehungsheime gründete mit dem Anspruch des selbst-ständigen Handelns, des Planens ihrer Arbeiten und ihrer Freizeit und nicht zuletzt Georg Kerschensteiner (1854-1932), in dessen Arbeitsschule die Schüler an ihrem Arbeitsprodukt selbst erkennen sollten, ob ihr Plan und die Durchführung des Planes wirklich gelungen sind. Auch die Lebensgemeinschaftsschule Peter Peter-sens entspricht dem Projektgedanken und räumt der Projektarbeit eine zentrale Rolle ein.

Das Lernen nach der Projektmethode fördert die persönlichen Kompetenzen, die von der Wirtschaft heute erwartet werden wie: Zuverlässigkeit, Gewissenhaftigkeit, Konzentrationsfähigkeit, Verantwortungsbereitschaft, Selbstständigkeit, Fähigkeit zu Kritik und Selbstkritik, Kreativität, Teamfähigkeit, Konfliktfähigkeit sowie Toleranz (vgl. Industrie und Handelskammer 1999, S. 2ff). Das sind in erster Linie Erwartungen, die die Wirtschaft an die leistungsstarken und hoch begabten Schülerinnen und Schüler hat. Was jedoch bringt die Projektmethode speziell für den allgemeinen integrativen Unterricht? Das selbstverständliche Zusammenleben von Behinderten und Nichtbehinderten, das uns im täglichen Leben noch keineswegs gelingt, braucht mehr denn je Menschen, *die Demokratie zu leben verstehen.* Es geht daher bei der Projektmethode nicht um eine beliebige und austauschbare Unterrichtsform, sondern um eine pädagogische und didaktische Unterrichtsgestaltung, die Kinder befähigt, dem Anderen mit Toleranz und Akzeptanz zu begegnen und in Zukunft dazu beizutragen, die Gesellschaft in dieser Weise sozial umzugestalten. Die Projektmethode hat sich nicht, wie die Montessori-Pädagogik oder auch der Jena-Plan, aus der Auseinandersetzung mit Kindern mit einer Behinderung und mit integrativen Ideen entwickelt. Dennoch kann sie als *die* Methode für integrativen Unterricht schlechthin angesehen werden. Darauf machte vor allem Feuser aufmerksam. Integrative Pädagogik muss als zentrale Kategorie die „Kooperation am Gemeinsamen Gegenstand" haben. „Nur in Projekten angelegte Lernfelder (...) bieten die Chance, an dem jeweils spezifischen Erfahrungshorizont und an der Bedürfnislage der Schüler anzuknüpfen und sie (...) in kooperativen und offenen Lernformen zusammenzuführen, ihnen ein kooperatives Miteinander zu ermöglichen" (Feuser 1995, S. 178). In folgendem Bild fasst Feuser seine Vorstellung von integrativem Lernen im Projekt zusammen (ebd., S.179):
Er schreibt dazu: „Die *Wurzeln* des Baumes repräsentieren den jeweils möglichen Erkenntnisstand i. S. der entfalteten Wissenschaften zu einzelnen Sachgebieten und, darin eingeschlossen, die subjektive Erkenntnismöglichkeit der Welt (...). Die *Äste* und deren *Zweige* entsprechen der Vielfalt der Handlungsmöglichkeiten mit dem ‚Gemeinsamen Gegenstand' (...), mittels deren die Inhalte des Projektes (entwicklungspsychologisch gesehen) sinnlich konkret (am Astansatz) bis hin zu einer abstrakt-logisch symbolisierten inneren Repräsentation, für alle Entwicklungsniveaus der Schüler – subjektiv erfahrbar und faßbar werden." (ebd. S. 180/ 181). Den Stamm, den „Gemeinsamen Gegenstand" definiert Feuser im Sinne von Klafkis Theorie der Kategorialen Bildung (vgl. Kap. 5.4.3). Der Gemeinsame Gegenstand ist „nicht das materiell Fassbare, das letztlich in der Hand des Schülers zum Lerngegenstand wird, sondern der zentrale Prozeß, der hinter den Dingen und beobachtbaren Erscheinungen steht und diese hervorbringt" (Feuser 1995, S. 181). Die gemeinsame Arbeit am Projekt ermöglicht es jedem Kind, trotz unter-

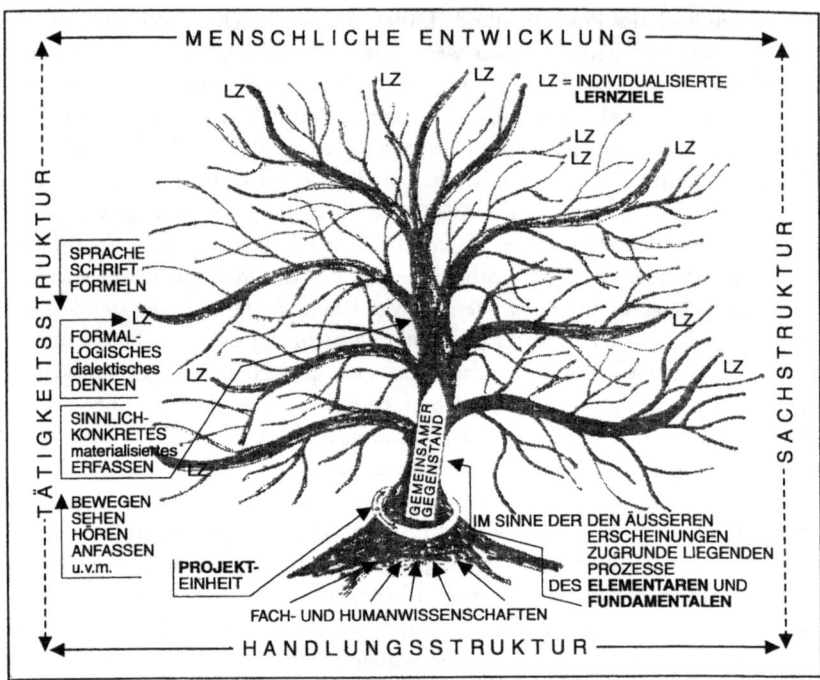

MENSCHLICHE ENTWICKLUNG

LZ = INDIVIDUALISIERTE LERNZIELE

TÄTIGKEITSSTRUKTUR

SACHSTRUKTUR

SPRACHE
SCHRIFT
FORMELN

FORMAL-
LOGISCHES
dialektisches
DENKEN

SINNLICH-
KONKRETES
materialisiertes
ERFASSEN

BEWEGEN
SEHEN
HÖREN
ANFASSEN
u.v.m.

GEMEINSAMER GEGENSTAND

PROJEKT-
EINHEIT

IM SINNE DER DEN ÄUSSEREN
ERSCHEINUNGEN
ZUGRUNDE LIEGENDEN
PROZESSE
DES **ELEMENTAREN** UND
FUNDAMENTALEN

FACH- UND HUMANWISSENSCHAFTEN

HANDLUNGSSTRUKTUR

Abb. 4

schiedlichster Entwicklungsniveaus auf jedem ,Ast' zu lernen, ohne jedoch auf jedem ,Ast' lernen zu müssen, „denn auf jedem der Äste ist in gleicher Weise, aber auf verschiedene Arten der Wahrnehmung, des Denkens und des Handelns (...) das Elementare und Fundamentale repräsentiert" (ebd., S. 182). Erfahrungsberichte und Unterrichtsdokumentationen[17] zeigen, dass das Lernen im Projekt die Erreichung der Ziele heterogenen Lernens am besten von allen Konzeptionen ermöglicht.

Wenn Schule so gestaltet ist, ändert sich auch die Rolle des Lehrers. Der Lehrer ist nicht bloßer Wissensvermittler, sondern er muss Fragen stellen und in Frage stellen, ohne sich selber von diesem Prozess auszunehmen.

Der Lehrer sollte nach v. Hentig (dem Begründer der Bielefelder Laborschule) sein

- ein Vermittler von Informationen oder Erkenntnissen und Fertigkeiten,
- ein Organisator von Lernprozessen und Lernsituationen,
- ein Modell eines lernenden, handelnden, genießenden, sich selbst bestimmenden Menschen und
- ein Freund (vgl. v. Hentig 1973, S. 37):

Selbsttätiges Lernen der Schülerinnen und Schüler reduziert die Lehreraktivität

160

keinesfalls. Schon Dewey hat die Einstellung mancher damaliger Lehrer kritisiert, die den Wissenserwerb zur Aufgabe der Kinder machten und damit nur die Lehreraktivität reduzierten. Die Aufgaben der Lehrenden werden auf vorausgehende Planung und Strukturierung, auf Beobachtung, Diagnose und Hilfestellungen sowie auf Koordinationsaufgaben verlagert. Es geht im Projektunterricht um längerfristige, vernetzte Planung, um ein Gesamtprodukt, um Selbsttätigkeit, Gemeinschaftsarbeit und verantwortliche Gruppenaktivitäten. Es geht vor allem auch um die bewusste und reflektierte Verknüpfung von Denken und Handeln, einem Prinzip, das wir bei Piaget sowie den Vertretern der Erkenntnistheorie (Wygotski, Leontjew und Galperin) finden.

5.4. Öffnung von Unterricht – Notwendigkeit und Grenzen

5.4.1 Forschungsergebnisse

Öffnung von Unterricht wird seit etwa 1970 als Gegenkonzept gegen wissenschaftsorientierten Fachunterricht, stofflich überfrachtete Lehrpläne und starre curriculare Vorgaben diskutiert. Basierend auf neueren Ergebnissen der empirischen Sozialforschung sowie der Entwicklungs- und Lernpsychologie rückte die Erkenntnis in den Mittelpunkt, dass Kinder heute in veränderten sozialen Strukturen mit veränderten Wertvorstellungen und mit sich rasant entwickelnden Medien aufwachsen (vgl. u. a. Rolff/ Zimmermann 1985; Fölling-Albers 1989). Diesen Entwicklungen, die unter dem Schlagwort „Veränderte Kindheit" in die pädagogische Literatur eingegangen sind, muss die Schule Rechnung tragen, indem sie

- zu einer Stätte sozialer Begegnungen wird;
- ein Ort ist, an dem selbstbestimmtes und kooperatives Lernen möglich ist;
- ein Stück Gegenkultur zur Medien- und Konsumgesellschaft bietet;
- ein Ort ist, an dem Primärerfahrungen gemacht werden können
- und an dem individuell gelernt werden kann.

Methodische und inhaltliche Öffnung von Unterricht bedeutet eine Umgestaltung des Lernraumes in einen Ort, an dem sich Kinder in verschiedenen Ecken, auf dem Flur etc. individuell, in Partner- oder Gruppenarbeit mit Inhalten und Lernmaterialien auf ganz verschiedene Weise fächerübergreifend auseinander setzen können (Leseecke, Schreib- und Bastelecke, Experimentierecke etc.). Daraus ergibt sich auch eine Veränderung der Lehrerrolle. Der Lehrer wird zum Helfer und Berater. Öffnung von Schule bedeutet auch, dass sich Schule dem Leben außerhalb von Schule öffnet, indem sie Schlüsselprobleme zum Thema macht und Lernen auch nach „draußen" verlagert. Offene Schule und Offener Unterricht bedeuten daher:

- institutionelle Öffnung,
- methodische Öffnung,
- inhaltliche Öffnung und

161

- Veränderung der Lehrerrolle.

Ein gleichschrittiges Vorgehen ist in der Grundschule heute, trotz Altershomogenität, in den meisten Schulklassen nicht mehr möglich. Gründe sind u. a. das stetige Ansteigen der Zahl an Kindern, die aus anderen Kulturen kommen und oft die deutsche Sprache nur ungenügend beherrschen, die steigende Zahl, der Kinder die Probleme im Lern- und Verhaltensbereich bzw. eine überdurchschnittliche Begabung haben. Überhaupt nicht mehr möglich ist ein gleichschrittiges Vorgehen, wenn Kinder mit erheblichen Lernschwierigkeiten oder anderen Behinderungen und Hochbegabte die Klasse besuchen. In integrierten Klassen lernen heißt, dass Kinder mit unterschiedlichen Lernstrategien, unterschiedlichen Vorkenntnissen, unterschiedlichem Lerntempo im selben Raum, zur gleichen Zeit lernen. Ist Heterogenität strukturell verankertes Merkmal, dann ergibt sich daraus zwangsläufig die Forderung nach konzeptionellen Gegenmodellen zum so genannten Frontalunterricht. Diese Konzeptionen lassen sich unter dem Stichwort „Offener Unterricht" zusammenfassen. Ein Schema von Bönsch gibt einen Überblick über die Einbettung offener Konzeptionen in die Diskussion um die veränderte Kindheit (Bönsch 1998, S. 27):

Die Propagierung der Öffnung des Unterrichts geht einher mit der Renaissance der Reformpädagogik in den 70er und 80er Jahren. So können auch die meisten Unterrichtsformen, mit denen Offener Unterricht gekennzeichnet wird wie Wochenplan, Freiarbeit, Projektunterricht, Handlungsorientierter Unterricht sowie Entdeckendes Lernen auf ReformpädagogInnen zurückgeführt werden. Schulen, die nach Konzeptionen von ReformpädagogInnen arbeiten wie die Montessorischulen, die Jena-Plan-Schulen, oder die in den 70er Jahren des zwanzigsten Jahrhunderts gegründete Laborschule in Bielefeld sind jedoch nach wie vor „Spielwiesen" im Schulsystem. Die Ideen, die inzwischen zum Teil hundert Jahre alt sind, finden teils unmerklich, teils nur in ersten Ansätzen bestenfalls in der Grundschule einen Niederschlag wie z. B. im offenen Unterrichtsbeginn, in der Aufhebung des Stundentaktes, im Morgenkreis u. Ä. Die Institution Schule ist – wie schon mehrfach belegt – träge, wenn es um Innovationen geht. Der Offene Unterricht als durchgängiges methodisches Konzept wurde lange Zeit heftig diskutiert, die Kritik am Offenen Unterricht ist heute zwar weitgehend verstummt und es gibt kaum noch pädagogische WissenschaftlerInnen, die sich dieser Konzeption gänzlich verschließen, doch LehrerInnen öffnen ihren Unterricht bislang nur in sehr geringem Maße.

Brügelmann geht nach einer Durchsicht der bisher durchgeführten Untersuchungen und auf der Basis eigener Erhebungen davon aus, dass nur etwa 10% aller LehrerInnen tatsächlich ihren Unterricht öffnen (vgl. Brügelmann 1998). Er stellt fest, dass die Vorstellungen von einer Öffnung des Unterrichts diffus sind, dass der Anspruch an Offenheit in der Breite nicht radikal vertreten wird, dass sich selbst die bescheidenen Ansprüche an Offenheit bei weitem nicht erfüllen und dass sich

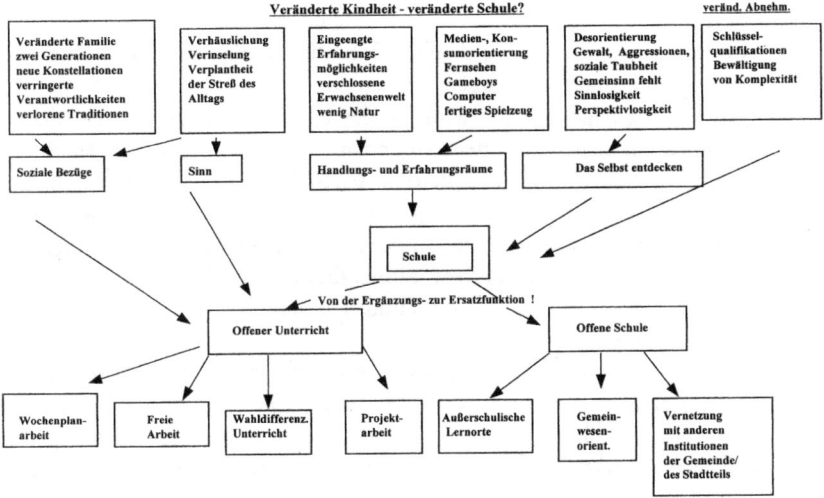

Abb. 5

der Grad der Öffnung stark von Klasse zu Klasse unterscheidet. Er stellt vor allem auch fest, dass die LehrerInnen die Tendenz haben, ihre eigenen Aktivitäten bezüglich Öffnung von Unterricht zu überschätzen: „Was täglich stattfinden soll, findet in der Regel nur wöchentlich statt; was wöchentlich gewollt ist, findet eher monatlich statt" (Brügelmann 1997, S. 5).
Auch in Integrationsklassen, in denen eine Öffnung von Unterricht unabdingbar ist, ist sie nicht selbstverständlich. Aus einer Befragung von 64 Grund- und Sonderschullehrkräften, die in einer Klasse mit behinderten und nichtbehinderten Kindern in Rheinland-Pfalz unterrichten, geht z. B. hervor, dass 70% der Befragten den Anteil Offenen Unterrichts mit ¼ oder weniger angeben. Nur jede 8. Lehrperson verwendet ca. 50% des Unterrichts auf Offenen Unterricht (Krawitz u. a. 1996). Allerdings gaben auf die Frage, welche Unterrichtsformen für sie für gemeinsame Erziehung wichtig sind, von 90 Lehrerinnen und Lehrern in Brandenburg, die integrativen Unterricht erteilen, ca. 98% Innere Differenzierung an, 86% Freiarbeit, 70% Morgenkreis, 65% Projekte und 46% Wochenplan. Von 50% der Befragten wird auch noch Frontalunterricht für notwendig erachtet und nur ¼

lehnt ihn ab. Zumindest in ihrem Selbstanspruch plädieren in dieser Untersuchung IntegrationslehrerInnen für Offene Unterrichtsformen (Preuss-Lausitz 1997, S. 135/136). Wie Brügelmann jedoch feststellte, sind die Selbstaussagen der LehrerInnen positiver als z. B. die Fremdeinschätzungen von LehramtsanwärterInnen, die ja die Möglichkeit haben, ausreichend Unterricht zu beobachten (Brügelmann 2000, S. 140). Wichtig wären daher gerade Untersuchungen im integrativen Unterricht, die auch die Fremdeinschätzung mit einbeziehen.

Interessant ist in diesem Zusammenhang, dass für das geringe Ausmaß an Öffnung nicht günstige oder ungünstige äußere Umstände verantwortlich gemacht werden können, wie häufig angenommen wird. Weder Klassengröße, noch Unterrichtserfahrung, noch das Lebensalter der Lehrenden wirken sich auf das Ausmaß der Öffnung bzw. auf die Größe der Differenz zwischen Anspruch und Umsetzung aus (ebd., S. 142). Insgesamt muss derzeit davon ausgegangen werden, dass in den Schulen weitgehend traditionell im Sinne einer methodischen Mischung aus Frontalphasen, Gruppen-, Partner- bzw. Einzelarbeitsphasen unterrichtet wird und dass dabei selbsttätiges, problemlösendes und handlungsorientiertes Lernen *nicht* im Mittelpunkt stehen.

Deutschsprachige Forschungen zur Effizienz von Offenem Unterricht und Lernentwicklungsprozessen liegen bislang erst in unzureichendem Maße vor. Hanke fasst die Tendenz der bisherigen Befunde zusammen und stellt fest, dass Vorteile eines geöffneten Unterrichts eher im Persönlichkeitsbereich (Erwerb von Selbstständigkeit, Aufmerksamkeit etc.) und weniger im kognitiven Bereich festgestellt werden können (Hanke 2001, S. 51). Besonders förderlich sind im kognitiven Bereich nach der Scholastik-Studie[18] Unterrichtsqualitätsmerkmale wie ein hoher Grad der Strukturiertheit, eine effiziente Klassenführung sowie eine intensive fachliche Unterstützung (ebd., 1997). Insgesamt stellte sich heraus, dass die Unterschiede in den Lernentwicklungen zwischen den Schulklassen wesentlicher zu sein scheinen als die nach Bedingungen der Unterrichtsqualität gebildeten Gruppen (vgl. Weinert/ Helmke 1997). Diese Ergebnisse sprechen nicht unbedingt für eine Öffnung des Unterrichts. Hanke kritisiert jedoch an den bisherigen Untersuchungen u. a., dass sie auf forschungsmethodisch unterschiedliche Weise erhoben wurden, z. B. durch Lehrerbefragungen und Unterrichtsbeobachtungen. Zudem wurden die Unterrichtsqualitätsmerkmale meist nur punktuell erfasst und Entwicklungen und Veränderungen jener Merkmale bzw. Unterrichtskonzepte über die Schuljahre hinweg blieben unberücksichtigt. Anstelle von Prozessmerkmalen der Lernentwicklung wurden eher Produktmerkmale erhoben: „Dies bedeutet eine Reduzierung der Lernentwicklung auf eine einseitige Perspektive und wird den Kennzeichen einer Rahmenkonzeption der ‚Öffnung von Unterricht' nicht gerecht" (Hanke, S. 54).

Interessant ist die Untersuchung von Huf zum Umgang mit dem Wochenplan.

Wesentliche Merkmale der Arbeit mit dem Wochenplan sind der individuelle Zeitrhythmus und damit die Möglichkeit so langsam und gründlich zu arbeiten wie individuell erforderlich sowie die Chance zu kooperativem Lernen. Huf stellte jedoch fest, dass die von ihr beobachteten Kinder in einer Grundschule in erster Linie darum bemüht waren, die Lernzeit zu minimieren und „möglichst viele Seiten in möglichst kurzer Zeit als erarbeitet zu präsentieren. Das Bestreben um eine Minimierung der von ihnen benötigten Lernzeit stand jedoch nicht nur der vertieften Auseinandersetzung mit der Sache entgegen, sondern geriet (...) nicht selten in Widerspruch zum kooperativen Lernen" (Huf 2001, S. 74/75).

Bezüglich Offenen Unterrichts mit so genannten *Problemkindern* hat sich bislang Folgendes ergeben: Die Frage nach der Wirksamkeit und Effizienz Offenen Unterrichts bei lernschwachen sowie hoch begabten Kindern spielte bislang in der Unterrichtsforschung eine untergeordnete Rolle. Häufig wird die Ansicht vertreten, offene Unterrichtsformen seien für lernschwache Kinder nicht geeignet, da diese Schwierigkeiten hätten, bei einer Sache zu bleiben, dass ihnen selbsttätiges und selbstständiges Arbeiten nicht zugetraut würde und sie z. B. „ziellos herumlaufen" würden. (Reiß u. a. 1995, S. 14ff). Scheerer-Neumann berichtet von einer Untersuchung über die „Bank-Street-Model-Schulen" in den USA, deren SchülerInnen vorwiegend aus sozialen Brennpunkten stammen. Der Unterricht an den Bank-Street-Model-Schulen basiert vorwiegend auf den Theorien von Piaget und Dewey. Am Ende des dritten Schuljahres lagen die mittleren Leistungen im Lesen und in Mathematik deutlich über dem Wert, der sonst bei Kindern unterprivilegierter Familien beobachtet wird. Auch in einer Reihe kognitiver (z. B. Problemlösen, Begründungen ihrer Handlungen, kreative Ideen), aber auch sozialer Fähigkeiten (z. B. Beziehungen zu anderen Kindern, Unterstützung von Klassenkameraden), zeigten sich die Kinder den traditionell unterrichteten Kindern überlegen (Scheerer-Neumann 1989, S. 54). Aus der „Metaanalyse" von Giaconia & Hedges von 1982 ergibt sich nach Scheerer-Neumann vor allem: „Selbstgesteuertes Lernen hat einen positiven Einfluss auf das Selbstkonzept und die Kreativität eines Kindes und fördert seine positive Einstellung zur Schule; auf die Leistungen in den ‚Lernbereichen' wirkt es sich nicht aus" (ebd., S. 55). Dieses Ergebnis stimmt mit den deutschen Untersuchungen weitgehend überein. Jürgens berichtet von einer Untersuchung von Flynn/ Rapoport von 1976, die feststellten, dass Offener Unterricht ein wirksames Mittel ist, um *hyperaktive Kinder* durch eine aktive Beteiligung am Lernen zu einem ausgeglicheneren Verhalten zu verhelfen (Jürgens 1994, S. 62).

Goetze und Jäger stellen in ihrer Untersuchung bezüglich *verhaltensgestörter SchülerInnen* weder eine Über- noch eine Unterlegenheit des Offenen Unterrichts gegenüber dem lehrerzentrierten Unterricht fest. Leichte Trends in Richtung auf weniger Störungen, weniger Abgelenktheit und ein besseres Miteinander zeichneten sich jedoch im subjektiven Erleben der Beteiligten ab. Verhaltensgestörte SchülerInnen scheinen demnach in der Lage zu sein, aus dem erweiterten Raum-, Material- und Aktivitätsangebot positiven Nutzen zu ziehen (Goetze/ Jäger 1991). „Offener Unterricht scheint aufgrund seiner organisatorischen Gestaltung Interaktions- und Kommunikationsstrukturen hervorzubringen, die es gerade Problemschülerinnen/-schülern ermöglichen, sich in ihrem emotionalen und sozialen Verhalten eigenverantwortlich zu entfalten und zu stabilisieren" resümiert Jürgens (Jürgens 1994, S. 63). In Bezug auf Interessenbildung, die für den Wissenserwerb von großer Bedeutung ist, hat sich herausgestellt, dass im Offenen Unterricht, der Selbsttätigkeit, Selbstständigkeit, selbstverantwortliches und selbstentdeckendes sowie gemeinsames partnerschaftliches Lernen in den Mittelpunkt stellt, Interessen eher geweckt und gefördert werden (ebd., S. 87ff).

Die bisherigen Forschungsergebnisse reichen bei weitem noch nicht aus, um praktisch umsetzbare Aussagen zur Effizienz von offenen Konzeptionen machen zu können. Weitere empirische Untersuchungen sind erforderlich sowie eine kritische Sichtweise von Öffnung in der Praxis.

5.4.2 Reaktion von Kindern auf Öffnung von Unterricht

Ein Beispiel soll die Reaktion auf eine Form Offenen Unterrichts von zwei in ihrem Leistungs- und Sozialverhalten sehr unterschiedlichen Kindern zeigen[19]:

Simon besucht das 3. Schuljahr einer Grundschule. Er kommt aus einer kinderreichen Familie die äußerst beengt in einem Hochhaus wohnt. Zum Spielen steht nur ein kleiner, ungepflegter Spielplatz zur Verfügung. Der Vater macht Schichtarbeit und muss tagsüber häufig schlafen, die Mutter putzt nach Dienstschluss in einer Bank. Die Kinder sind sich in dieser Zeit selbst überlassen. Simon ist ein aufgewecktes, motorisch sehr unruhiges Kind. Es gelingt ihm nicht, seine Aufmerksamkeit über einen längeren Zeitraum einer Sache zu widmen. Seine schulischen Leistungen liegen in Deutsch und Rechnen weit unter dem Durchschnitt. An Sachthemen zeigt er großes Interesse, auch an Sport. Simon hat keinen festen Freund in der Klasse. Er wird nicht offen abgelehnt, ist aber auch nicht beliebt. Er kommt häufig ungewaschen und mit unsauberer Kleidung in die Schule. Die Schule liegt in einem Einzugsbereich, zu dem ein gutsituiertes Villenviertel und einige Hochhäuser für sozial schwache Familien gehören.
Die Klasse versammelt sich nach den Weihnachtsferien im Morgenkreis. Die Kinder werden aufgefordert, von ihren Ferienerlebnissen zu erzählen. Viele Kinder berichten von ihren Geschenken und vom Skiurlaub. Bei Simon gab es am Hl. Abend einen entsetzlichen Familienkrach und im Skiurlaub war er auch nicht. Er kann zu diesem Gespräch nichts beitragen, ist aber ausgefüllt von seinen persönlichen Erfahrungen, die er in keiner Weise loswerden kann. Simon beginnt seinen Nebenmann zu ärgern, dieser beschwert sich. Simon wird zurechtgewiesen. Dies wiederholt sich mehrmals. Nun werden die Kinder mit dem Wochenplan bekannt gemacht. Im Rechnen sind Wiederholungsaufgaben gefordert,

in Deutsch steht ein Aufsatz zu dem schönsten Ferienerlebnis oder der Beschreibung des schönsten Geschenkes auf dem Plan. Da im Sachunterricht als nächstes Thema der Stromkreis ansteht, liegen in der Experimentierecke Materialien bereit, mit denen nach Anleitung gebaut werden kann. Mit der Erfüllung dieses Wochenplans sollen die Kinder sich am ersten Tag zwei Stunden beschäftigen. Danach ist eine Freiarbeitsstunde geplant.

Was heißt das nun für Simon? Die Rechenaufgaben hat er noch nicht ausreichend verstanden, also wird er auch die geforderten Aufgaben ohne Hilfe nicht lösen können. Zu den Aufsatzthemen hat er nichts zu sagen, über seine Familienmisere kann er nicht schreiben. Ohnehin fällt ihm das Schreiben schwer. Das Material in der Experimentierecke reizt ihn sehr, aber die Anleitungen kann er nicht allein lesen und verstehen. Simon beachtet die Rechen- und Deutschaufgabe zunächst nicht und geht in die Experimentierecke. Dort haben sich schon zwei miteinander befreundete Jungen eingefunden, die nicht erfreut sind, dass er sich beteiligen will. Simon fängt an, mit den Drähten etwas zu formen, wird aber von einem der Jungen angefahren, dass er doch zuerst die Anleitung lesen müsse. Simon beginnt sich körperlich zu wehren, es entspinnt sich ein Kampf, der von der Lehrkraft dadurch beendet wird, dass sie alle drei Jungen aus der Ecke verweist. Simon ist klar, dass das auf dem Pausenhof ein Nachspiel für ihn haben wird. Er geht in die Leseecke, holt sich ein Buch und tut so, als würde er lesen. Mehrere Kinder, die ihre Arbeit beendet haben, setzen sich auch in die Leseecke, in der es nun sehr eng wird. Simon steht auf und geht an seinen Platz. Er beginnt in seinem Heft zu kritzeln. In der Pause fallen die beiden Jungen tatsächlich über ihn her, werden aber von der Pausenaufsicht daran gehindert. Simon weicht ihnen daraufhin aus und kickt kleine Steine vor sich her. In der anschließenden Freiarbeit findet er keinen Partner für das Spiel, das er sich ausgesucht hat ...

Der hier beschriebene Unterricht ist nach Prinzipien des Offenen Unterrichts konzipiert. Die Arbeit mit dem Wochenplan kann als die Konzeption bezeichnet werden, die derzeit – zunächst hauptsächlich in der Grundschule – am weitesten verbreitet ist. Der Unterricht beginnt mit einem Morgenkreis, in dem die Kinder sich frei austauschen können und der bewirken soll, dass sie sich, nachdem sie ihre Erlebnisse losgeworden sind, auf die folgenden Lernaufgaben besser konzentrieren können. Die anschließende Wochenplanarbeit bietet den Kindern verschiedene, inhaltlich jedoch festgelegte Lernaufgaben, die sie in einer von ihnen frei gewählten Reihenfolge bearbeiten können. In der Freiarbeit können sie sich anhand der Lern- und Spielmaterialien allein, in Partner- oder Gruppenarbeit beschäftigen. In der beschriebenen Klasse stehen eine Leseecke mit Sitzmöglichkeiten und eine Experimentierecke wie auch Regale mit zahlreichen Materialien zur Verfügung. So weit, so gut. Was aber läuft für Simon falsch?

- Es ist trotz methodischer und inhaltlicher Öffnung ein Unterricht, der sich ausschließlich an den Kindern orientiert, die – aus welchen Gründen auch immer – zu selbstständigem Arbeiten in der Lage sind und sich auf dem geforderten Leistungsniveau befinden.

- Die Kinder haben zwar die Freiheit, die Reihenfolge der Bearbeitung vorgegebener Aufgaben selbst zu bestimmen, die Aufgaben sind jedoch nicht individuell auf einzelne Kinder abgestimmt.
- Die beengten Wohnverhältnisse von Simon wiederholen sich in der Lese- und der Experimentierecke. Sie bieten ihm weder Entfaltungsmöglichkeiten noch kann er sich in ihnen wohl fühlen.
- Simons soziale Position in der Gemeinschaft ist nicht geklärt, deshalb hat er keine Chance, von den anderen angenommen zu werden. Seine Klassenkameraden haben ihrerseits keine Chance, ihm Hilfe anzubieten und ihn einzubeziehen.

Max besucht ebenfalls die Klasse von Simon. Er wohnt in einem der Einfamilienhäuser, die kurz nach dem zweiten Weltkrieg gebaut wurden. Er hat noch eine etwas ältere und eine jüngere Schwester. Im Obergeschoss des Hauses wohnen seine Großeltern. Der Vater von Max ist Facharbeiter in der Elektrobranche, seine Mutter arbeitet stundenweise in einem Büro. In dieser Zeit werden die Kinder von den Großeltern versorgt. Max konnte vor Schulbeginn lesen, bis 1000 zählen und im 20er Raum rechnen. Er besitzt einen eigenen PC und eine eigene Werkecke im Keller. In der Klasse ist er nicht unbeliebt, trifft aber nur selten Verabredungen für den Nachmittag. Am Fußballspiel in der Pause ist er nicht interessiert. Seine schulischen Leistungen sind nicht immer so gut, wie sie ganz offensichtlich sein könnten. Er zeigt wenig Interesse an fehlerfreien Arbeiten, ist aber an den meisten Themen interessiert. Max erzählt gerne, redet auch häufig mit seinem Tischnachbarn, ist aber sonst eher ein ruhiger Schüler, der nie von sich aus Streit anfängt. In der Wochenplanarbeit sucht er sich häufig die leichtesten Aufgaben aus, um sich so schnell wie möglich mit einem spannenden Buch in die Sitzecke verziehen zu können.

Im Morgenkreis hört Max anfangs aufmerksam zu, dann jedoch schweifen seine Gedanken ab, bis er die Chance hat, selbst eine lustige Geschichte aus dem Skiurlaub erzählen zu können. Die Rechenaufgaben beherrscht Max längst, er hat keine Lust, solche Aufgaben nochmals zu rechnen. Experimente mit Elektrizität hat Max mit seinem Vater zusammen bereits mehrfach gemacht, außerdem besitzt er die Kosmos-Experimentierkästen, diese Aufgabe reizt ihn also auch nicht. Bleibt nur der Aufsatz. Doch Max hat zu Weihnachten nicht das gewünschte PC-Spiel bekommen. Darüber war er so enttäuscht, dass er auch keine Lust hat, eine Geschichte über Geschenke zu schreiben. Die Geschichte aus dem Skiurlaub hat er schon erzählt, weshalb sollte er sie also aufschreiben? Lustlos geht er in die Leseecke und stellt fest, dass er alle Bücher längst ausgelesen hat. Er setzt sich auf das Sofa und denkt über das PC-Spiel nach, in dem ihm noch ein Level bis zum Sieg fehlt. Dann blättert er ein Sachbuch ohne großes Interesse durch. Gegen Ende der Wochenplanphase fragt ihn Lukas, ob er Lust hat, mit ihm ein Spiel zu machen. Lukas, ein unauffälliger und durchschnittlicher Schüler hat inzwischen alle geforderten Aufgaben erledigt und Zeit für das Spiel. Max freut sich über die Aufforderung und die beiden Jungen suchen sich ein Kartenspiel. In der Freiarbeit nach der Pause, in der Max sich dem Spiel der Mädchen zugesellt hat, setzt er das Kartenspiel mit Lukas fort.

Was läuft für Max in diesem Beispiel ganz offensichtlich falsch?

- Max befindet sich durchaus in der Lage, alle gestellten Aufgaben selbstständig auszuführen. Dennoch hat er nach drei Stunden Unterricht absoluten „Leerlauf" hinter sich.
- Auch für Max gilt, dass die Aufgaben nicht individuell auf einzelne Kinder abgestimmt sind. Max hätte Aufgaben gebraucht, die ihn auf dem Leistungsniveau fordern, auf dem er sich befindet.
- Die soziale Stellung von Max in der Klasse als quasi Einzelgänger wird durch die vorgegebenen Aufgaben eher verstärkt als aufgehoben.

Die Beispiele sollten zeigen, dass Offener Unterricht weit mehr beinhaltet als nur ein offenes Lernarrangement. In Anlehnung an den im letzten Kapitel ausgeführten Konstruktivismus fördert eine offen gestaltete Lernumgebung kooperatives Lernen und Problemlösen, wenn die Lernumgebung dem Lernenden Freiheitsgrade bietet, die es ihm ermöglichen, eigene Wissenskonstruktionen und Interpretationen vorzunehmen sowie eigene Erfahrungen zu machen. Das war in obigem Beispiel grundsätzlich durchaus der Fall. Ein wesentlicher Gesichtspunkt aus konstruktivistischer Sicht ist dabei jedoch, dass die bestehenden Freiheitsgrade der Lernumgebung für den Lernenden auch *erkennbar sein müssen*. „Eine Lernumgebung, die zwar aus der Sicht ihres Gestalters Freiheitsgrade zur Wissenskonstruktion bietet, die aber aus der Perspektive des Lernenden nicht erkennbar sind, kann nicht als konstruktivistisch bezeichnet werden. Für das Lernen im konstruktivistischen Sinne ist lediglich die subjektiv wahrgenommene Situation und damit auch nur der subjektiv wahrgenommene Handlungsspielraum relevant. Erst wenn der tatsächlich vorhandene und subjektiv wahrgenommene Handlungsspielraum vom Lernenden auch genutzt wird, ist die Lernumgebung in dem Sinne konstruktivistisch, als sie den Prozeß der Konstruktion neuen Wissens ermöglicht und fördert" (Gerstenmaier/ Mandl 1995, S. 879). Für beide Jungen war in obigem Beispiel offensichtlich der Freiheitsgrad zur Wissenskonstruktion – aus unterschiedlichen Gründen – *nicht* erkennbar. Aus diesem Grund konnten beide Jungen in diesem Unterricht keine neuen Erkenntnisse gewinnen, weder kognitiv noch bezüglich ihres sozialen Verhaltens. Bei beiden kann das dazu führen, dass sie – wiederum aus unterschiedlichen Gründen – zu Schulversagern werden. Die geringe Aufmerksamkeit, die Max dem Unterricht zu schenken bereit ist, kann langfristig dazu beitragen, von einem sehr begabten Schüler zu einem Schüler mit bestenfalls durchschnittlichen oder sogar schlechten Leistungen zu werden. Interessant ist in diesem Zusammenhang die Erkenntnis, dass das Aufmerksamkeitsverhalten nicht signifikant mit der Intelligenz korreliert. Durch das Aufmerksamkeitsverhalten kann ein fast so hoher Anteil der Streuung in den Schulleistungen hoch begabter Kinder aufgeklärt werden wie durch die Intelligenz. Das heißt, dass die durchschnittlichen Leistungen einiger hoch begabter Kinder z. T. auf geringere Aufmerksamkeit zurückgeführt werden können (Henze/ Sandfuchs u. a. 1999, S. 71). Eine Analyse des Aufmerksamkeitsverhaltens in Abhängigkeit von unterschiedlichen Unterrichtsmerkmalen dürfte eine wichtige Fragestellung in zukünftigen Forschungen sein, um festzustellen, in welchen Kontexten bestimmte Schülergruppen am stärksten im Blick auf die Aufmerksamkeit profitieren (ebd., S. 72).

Offener Unterricht läuft dann Gefahr zum bloßen Aktionismus oder Leerlauf zu führen, wenn nicht jeder einzelne Lernschritt und nicht jede Aufgabe auf die individuellen Vorkenntnisse und Vorerfahrungen der Kinder zugeschnitten ist bzw. wenn den Kindern nicht selbst die Möglichkeit gegeben wird, auf der Basis ihrer derzeitigen Kenntnisse und Interessen die Lernschritte und Lernaufgaben so zu wählen, dass sie in ihrer Entwicklung voranschreiten. Das ist ein ungeheuer hoher Anspruch an die Lehrenden, der weit über die Wahl attraktiver Materialien und die Gestaltung einer anregenden Lernumgebung hinausgeht. Kinder lernen immer und überall, keinesfalls nur in der Schule. Deshalb muss Schule ihnen dazu verhelfen, ihr bisheriges oft nur diffuses und unstrukturiertes Wissen und ihre Erfahrungen zu strukturieren und zu ordnen, um auf diesem Niveau wieder neue Erfahrungen machen zu können. *Schule kann es sich nicht leisten, so viel Leerlauf entstehen zu lassen, wie in den obigen Beispielen.* Was hat Simon in den zwei Stunden Wochenplanarbeit gelernt? Er hat wieder erfahren, dass er nicht in der Lage ist, die geforderten Aufgaben zu bearbeiten, dass er in der Klasse keinen Freund hat, der mit ihm etwas gemeinsam macht, dass der Raum mit den vielen Kindern beengend und bedrückend für ihn ist, dass er mit seinen Problemen zu Hause allein fertig werden muss. Er hat keines der Lernziele erreicht, die von der Lehrperson bei Erstellung des Wochenplans intendiert waren. Was hat Max gelernt? Max hat zwei Stunden „irgendwie" herum gebracht, sich gelangweilt und sich auf den Nachmittag gefreut, an dem er sich wieder seinem PC-Spiel widmen kann. *Das ist nicht Offener Unterricht!*

Offener Unterricht darf sich *nicht* an dem „Durchschnittskind" orientieren, das Eltern hat, die sich um die Bildung ihres Kindes kümmern, dem bereits seit der frühen Kindheit ein bestimmtes Maß an Allgemeinbildung vermittelt wird, das ausreichend motiviert, lernfreudig und neugierig ist, das auch zu Hause zu Selbstständigkeit und Selbsttätigkeit angehalten wird, dessen Verhalten ausgewogen ist, das eine weitgehend stabile Persönlichkeit besitzt und darüber hinaus *nicht* so begabt ist, dass es den Unterrichtsstoff „zu" schnell erfasst.

Wenn – wie in obigem Beispiel – im Morgenkreis in einer Klasse mit Kindern mit so unterschiedlicher Herkunft Urlaubserlebnisse weitergegeben werden, dann muss auch der Tatsache Rechnung getragen werden, dass nicht alle Kinder erzählbare Erlebnisse haben. Wenn nicht auf die Erzählrunde zu diesem Thema verzichtet werden soll, kann das z. B. dadurch ausgeglichen werden, dass die Lehrerin im Einzelgespräch diesen Kindern die Möglichkeit zum Erzählen gibt. Selbst wenn bestimmte Kinder auch dann nichts erzählen, so können sie doch spüren, dass sie mit ihren Problemen nicht untergehen und dass da ein Mensch ist, dem sie sich vielleicht doch einmal anvertrauen könnten. Wenn nach dem Wochenplan unterrichtet wird, muss dieser so aufgebaut werden, dass er auf die individuellen Stärken und Schwächen der einzelnen Schüler eingeht. Simon hätte in diesem Beispiel die Gelegenheit erhalten müssen, mit der Lehrerin oder einem anderen Schüler, mit dem er sich versteht, die Rechenaufgaben zu wiederholen, bis er allein daran arbeiten kann, d. h., es hätte individuell zugeschnittene Wochenpläne geben müssen. Gerade weil Max selbsttätig arbeiten kann, hätte er z. B. an einem von ihm und noch ein oder zwei Kindern geplanten Projekt zum Thema Elektrizität über einen längeren Zeitraum innerhalb des Wochenplans arbeiten können – z. B. ein Puppenhaus bauen und mit elektrischem Licht ausstatten, einschließlich der Beschreibung des Plans, des Besorgens der Materialien, einer detaillierten Beschreibung des Vorgehens o.ä..

Simons Position in der Klasse müsste thematisiert werden. Das ist jedoch nur möglich, wenn die Lehrkraft dafür durch zusätzliche Kurse in Gesprächsführung oder Supervision Kompetenzen erworben hat. Es müsste ein Weg gefunden werden, Simon stärker in die Gemeinschaft einzubeziehen und es müsste den anderen Kindern die Möglichkeit zur Hilfestellung gegeben werden. In diesem Fall hätte z. B. im Wochenplan vermerkt werden können, welche Kleingruppe, in die Simon bereits integriert ist, sich mit dem Experiment beschäftigt. Den Zeitpunkt hätte die Gruppe dann selbst aushandeln können. Auch Max bräuchte die Möglichkeit, sich in eine Gruppe durch das gemeinsame Arbeiten an einem Inhalt zu integrieren. Es wäre auch möglich gewesen, ihn zu bitten, die Rechenaufgaben mit einem Kind (etwa Simon) zu machen, das etwas noch nicht verstanden hat.

Hieraus ist bereits ersichtlich, dass Offener Unterricht gerade im Hinblick auf Kinder, die nicht zum „Durchschnitt" gehören, hohe Anforderung an die Planung, Vor- und Nachbereitung der Lehrenden stellt, sowie an die Kenntnis, welche spezifischen Probleme sich bei lernschwachen und bei sehr begabten Kindern ergeben.

5.4.3 Zur Planung Offenen Unterrichts – Bedeutung didaktischer Modelle

Offener Unterricht artet dann in bloße Beschäftigung aus, wenn ihm nicht eine gut strukturierte, kindzentrierte didaktische Unterrichtsvorbereitung vorausgeht. Gerade der Offene Unterricht bedarf einer sorgfältigen und systematischen Vorbereitung. Auch wenn die heute noch aktuellen didaktischen Theorien von Klafki, Heimann und Schulz nicht dezidiert für Offene Unterrichtskonzeptionen ausgearbeitet wurden, so sind doch gerade diese Theorien auf Offenen Unterricht übertragbar.

In Anlehnung an die Didaktische Analyse nach Klafki können die Fragen nach Exemplarität, Inhaltsbedeutung, Zukunftsbedeutung, Inhaltsstruktur und Zugänglichkeit (vgl. Klafki 1963, S. 135ff) des geplanten Vorhabens auch bei der Planung offener Formen wie Wochenplan, Freiarbeit, Projekt, handlungsorientiertem Unterricht etc. gestellt werden. Hätte die Lehrperson in obigem Beispiel danach gefragt, „welche Anschauungen, Hinweise, Situationen, Beobachtungen, Erzählungen, Versuche, Modelle usw. (...) geeignet (sind), den Kindern dazu zu verhelfen, möglichst selbstständig die auf das Wesentliche der Sache, des Problems gerichtete Fragestellung zu beantworten" (ebd., S.141), dann wäre deutlich geworden, dass sowohl Simon als auch Max keinen Zugang zu dem Angebot des Experimentierens mit Drähten und Glühbirnen finden werden. Dies allerdings aus völlig unterschiedlichen Gründen. Während Simon Probleme mit dem Lesen und Verstehen von Anleitungen sowie mit der Integrierung in eine kleine Arbeitsgruppe hatte, enthielt das Angebot für Max keine neue Information mehr. Für Simon hätte demnach für diese Lernaufgabe der Aspekt der Zugänglichkeit berücksichtigt werden müssen und für Max der Aspekt der Bedeutung des Inhalts. Die Fragen der Didaktischen Analyse können in Offenen Konzeptionen für jedes einzelne Angebot, das den Kindern gemacht wird, gestellt werden.

Offener Unterricht bedeutet ja nicht, dass auch die Bildungsinhalte absolut frei gewählt werden können. Auch muss sich die Planung von Unterricht an den vorgegebenen Lehrplänen und Richtlinien orientieren. Das bedeutet, dass die Inhalte nur in einem gewissen Rahmen von den SchülerInnen selbst gewählt werden können und auch in Offenen Konzeptionen die Bildungsinhalte von den Lehrenden vorgegeben werden. Die „freie" Wahl kann sich daher „nur" auf Schwerpunktsetzungen, auf Detailprobleme, auf den Zeitumfang der Bearbeitung, auf die Wahl der Materialien und Medien sowie auf den Zeitpunkt der Bearbeitung beziehen, nicht aber auf den Bildungsinhalt als solchen. Innerhalb dieses Rahmens sind daher die Überlegungen der Didaktischen Analyse nach wie vor bedeutsam, wie z. B. die Fragen, „Welchen größeren bzw. allgemeinen Sinn- oder Sachzusammenhang vertritt und erschließt dieser Inhalt?(...) Welches ist die Struktur des Inhalts" u. a.m. (vgl. Klafki 1963, S. 135ff). Auch in Offenen Konzeptionen ist es daher Aufgabe der Lehrpersonen, Inhalte zu *strukturieren*. Kinder können nur dann ihre Kenntnisse und ihre Erfahrungen strukturieren und ordnen, wenn sich die Lehrenden selbst mit der Struktur der angebotenen Inhalte auseinandergesetzt haben. Das hindert diese keineswegs daran, dann den SchülerInnen die eben angesprochenen „Freiheiten" zu geben. Klafki selbst spricht vom „Entwurf-Charakter" der Unterrichtsplanung und betont, dass „jede Unterrichtsstunde eine Fülle unvorhersehbarer Möglichkeiten in sich birgt und dass die Offenheit des Lehrers für solche u. U. aufspringenden neuen Situationen, Impulse, Schwierigkeiten geradezu ein Kriterium seiner pädagogischen Meisterschaft" sind (ebd., S. 127).

Schulz schlägt fünf Aufgaben vor, die bei jeder Unterrichtsplanung zu berücksichtigen sind und die sich mit den Fragen der Didaktischen Analyse nach Klafki (1963) sehr gut verbinden lassen (vgl. Schulz 1996, S. 188ff):

1. Zieleingrenzung und Operationalisierung; z. B. die Frage, ob sich alle Lernenden mit ihren Interessen in dieser Zielsetzung wiederfinden (Simon und Max konnten dies bei keiner der geforderten Aufgaben).
2. Bedingungsprüfung: Entspricht die in Aussicht genommene Aufgabe den Richtlinien, sind die Sachansprüche erfüllbar, welche Kenntnisse, Fertigkeiten und Einstellungen bringen die SchülerInnen mit u. a.m. (Die Aufforderung, vom Urlaub zu erzählen wurde Simon nicht gerecht, die Aufgabe in der Experimentierecke unterforderte Max.)
3. Zielformulierung, Benennung des Inhalts oder Gegenstand, z. B. was sollen/ wollen die SchülerInnen lernen, auf welcher Ebene: u. a. kognitiv, affektiv oder psychomotorisch.
4. Organisation des Lehr-Lern-Prozesses: z. B. soll es ein Projekt werden, oder ein Diskurs, an welchen Stellen muss lehrgangsmäßig vorgegangen werden, wann muss differenziert werden, welche Medien können eingesetzt werden etc. (Für Max und für Simon wäre ein Projekt zur Elektrizität sinnvoll gewesen, da beide die Chance gehabt hätten, ihre Interessen und Kenntnisse einzubringen und in verschiedenen Gruppen zu arbeiten.)
5. Planungsniederschrift.

Es wird ein weiterer Kritikpunkt an der oben beschriebenen Wochenplanarbeit deutlich: Die SchülerInnen wurden in die Planung nicht einbezogen. Max hätte z. B. die Gelegenheit haben müssen, zu sagen, welche Experimente er mit Strom bereits gemacht hat, wo seine Interessen auf diesem Gebiet liegen und was er zur Erweiterung der Thematik für alle beitragen könnte. Auch Simon hätte Gelegenheit erhalten müssen, sein Interesse an dem Material zu artikulieren. Dann wäre auch deutlich geworden, welche Hilfen er dafür braucht und woher er diese bekommen kann. Die gesamte Gruppe aus der Experimentierecke zu entfernen hat nur dazu geführt, das Problem auf die Beziehungsebene zu verlagern und darüber hinaus diese auch noch unbearbeitet zu lassen (s. Situation in der Pause). Dadurch wurde die Chance vertan, Simon durch ein gemeinsames Interesse an einer Sache auf eine höhere kognitive und soziale Ebene zu heben. In diesem Beispiel kann offensichtlich von einem „respektvollen Dialog zwischen Lernenden und Lehrenden" (vgl. Schulz 1996, S. 26) nicht gesprochen werden.

5.4.4. Offen und dennoch strukturiert

Ebenso wie didaktische Modelle nach wie vor Berücksichtigung finden – und demnach unbedingt in der Lehrerausbildung weiterhin ihren Stellenwert haben müssen – ist die Beachtung lerntheoretischer Prämissen im Rückgriff auf die Theorien von Piaget, Dewey sowie Leontjew und Galperin gerade in offenen Konzeptionen von großer Bedeutung wie:

- Lernen ist ein aktiver Prozess, er ist das Ergebnis einer aktiven, direkten Auseinandersetzung mit der Umwelt. Jedes Kind ist ein Experimentierer und Entdecker.
- Lernen findet überall statt: Offener Unterricht kann den Kindern die Zeit zum Verarbeiten und Bearbeiten von Erlebnissen und Erfahrungen lassen, da Lernen nicht ausschließlich auf vorgegebene Inhalte beschränkt bleibt.
- Lernen baut auf bestehenden Kenntnissen und Fertigkeiten im Sinne von Piagets Assimilationstheorie auf.
- Kinder sammeln nicht Wissen, sondern entwickeln eigene Theorien über das, was sie sehen und erfahren. Lernen heißt auch, Theorien zu revidieren und zu verändern.
- Es gibt eine Abfolge aufeinanderfolgender Lernprozesse, keine Entwicklungsstufe kann übersprungen werden. Kinder, die sich in durchschnittlicher oder überdurchschnittlicher Geschwindigkeit entwickeln, erwecken den Eindruck, als würden sie bestimmte Entwicklungsstufen überspringen. Nach Piaget ist dies nicht möglich. Die Kinder verharren jedoch unterschiedlich lange auf einer Stufe, die Unterschiede können beträchtlich sein. Schnell lernende Kinder durchlaufen manche Stufen unmerklich. Da sich ein Kind bezüglich verschiedener Bereiche, z. B. Mathematik und Schriftspracherwerb in verschiedenen Entwicklungsphasen befinden kann, ist es nicht leicht, den tatsächlichen Entwicklungsstand des Kindes auszuloten. Die Erkenntnis, die sich aus dieser theoretischen Annahme ergibt ist vor allem die Bedeutung *systematischen Lernens*. Konsequent Offener Unterricht ermöglicht es jedem Kind, systematisch und so lange auf seiner Stufe zu lernen, bis es im Sinne von Wygotskis „Qualitativem Sprung" (1971) von selbst auf die nächste Stufe übergeht. Auch dazu braucht das Kind jedoch Anleitung. Offener Unterricht bietet die Möglichkeit, dass jedes Kind den „qualitativen Sprung" zu *seiner* Zeit machen kann.

Unterricht unterliegt derzeit der Gefahr konzeptionslos zu sein. Allen verantwortlichen Pädagoginnen und Pädagogen ist es bewusst, dass die alte Pauk- und Buchschule ausgedient hat. Die Auswirkungen der neuen Medien auf das schulische Lernen in der Zukunft, d. h. der außerschulisch zu beschaffenden Informationsflut, sind noch nicht erforscht. Zudem wissen wir noch zu wenig darüber, welche Unterrichtskonzeptionen tatsächlich erfolgreich sind. Die Irritationen und Unsicherheiten können dazu führen, dass „ein bisschen" traditionell unterrichtet wird und „ein bisschen" offen. Die Unsicherheiten werden damit an die SchülerInnen und Eltern weitergegeben. Es erfordert von den Lehrenden heute mehr denn je eine gewissenhafte Durchdringung pädagogischer und didaktischer Theorien, um eine in sich schlüssige Unterrichtskonzeption für sich selbst zu entwickeln und sie auch nach außen plausibel vertreten zu können. Die Lehrenden sind sich im didaktischen Bereich in einem Maße selbst überlassen wie bisher noch nie. Damit ist Unterricht heute ganz bestimmten Gefahren ausgesetzt. Z. B. darf Offener Unterricht nicht mit Beschäftigung der Kinder mit beliebigen Materialien verwechselt und traditioneller, strukturierter Unterricht nicht durch eine Flut nichtssagender und willkürlich ausgewählter Arbeitsblätter und Arbeitsmaterialien ersetzt werden (vgl. Jaumann-Graumann 1997).

Gerade die geforderte Offenheit macht es so schwer, mit dieser Konzeption umzugehen. Ein einheitliches und allgemeingültiges Konzept kann es für Offenen Unterricht nicht geben. Das befreit jedoch nicht vor der Bestimmung unabdingbarer Prinzipien, die hier zusammengefasst werden sollen:

1. *Die Konzeption Offener Unterricht verlangt mehr denn je eine gründliche Vor- und Nachbereitung des Unterrichts.* Die Bildungstheoretische Didaktik nach Klafki und die Lerntheoretische Didaktik nach Heimann und Schulz können dabei nach wie vor sehr gute Dienste leisten. Offener Unterricht erfordert eine Vorbereitung, die die Bildungsinhalte gut strukturiert und gesamtgesellschaftliche, soziokulturelle, institutionelle Bedingungen sowie die Interdependenz von Unterrichtszielen, Ausgangslage, Methoden, Medien und Erfolgskontrollen berücksichtigt. Das steht nicht im Widerspruch zur Öffnung von Unterricht, da nur durch eine gute Vorbereitung Über- bzw. Unterforderung, Leerlauf und blinder Aktionismus vermieden werden kann. Die Lehrenden werden in einem Offenen Unterricht *nicht* davon entbunden, sich selbst mit den Lernangeboten intensiv auseinander zu setzen, diese für sich zu strukturieren und fachliche Experten zu sein. Dennoch sollen sie zugleich mit den Kindern Lernende sein und die Planung eines Vorhabens als Prozess betrachten, in dem während des Geschehens Veränderungen, Erweiterungen, Beschränkungen und neue Erkenntnisse auch für sie selbst möglich sind.

2. Eine *klare Strukturierung des schulischen Geschehens* ist in der Konzeption des Offenen Unterrichts unerlässlich und kein Widerspruch zur Offenheit. Klare Strukturen, ein erkennbarer „roter Faden", ob von den Lehrenden und/oder den SchülerInnen vorgegeben, machen Unterricht erst effizient und für alle SchülerInnen nachvollziehbar. Sie bauen Unsicherheiten ab, unter denen die Kinder oft leiden, und bringen die heute so notwendige Ruhe in das Unterrichtsgeschehen. Systematisches Denken und Vorgehen ist für die Kinder der Zukunft wichtiger denn je und nur das Lernen nach einer bestimmten Systematik ermöglicht es Kindern mit Lernproblemen Lerninhalte in ihrem Kopf zu sortieren, einzuordnen und zu einem Ganzen zusammenzufügen. Es ermöglicht aber auch den überdurchschnittlich Begabten, die Fülle an Wissen und Gedanken zu sortieren und in Zusammenhänge zu stellen.

3. Ebenso wichtig ist die *Anleitung zu systematischem Lernen* – auch das ist kein Widerspruch. Offenheit darf nicht mit Unordnung und Unsystematik verwechselt werden. Für bestimmte Kinder kann ein lehrgangs- und lehrerzentriertes Vorgehen für eine bestimmte Zeit wichtig sein. Gerade der Offene Un-

terricht ermöglicht es, lehrgangszentrierte Lernphasen für genau die Kinder genau so lange durchzuführen, wie dies hilfreich ist.

4. Grundsätzlich gilt auch für Offenen Unterricht, was Weinert und Helmke in der Scholastik-Studie feststellten, dass nämlich *Klarheit der Darstellung, effiziente Klassenführung und ein positives Sozialklima* für den Unterricht grundsätzlich am leistungsförderlichsten sind (Helmke/ Schrader 1998, S. 25). Dies widerspricht dem Offenen Unterricht wie ich ihn definiere nicht.

5. Offener Unterricht darf nicht auf Wahlfreiheit zwischen inhaltlich vorgegebenen Lerninhalten reduziert werden. *Offener Unterricht ist keine „Wühlkiste",* wo mal hier und mal dort an einem Zipfel gezogen wird. Die Frage, wie selbstständig ein Kind einen Lehrgang durcharbeitet, kann nur nach seinen individuellen Fähigkeiten entschieden werden und danach, ob der Zeitpunkt richtig ist. Ein Kind kann sich möglicherweise einem Lerninhalt erst öffnen, wenn ein Lehrender es ein Stück des Weges dorthin geführt und geleitet hat. Bei einem hochintelligenten Kind aus entsprechender Familie mag diese Führung weitgehend schon durch die Eltern erfolgt sein und der Lehrende kann sich im Hintergrund halten. Bei anderen Kindern ist mehr Führung nötig; bei einem Kind mit einer geistigen Behinderung dagegen mag sie viele Jahre gebraucht werden. Offener Unterricht sollte nicht auf der Erscheinungsebene am Ausmaß der Führung durch die Lehrperson gemessen werden, sondern daran, in welchem Maße die Kinder die Möglichkeit haben, sich geistig und sozial zu entfalten.

6. Je höher der Anspruch an selbstgesteuerte Lernprozesse ist, desto mehr Kenntnisse müssen die Lehrenden über die Lernbedingungen und Lernentwicklungsschritte einzelner SchülerInnen haben. Dazu bedarf es differenzierter *förderdiagnostischer Kenntnisse*, die in der Lehrerausbildung oft nur unzureichend erworben werden. Lehrerbildung muss daher gerade auf diesem Sektor ihre Angebote vertiefen.

7. Die Lehrenden müssen ein *breites Angebot an Methoden* haben, u. a. für den Einsatz unterschiedlicher Sozialformen, für vielfältige Formen des Unterrichtsgesprächs, für eine konzentrierte Erarbeitung von Inhalten, für sinnvolle Formen von Hausaufgaben, für den Einsatz neuer Medien zum Selbstlernen. Nur mit unterschiedlichsten Methoden können unterschiedliche Lernvoraussetzungen und Lernstile adäquat berücksichtigt werden. Die Lehrenden sind mehr denn je aufgerufen, sich mit dieser Vielfalt bekannt zu machen. Sie sollten die Chancen nutzen, ihren Unterricht so gestalten zu dürfen, wie er ihnen entspricht. Dabei kann die stetige Weiterentwicklung und Revision der eigenen Konzeption zu einer dynamischen Lehrertätigkeit beitragen und einem vorzeitigen Burn-out vorbeugen[20].

8. *Offener Unterricht muss gelernt werden.* Die Kinder müssen zu notwendigen Arbeitsformen angeleitet werden wie dem selbsttätigen und selbstständigen

Umgang mit Lernmaterialen und Sozialformen, handelndem und selbstentdeckendem Lernen. Sie müssen lernen, anderen Hilfe zu geben, also ihr Wissen und ihre Erfahrung weiterzugeben, aber auch Hilfe von anderen anzunehmen. Sie müssen u. a. auch lernen, Ordnung in den Materialien zu halten, geräuscharm einen Stuhlkreis zu bilden, Gesprächsregeln einzuhalten, auf Ruhezeichen zu achten.

9. *Die Lehrenden können sich weniger denn je bei einem Offenen Unterricht aus der persönlichen Verantwortung stehlen.* Gerade die Kinder, die zu Hause viel allein gelassen werden, brauchen in der Schule ein erwachsenes Vorbild und einen erwachsenen Partner mit dem sie sich auseinander setzen, an dem sie sich reiben und an den sie sich wenden können.

10. Wenn *Schule Erfahrungsraum* sein soll, muss sie so gestaltet sein, dass in ihr Erfahrungen gewonnen werden können und „denkendes Handeln" ermöglicht wird. Deweys Worte von 1916 haben m.E. nach wie vor Gültigkeit: „Die Anhänger des ‚entwickelnden Verfahrens' unter den Lehrern fordern die Schüler manchmal auf, sich die Dinge selbst auszudenken – als ob sie sie aus ihren Köpfen herausspinnen könnten. Der Stoff des Denkens besteht aber nicht aus Gedanken, sondern aus Handlungen, Tatsachen, Ereignissen und den Beziehungen der Dinge zueinander. Mit anderen Worten: wer erfolgreich denken will, muß Erfahrungen gemacht haben oder machen, die ihm die Hilfsmittel liefern, mit denen er der gegebenen Schwierigkeit zu Leibe rücken kann. Eine Schwierigkeit ist als Anreiz zum Denken unentbehrlich – aber nicht jede Schwierigkeit löst das Denken aus. Manche Schwierigkeiten reißen den Menschen fort, überwältigen und entmutigen ihn. Die gegebene Sachlage darf von früheren Situationen nicht so völlig verschieden sein, daß der Schüler keinerlei Mittel hat, um ihr beizukommen. Die Kunst des Unterrichtens besteht zum großen Teil darin, die Schwierigkeiten neuer Probleme ausreichend groß zu machen, so daß sie das Denken anregen, aber wiederum so klein zu halten, daß neben der durch die neuen Elemente naturgemäß hervorgebrachten Verwirrung auch lichte, vertraute Stellen vorhanden sind, von denen helfende Fingerzeige ausgehen" (Dewey 1916, zit. n. Ausg. 1964 S. 209).

5.5. Innere Differenzierung als Unterrichtsprinzip

Spätestens seit der Konstituierung der Grundschule zu einer Einheitsschule stellt sich die Frage nach der Inneren Differenzierung[21]. In der Diskussion um die Einheitsschule in den zwanziger Jahren wurde angeprangert, dass es bislang als Dogma galt, gleiches Alter bedinge auch gleiche Lernfähigkeit und gleiche Übungsbedürftigkeit. Damit wurde die Notwendigkeit von Differenzierungsmaßnahmen generell erkannt. „(...) die Natur hat bei der Verleihung der Gaben, und zwar ohne Rücksicht auf die wirtschaftliche und gesellschaftliche Stellung der Eltern, Mannigfaltigkeit, Verschiedenheit, ja weitgehendste Ungleichheit als Norm gesetzt", schreibt z. B. Sickinger 1920 (S. 33). Obgleich er für eine Einheitsschule und eine möglichst lange Grundschulzeit plädiert, zieht er daraus jedoch nicht den Schluss, der Heterogenität mit Maßnahmen Innerer Differenzierung zu begegnen – wie sie durch ReformpädagogInnen wie vor allem Maria Montessori auch schon zu dieser Zeit bekannt waren –, sondern mit Maßnahmen der äußeren Differenzierung wie z. B. unterschiedlichen Leistungs- und Förderklassen bzw. -gruppen innerhalb der Einheitsschule.

Diese Modelle hatten und haben bis heute Vorrang vor der Inneren Differenzierung, obgleich der Deutsche Bildungsrat 1970 darauf hinweist, dass die Möglichkeiten der Differenzierung nicht nur auf die Form der äußeren organisatorischen Differenzierung von Lerngruppen beschränkt werden darf. „Innere Differenzierung setzt dort ein, wo im Unterricht verschiedenen Schülern unterschiedliche, auf ihre individuelle Leistungsfähigkeit und Motivation abgestimmte Aufgaben gestellt werden. Sie wird dort wirksam, wo die selbstständige Arbeit des einzelnen Schülers nach Lernprogrammen, die unterschiedlicher Lerngeschwindigkeit und Auffassungsfähigkeit gerecht werden, gefördert wird (...). Methoden der Inneren Differenzierung (...) erlauben es, für verschiedene Schüler oder Schülergruppen unterschiedliche Lernziele zu verfolgen und auf verschiedene Leistungspositionen einzugehen, ohne daß – wie bei den Verfahren der äußeren Differenzierung – die Gefahr der Fixierung des Schülers auf einen einmal erreichten Stand seiner Leistungsfähigkeit und seiner Interessen und damit des Verlustes an Förderungs- und Entwicklungsmöglichkeiten gegeben ist" (Deutscher Bildungsrat 1970, S. 71).

1976 verfassten Klafki und Stöcker (S. 504) einen viel beachteten Artikel zur Inneren Differenzierung des Unterrichts. Sie gehen grundsätzlich von zwei Formen aus:
• Differenzierung von Methoden und Medien;
• Differenzierung im Bereich der Lernziele und der Lerninhalte.

Dabei folgen die Autoren dem Grundsatz, dass nicht alle Lernziele und nicht alle Lerninhalte in der gleichen Weise für alle Schüler einer Klasse oder Lerngruppe verbindlich gemacht werden können. Sie ziehen daraus den Schluss, dass der Gesamtkomplex von Zielen und Inhalten für ein Fach oder ein ganzes Curriculum mindestens zweifach aufgegliedert werden muss: In eine für alle verbindliche Basis, ein *Fundamentum* und zusätzliche Ziele bzw. Inhalte andererseits, das *Additum* (ebd., S. 504). Diese rein stoffliche Aufgliederung birgt eine Gefahr in sich: Die Gefahr der Zersplitterung einer Lerngemeinschaft und die Gefahr innerhalb einer Lerngemeinschaft Leistungsniveaugruppen zu bilden, die auch ohne Äußere Differenzierung genau das tun, was mit der Inneren Differenzierung vermieden werden soll: Schülerinnen und Schüler auf ein Leistungsniveau festzulegen. Das Additum als „Spitze" ist nur wenigen vorbehalten. Damit wird unser leistungsorientiertes und hierarchisch aufgebautes Schulsystem korrekt widergespiegelt. Obgleich die Autoren darauf hinweisen, dass es bei Beibehaltung des Prinzips der *Inneren* Differenzierung wichtig ist, diese Gliederung für jede einzelne Sequenz oder jede einzelne Unterrichtseinheit bzw. Lerneinheit vorzunehmen, und obgleich sie sich der Gefahr neuer Verfestigungen bewusst sind, trägt das Modell nicht zu einem Denken bei, in dem jeder mit seinem Beitrag zum Ganzen akzeptiert wird.

Dem soll das Baummodell von Feuser gegenüber gestellt werden, das bereits bei der Darstellung der Projektmethode Verwendung fand (5.3.3), da es eine andere Denkweise zeigt, die dem Lernen in heterogenen Gruppen sehr viel näher kommt. Ein Baum ist ein gut funktionierendes System, bei dem jeder Teil, Wurzeln, Stamm, jeder noch so kleine Ast, jedes Blatt für einen gesunden Baum als Ganzes eine Bedeutung hat. Jeder Ast der abgeschnitten wird, verändert das Gesamtbild, unsachgemäße Verstümmelung kann sogar zum Absterben des Baumes führen. Nach diesem Bild wird das Prinzip des gleichen Zieles für alle zugunsten einer differenzierten Arbeit an einem „gemeinsamen Gegenstand" aufgegeben. Das Bild vom Baum zeigt, dass unterschiedliche Schülerinnen und Schüler auch unterschiedliche Lernziele erreichen, es führt unser festgefahrenes hierarchisches Denken dahin, diese Lernziele als gleich*wertig* anzuerkennen. Der Einwand, dass in unserer Leistungsgesellschaft aber keineswegs die Leistung eines Hochbegabten und die Leistung eines Kindes mit einer geistigen Behinderung als gleichwertig anerkannt werden kann, hat natürlich seine Berechtigung. Dem kann nur entgegengesetzt werden, dass zum einen Schule hier als Ort gesehen werden soll, an dem (noch) die individuelle Leistung zählt und nicht nur die Leistung, die sich in klingende Münze umsetzen lässt, und zum anderen nur ein nicht wertendes Denken dazu führen kann, Kindern das Erreichen unterschiedlichster Lernziele zu ermöglichen. Das gilt für den Hochbegabten ebenso wie für das Kind mit den Lernschwierigkeiten, denn auch Hochbegabte können durch die Fixierung auf eine bestimmte kognitive Leistung zur falschen Zeit in falsche und einengende Bahnen gelenkt werden.

Für Feuser gibt es im integrativen Unterricht keine Alternative zum Prinzip der Inneren Differenzierung (1987, S. 84). Das Lernen in Projekten subsumiert Feuser unter das Prinzip der Inneren Differenzierung und beschreibt es mit eben diesem Bild vom Baum (1995, S. 179). Wenn Innere Differenzierung nach dem Baummodell gekoppelt wird mit dem Lernen im Projekt, wird auch der Gefahr vorgebeugt, die Lerngemeinschaft zu zersplittern und es wird zugleich soziales und demokratisches Lernen verstärkt.

Die Erkenntnis, dass nicht alle Kinder über einen Kamm geschoren werden können, ist keineswegs neu. Als Comenius im 17. Jahrhundert forderte, alle Kinder unabhängig von Geschlecht, Religion und Stand zu beschulen, dachte er zwar an eine Zahl von etwa 100 Schülern und Schülerinnen, die von einem Lehrer unterrichtet werden sollten. In seiner blumigen Sprache drückte Comenius dies jedoch so aus: „Kurz, wie ein Bäcker durch eine Teigbereitung und ein Heizen des Backofens viele Brote bäckt (...), wie der Buchdrucker mit einem Typensatz Hunderte oder Tausende Exemplare von Büchern druckt, so kann gewiß ein Schulmeister (...) ohne große Mühe mit denselben wissenschaftlichen Übungen eine sehr große Schülermenge zugleich und auf einmal fördern. So sehen wir auch, daß ein einziger Stamm genügt, einen noch so stark verzweigten Baum zu tragen und mit Saft zu erfüllen, daß die Sonne vollends für die Belebung der ganzen Erde hinreicht". (Comenius bearb. von Ahrbeck 1961, S. 178). Comenius war sich der „Verschiedenheit der Köpfe", von der Herbart 200 Jahre später spricht, sehr wohl bewusst. Auch er entwirft ein ‚Baummodell'[22]: „Aber wie soll denn das schließlich geschehen? Laßt uns das Verfahren der Natur bei den eben angeführten Beispielen beobachten. Der Stamm läuft nicht bis auf das Laubwerk aus, sondern er beschränkt sich auf seinen Ort und teilt den Saft den Hauptästen mit, die unmittelbar von ihm ausgehen, diese alsdann anderen und die wieder anderen und so fort bis zu den letzten und kleinsten Teilchen des Baumes. So senkt sich die Sonne nicht auf einzelne Bäume, Kräuter und Tiere, sondern sie breitet ihre Strahlen von ihrer Höhe aus und beleuchtet eine ganze Halbkugel auf einmal, wobei die einzelnen Geschöpfe Licht und Wärme für sich ausnutzen. Dabei aber läßt sich zugleich wahrnehmen, daß die Wirksamkeit der Sonne durch die Lage des Ortes unterstützt wird, insofern in den Tälern die gesammelten Strahlen die ganze Umgebung mehr erwärmen" (ebd., S. 178/179). Comenius glaubte, dass ein einziger Lehrer dann für die zahlreiche Schülerschar ausreicht, wenn die Schüler in bestimmte Abteilungen eingeteilt werden und über jede ein Aufseher gesetzt wird. Sein Verdienst liegt – wie schon erwähnt – darin, *alle* Schüler für eine Bildung für wert zu befinden, die Vorstellung von den heutigen kleinen Klassen und innerer Differenzierung nach heutiger Definition konnte im 17. Jahrhundert noch nicht entwickelt werden. Innere Differenzierung sollte als ein durchgängiges Prinzip und nicht als eine Unterrichtsform unter anderen verstanden werden. Das bedeutet, dass das Prinzip der Inneren Differenzierung in jeder Unterrichtsform Anwendung finden kann, auch in Phasen, in denen lehrerzentriert gearbeitet wird. Es liegt in der Verantwortung der Lehrenden *zu jeder Zeit* die individuellen Bedürfnisse der einzelnen Kinder zu berücksichtigen, ohne dabei die Bedürfnisse der ganzen Lerngruppe aus den Augen zu verlieren.

5.6 Wider den Defizitblick[23] – Förderdiagnostik im differenzierenden Unterricht

Die bisherigen Ausführungen haben die Bedeutung diagnostischer Kompetenzen für eine angemessene Einschätzung der SchülerInnen und einen darauf aufbauenden differenzierenden offenen Unterricht deutlich gemacht. An verschiedenen Stellen wurde bereits auf die Fragwürdigkeit von standardisierten Tests zur Feststellung sowohl einer Lernbehinderung als auch einer Hochbegabung hingewiesen. Bereits seit den siebziger Jahren des zwanzigsten Jahrhunderts kann man von einem Paradigmenwechsel in der Diagnostik sprechen, der sich jedoch noch immer nicht generell durchgesetzt hat. Der Streit zwischen „Testbefürwortern" und „Testgegnern" ist bis heute trotz empirischer Untersuchungen zur Fragwürdigkeit von Tests nicht aufgehoben[24] und IQ-Tests sind nach wie vor maßgebend für die Überweisung in eine Sonderschule.

Vordergründig geht der Streit um die „richtige" diagnostische Methode, letztlich aber – angesichts begrenzter finanzieller und personeller Ressourcen – um die Fortführung der Segregation, also um bewährte Formen der Sonderschule bzw. um Integration, den gemeinsamen Unterricht von behinderten und nichtbehinderten Kindern (vgl. Eggert 1998, S. 18). Der Paradigmenwechsel hängt jedoch nicht von dieser Diskussion und damit von zufälligen Strömungen ab, „sondern von systematischen Veränderungen im wissenschaftlichen Denken über die Brauchbarkeit diagnostischer Instrumente in (sonder-) pädagogischen Handlungsfeldern" (ebd., S. 20). Aspekte dieses Wandels sind

- „die Überwindung der Annahme, dass eine Behinderung ein letztlich unveränderbarer Defekt sei, der in umweltunabhängiger Weise die Lebenschancen eines Individuums andauernd begrenzt. (...) Menschen mit einer Behinderung tragen in sich ein Potenzial der Entwicklung, deren Grenzen erst durch die tatsächliche Förderung in spezifischen Umweltbedingungen abgeschätzt werden können" (ebd., S. 20/21).
- die Integration behinderter SchülerInnen mit der Zielsetzung so viele Kinder wie möglich unter dem Normalisierungsgedanken gemeinsam mit anderen Kindern ihres Schulbezirks leben und lernen zu lassen.
- der Wandel von Defektangaben und Typologien zu einer Beschreibung des Leistungsspektrums von Menschen mit Behinderungen (vgl. ebd. S. 22).

Da die traditionelle sonderpädagogische Diagnostik von der Orientierung an Defekten, Störungen und Defiziten ausgeht, müssen in einer neuen Diagnostik Verfahren gesucht werden, die nicht die Defizite, sondern die Lern- und Entwicklungsmöglichkeiten in den Vordergrund stellen. Die Diagnostik wird dadurch gezwungen, auf der Verhaltens- und Handlungsebene neue methodische Konstrukte mit dem Ziel einer stärker individuell orientierten *Kind-Umfeld-Diagnose* zu entwickeln. Diagnose und Therapie wird dann als Einheit gesehen, wodurch erst eine umfassende ganzheitliche Förderung möglich wird. Wie Eggert berichtet, hat man sich mit der Ottawa-Erklärung der Weltgesundheitsorganisation (WHO) zur Gesundheitsförderung 1986 auch diesem Wandel zum individuell orientierten ganzheitlichen und systemischen Denken geöffnet (ebd., S. 22). Dieses Konzept wird heute „Förderdiagnostik" genannt.

Die Essentials der neuen Diagnostik lassen sich wie folgt bestimmen:

- „Förderdiagnostik arbeitet mit einem Lernbegriff, der nicht die Defizite der Schüler, sondern ihre Entwicklungsmöglichkeiten in den Vordergrund stellt.
- Förderdiagnostik soll weniger Zuweisungsentscheidungen als vielmehr praktische Hinweise zur Gestaltung der pädagogischen Arbeit liefern" (Mand 1998, S. 43).

Das macht allerdings die Arbeit der Lehrenden nicht leichter, denn Tests dürfen nur von dafür ausgebildeten Personen durchgeführt werden (PsychologInnen, SonderpädagogInnen), während die Förderdiagnostik von allen Lehrenden gefordert werden kann. Obgleich es schon immer zu den Aufgaben aller PädagogInnen gehört, zu bewerten und zu diagnostizieren, werden die LehrerInnen auf diese verantwortungsvolle Aufgabe im Primarbereich zu wenig und im Bereich der Sekundarstufe meist überhaupt nicht vorbereitet. Nur in der sonderpädagogischen Ausbildung ist der Bereich der Diagnose verbindlich.

Suhrweier und Hetzner halten folgende *Voraussetzungen* für eine pädagogische Förderdiagnostik für notwendig (1993, S. 13, 14):

- die fachliche Kompetenz (u. a. Kenntnisse über Entwicklungsschritte bei der Aneignung des Wissens);
- die didaktische Kompetenz (u. a. Beherrschung vielseitiger Methoden bei der Vermittlung von Kenntnissen);
- psychologische Kenntnisse (u. a. über die Wege der Vermittlung und über Entwicklungsgesetzmäßigkeiten der SchülerInnen);
- die Handhabung pädagogisch-psychologischer Diagnostik (Methoden der Erfassung und Bewertung erhobener diagnostischer Informationen);
- Kenntnisse über mögliche Verursachungsgründe von Behinderungen des Lernens und ihre Erklärung.

Diese Bereiche sollten verbindlich in das Curriculum der Lehrerausbildung aufgenommen, aber auch in Fort- und Weiterbildungen angeboten werden. Eine bessere Ausbildung entbindet die Lehrenden aller Schulformen allerdings nicht, sich kontinuierlich mit der Förderdiagnostik auseinander zu setzen und sich mit den diagnostischen Möglichkeiten vertraut zu machen[25].

Wie schon in der Überschrift angedeutet, muss es bei einer Förderdiagnostik darum gehen, nicht in erster Linie die Defizite festzustellen, sondern das festzuhalten, was das Kind oder der Jugendliche kann. Es sollte von den Stärken ausgegangen werden und es sollten diese zuerst beschrieben und beurteilt werden.

Lernprozessanalyse heißt deshalb (vgl. Bundschuh 1998, S. 107) u. a.:

- von den Möglichkeiten, Fähigkeiten und Stärken ausgehen;
- Analyse des Lernprozesses, wobei so genannte Fehler nicht als Defizit, sondern als implizites Moment eines Lösungsprozesses gesehen werden;
- den individuellen kognitiven Stil bzw. den persönlichen Lern- und Handlungs-

stil im Umgang mit Handlungs- und Lernangeboten erfassen;
- verstehende Analyse des Lernweges;
- in erster Linie die Beobachtung der *qualitativen* und nicht der quantitativen Dimensionen des Lernens;
- Hilfe und Strategien zur Selbsthilfe und damit zur Persönlichkeitsentfaltung vermitteln.

Es gibt eine Reihe von *Verfahrensweisen der Förderdiagnostik* (vgl. Suhrweier/ Hetzner 1993, S. 102ff) wie:
- Beobachtung
- Gespräch und Befragung,
- Fehleranalyse,
- Festhalten und Begutachten der Arbeitsprodukte (auch Zeichnungen, freies Schreiben, Gestalten eines Blattes etc. sollte hier einbezogen werden, nicht nur Mathematik und Rechschreiben),
- Test (nichtstandardisiert, z. B. ein Diktat).

Obgleich davon ausgegangen werden kann, dass jeder Lehrende seine SchülerInnen immer „im Blick" hat, so ist doch kaum etwas im Schulalltag so schwierig wie die richtige Beobachtung. Hier können wir von Maria Montessori lernen. Sie hat uns gezeigt, was man über das Kind erfahren kann, wenn man es nur beobachtet (vgl. Kap. 5.3.1). LehrerInnen entwickeln sich in ihrer Ausbildung viel zu sehr zu ‚Akteuren', die Fähigkeit des Beobachtens, zunächst ohne einzugreifen, wird meist nicht trainiert. LehrerInnen werden – vor allem in der zweiten Phase der Ausbildung – immer noch hauptsächlich danach beurteilt, wie „aktiv" sie sind. Doch eine inaktiv scheinende Beobachtung kann sehr viel sinnvoller sein als ‚Aktionismus'. Die Beobachtungsfähigkeit ist erlernbar und die offenen Unterrichtsformen geben auch die Zeit und Ruhe zum Beobachten. Wenn LehrerInnen gut beobachten können, dann werden sie keine Pauschalurteile mehr abgeben wie: „Der Andi ist unkonzentriert und faul", denn sie werden feststellen, dass Andi sich nur in ganz bestimmten Situationen nicht konzentrieren kann und dass er in bestimmten Bereichen sogar besonders fleißig ist. Gerade bei nicht als solche erkannten Hochbegabten ist es oft schwer, Fähigkeiten in anderen Bereichen im normalen Schulalltag zu beobachten. Die Beobachtung des Schülers auf Schulausflügen, Schullandheimaufenthalten oder vielleicht nur in den Pausen können oft sehr aufschlussreich sein. Nicht nur in diesem Zusammenhang ist auch das Gespräch mit den Eltern, dem Kindergarten, der Vorschule bzw. der Grundschule wichtig, um ein Bild von der gesamten Persönlichkeit des Schülers zu gewinnen.

Auch in der Gesprächsführung mit Eltern oder anderen Institutionen werden LehrerInnen in ihrer Ausbildung nicht ausreichend geschult. Viele holen sich diese Kompetenzen in Kursen, die sie in ihrer Freizeit absolvieren und auch selbst bezahlen.

Ebenso werden sie in den Fachdidaktiken oft zu wenig mit der Fehleranalyse vertraut gemacht. Gerade im Fach Mathematik, in dem geglaubt wird, es ginge nur darum, zwischen falsch oder richtig zu unterscheiden, „führen viele Wege nach Rom". Erst wenn dem Lehrer und dem Kind deutlich wird, welchen Weg es gegangen ist, ob dieser Weg auch möglich ist, ob er zu umständlich ist, oder ob er an einer Stelle in die Irre führt, kann das Kind tatsächlich etwas lernen. Ebenso ist es bei Diktaten wichtig, herauszukristallisieren, welche Art von Fehlern gehäuft auftreten. Erst dann ist gezieltes Üben und Fördern möglich[26].

Wichtig ist nach der Diagnose die Erstellung eines *individuellen Förderplans*. „Ein Förderplan fasst alle wichtigen Informationen über ein Kind mit Förderbedarf zusammen und formuliert auf dieser Basis Zielsetzungen und Wege, diese zu erreichen. Er versucht damit, eine Antwort auf Fragestellungen oder Schwierigkeiten im Lernprozeß zu geben" (Suhrweier/Hetzner 1993, 165). Auch wenn aus organisatorischen oder personellen Gründen keine Möglichkeiten gegeben sind, den Förderplan tatsächlich zu erfüllen, so kann er doch den Anstoß geben, diese Möglichkeiten zu schaffen. Ebenso wichtig ist dann die Dokumentation der Lernentwicklung. Durch die Dokumentation kann sich die LehrerIn von der unerfüllbaren Aufgabe entlasten, immer alle SchülerInnen gleichzeitig beobachten zu sollen. „Ohne Dokumentationstechniken festzustellen, dass ein Schüler mit Konzentrationsproblemen bei Einsatz einer neuen Methode zu einer nur um wenige Minuten verlängerten Phase konzentrierter Arbeit gelangt, oder zu bemerken, dass die Unterrichtsstörung einer Schülerin bei Wochenplanarbeit an Intensität und Häufigkeit geringfügig abnehmen, ist kaum möglich" (Mand 1998, S. 46). Es wird das pädagogische Tagebuch oder Karteikartensystem sowie die Einschränkung der Dokumentationsarbeit auf ein oder zwei Problemschüler bzw. auf die Auswahl einiger typischer Stunden empfohlen.

Begemann wählt den Begriff *„Lernbegleitung"* und ergänzt ihn um *„Lebensbegleitung"*, mit der er die Forderung nach einem schülerorientierten Unterricht verbindet, in dem jeder individuell spezifisch und doch gemeinsam für ihn lebensbedeutsames lernen kann (Begemann 1997, S. 9). Gerade in der heutigen Zeit, in der durch standardisierte Leistungsmessungen, durch Einführung eines Zentralabiturs in allen Bundesländern, durch Vergleichsarbeiten zwischen Klassen und Schulen geglaubt wird, durch häufiges Messen mit standardisierten Messlatten Leistungen zu verbessern, ist es in der Tat besonders wichtig, von einer „Lebens- und Lernbegleitung" zu sprechen und nicht mehr von Diagnostik.

5.7 Differenzierende und individualisierende Leistungsbeurteilung

Differenzierter Unterricht erfordert eine differenzierende und individualisierende Leistungsbeurteilung, darüber sind sich heute die PädagogInnen einig. Trotz aller

Reformbestrebungen am Anfang des zwanzigsten Jahrhunderts und wieder verstärkt in den letzten Jahrzehnten, wird der Ziffernbenotung – die es in der heute gebräuchlichen Form (Ziffern 1-6) erst seit Ende des 19. Jahrhunderts gibt – in unseren Schulen nach wie vor der Vorrang gegeben. Ingenkamp schrieb schon 1970 im Auftrag des Deutschen Bildungsrats: „Die Zensur ist trotz aller Versuche, sie ganz abzuschaffen oder durch gutachtliche Beschreibungen zu ersetzen, das wichtigste Instrument des Lehrerurteils geblieben. Dafür waren nicht nur die rationellere Handhabung und die (naiv vorausgesetzte) Verrechnungsmöglichkeiten maßgebend. Die Ziffer, auch bei verbaler Umschreibung immer mitgedacht, besitzt die Eindrucksqualität der Sachlichkeit und Objektivität. Tatsächlich sind aber die subjektiven Einflüsse in der Zensurengebung erheblich, wenn sie auch selten in das Bewußtsein unserer Lehrerschaft gedrungen sind. Am ehesten sind noch die Benotungsdifferenzen bei Aufsätzen bekannt. Seit Jahrzehnten wird immer wieder demonstriert, daß verschiedene Lehrer, wenn sie den gleichen Aufsatz unabhängig voneinander zensieren, in ihrem Urteil in einem Maße voneinander differieren, das oft die gesamte verfügbare Notenskala ausschöpft" (ebd., S. 409). An späterer Stelle heißt es: „Dieser Maßstab basiert praktisch auf der rangmäßigen Einstufung der Leistungen in einer Klasse, gibt keine Vergleichsnormen, ist eine Ordinalskala, bei der der Abstand von Zensur zu Zensur nicht gleich ist und die daher mathematische Verrechnungen nicht erlaubt" (ebd., S. 412). Er schließt sein Gutachten mit einem Hinweis: „Ohne Institutionalisierung der Forschung, der Konstruktion von Untersuchungsverfahren und der systematischen Bewährungskontrolle kann der außerordentliche Rückstand des deutschen Schulwesens in diesem Bereich nicht ausgeglichen werden, und alle Bemühungen um eine Schulreform müssen fragmentarisch bleiben" (ebd., S. 427/428).

Die Studentenunruhen Ende der 60er Jahre führten u. a. zu einer Überprüfung autoritärer Strukturen im Schulsystem, einer Kritik an der Leistungsgesellschaft und dem Aufruf, sich dem Leistungsdruck dieser Gesellschaft zu entziehen. Die GEW erarbeitete 1969 Reformvorschläge, die auf der Erkenntnis basierten, dass eine konsequente Erneuerung des Beurteilungssystems nicht möglich sein wird, solange die vertikale Gliederung des Schulwesens besteht. Sie forderten die Ablösung dieser Gliederung durch eine Gesamtschule, in der die Mängel des geltenden Beurteilungssystems behoben werden sollten. Eine Reform des Schulwesens könne nur gelingen, wenn das Beurteilungssystem die Gleichheit von Bildungschancen ermögliche. U. a. wurden Diagnosebögen zum Stand des Lernprozesses entwickelt (vgl. Ziegenspeck 1999, S. 310ff). Die GEW machte für die Grundschule drei Vorschläge (vgl. ebd., S. 320):

1. Veränderter Unterricht: Binnendifferenzierung mit verbalen Beurteilungen oder Lernentwicklungsberichten, die den persönlichen Lern- und Entwicklungsprozess des Kindes aufzeigen und auf Ermutigung und Förderung ausgerichtet sind, statt auf Auslese.

2. Veränderte Einstellung zur Leistung: Es geht darum, die individuelle Leistung eines Kindes im Rahmen seiner Lerngruppe zu sehen. Lernen enthält auch eine soziale, partnerschaftliche, unterstützende Dimension und nicht eine konkurrenz- und auslesedefinierte.

3. Veränderte Beobachtungs- und Beurteilungspraxis: Lernentwicklungsberichte richten sich nach den Grundsätzen des Förderns und nicht des Auslesens.

Die bildungspolitische Folge war die Abschaffung der Ziffernbenotung im ersten und zweiten Schuljahr in allen Bundesländern. In einigen Bundesländern gibt es Modelle, auch im dritten Schuljahr mit Einverständnis der Eltern das Ziffernzeugnis durch Berichtszeugnisse[27] zu ersetzen. Modellschulen wie z. B. die Laborschule in Bielefeld erteilt bis zur 9. Klassenstufe keine Ziffernzensuren. Trotz der vielen positiven Resonanzen und überzeugenden Erfahrungsberichte (vgl. u. a. Bambach 1994) wird in nahezu allen Bundesländern an der Ziffernbenotung ab Klasse 3 festgehalten. Gut laufende Modellversuche zur Vergabe von Berichtszeugnissen auch im 3. und 4. Schuljahr wurden z. B. in Nordrhein-Westfalen quasi „über Nacht" und ohne Begründung im Herbst 1997 abgebrochen (zugunsten der generellen Einführung von Berichtszeugnissen im 3. Schuljahr). In den weiterführenden Schulen sind Ziffernzensuren nach wie vor obligatorisch.

Interessant ist auch ein Vergleich mit anderen Ländern. Ziegenspeck stellt fest, dass das in der Bundesrepublik Deutschland gültige Benotungssystem im Vergleich mit anderen Ländern ungünstig abschneidet. „Nicht nur, daß die Ziffernbezeichnungen dem, was sie bezeichnen sollen, kaum noch gerecht werden können, auch das Fehlen von Zwischennoten engt den Rahmen des Zensierungsspielraumes wesentlich ein, ganz davon zu schweigen, daß unsere freiheitliche Grundstimmung in der Gesellschaft wohl nicht mehr derjenigen entspricht, die in diesem Skalenbild widergespiegelt wird. Auch hieraus ergibt sich die Notwendigkeit, unser schulisches Beurteilungssystem neu zu durchdenken und neu zu formulieren" (Ziegenspeck 1999, S. 90). Es gibt derzeit jedoch wesentlich mehr empirische Forschungen zur Fragwürdigkeit der Zensuren als zu den Alternativen wie Lernberichte, Verbalzeugnisse, Berichtszeugnisse (vgl. Jürgens 1997, S. 113ff). Eine entsprechende Reaktion der Bildungspolitik auf die massive Kritik am Ziffernzeugnis ist trotz entsprechender Untersuchungsergebnisse nicht zu erkennen.

Zensuren und Zeugnisse erfüllen bestimmte Funktionen wie die Orientierungs- und Berichtsfunktion, die pädagogische Funktion und die Auslese-, Rangierungs- und Berechtigungsfunktion (ebd., S. 98). Diese Funktionen stehen im Dienst von Staat und Gesellschaft. Es stellt sich die Frage, weshalb die demokratische Schule in der Bundesrepublik nach wie vor auf das primitive Instrument der Zensurengebung angewiesen ist und weshalb die Aufgabe, den individuellen Lernerfolg zu dokumentieren, nicht zum Tragen kommen kann. Ziegenspeck ist der Meinung, dass die Ursache dafür in einer traditionsgebundenen, naiv vertrauenden oder auch resignierenden Einstellung gegenüber dem Vorgang des pädagogischen Messens als praktischem Tun mit starker rechtlicher, schulbürokratisch gestützter Bedeutung liegt (vgl. Ziegenspeck 1999, S. 267).

V. Hentig bringt die Kritik an der Leistungsbeurteilung in unseren Schulen auf den Punkt: „Die Benotung ist ein Signum der Leistungsgesellschaft. Wäre sie ein glaubwürdiges Mittel zur Feststellung der Leistungsfähigkeit, man würde sich mit ihr abfinden, auch wo sie zur Disziplinierung mißbraucht wird (was unverhohlen geschieht). Aber das ist eben nicht alles. Die Benotung lügt und verbiegt und verdirbt, was sie zu erreichen behauptet – Leistung und Gerechtigkeit" (v. Hentig 1993, S. 203).

Die Zeichen der Zeit lassen eine Veränderung der Benotungspraxis weniger denn je wahrscheinlich erscheinen. „In der gegenwärtigen Situation ist allerdings zu befürchten", schreibt Klafki, „daß eine entgegengesetzte Tendenz zum Zuge kommt: daß nämlich unter dem Druck einer aufgeschreckten Öffentlichkeit und besorgter Eltern das zur Ideologie übersteigerte Konkurrenzprinzip in den Schulen den pädagogischen Gedanken der Leistungsanforderungen und der Leistungsbeurteilung als *Lernhilfen* wieder verdrängt. (...) Einige Kultusministerien planen offenbar schon große Vergleichsstudien auf Landesebene, die mit Sicherheit in den Schulen Konkurrenzängste und verstärkten Leistungsdruck auslösen würden. Darunter sind Ministerien, die sich gerade erst, verdienstvollerweise, auf den Weg gemacht hatten, durch *Dezentralisierung* von Entscheidungs- und Gestaltungskompetenzen Möglichkeiten zu eröffnen und Impulse zu geben für die *Steigerung der inneren, pädagogischen Qualität der Einzelschule*" (Klafki 1999, S. 64).

Gerade in dieser Zeit ist es wichtig, sich auf die Denkschrift: „Zukunft der Bildung – Schule der Zukunft" der Bildungskommission des Landes Nordrhein-Westfalen zu besinnen, in der es heißt:

„Schule als ‚Haus des Lernens'

- ist ein Ort, an dem alle willkommen sind, die Lehrenden wie die Lernenden in ihrer Individualität angenommen werden, die persönliche Eigenart in der Schule ihren Platz findet,
- ist ein Ort, an dem Zeit gegeben wird zum Wachsen, gegenseitige Rücksichtnahme und Respekt vor einander gepflegt werden,
- ist ein Ort, dessen Räume einladen zum Verweilen, dessen Angebote und Herausforderungen zum Lernen, zur selbsttätigen Auseinandersetzung locken,
- ist ein Ort, an dem Umwege und Fehler erlaubt sind und Bewertungen als Feedback hilfreiche Orientierung geben,
- ist ein Ort, wo intensiv gearbeitet wird und die Freude am eigenen Lernen wachsen kann,
- ist ein Ort, an dem Lernen ansteckend wirkt.

Im ‚Haus des Lernens' sind alle Lernende, in ihm wächst das Vertrauen, dass alle lernen können. Diese Schule ist ein Stück Leben, das es zu gestalten gilt" (Bildungskommission 1995, S. 86).

Heterogene Klassen sind ein solcher Ort und eine Ziffernbenotung wie sie derzeit Praxis ist, kann der hier beschriebenen Didaktik und den Unterrichtskonzeptionen nicht gerecht werden. Obgleich Alternativen seit der Reformpädagogik bekannt sind[28] und es inzwischen durch weitere Modelle viele Erfahrungen gibt, haben auch die LehrerInnen große Vorbehalte gegen das Schreiben von Berichtszeugnissen. Offensichtlich fühlen sich viele überfordert. Das zeigen Lehrerbefragungen, in denen sich die Mehrzahl gegen Berichtszeugnisse und für Ziffernzensuren aussprechen (vgl. Ziegenspeck 1999, S. 281 f). Die Überforderung resultiert nicht nur aus der Sorge, mehr Zeit aufwenden zu müssen, sondern auch aus einer mangelnden Kompetenz, die Entwicklung von SchülerInnen adäquat zu beschreiben. Vielleicht spielt auch die Erkenntnis über das Ausmaß an Verantwortung dem Kind und den Eltern gegenüber eine Rolle, das durch eine differenzierte und detaillierte Beschreibung der Lernentwicklung sehr viel deutlicher wird. Ziffernzeugnisse verleiten dazu, sich dieser Verantwortung nicht im vollen Umfang bewusst zu werden, da es sich ja „nur" um eine „neutrale" Ziffer handelt.

Eine Lehrerin gab z. B. im dritten Grundschuljahr Lena in Sport eine Drei. Das Kind kam weinend nach Hause und war zutiefst über die Note enttäuscht. Seit der Kindergartenzeit war Lena im Turnverein. Sie hatte viel Spaß am Turnen und konnte sich diese Note nicht erklären. Auf die Nachfrage der Eltern erklärte die Lehrerin: „Lena weigerte sich, für die Note vorzuturnen, da konnte ich ihr keine bessere Note geben". Auf den Einwand der Eltern, dass sie bei Verweigerung einer Leistung ja eigentlich die Note 6 hätte geben müssen, reagierte die Lehrerin mit Unverständnis. Die Mutter fragte daraufhin Lena, weshalb sie nicht vorturnen wollte. Sie sagte, dass sie einen Handstand machen sollte und an diesem Tag starke Kopfschmerzen gehabt hätte und Angst hatte, seitlich weg zu knicken.

Was ist da geschehen? Die Note im Turnen wurde offensichtlich einige Zeit vor dem Zeugnistermin an einem bestimmten Tag erteilt, an dem jedes Kind zeigen musste, ob und wie es einen Handstand macht. Das Kind wurde nicht gefragt, weshalb es sich weigert, es wurde auch nicht versucht, sie zu einer sportlichen Leistung zu motivieren. Die Note Drei wurde vermutlich gegeben, weil überhaupt nicht klar war, welche Leistung eigentlich beurteilt werden sollte und eine Drei als „ungefährlich" eingestuft wurde – nicht zu gut und nicht zu schlecht. Eine Sportnote wird ohnehin nicht als so wichtig erachtet. Ein Kind sieht das jedoch ganz anders, es möchte gerecht beurteilt werden. Es mag sein, dass gute SportlehrerInnen in keinem Fall so vorgegangen wären wie in diesem Beispiel. In einem Berichtszeugnis hätte sich die Lehrerin jedoch mehr Gedanken über Lenas sportliche Leistungen des gesamten Schuljahres machen müssen. Das Verbalzeugnis –

sofern nicht Ziffern einfach nur durch Worte ausgedrückt werden – hätte eine genauere Beobachtung erfordert und vielleicht auch dazu geführt, dass die Angst des Kindes vor einem Handstand erkannt und didaktisch hätte behoben werden können.

Lernentwicklungsberichte sind unabdingbare Voraussetzung für die Arbeit in heterogenen Klassen. Lernentwicklungsberichte werden nicht wie Zeugnisse erst am Ende eines Halbjahres oder eine Schuljahres geschrieben, sondern sie „entwickeln sich" im Laufe eines Schuljahres. Verbale Beurteilungen müssen das Ergebnis kontinuierlicher Beobachtung sein.

Jürgens fasst drei Hauptforderungen aus den bisherigen Evaluationsergebnissen von Verbalzeugnissen zusammen (vgl. Jürgens 1997, S. 113f):

1. Es besteht in Wortzeugnissen, die in nicht ausreichendem Maße schulische und außerschulische Bedingungskonstellationen berücksichtigen und den Zusammenhang zwischen Lehrerfolg und Lernerfolg nicht genügend beachten, die Gefahr einer übereilten Ursachenzuschreibung. Statt Generalisierungen von Einzelbeobachtungen sollten Beschreibungen der Beobachtungen zu den individuellen Lernprozessen vorgenommen werden.

2. Wortzeugnisse bringen nicht automatisch eine bessere Beurteilungspraxis mit sich. Eine formelhafte und stereotype Sprache sowie undifferenzierte Gelegenheitsbeobachtungen sind kontraproduktiv. Diagnostik und Unterrichtspraxis müssen aufeinander abgestimmt sein. Der Unterricht muss didaktisch vielseitig gestaltet und differenziert geplant und durchgeführt werden, um genügend unterscheidbare Situationen als Beobachtungsgrundlage zu haben.

3. Wortzeugnisse müssen so abgefasst sein, dass sie von den AdressatInnen verstanden werden können.

Schöler weist auf die Gefahr hin, die ein Verbalzeugnis gegenüber einem Ziffernzeugnis haben kann und die leicht übersehen wird: Ein Satz, der ein Kind beurteilt und der etwas Negatives aussagt, kann viel verletzender sein und im Kind länger nachwirken, als eine nüchterne Note (vgl. Schöler 1993, S. 288ff). Dennoch soll ein Berichtszeugnis nicht beschönigen, sondern die Stärken eines Kindes zeigen, aber auch die Schwächen, verbunden mit Förderungsvorschlägen. Petersen schreibt in einem Brief an Frieda Buchholz schon 1936: „Man hüte sich vor dem Gebrauch von komplexen Begriffen, die wenig sagen wie: Ablenkbarkeit, Ermüdbarkeit, Langeweile, Interesse oder Nichtinteresse; denn damit decken wir Lehrer in der Regel gerade die Stellen zu die wir durchforschen sollen. Wer kann mit völliger Sicherheit immer (oder überhaupt) eine von diesen Bezeichnungen zur Erklärung eines Tatbestandes, eines Verhaltens verwenden? Immer ersteht gerade dort, wo man solchen Begriff gebrauchen möchte, gerade die Pflicht, zu untersuchen, was lag denn da wirklich vor. Wir sollen versuchen, uns hineinzudenken in das, was wirklich vorlag, als uns das äußere Erscheinungsbild verleiten wollte zu sagen: ablenkbar,

ermüdet, interessiert oder so etwas" (zit. nach Petersen U.-K. 1991, S. 107).
Wenn Lernentwicklungsberichte wirkliche Alternativen zu einem Ziffernzeugnis sein sollen, dann erfordern sie einen Leistungsbegriff, der nicht auf Vergleich, sondern auf Förderung ausgerichtet ist, sowie eine genaue Beobachtung der SchülerInnen in unterschiedlichen Lern-, Spielsituationen sowie Situationen sozialen Handelns über einen langen Zeitraum.

Auf Beurteilungen und einen Leistungsvergleich ganz zu verzichten ist in unserer Gesellschaft gegenwärtig nicht möglich, da die Wahrnehmung gesellschaftlich bedeutsamer Aufgaben generalisierbare Maßstäbe erforderlich macht. Klafki fordert: „Der Leistungsvergleich sollte daher auf das notwendige Minimum beschränkt werden und dem Prinzip der Leistungs*anforderung* und Leistungs*beurteilung* als *individueller, der jeweiligen Lernsituation angemessener Lernhilfe* untergeordnet werden" (1999, S. 64).

5.8 Resümee

Es stellt sich am Ende dieses Kapitels die Frage, weshalb gerade diese Theorien und Konzeptionen ausgewählt wurden und was sie verbindet, um aus ihnen eine Didaktik für das Unterrichten in heterogenen Lerngruppen entwickeln zu können. Die hier ausgewählten Theorien zum Lehren und Lernen – deren Zusammenfassung zum weiteren Studium anregen sollte – vermitteln das Wissen, das unabdingbar notwendig ist, um grundsätzlich unterrichten, aber vor allem auch, um *heterogenen* Lerngruppen gerecht werden zu können. Gerade wegen der Bandbreite der kognitiven Möglichkeiten der SchülerInnen, ist die Kenntnis von der stufenweisen bzw. der etwappenweisen Entwicklung geistiger Prozesse, aber auch die Kenntnis von der Zone der nächsten Entwicklung, unumgänglich. Spannend sind diese Theorien vor allem auch deshalb, weil sie unmittelbare Umsetzungsmöglichkeiten in praktisches didaktisches Tun bieten. Dies habe ich durch die eingestreuten Beispiele deutlich zu machen versucht. Die Theorie des Denkenden Handelns zeigt darüber hinaus die Verantwortung der Lehrenden, Inhalte so zu gestalten, dass bloßes Tätigsein vermieden, Denkprozesse angeregt und nicht nur die kognitive, sondern vor allem auch *soziale* Entwicklungen der SchülerInnen ermöglicht werden. Die konstruktivistische Denkweise vereinigt viele dieser Theorien und macht etwas deutlich, was letztlich schon lange bekannt ist: Wissen kann nicht in die Köpfe der SchülerInnen eingetrichtert werden, unabhängig davon, ob das Kind hoch begabt oder lernbehindert ist. Auch ein hoch begabtes Kind wird nur das lernen, wozu der Boden bereitet ist. Die Aufgabe von Unterricht ist es daher, zum einen zu erkennen, ob das Kind in der Lage und bereit ist, das zu lernen, was ihm angeboten wird. Zum anderen muss Unterricht so didaktisch gestaltet und strukturiert werden, dass sich den SchülerInnen der Inhalt auf dem kognitiven Niveau erschließt, auf dem sie sich derzeit befinden und dass er ihnen Handlungsmöglichkeiten auf der sozialen Ebene bietet.

Um Unterricht so planen und vorbereiten zu können, helfen die hier vorgestellten didaktischen Theorien. Jede Planung eines Unterrichts muss in einem allgemeinen integrativen Unterricht *prozessorientiert* sein, d. h. auf den Prozess ausgerichtet, den die SchülerInnen durchlaufen werden. Offenheit, die für das integrierte Lehren und Lernen unabdingbar ist, soll hier verstanden werden als Offenheit gegenüber den Zielen, den Inhalten, der Methode und den Medien unter der Berücksichtigung der anthropogenen und soziokulturellen Voraussetzungen der SchülerInnen und ihres individuellen Lernprozesses. Unterricht ist an keiner Stelle ein punktuelles Geschehen. Eine Unterrichtsstunde, eine Unterrichtseinheit, auch ein Projekt, sind nur „Perlen" in einer langen Schnur. Aufgabe der Lehrenden ist es, die Bedingungen zu schaffen, um den Prozess des Lernens „am Laufen zu halten", d. h. Strukturierungshilfen zu geben, damit sich tatsächlich eine Perle an die andere reihen kann. Ihre Aufgabe ist es vor allem auch – um im Bild zu bleiben -, heruntergefallene Perlen aufzuheben und an der richtigen Stelle wieder aufzufädeln. Dazu müssen Lehrende:

- im Sinne Montessoris beobachten können;
- wissen, dass kognitive Entwicklungsschritte im Sinne von Piaget aufeinander aufbauen;
- die Zone der nächsten Entwicklung im Sinne Wygotskis erkennen und anregen;
- Lernprozesse so aufbereiten, dass sich Systeme im Kopf des Kindes im Sinne Galperins stufenweise aufbauen können;
- Schule so gestalten, dass selbsttätiges, selbstverantwortetes, reflektiertes und problemlösendes Handeln im Sinne Deweys möglich ist;
- Offenen Unterricht im Hilfe didaktischer Modelle planen, strukturieren und reflektieren – vor allem im Hinblick auf die Wahl des Inhalts und die anthropologischen und soziokulturellen Voraussetzungen der Kinder im Sinne von Klafki bzw. Heimann und Schulz;
- Innere Differenzierung zum Unterrichtsprinzip erheben;
- diagnostische Fähigkeiten erwerben und Leistung differenziert beurteilen können.

Das bedeutet, dass es *keine als absolut zu setzende Methode oder Unterrichtsform* gibt. Unter bestimmten Bedingungen kann ein so genannter Frontalunterricht angemessen und effektiv sein, unter anderen Bedingungen dagegen nicht. Auch mit modernen offenen Unterrichtsformen können Ziele angestrebt werde, die z. B. nicht mit unserer demokratischen Grundordnung übereinstimmen und in einem frontalen Unterricht können mit bestimmten Inhalten zu bestimmten Zeiten entscheidende Denkanstöße gegeben werden.

Die theoretischen Grundüberlegungen machen deutlich, dass es nicht in erster Linie um eine Entscheidung zwischen verschiedenen Unterrichtsformen (offen versus geschlossen, frontal versus differenziert u. a.) geht und schon gar nicht um eine Wertung, sondern um die Frage, wie viel Selbstorganisation des eigenen und individuellen Lernens den SchülerInnen durch die gewählte Unterrichtsform gegeben wird, wie viel Hilfe und Führung einzelne SchülerInnen brauchen und wie das Interdependenzverhältnis zwischen Zielsetzung, Wahl des Inhalts, der Methode und der Medien unter den gegebenen Voraussetzungen der SchülerInnen, der Lehrpersonen und der spezifischen Schulorganisation ist. Daraus folgt, dass integriertes Lehren und Lernen auch die Integrierung verschiedenster Unterrichtsmethoden erforderlich macht, damit das Kind und die Lehrperson das ‚Richtige' im richtigen Moment tun kann. Selbsttätigkeit und Selbstständigkeit ist jedoch nicht ohne Lehrperson möglich.

„Die tätige und selbstreflexive Auseinandersetzung einer Lehrerin oder eines Lehrers in der Schulpraxis unterliegt dem *Strom der Erfahrung* und hat im Grunde die gleiche Struktur wie das kindliche Problemlösen einerseits und das wissenschaftliche Forschen andererseits", schreibt Kleinespel über die Notwendigkeit der Selbstreflexion pädagogischen Handelns in Anlehnung an Dewey (1998, S. 112). Die Professionalität der Lehrenden spielt sich demnach in dem Spannungsfeld von persönlich-verantwortlichem Handeln in der *erfahrungsoffenen Erziehungspraxis* und der Bindung dieses Handelns an Erkenntnissen aus der Wissenschaft ab. Lehrerinnen und Lehrer werden in keiner Form des Unterrichtens und zu keiner Zeit aus der Verantwortung für ihr Tun entlassen.

6. Besonderheiten integrativer Arbeit in der Sekundarstufe

6.1 Weiterführung integrativer Arbeit in der Sekundarstufe

In der Bundesrepublik Deutschland gibt es eine ca. 15jährige Integrationsgeschichte bezüglich der Sekundarstufe I und II[1]. In einigen Bundesländern befindet sich die Integration in der Sekundarstufe noch im Modellstadium, in wenigen Bundesländern gibt es gesetzliche Regelungen (Brandenburg, Hessen, Saarland, Schleswig-Holstein) und in einigen Bundesländern gibt es noch keine Erfahrungen (Bayern, Sachsen-Anhalt, Thüringen). Die *zielgleiche* Unterrichtung von SchülerInnen mit einer Behinderung (z. B. einer Körperbehinderung ohne Beeinträchtigung der geistigen Fähigkeiten, einer Sehschwäche, Blindheit oder Hörstörung) gab es in der Sekundarstufe zu allen Zeiten. Die Integrierung dieser SchülerInnen fordert keine besonderen didaktischen Maßnahmen, sondern nur die Bereitschaft aller, gewisse Rücksichten zu nehmen und die notwendigen Hilfsmittel bereitzustellen. Die Aufnahme *nicht* zielgleich lernender Kinder (SchülerInnen mit einer Lernbehinderung, einer geistigen Behinderung oder einer Mehrfachbehinderung, die die kognitiven Fähigkeiten einschränkt), erfordert dagegen integrative Didaktikkonzepte, wie sie in Kapitel 5 ausführlich dargelegt worden sind. Damit geht eine gravierende Veränderung des bisherigen Denkansatzes einher, denn in der Sekundarstufe steht Selektion nach Leistung noch viel stärker im Mittelpunkt aller didaktischen Überlegungen als in der Grundschule (die Hauptschule wohl eher ausgenommen). Es wird daher deutlich zwischen *zielgleicher* und *zieldifferenter* Integration unterschieden. Mit diesen Begriffen sind nicht die Möglichkeiten gemeint, innerhalb eines Unterrichts zu differenzieren, sondern *ausschließlich* der Bezug zu den unterschiedlichen Rahmenplänen der Bundesländer mit ihren differenten Lernzielen, d. h. die Frage, ob eine Schülerin z. B. die Ziele des 5. Schülerjahrgangs eines Gymnasiums erreichen kann oder nicht. In Berlin ist beispielsweise die zielgleiche Integration rechtlich Regelpraxis, nicht aber die zieldifferente[2].

Die Integration in der Sekundarstufe ist noch längst nicht so weit verbreitet wie in der Grundschule. In Schleswig-Holstein besuchten 1995/96 2 % der SchülerInnen mit sonderpädagogischem Förderbedarf allgemeine Schulen der Jahrgänge 1-10. Das ist sehr viel mehr als im Bundesdurchschnitt, bei dem nur von ca. 5% integrierter SchülerInnen mit sonderpädagogischem Förderbedarf ausgegangen werden kann. In Nordrhein-Westfalen wurden 1995/96 3 000 SchülerInnen mit einem Förderbedarf zieldifferent integriert (das sind mit 3,5 % sehr viel weniger als im Bundesdurchschnitt), davon 2 500 Kinder in der Grundschule und 500 Jugendliche in der Sekundarstufe. In nur wenigen Bundesländern (Berlin, Hamburg, Nordrhein-Westfalen, Saarland) wurden Integrationsprojekte im Sekundarbereich bisher wissenschaftlich begleitet (s. u. a. Schley u. a. 1989; Pieringer 1990; Dumke 1991). Insgesamt ist die Integration in der Sekundarstufe noch längst nicht ausreichend erforscht.

Ein Vergleich der Länder ist ebenfalls schwierig, da es in der Ausstattung der Integrationsklassen in den Bundesländern große Unterschiede gibt. Sie reichen von keiner bis zur durchgängigen Doppelbesetzung. Die allgemeinen Sparmaßnahmen graben derzeit vor allem den Integrationsbestrebungen in der Sekundarstufe das Wasser ab. Dennoch gibt es eine Reihe von Beispielen gelungener Integration, aber auch von spezifischen Schwierigkeiten, von denen in diesem Kapitel die Rede sein soll.

Die Bereitschaft von Lehrern, SchülerInnen mit einer Behinderung gemeinsam mit Nichtbehinderten zu unterrichten, hängt entscheidend von ihrer Überzeugung ab, dass Art und Schweregrad der Behinderung ein wesentliches Kriterium für die angemessene Einbeziehung von behinderten SchülerInnen in den Unterricht ist (Dumke 1998, S. 243). Erst die Erfahrung im Umgang mit Menschen mit einer Behinderung zeigt, dass eine schwere körperliche Behinderung möglicherweise viel weniger Probleme bereitet als z. B. eine Lernschwäche.

In einer Gesamtschule in einer größeren Stadt sollte erstmals ein Schüler mit einer schweren Mehrfachbehinderung (spastische Lähmungen am ganzen Körper, häufiger Speichelfluss, schwer verständliche Sprache, starke Lernbeeinträchtigung) in das 5. Schuljahr zusammen mit drei weiteren behinderten SchülerInnen (ein Junge mit Down-Syndrom, zwei Kinder mit einer Lernbehinderung) aufgenommen werden. Die Gesamtschule hatte bereits ein Jahr Integrationserfahrung, jedoch keine Erfahrung mit einer so schweren Behinderung. Es kostete das Team der Grundschule viel Überzeugungskraft, bis sich die Schulleitung und das Gesamtschulteam bereit erklärte, es mit diesem Schüler zu versuchen. Inzwischen hat Andreas die Gesamtschule mit dem 10. Schuljahr abgeschlossen. Er war aufgrund seiner liebenswerten Art der erklärte Liebling aller, die in der Schule mit ihm zu tun hatten. Sie hatten ihn in ihr Herz geschlossen und er war letztendlich der Schüler, der den Lehrenden am wenigsten Probleme (die sich nicht organisatorisch lösen ließen) bereitete.

Obgleich die Lehrerinnen aus der Grundschulzeit eben dies von Andreas berichteten, ist die eigene Erfahrung erforderlich – erst diese kann davon überzeugen, dass die Art und der Schweregrad einer Behinderung kein zuverlässiges Kriterium für nicht bewältigbare Probleme sind. Lehrende müssen jedoch bereit sein, sich auf diese Erfahrung einzulassen. Untersuchungen haben ergeben, dass nahezu zwei Drittel der Lehrer an Hauptschulen und an Gymnasien dem Statement voll bzw. weitgehend zustimmen: „Der behinderte Schüler wird entsprechend seiner Fähigkeiten und Lernmöglichkeiten in der Sonderschule am besten gefördert" (Dumke 1998, S. 247; vgl. auch Dumke u. a. 1989). Das ist keine gute Prognose für die Integration in der Sekundarstufe.

Grundsätzlich bietet sich die *Gesamtschule* als die Schulform an, die zieldifferente Integration am ehesten leisten kann, da sie von ihrem Konzept her die Voraussetzungen für integrativen Unterricht hat. Es lässt sich jedoch eine vorsichtige Ausweitung in Richtung anderer Schularten in den Bundesländern feststellen, die bereit sind, in der Sekundarstufe zu integrieren. Die Ausweitung bezieht sich z. B. in Berlin und Hamburg auf Hauptschulen und kombinierte Haupt- und Realschulen. Zieldifferentes Lernen erstreckt sich derzeit noch nicht auf Realschule und Gymnasium. Nur in Schleswig-Holstein sind erste Ansätze einer Integration in Realschule und Gymnasium zu beobachten (vgl. Maikowski 1998, S. 43).

Andere Schulen als die Gesamtschulen (vor allem Gymnasien) kommen derzeit kaum in Frage, da sie hochgradig selektionsorientiert arbeiten (ausgeprägtes Benotungssystem, Leistungsorientierung, Fachlehrerprinzip u. a. m.). Es handelt sich hier, wie Füssel und Kretschmann schreiben, um eine Selektions*ideologie* und es ist nicht damit zu rechnen, dass alle GymnasiallehrerInnen bereit und fähig sind, von heute auf morgen auf die eingeschränkten Kompetenzen behinderter oder benachteiligter Kinder Rücksicht zu nehmen (1993, S. 93). Zudem befinden sich die SchülerInnen in der Sekundarstufe I in einer schwierigen Phase (Vorpubertät, Pubertät), in der sie starke Abgrenzungstendenzen zeigen bzw. in verstärktem Maße auf die Identifikation mit Gleichgesinnten angewiesen sind. Die Bereitschaft, sich mit Jugendlichen mit einer Behinderung anzufreunden oder sich um diese zu kümmern ist demgemäß sehr viel geringer als in der Grundschule.

Für integrativ arbeitende Gesamtschulen gilt, wie auch schon für die Grundschule, dass die SchülerInnen, die nicht in der Lage sind, die Mindest-Leistungsanforderungen ihrer Jahrgangsstufe zu erfüllen, an den Maßstäben der für sie sonst geltenden Sonderschulrahmenpläne gemessen werden. Dies ist natürlich – wie auch in der Grundschule – nur möglich, wenn der für diese Kinder erforderliche sonderpädagogische Förderbedarf sichergestellt ist. *Auch in der Sekundarstufe ist demnach die Einbeziehung sonderpädagogischer Kompetenz in den Unterricht unerlässlich.*

Der Integrationsgedanke ist bezüglich der Gesamtschule keineswegs neu. 1970 wurde im Zusammenhang mit der Einrichtung von Gesamtschulen und den dadurch ausgelösten reform- und gesellschaftspolitischen Auseinandersetzungen um diese Schulreform erstmals die Frage nach der Einbeziehung von Sonderschulen in

„Gesamt"- Schulen gestellt und die Integrationsdikussion innerhalb der Sonder-pädagogik begonnen (Eberwein 1990, S. 50). Der bildungspolitische Druck auf die Integration in die Gesamtschulen wurde zwar seit den 90er Jahren, seit die ersten integrativ beschulten behinderten SchülerInnen die Grundschule absolviert hatten, zunehmend stärker, doch derzeit stagniert die Entwicklung aus finanzpoli-tischen Gründen. Die Integration aller in der Grundschule integrierten Kinder mit einer Behinderung in der Sekundarstufe kann derzeit ohnehin nicht weitergeführt werden, da es viel zu wenig Gesamtschulen gibt (in Bundesländern wie Bayern und in ländlichen Bereichen gar keine).

Doch auch die Gesamtschulen sind in ihren Konzeptionen nicht ohne weiteres darauf angelegt, Heterogenität, wie sie die Integration von zieldifferent lernenden SchülerInnen hervorruft, aufzufangen. Gesamtschulen haben heute auch oft das Problem, dass es SchülerInnen mit besonderen Begabungen vorziehen, auf ein Gymnasium überzuwechseln und nicht auf die Gesamtschule, auch wenn diese durchaus in erreichbarer Nähe liegt. Damit wird in den Gesamtschulen die Anzahl potentieller Hauptschüler größer und es wird zunehmend schwieriger für potenti-elle Abiturienten ein ausreichend großes Fächerspektrum anzubieten – was wieder-um dazu führt, doch ein Gymnasium mit den entsprechenden Fächern zu wählen. Gesamtschulen stehen daher derzeit unter dem Druck, den Eltern zu zeigen, dass sie mit den Gymnasien konkurrieren können. Das wiederum führt dazu, die noch zur Gründungszeit hochgehaltene Idee von Heterogenität nach allen Seiten einzu-schränken noch bevor sich integratives Lernen tatsächlich in den Gesamtschulen etablieren konnte. Einige in der Literatur dokumentierte Beispiele zeigen jedoch, dass Integration ebenso wie in der Grundschule möglich ist und machen Mut, gerade diese Schulform als Schule für *alle* weiter auszubauen[3].

6.2 Spezifische Probleme, die sich durch die Altersstufe ergeben

Von Eltern und Lehrenden wird oft befürchtet, dass die Entwicklungsprozesse, die die Jugendlichen in der Pubertät durchlaufen, dem Integrationsverständnis entge-genstehen. In dem spannungsvollen Prozess der Identitätssuche der Jugendlichen wird angenommen, dass SchülerInnen mit einer Behinderung heftigen Konflikten ausgesetzt sein werden und leicht in eine soziale Randposition geraten.

Köbberling berichtet von ersten Erfahrungen in den Integrationsklassen in Ham-burg. 13 Gesamtschulen und 3 integrierte Haupt- und Realschulen führen dort die Integration der Grundschulen fort. Alle vorher befürchteten Schwierigkeiten hat-ten sich tatsächlich eingestellt (Köbberling 1998 a, S. 257ff):

- Im 5. und 6. Jahrgang wird zunächst auf den Erfahrungen der Grundschule aufgebaut, mit offenen Unterrichts- und Lernformen und einer Betonung des sozialen Lernens.

- Ab Jahrgang 7 beginnen dann zunehmend die Auseinandersetzungen mit den je besonderen persönlichen Bedürfnissen der Heranwachsenden. Die SchülerInnen begrüßen es, in differenzierten Leistungs- und Wahlpflichtkursen neue soziale Kontakte zu knüpfen.
- In den veränderten Kooperationsstrukturen und der Vielzahl der FachlehrerInnen wird es immer schwieriger, die Bandbreite der Lernbedürfnisse zwischen Hochbegabung und geistiger Behinderung zu gestalten.
- Die Kontakte zwischen den behinderten und den nichtbehinderten SchülerInnen gehen oft zurück. Nachmittagsverabredungen kommen eher selten zustande. Die „Schere der Entwicklungen" geht weiter auseinander. Die Suche nach der eigenen Identität macht die Jugendlichen oft ungeduldig und abweisend im Umgang miteinander.
- Die SchülerInnen mit einer Behinderung werden sich ihres Handicaps auf eine neue Art bewusst und müssen sich in dieser Zeit oft schmerzhaft mit der Bedeutung ihrer Behinderung auseinandersetzen.

Es bestätigten sich die Prognosen:
- „Einsamkeit, Kränkungen, auch Erfahrungen mit gewaltvollen Konflikten für die ohnehin benachteiligten Kinder machen ratlos;
- Enttäuschung, Mitleiden, Trauer und Bitterkeit bei den Eltern und
- Gefühle des Versagens, Scheiterns, Schuldwerdens bei den Pädagogen müssen bewältigt werden" (ebd., S. 259).

Es ist nicht zu leugnen, dass nach der Zeit des engen Zusammenlebens und -arbeitens in der Grundschule nach dem Übergang in die Sekundarstufe ein Prozess sozialer Ausdifferenzierung und Neuorientierung beginnt, in der eine Reduzierung der Kontakte zwischen behinderten und nichtbehinderten Jugendlichen stattfindet, der vor allem für Kinder mit einer Behinderung nicht einfach zu bewältigen ist. Meist beginnt die Zeit des Auseinanderrückens im 6. Schuljahr, indem Verabredungen seltener werden und behinderte MitschülerInnen eher an den Rand des sozialen Geschehens treten. Die Jugendlichen sind in dieser Phase in der Pubertät, in der sich Interessen wandeln, soziale Beziehungen eine andere und bedeutendere Rolle spielen und die eigene Identität neu gefunden werden muss. Viele Jugendliche können z. B. nichts mehr damit anfangen, dass KameradInnen mit einer geistigen Behinderung weiterhin ihre Nähe suchen. Es ist ihnen peinlich. Es beginnt eine Zeit der intensiven Auseinandersetzung mit dem Gleichsein und dem Anderssein und der Frage nach der eigenen Gruppenzugehörigkeit. Auch bei den Jugendlichen mit einer Behinderung gibt es Krisenzeiten, in denen sie sich auf einer neuen und sehr viel bewussteren Ebene ihrer Behinderung und dem Vergleich mit den anderen stellen müssen.

Dennoch aber zeigte sich, dass sich mit den Jahren und der zunehmenden Erfahrung die Blickweisen und der Alltag in den Schulen verändert hat, wie Köbberling nach dem ersten Durchgang in Hamburg feststellen kann (ebd., S. 257). Die Abschlussevaluation in Hamburg zeigt: Es hat sich gelohnt, Geduld zu haben: 2/3 der Kinder mit Lernbehinderungen konnten den Hauptschulabschluss erreichen. Ihnen kam die Ausstattung und das stützende Klima der Integrationsklassen offenbar in besonders nachhaltiger Weise zugute. „Alle diese Schüler und Schülerinnen verlassen die Schule in dem Bewusstsein, schwierige Zeiten durchlebt zu haben, aber viel geleistet und gelernt zu haben, in der Klasse anerkannt zu sein und dort ihren Ort zu haben. Der nahende Abschied erfüllt sie mit Wehmut" (ebd., S. 265). Es zeigte sich, dass die Jugendlichen mit einer Behinderung durchaus eine Vielfalt sozialer Bezüge entwickeln und dass „Einsamkeit" nicht vorrangig ihr Erleben am Ende der Schulzeit kennzeichnet, obgleich es Sehnsucht nach mehr und engeren Freundschaftsbeziehungen gibt.

Nach der Sekundarstufe I trennten sich die Bildungswege. 4 Berufsschulen (2 Gewerbeschulen, 1 Handelsschule und 1 Hauswirtschaftsschule) sind in Hamburg daran beteiligt, das integrative Lernen der Sekundarstufe I weiterzuführen. Auch dieser Anfang des gemeinsamen Lernens von BerufsschülerInnen war nicht einfach. Am „Abschlussball" des „integrativen Förderlehrgangs" schildern die Jugendlichen, „wie sie sich durch das Zusammenleben mit den eigenen mehr oder weniger offensichtlichen Behinderungen haben auseinandersetzen können und Stärken und Schwächen neu erfahren haben. Die Unzuverlässigkeit mancher nicht behinderter MitschülerInnen war die größte Schwierigkeit im Arbeitsprozess gewesen, die Verlässlichkeit der behinderten Jugendlichen gerade ihre Stärke (...). So ist wiederum Nähe entstanden zwischen den anfangs so fremden, so unterschiedlichen Menschen und die Trennung fällt aufs Neue schwer, auch wenn innere Kämpfe und offen ausgetragener Streit mit zur Wegstrecke gehörten" (ebd., S. 274). Über diese vielfältigen Formen integrativen Lernens sind die Jugendlichen mit einem Handicap dahin gekommen, sich Lebensformen und Arbeitsplätze selbst zu suchen und sie haben gewisse Spielräume für eigene Wahlen und Entscheidungen hinzugewonnen.

Um jedoch so weit in der Sekundarstufe zu kommen, wie Köbberling am Beispiel Hamburg zeigt, sind u. a. qualifizierte Interventionen zur pädagogischen Konfliktlösung notwendig. Pädagogisch verantwortbare Integration und Umgang mit Heterogenität läuft in der Sekundarstufe noch viel weniger „von selbst" als in der Grundschule.

Es ist keinesfalls leicht, bei Konflikten „richtig" zu reagieren. Grubmüller (1998, S. 118ff) beschreibt zwei Formen von Interventionen, die nicht geeignet sind, die Konflikte zu lösen oder zu vermeiden, die aber aus Unkenntnis häufig angewandt werden:

- *Die Beschwichtigung und die Vernachlässigung der Differenzen*, nach dem Motto, dass das doch jetzt eine Klasse sei, die immer zusammenhalten müsse. Dabei werden u. a. die Konflikte, wie die Gerechtigkeit der Leistungsbewertung oder der Umgang mit der Andersartigkeit unterdrückt und tauchen dann als schwer zu definierende Aggressionen wieder auf.

• *Die bedingungslose Konfrontation und die Individualisierung der Problematik*, indem z. B. die SchülerInnen mit einer Behinderung schonungslos aufgefordert werden, „nun mal über ihre Behinderung zu sprechen". Das Problem bleibt damit bei einem einzelnen Schüler.

Brauchbare Interventionen zur pädagogischen Konfliktlösung sind nach Grubmüller nur vermittelt möglich. „Es muss eine sichere soziale Situation in der Lerngruppe gestaltet werden, in der es möglich ist, offen über Wahrnehmungen des Andersseins, über Trauer wegen der Behinderung, über Versagenserfahrungen, aber auch über die Freude an der eigenen Leistungsfähigkeit sprechen zu können. Erfahrungsaustausch und gemeinsame Reflexionen über besondere persönliche Eigenarten zu lernen, zu behalten, zu vergessen, etwas nicht zu können, so sehr man sich auch anstrengt oder wie sehr man es sich wünscht, bilden einen brauchbaren Ansatzpunkt, um mit Lerngruppen über die von den Jugendlichen angesprochenen Themen zu arbeiten und gleichzeitig in einem pädagogischen Setting zu bleiben" (ebd., S. 119). Der Mut zum Ansprechen von angstbesetzten Themen setzt einen sicheren sozialen Rahmen voraus, lässt ihn dabei aber auch entstehen. Wichtig ist es, dass auch die hoch begabten SchülerInnen Grenzerfahrungen machen, um über Ängste und Unsicherheiten mitreden zu können. Ihre eigenen Grenzen können sie – wie bereits erwähnt – am ehesten in einem offenen Unterricht erfahren, der ihnen die Konfrontation mit *ihren* individuellen Erfahrungen und *ihrem* individuellen Wissen ermöglicht.

Zahlreiche Konflikte entstehen auch durch das Fordern oder Ablehnen von Hilfe durch die MitschülerInnen mit einer Behinderung. Es ist für Behinderte nicht immer leicht, das richtige Maß an Hilfe zu fordern und anzunehmen bzw. unnötige Hilfe so abzulehnen, dass der andere nicht verletzt ist. Das bedeutet, dass die SchülerInnen mit einer Behinderung lernen müssen, auf die Gefühle ihrer HelferInnen zu achten. Weder in der Grundschule, noch in der Sekundarstufe, dürfen die MitschülerInnen dazu gezwungen werden, einem behinderten Kind oder Jugendlichen zu helfen. „Zwang zum Kontakt erzeugt Widerstand gegen die Integration behinderter Menschen. Wirklicher Kontakt entsteht durch die dynamische Balance von Nähe und Distanz, in der auch die Ablehnung der behinderten Gleichaltrigen ihren Platz haben muss" (ebd., S. 121).

Schwerwiegende Probleme entstehen in dieser Altersstufe vor allem auch durch die Ungleichzeitigkeit von Entwicklungen. Grubmüller berichtet z. B. von Stephanie, einem Mädchen mit Down-Syndrom, das sich wie alle anderen Mädchen in den Sportlehrer verliebt hat. Sie erhielt einen „Liebesbrief" von ihm, den ihre Mitschülerinnen geschrieben hatten, um sie „ein bisschen reinzulegen". Stephanie konnte dies nicht verstehen und mit diesem „Spaß" nicht umgehen. Sie war tief verletzt (ebd., S. 121,122). Es verlangt von den Lehrenden und den MitschülerInnen viel Einfühlungsvermögen und eine wache Wahrnehmungsfähigkeit, um gegenseitige Verletzungen zu vermeiden. Das ist es gerade, was Goleman in seinem Bestseller „Emotionale Intelligenz" für die Pädagogik heute fordert, in einer Zeit, in der Gewalt unter Jugendlichen auch bereits in Deutschland zu eskalieren droht. Gerade jetzt ist es besonders notwendig, dass jedes Kind und jeder Jugendliche die Grundbegriffe des Umgangs mit Zorn beziehungsweise der positiven Konfliktlösung erlernt und die Grundprinzipien der emotionalen Kompetenz in der *Schule* vermittelt werden (Goleman 2000, S. 358). Was könnte es für ein besseres Übungsfeld geben, als eine heterogen zusammengesetzte Gruppe?

Allerdings ist dafür die Voraussetzung, dass die Lehrenden die Möglichkeit haben, den Umgang mit Konflikten und die Vermittlung emotionaler Kompetenz zu erlernen. Es muss davon ausgegangen werden, dass die SekundarstufenlehrerInnen dafür noch weniger ausgebildet sind als die GrundschullehrerInnen. Allenfalls SonderpädagogInnen haben eine Ausbildung, in der sie auch Konfliktlöse- und Kommunikationsstrategien trainieren. Noch müssen solche Kompetenzen weitgehend in Kursen erworben werden, die sich die Lehrenden selbst suchen, selbst finanzieren und in ihrer Freizeit ableisten. Es wäre jedoch Aufgabe der Lehreraus- und -weiterbildung, sich diesem Kompetenzbereich verstärkt zuzuwenden.

6.3. Spezifische Probleme der Unterrichtsorganisation und Unterrichtskonzeption

Grundsätzlich gilt für integrativen Unterricht in der Sekundarstufe nichts anderes als im Kapitel 5 bereits beschrieben. Allerdings wird sehr schnell deutlich, dass sich eine allgemeine integrative Unterrichtkonzeption in der hier geforderten Weise, im Unterricht der Sekundarstufe auch in einer Gesamtschule nicht so einfach verwirklichen lässt. Es sind dafür sehr viel mehr Umdenkungsprozesse und organisatorische Veränderungen erforderlich als in der Grundschule. Von der Grundidee der Gesamtschule her, eignet sich diese Schulform wie schon erwähnt, da sie ganzheitliches Lernen und Kooperation der Lehrenden auf ihre Fahnen geschrieben hat. Das Ziel der Gesamtschule war zur Zeit ihrer Gründung: heterogene Lerngruppen, innere Differenzierung mit Formen der äußeren Differenzierung, Individualisierung des Unterrichts, projektorientierte Unterrichtsformen, ein neues Bildungs- und Leistungsverständnis, das auf soziales Lernen ausgerichtet ist.

Inwieweit jedoch verfolgt die Gesamtschule diese Ziele, die einem integrativen Unterricht sehr entgegenkommen, derzeit noch? Papst beklagte schon vor 10 Jahren, dass die Gesamtschulen auf Heterogenität und die damit verbundenen Probleme mit äußerer Fachleistungsdifferenzierung reagiert. Es ist der Versuch, auf Fächer bezogen, weitgehend homogene Lerngruppen zu erhalten (Papst 1989,

S. 108). Damit werden die Vorteile heterogener Leistungsgruppen verschenkt. Ursache für den Rückgriff auf das traditionelle Grundmuster der äußeren Leistungsdifferenzierung ist vermutlich der hohe Legitimationsdruck, der auf dieser Schulform lastet und der verhindert, dass längerfristige Erfahrungen mit innerer Differenzierung gemacht werden. Hinter dem Bemühen um homogene Lerngruppen steht sicher auch die Erkenntnis, dass mit Zunahme der Leistungsschere, die sich in der Sekundarstufe sehr viel stärker bemerkbar macht als in der Grundschule, die Gestaltung des Unterrichts durch den differenzierten Einsatz methodischer Mittel schwieriger wird und mehr Kompetenz von Seiten der Lehrenden gefordert wird. Es zeigt sich, dass auch in der Gesamtschule innere Differenzierung oder freie Arbeit nur selten praktiziert wird, sie erscheint zu risikoreich und zu aufwändig (ebd., S. 109).

Für eine pädagogisch verantwortbare Integration wurden schon vor zehn Jahren in der Sekundarstufe einige Forderungen aufgestellt wie (vgl. Hinz 1989, S. 79 f):

- Orientierung an unterschiedlichen Rahmenplänen (zieldifferentes Lernen);
- Reduzierung der Klassenfrequenz;
- Abbau der äußeren Leistungsdifferenzierung;
- Individualisierende verbale Beurteilungen;
- Reduzierung des Anteils an FachlehrerInnen;
- Teamarbeit (Doppelbesetzung): SekundarlehrerInnen, SonderpädagogInnen und ErzieherInnen;
- Regelmäßige pädagogische Konferenzen.

Bezüglich dieser Forderungen muss allerdings bedacht werden, dass es sich hier zunächst um äußerliche Voraussetzungen handelt, die sich erst im Laufe der Entwicklung einer Schule oder Klasse zu einer integrativen Schule oder integrativen Klasse und unter Berücksichtigung der Gegebenheiten vor Ort als unumgänglich oder sogar als verzichtbar erwiesen. So zeigte sich z. B., dass sich die Reduzierung des Anteils an FachlehrerInnen nicht in erster Linie für die Kinder mit Behinderungen als erforderlich erwiesen hat, sondern für die Verständigungs- und Einigungsprozesse im Team (ebd., S. 81).

Der Teamarbeit kommt in der Integration in der Sekundarstufe eine noch größere Bedeutung zu als in der Grundschule, da hier nicht nur zwei, sondern oft sehr viel mehr Lehrkräfte miteinander kooperieren müssen[4]. Hier interessiert die integrative Unterrichtsgestaltung, die sich in der Gesamtschule offensichtlich als nicht so einfach erweist. Papst beschreibt dies anschaulich und etwas zynisch: „Bei der Frage nach der Vereinbarkeit des Konzeptes der Gesamtschule mit den Konzepten (...) der Integration könnten wir es uns also leicht machen, beließen wir diese Vorhaben nur ,konsequent' auf der Ebene der Konzeptionsdebatte. Wie verlockend, schnell wäre das gastliche Haus beschrieben: Zum Fundament ,Schule für alle' fügten wir den Anspruch auf mehr Chancengleichheit hinzu, ein verändertes Leistungsverständnis wären die tragenden Wände und die heterogenen Lerngruppen die Balken. Die Verheißung neuer Lernformen und Unterrichtsinhalte bildeten die Decken. Weniger Schulangst und individuelle Förderung wären der Putz. Das soziale Lernen schließlich bildete das Dach dieses attraktiven Hauses (...). Doch auf der grundsätzlichen Ebene der Diskussion, auf der sich trefflich streiten läßt, bleibt die tägliche Praxis weitgehend ausgeblendet. Kommt durch Zufall oder Obstruktion die Sprache doch einmal auf die konkrete Schule, womöglich gar auf den konkreten Unterricht (!), werden eine Unzahl von Brechungen und Facetten deutlich, werden Einschränkungen geltend gemacht aufgrund der vielen Erlasse, des Zeitdrucks, der nun wirklich unvergleichlichen Bedingungen oder auch nur aufgrund des elenden Alltagsstresses, der sich allemal als treuer Verbündeter der Gegner jeglicher Schulreform erweist. Mit einem Wort: Es besteht eine qualitativ relevante Diskrepanz zwischen der konzeptionellen Debatte und der realen Praxis..." (Papst 1989, S. 103/104). Das Dilemma, in dem sich die Gesamtschule befindet (auf das an dieser Stelle jedoch nicht näher eingegangen werden kann), lässt sich mit der Tatsache zusammenfassen, dass die Gesamtschule statt Schule für alle Kinder zu sein, Schule für die Nichtgymnasiasten geworden ist. Da die Gesamtschule zudem SchülerInnen selbst anwerben muss, steht die Frage im Vordergrund, inwieweit die Akzeptanz bei der Elternschaft durch die Aufnahme von Kindern mit einer Behinderung zusätzlich leidet.

Interessant ist jedoch, dass die Risikobereitschaft bei den LehrerInnen, die sich bereit erklären, innerhalb der Gesamtschule eine Integrationsklasse zu führen, entsprechende Früchte trägt, wie Papst am Beispiel einer Integrationsklasse der Gesamtschule Winterhude vor zehn Jahren zeigt (ebd., S. 112ff).

- *Offene Unterrichtsformen* verlieren „jeden Hauch von Exotik und Randlage". Sie strahlen sogar als „normale Praxis" in die Nachbarklassen aus, ermuntern andere Kolleginnen und Kollegen zur Nachahmung, geben Anstöße für die pädagogische Arbeit und setzen positive Maßstäbe.
- Weiterhin gerät die *Produktivität gemeinsamer Arbeit* in einer Lerngruppe durch die praktische Erfahrung der Integrationsklasse erneut ins Blickfeld und es entsteht das Bedürfnis, die pädagogischen Bedingungen in den Parallelklassen zumindest durch Tutorenarbeit anzugleichen.
- Die Diskussion um die *Individualisierung der Leistungsbewertung* und die Einführung von Berichtzeugnissen erlangt wieder eine unmittelbare praktische Relevanz.
- Die *Raumfrage* wird in dieser Schule neu diskutiert und es wird festgestellt, dass zumindest alle Eingangsklassen einen zusätzlichen Differenzierungsraum benötigen.
- Die enge Zusammenarbeit von Sozialpädagogin, SonderschullehrerIn und Gesamtschullehrkräften lässt eine neue Intensität der *sozialpädagogischen Betreu-*

ung entstehen, die allen SchülerInnen zugute kommen. Sie setzt neue Maßstäbe bezüglich sozialen Lernens.

Papst fasst die ersten Erfahrungen aus der Gesamtschule Winterhude zusammen: „...aus der notwendigen engen Kooperation, also aus dem Erfahrungs- und Kompetenzaustausch, der gegenseitigen Qualifikation und vor allem durch einen Wechsel der Funktionen (erwächst) eine ‚Tätigkeit neuen Typs‘, die über die bisherigen Tätigkeitsmerkmale der beteiligten Berufsgruppen hinausgeht. Hier werden möglicherweise die Konturen eines Modells sichtbar, das einen Weg aus dem Neben- und Gegeneinander der Schularten und pädagogischen Fachqualifikationen zugunsten einer leistungsfähigen einheitlichen Sekundarstufe I weisen kann" (ebd., S. 113). Papst stellt fest, dass die Verkrustungen der Alltagspraxis in den Gesamtschulen, die den integrativen Intentionen eher entgegenstehen, durch die Einführung der Integration aufgelöst werden könnten, da sich durch die in Gang gesetzten Prozesse der Veränderung die Alltagspraxis in vielen Punkten wieder den Postulaten der Gesamtschule annähert. „Integrationsklassen, so scheint es, tragen dazu bei, das spezifische Profil der Gesamtschule als Schule für alle Kinder zu akzentuieren und so ihre Leistungsfähigkeit zu erhöhen. So gesehen, liegt es im Interesse der Gesamtschulen selbst, den eingeleiteten Prozess zur integrativen Schule mit voranzutreiben. Jede Gesamtschule sollte eine Integrationsschule werden!" (ebd., S. 115). Das sind euphorische Worte aus der Anfangsphase der Integrationspädagogik im Sekundarbereich.

Wie sieht es zehn Jahre später aus?

In verschiedenen Untersuchungen konnten folgende Tendenzen bezüglich der Veränderung des Unterrichts in der Gesamtschule festgestellt werden (vgl. Maikowski 1998, S. 47; Dumke 1998, S. 245ff):

- Gruppen- und Partnerarbeit haben deutlich zugenommen und werden auch in den Integrationsklassen häufiger als in den Regelklassen praktiziert.
- Es ist ein häufigerer Methodenwechsel festzustellen.
- Es werden mehr Projekte, auch fachübergreifende Projekte sowie projektorientierter Unterricht durchgeführt.
- Freie Arbeit wurde zu einem festen Bestandteil der Integrationsklassen bzw. es stehen mehr als 10 % der Unterrichtszeit der Freien Arbeit zur Verfügung.
- Wochenplanarbeit konnte sich bisher noch nicht im erhofften Maße durchsetzen.
- Der lehrerzentrierte Klassenunterricht wurde auf die Hälfte der Unterrichtszeit reduziert; der zeitliche Anteil an differenzierten Aufgabenstellungen beträgt rund ein Viertel.
- In 30 % der Unterrichtszeit befindet sich der unterrichtende Lehrer bei einem einzelnen Schüler, einem Paar oder einer Gruppe von Schülern, unabhängig davon, ob eine zweite Lehrperson anwesend ist.

- Die Lehrperson wird zunehmend zum Lernhelfer und Berater der SchülerInnen.
- Auch bei Anwesenheit von nur einer Lehrperson erhalten die Lehrverfahren, die die Schülerselbsttätigkeit anregen, eine noch stärkere Beachtung.
- Die Teamstrukturen werden verändert. Kleinere Jahrgangsteams arbeiten über einen längeren Zeitraum zusammen, stimmen unterrichtliche Maßnahmen aufeinander ab und mindern dadurch Probleme, die durch das Fachlehrerprinzip entstehen (Team-Kleingruppen-Modell/TKM [5]).

Damit nähert sich der Unterricht in der Gesamtschule dann, wenn integrativ unterrichtet wird, der in diesem Buch vertretenen didaktischen Konzeptionen an. Wie im Kapitel über Hochbegabung ausgeführt, kann – ohne dies hier empirisch belegen zu können – davon ausgegangen werden, dass dieser Unterricht auch Jugendlichen mit besonderen Begabungen Rechnung trägt.

Für die *Weiterführung der Integration nach dem 10. Schuljahr* gibt es in der Bundesrepublik ebenfalls erfolgreiche Modelle (vor allem im Bereich der Gastronomie und des Hotelgewerbes). Eines davon ist das Modell „Keimzeit", das in Bielefeld von dem Verein: „Gemeinsam lernen –gemeinsam leben" initiiert wurde. „Keimzeit" bereitet behinderte Jungendliche gemeinsam mit Nichtbehinderten auf eine Berufstätigkeit auf dem allgemeinen Arbeitsmarkt vor.

Die Elemente des Modells sind[6]:
- Gemeinsames Lernen und Arbeiten von Menschen mit und ohne Behinderung in arbeitsplatzähnlichen Strukturen.
- Berufsfeldübergreifendes Lernen und Arbeiten überwiegend in Projektbetrieben und betreuten Betriebspraktika.
- Verzahnung von Berufsorientierung, Berufsvorbereitung und beruflicher Integration.

Im Sommer 1998 wurde ein Bistrobetrieb mit Internet-Café aufgebaut und 1999 ein Fahrradbetrieb. Das Ziel ist eine dauerhafte Integration der jungen Erwachsenen mit einer Behinderung auf dem allgemeinen Arbeitsmarkt. „Keimzeit" arbeitet eng mit den Gesamtschulen zusammen sowie mit Betrieben, in die eine berufliche Integration sinnvoll und möglich erscheint. Die Lehrgangsgruppen werden von einem Team betreut, das aus AnleiterInnen, BerufsschullehrerInnen, SonderschullehrerInnen und Arbeitsassistenzkräften besteht. Es ist ein Modellprojekt des Arbeitsamtes Bielefeld und ist auf Initiative der „Bielefelder Eltern für Integration" entstanden. Die Initiative hat sich vor ca. fünfzehn Jahren über die Zeit integrativen Kindergartens, integrativen Grundschul- und Gesamtschulunterrichts zu einer durchsetzungsfähigen Gruppe gebildet. Es ist der Initiative gelungen, wenigstens für einen Teil der behinderten integrativ beschulten SchülerInnen die Integrationsidee bis in die Berufsausbildung hineinzutragen. Damit zeigt sich, dass auch hier im Grundsatz Heterogenität möglich ist.

Kürzlich habe ich Martin, einen jungen Mann mit einem Down-Syndrom, auf einer Tagung wiedergetroffen. Er bediente mich am Büffet. Martin, von dem in diesem Buch schon häufiger die Rede war, kennt seit seiner Kindergartenzeit nur integratives Lernen. Der Übergang nach dem 10. Schuljahr in eine integrative Berufsvorbereitung war für ihn selbstverständlich. „Keimzeit" ermöglicht ihm eine integrative Ausbildung als Hilfskellner. Er erzählte mir, dass er in einer Wohngruppe lebt, aber seine Familie oft besucht. Stolz zeigte er mir seine erste Gehaltsabrechnung, die er immer bei sich trägt.

7. Schulentwicklung: Verankerung von Heterogenität im Schulprogramm

7.1 Bedeutung der Schulentwicklung in der heutigen Zeit

In den letzten Jahren wurde in nahezu allen Kultusministerien ein neuer Trend eingeläutet, der sich unter dem Begriff der systematischen Weiterentwicklung der eigenen Schule und unter Schlagworten wie Autonomie von Schule, Schulprofil-bildung, Qualitätssicherung, Qualitätsmanagement zusammenfassen lässt. Es wird von den Schulen Selbst- und Fremdevaluation gefordert und die Erarbeitung eines Schulprogramms.

Nun ist es keineswegs so, dass sich Schule zum ersten Mal „entwickelt", das hat sie immer getan. Allerdings ist es ihr nicht immer gelungen, sich parallel zur wirt-schaftlichen und sozialen Struktur einer Gesellschaft zu entwickeln, meist hinkt ihre Entwicklung hinter der gesellschaftlichen und wirtschaftlichen Entwicklung her. In den frühen 60er Jahren des zwanzigsten Jahrhunderts befasste man sich bereits mit den Auswirkungen des Ausbildungssektors auf den Wirtschaftssektor. Auslöser war damals die Prognose einer allgemeinen Bildungskatastrophe. Derzeit ist eine ähnliche Situation eingetreten, da Deutschland im internationalen Ver-gleich nur einen mittleren Platz belegen konnte (vgl. TIMSS) und in bestimmten Bereichen nicht genügend qualifizierte Fachkräfte zur Verfügung stehen, um im internationalen Wettbewerb bestehen zu können. Das Schulsystem hat zwar auch die Aufgabe, Qualifikationen zu gewährleisten, die wertsteigernd und profitbrin-gend im Arbeitsprozess eingesetzt werden können (Fend 1981, S. 19). Fend stellt aber auch fest, dass *vereinfachende* Annahmen über deterministische Zusammen-hänge zwischen Beschäftigungs- und Qualifikationssystem nicht haltbar sind (ebd., S. 27). Zudem ist nach wie vor nicht empirisch abgesichert, welche Organi-sationsformen und Strukturen von Lernprozessen in der Schule zu einem Erfolg führen, der die Profitsteigerung der Wirtschaft sichert. Dennoch wird in der Bil-dungspolitik so getan, als gäbe es dazu eindeutige Kenntnisse, indem z. B. höhere Leistungen in Mathematik gefordert werden, die u. a. durch Leistungswettbewerb (s. Parallelarbeiten in den Schulen von NRW) erzeugt werden sollen. Dabei drohen Ziele wie die Persönlichkeitsentwicklung und Teamfähigkeit wieder verloren zu gehen, auf die doch die Industrie längst großen Wert legt, da sie erkannt hat, dass die Wirtschaft nur florieren kann, wenn frühzeitig gelernt wird, mit unterschiedli-chen Menschen umgehen zu können und im Team zu arbeiten.

Die Schulen tun gut daran, der Hektik, die derzeit von vielen Kultusministerien ausgeht, entgegenzuwirken, indem sie Ruhe bewahren: Ruhe, nicht Untätigkeit. Es ist die Frage, was kann dem bildungspolitischen Aufschrei nach besserer Schulbildung entgegengesetzt werden? Eine Antwort liegt sicher bei den Schulen selbst, nämlich indem sie zeigen, was sie tatsächlich leisten. So gesehen haben derzeit auch die Forderungen nach Evaluation Sinn. Schulen sollten sich aktiv in den Prozess der Schulentwicklung einbringen, nicht um sich noch mehr aufzubürden, als sie ohnehin schon tun, auch nicht um eines „vorauseilenden Gehorsams" willen, sondern um sich die Entwicklung der Schule der Zukunft nicht aus der Hand nehmen zu lassen. Die Lehrerinnen und Lehrer aller Schulformen und die wissenschaftlich arbeitenden PädagogInnen sind die Experten und nicht die PolitikerInnen! Wenn sie nicht aktiv in laufende Prozesse eingreifen, bestimmt die Bildungspolitik allein die Entwicklung und nicht die Pädagogik.

In einem Plädoyer für Heterogenität – und als solches kann das vorliegende Buch verstanden werden – kann das nur bedeuten, dass eine Schule als Schule für *alle* – ohne frühe Selektion und Aussonderung – die Schule der Zukunft sein kann. Schulprofilbildung von Schulen, die Heterogenität zulassen, kann *ein* Schritt auf dem Weg zur Realisierung dieses Verständnisses von Schule sein. Diese Schulen können mit einer progressiven Schulentwicklung zeigen, dass sie Qualität „liefern" und zwar eine Qualität, die sich nicht nur am Unterricht misst, sondern auch am Schulleben, am Kommunikationsklima und an der Teamfähigkeit.

Die Kritik, die heute gegen die Forderung nach Wettbewerb der Schulen untereinander laut wird und die ein weitaus stärkeres Schulwahlrecht der Eltern auch schon in der Grundschule nach sich zieht, richtet sich auf die Sorge, Verhältnisse zu schaffen, wie sie aus den USA und inzwischen auch aus England bekannt sind. Es ist die Sorge, eine Gesellschaft mit einer Zwei-Klassen-Schule zu haben: Zum einen Schulen, die von den gutsituierten Eltern angewählt werden, die finanziell bestens ausgestattet sind, da sie leicht Sponsoren finden, die die besten Lehrkräfte anwerben und die SchülerInnen aussondern können, die nicht in ihr Konzept passen. Zum anderen Schulen, die keine Sponsoren für ihr Klientel finden, die nicht die Möglichkeit haben, die besten Lehrkräfte an die Schule zu holen und deren Elternschaft keine Lobby hat. Weit sind wir auch in Deutschland von diesem Modell nicht mehr entfernt, denn man müsste nur die bislang noch etwas verstreuten Kinder aus unterprivilegierten Schichten (und unter den Kindern mit einer Lernbehinderung sind – wie schon erwähnt – nach wie vor die meisten aus dieser Schicht) sowie die Migrantenkinder in die bereits bestehenden Schulen in den sozialen Brennpunkten schicken[1]. In diesen Schulen konzentrieren sich die Probleme an einem Ort wie seit langem bekannt ist. Wie in dem Kapitel über Hochbegabung bereits ausgeführt, gehen den privilegierten Schulen damit aber auch Begabungen verloren. Unser Schulsystem macht einen Rückschritt – weit über die 70er Jahre hinaus! Alle in diesem Buch genannten Forschungsergebnisse sprechen dafür, einer solchen Schulentwicklung Einhalt zu gebieten.

Abgesehen davon, dass es politische Strömungen gibt, gegen die die Pädagogik zunächst machtlos zu sein scheint, liegt es derzeit doch in der Hand jeder einzelnen Schule ihren Schwerpunkt selbst zu suchen. Die EXPO-Schulen des Jahres 2000 machen Mut, denn es sind einige darunter, die die Heterogenität auf ihre Fahnen geschrieben haben wie z. B. die Fridtjof-Nansen-Schule (Grundschule) in Hannover, die in einem sozialen Brennpunkt liegt und SchülerInnen aus 20 Nationen unterrichtet. Sie nennt sich „Bewegte Schule – Schule als lernendes System im Stadtteil". Ihre Schwerpunkte sind u. a. Schulsozialarbeit, die Eröffnung von Handlungsräumen in denen Kinder Lebens-, Lern- und Bewegungsbedingungen vorfinden. Oder auch die Theodor-W.-Adorno-Schule (Orientierungsstufe mit Hauptschule) in Elze, die an den Ausspruch von Adorno anknüpft: „Die Forderung, daß Auschwitz nicht noch einmal sei, ist die allererste an Erziehung" (vgl. Hilbig 2001). Ein wesentlicher Schwerpunkt ist in dieser Schule die „Inszenierung fremder Lebenswelten" (ebd.). Das Fremde sollen sich die Jugendlichen dadurch vertraut machen, dass sie es sinnlich erfahren, begreifen und leben, statt nur darüber zu reden. Alle EXPO-Schulen haben gezeigt, dass es möglich ist, in der lebendigen Auseinandersetzung untereinander, aber auch mit Hilfe außerschulischer Partner die Heterogenität innovativ zu nutzen und neue Heterogenitäten zu schaffen (vgl. Hendricks 2001).

Im Folgenden sollen – nach einer kurzen Einführung in die Entwicklung eines Schulprogramms heute – am Beispiel einer Grundschule und einer Gesamtschule gezeigt werden, wie das Schulprogramm einer Schule gestaltet ist, die integrativ arbeitet.

7.2 Erarbeitung eines Schulprogramms

Die Erarbeitung eines Schulprogramms kann in erster Linie dazu beitragen, das festzuschreiben, was die Schule schon längst tut, aber auch dazu verhelfen, begonnene Wege – sofern sie sich als richtige Wege herauskristallisiert haben – mit mehr Energie weiterzugehen.

Philipp und Rolff führen eine ganze Reihe guter Gründe für die Erstellung eines Schulprogramms auf wie u. a. Anlass zum Aufbruch und für pädagogischen Diskurs, Rahmen für Vielfalt und eine gemeinsame Ausrichtung, Maßstab für Rechenschaft, Außendarstellung, Entwicklung von Wir-Gefühl, gemeinsame Verantwortung (1998, S. 10 f). In den Richtlinien des Landes NRW hieß es bereits 1985: „Das Schulprogramm spiegelt die pädagogische Grundorientierung des Kollegiums wider und ist zugleich Ausdruck der gemeinsamen Verantwortung aller Lehrerinnen und Lehrer und der Eltern für ihre Schule" (S. 12). Dass Schulen für die

Zeit der Erarbeitung eines solchen Programms Freiraum erhalten sollten, dass viele LehrerInnen ohnehin schon mehr als ausgelastet sind und diese Forderungen „von oben" nur als weitere Belastung empfinden können, auch dass es kein Geld gibt, sondern dass Ideen nur mit den vorhandenen Ressourcen umgesetzt werden können, soll an dieser Stelle wenigstens erwähnt werden.

Philipp und Rolff unterscheiden bei der Erarbeitung eines Schulprogramms drei Teilschritte (1998, S. 16):

- Die Feststellung der Ist- Situation.
- Die Formulierung einer Vision.
- Die Ausarbeitung von Vorhaben der Weiterentwicklung.

Alle Teilschritte müssen vom Kollegium gemeinsam gegangen werden. Ein Schulprogramm ist Ausdruck planvoller pädagogischer Schulgestaltung. Es entsteht in dem Maße, in dem Aktivitäten und Gegebenheiten in einen pädagogischen Zusammenhang gebracht werden und es beruht auf dem kontinuierlichen Bemühen um Übereinstimmung in grundsätzlichen Zielen und Handlungsweisen (ebd., S. 17). Gegenstandsbereiche eines Schulprogramms sind die SchülerInnen, die Eltern, das Kollegium, der Unterricht, das Schulleben, die inner- und außerschulischen Kooperationen und Aktivitäten. Durch das Schulprogramm soll die Arbeit insgesamt zielgerichteter werden und es sollen Vereinbarungen in pädagogischen und fachlichen Fragen sowie Verbindlichkeiten stärker ins Bewusstsein gehoben werden. Ein Schulprogramm bietet auch die Möglichkeit, nach einiger Zeit zu evaluieren, ob die angegangenen Ziele erreicht worden sind, ob Modifizierungen nötig sind, ob andere Ziele ins Auge gefasst werden sollten u. a.m. Das Schulprogramm soll auch dazu dienen, die SchülerInnen in ihrer umfassenden Lebenswirklichkeit ernst zu nehmen und darauf als Schule zu reagieren (Haenisch 1998, S. 12). Die folgenden Beispiele zeigen, dass der Schwerpunkt des jeweiligen Programms in genau diesem Anspruch liegt.

7.3. Schulprogramm der Eichendorffschule (Grundschule)[2]

7.3.1 Allgemeine Übersicht

Die Eichendorffschule ist eine vierzügige städtische Grundschule, die zur Zeit der Abfassung des Schulprogramms (1999) von 390 Kindern besucht wurde. Ihr Einzugsgebiet umfasst Ein- und Zweifamilienhäuser, neuere Siedlungen mit Wohnblocks, darunter auch mehrere soziale Brennpunkte. Die Kinder kommen vorwiegend aus der Mittel- und Unterschicht, etwa 30 % stammen aus ausländischen Familien. Viele Familien beziehen derzeit Sozialhilfe, eine große Zahl der Kinder lebt bei nur einem Elternteil.

Im Kollegium arbeiten 19 Grundschullehrerinnen, 1 Grundschullehrer, 3 Sonderschullehrerinnen, 2 Sonderschullehrer sowie die Leiterin des Schulkindergartens.

Eine türkische Lehrerin erteilt einmal pro Woche muttersprachlichen Ergänzungsunterricht. An das 100 Jahre alte Gebäude wurde 1995 ein moderner Trakt angegliedert, der jedoch bereits wieder durch Zuzug aus neuen Siedlungsgebieten zu klein ist. An der Schule besteht die Möglichkeit der außerschulischen Betreuung für etwa 60 Kinder.

Seit 1987 ist die Eichendorffschule Schwerpunktschule für den gemeinsamen Unterricht von behinderten und nichtbehinderten Kindern. Für die Schule gilt der Leitsatz:

> Wir
> entdecken,
> lernen,
> lachen
> GEMEINSAM
> Dabei finde
> ICH
> meinen eigenen Weg

Entdecken bedeutet: Neugier und Kreativität entwickeln. *Gemeinsam lernen* heißt: Toleranz einüben, Verantwortung übernehmen, die Persönlichkeit stärken, Wissen vermitteln und Leistung fordern. *Gemeinsam lachen* meint: Das Lernen soll in einer fröhlichen Atmosphäre geschehen.

Wichtig ist sowohl die Gemeinsamkeit aller als auch die Persönlichkeit des Einzelnen. Jedes Kind soll seinen eigenen Weg finden. Besonderer Wert wird auf die Erziehung zur Selbstständigkeit, auf eine individuelle Förderung und auf die Gemeinschaft der Lernenden gelegt. Es gilt aber auch für die LehrerInnen. Alle fühlen sich den pädagogischen Leitgedanken und dem gemeinsamen Schulprogramm verpflichtet; gleichzeitig haben sie aber auch die Möglichkeit, ihren eigenen pädagogischen Stil zu entwickeln und persönliche Schwerpunkte auszubilden.

Zum gemeinsamen Unterricht von behinderten und nichtbehinderten Kindern: Die Eichendorffschule nahm von 1987-1997 am Schulversuch teil. Sie ist seitdem eine der vier Schwerpunktschulen für Gemeinsamen Unterricht (GU) in Bielefeld. In jedem Jahrgang gibt es eine Integrationsklasse, in der 5 behinderte und 18-20 nichtbehinderte Kinder durchgängig von einer GrundschullehrerIn und einer SonderschullehrerIn unterrichtet werden. Das ist unbedingt erforderlich, um dem äußerst heterogenen Leistungsprofil einer solchen Klasse gerecht zu werden. In der Unterrichtsorganisation wird das Ziel verfolgt, so viel gemeinsamen Unterricht wie möglich und so viel innere und äußere Differenzierung wie nötig durchzuführen. Methodisch-didaktisch ist eine projektorientierte Arbeitsweise besonders geeignet, den unterschiedlichen Förderbedürfnissen gerecht zu werden. Klassenübergreifende Werkstattangebote besonders für Kinder mit Behinderungen ergänzen die

Arbeit der einzelnen Klasse. Die Qualitätsstandards des GU zu verbessern oder mindestens zu halten, wird die vordringliche Aufgabe in den kommenden Jahren sein. Drohende Kürzungen bei den personellen Ressourcen müssen durch gemeinsame Anstrengungen aller Beteiligten unbedingt vermieden werden, um das, was auch landesweit als durchaus vorbildhaft gilt, nicht in seinen Grundzügen zu gefährden.

Zeugnisse ohne Noten:
In den Integrationsklassen wurden von 1989-1997 keine Ziffernzensuren erteilt. Alle Kinder erhielten Berichtszeugnisse, dies war auch in den Nicht-Integrationsklassen möglich, wenn die Eltern sich dafür aussprachen. Seit 1997 ist die Schule per Erlass gezwungen, in allen vierten Schuljahren Noten zu geben. Für die dritten Schuljahre entscheidet die Schulkonferenz. Sie hat sich für Berichtszeugnisse ohne Noten ausgesprochen.

Innovativer Unterricht[3]: Kennzeichen der Unterrichtspraxis sind:
- Freiarbeit
- Wochenplan
- Projektunterricht
- Förderkonzept mit jahrgangsübergreifenden Werkstattangeboten
- Besuche außerunterrichtlicher Lerngelegenheiten

Da auf diese Unterrichtsformen im Kapitel 5 ausführlich eingegangen wurde und in der Eichendorffschule die dort genannten Prämissen Vorrang haben, soll hier dieser kurze Hinweis genügen.

Die Teamarbeit wird nicht nur zwischen der Grund- und SonderschulkollegIn, sondern auch zwischen den KollegInnen zweier Parallelklassen gefördert. Während eine Lehrerin zwei Klassen bei Wochenplan- oder Freiarbeit beaufsichtigt, fördert die andere Kinder aus beiden Klassen z. B. in Mathematik oder Sprache. Das bedeutet, dass der Stundenplan so gestaltet wird, dass an bestimmten Tagen z. B. für die 3. Stunde in den Parallelklassen Wochenplanarbeit angesetzt wird. So entsteht auf dem schriftlich fixierten Stundenplan ein „Band", das die Zeit des Förderunterrichts bezeichnet. Dieses Konzept wird mit Erfolg von sechs Klassen (= drei „Förderbänder") durchgeführt.

Ein Förderkonzept ist die Arbeit mit dem Computer, dazu hat sich eine Arbeitsgruppe gebildet. Ein weiteres Förderkonzept heißt „Werkstätten", die zu bestimmten Randstunden für die dritten und vierten Klassen angeboten werden. Jedes Kind kann im Laufe eines Schulhalbjahres für sechs Wochen in den Genuss einer solchen Werkstatt (Geschichten schreiben, Arbeit am PC, Theater, Pantomime, Häkeln etc.) kommen.

Die Schule erhielt zweimal einen Preis von der Olympischen Gesellschaft in Bielefeld als *Bewegte Schule*. Es gibt eine Reihe von Fördermöglichkeiten und Veranstaltungen, von denen alle Kinder profitieren wie psychomotorische Entwicklungsförderung, Kinesiologie, Zaubern, Entspannungsübungen, Feste und Klassenfahrten[4].

Die Schule arbeitet eng mit der Universität Bielefeld zusammen, indem Studierende Praktika ableisten, Unterrichtsreihen durchführen, beim Projektunterricht helfen und amKonzept „Begegnung mit Sprachen" mitarbeiten. An dem von der Universität betreuten Projekt „Schule für alle" nehmen Kinder der Eichendorffschule teil.

Es gibt eine enge Zusammenarbeit mit den örtlichen Beratungsstellen und mit dem Stadtteil.

Die Schule hat ihr Konzept in folgender Graphik veranschaulicht:

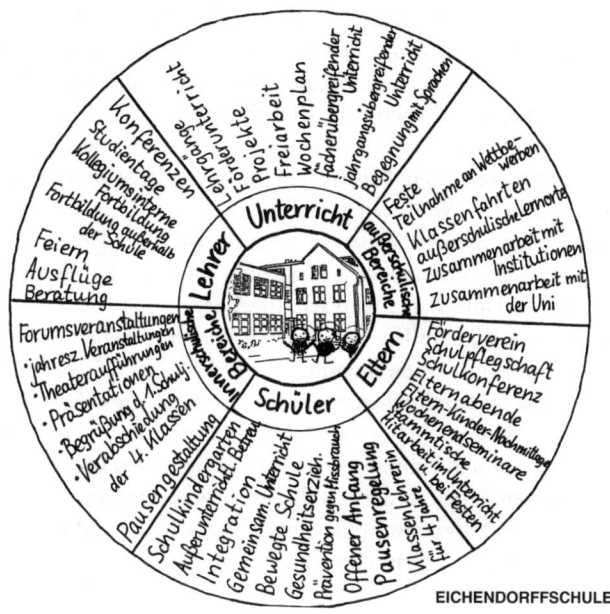

Abb. 6

Die *Elternarbeit* hat in der Schule einen hohen Stellenwert. Im Jahr 1988 wurde ein Förderverein gegründet, auf seine Initiative geht z. B. die außerschulische Betreuung zurück.

In zwei Bereichen wird die Elternarbeit besonders deutlich spürbar:
• in der Einrichtung und Gestaltung des Gemeinsamen Unterrichts und
• in der Arbeit des Fördervereins und den daraus folgenden Aktivitäten.

Der GU wurde von Beginn an von einer aktiven Elterngruppe begleitet, es gibt eine gut organisierte Elternmitarbeit. Es werden Familienwochenenden gestaltet zu bestimmten Themenschwerpunkten (differenzierter Unterricht, Umgang mit Behinderungen, Leistungsbeurteilung), Elternstammtische und Eltern-Kinder-Nachmittage. Im Unterricht helfen Eltern beim Lesen („Lesemütter"), bei Erlebnistagen, Projekten und bei Fahrten zu außerschulischen Lerngelegenheiten.

Als der Schulversuch GU genehmigt wurde, kämpften die Eltern um den Einsatz von Zivildienstleistenden, um Berichtszeugnisse für die gesamte Grundschulzeit und für eine Weiterführung des GU in der Sekundarstufe. Es entstand 1988 aus der Elternschaft der Eichendorffschule der Verein „Gemeinsam leben – gemeinsam lernen". Dieser Verein organisierte 1992 eine differenzierte Ausstellung mit einer Vortragsreihe in der Volkshochschule in Bielefeld sowie ein großes Integrationsfest in einer Bielefelder Gesamtschule, er beriet Eltern und gab Broschüren heraus. Wenn die Aktivitäten des Vereins auch derzeit vorübergehend reduziert sind, so hat der Verein doch in Bielefeld und in der Region sehr viel bewirkt: Die Weiterführung der Integration an zwei Gesamtschulen sowie die Einrichtung des bereits erwähnten Projekts „Keimzeit" nach dem 10. Schuljahr (vgl. S. 204, Kap. 6.3).

Folgende Vorhaben hat die Schule u. a. in Angriff genommen bzw. geplant:

- Prävention gegen sexuellen Missbrauch (u. a. in Zusammenarbeit mit der Theaterpädagogischen Werkstatt Osnabrück)
- Förderunterricht mit einem neuen Förderkonzept. Dazu gehört u. a. Teamarbeit zwischen zwei Lehrkräften zur Förderung während der Wochenplan- und Freiarbeit; PC im Unterricht; Werkstattangebote
- Beratungskonzept (u. a. in Kooperation mit Beratungsstellen und Jugendamt)
- Schlichtung und Konfliktbewältigung

Die im Schulprogramm beschriebenen Leitgedanken hatten sich in der pädagogischen Arbeit der Eichendorffschule schon viele Jahre bewährt. Es war kein Problem, sie mit dem gesamten Lehrerkollegium zu formulieren. Diese Festschreibung hat der pädagogischen Arbeit in der Schule eine bewusstere gemeinsame Orientierung gegeben. Für alle Programmpunkte gibt es neue Ideen und Konzepte, an deren Weiterentwicklung aktiv gearbeitet wird.

7.3.2 Evaluation des Schulprogramms

Am Ende des Schuljahres 2000/2001 wurde das Schulprogramm erstmals von der Schule in Zusammenarbeit mit mir evaluiert[5]. Es handelt sich hier um eine „Aktionsforschung" (vgl. Altrichter/ Posch 1998) in einer Selbstevaluation auf der Basis einer Befragung aller LehrerInnen, aller Eltern und der SchülerInnen des dritten und vierten Jahrgangs.

Die Lehrerschaft der Eichendorffschule definiert danach Heterogenität übereinstimmend mit folgenden Begriffen:

- Schule für alle
- Pädagogik der Vielfalt

- Kinder aus verschiedenen Ländern, mit unterschiedlichen Kulturen und Sprachen, aus verschiedenen sozialen Bereichen, mit unterschiedlichen Lernvoraussetzungen und Behinderungen lernen und leben gemeinsam.

Die Übereinstimmung mit dem Schulprogramm drückt sich vor allem in Items aus, die Zufriedenheit, das Eingehen der LehrerInnen auf die SchülerInnen, die Stärkung sozialer Kompetenz sowie Unterricht betreffen. Nur einige wenige Untersuchungsergebnisse können dazu zusammengefasst werden[6].

Mehr als 90 % der befragten *Eltern* sagen, dass der Leitsatz des Schulprogramms: „Wir entdecken, lernen, lachen gemeinsam. Dabei finde ich meinen eigenen Weg" erfüllt bzw. zum großen Teil erfüllt wird.

Auf die Frage wie wohl sich die *LehrerInnen* in der Schule fühlen antworten sie wie folgt:

sehr wohl   71%

wohl   29%

nicht so wohl/schlecht   0 %

Man kann also sagen, dass sich alle LehrerInnen mindestens wohl fühlen. Dabei ist eine altersmäßige Gleichverteilung festzustellen.

Mit der Zusammenarbeit innerhalb des Kollegiums sind

71 % der *LehrerInnen* sehr zufrieden

28 % weniger zufrieden

0 % unzufrieden

Auch dies ist auf die Altersgruppen gleichmäßig verteilt.

60 % der *SchülerInnen* gehen gern, 36 % manchmal gern zur Schule.

Auf die Frage „Achten deine Lehrer darauf, wenn du Probleme hast?" antworten die *Schülerinnen*:

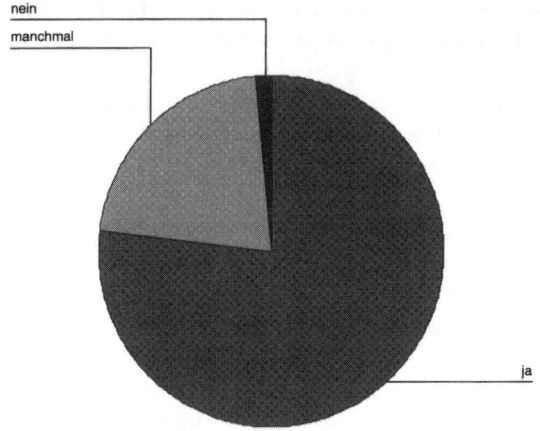

Diagramm 1

Die Leistungsanforderungen der Schule finden 65 % der *Eltern* gerade richtig, etwas zu hoch bzw. etwas zu niedrig sagen 25 %.

61 % der Eltern sind der Meinung, dass die Integrationsklassen ebenso gut auf das Gymnasium vorbereiten wie die Nicht-Integrationsklassen. Nur 15 % verneinen dies.

Auf die Frage „Welche Mühe geben sich die Lehrkräfte ihrer Meinung nach?" antworten die *Eltern*:

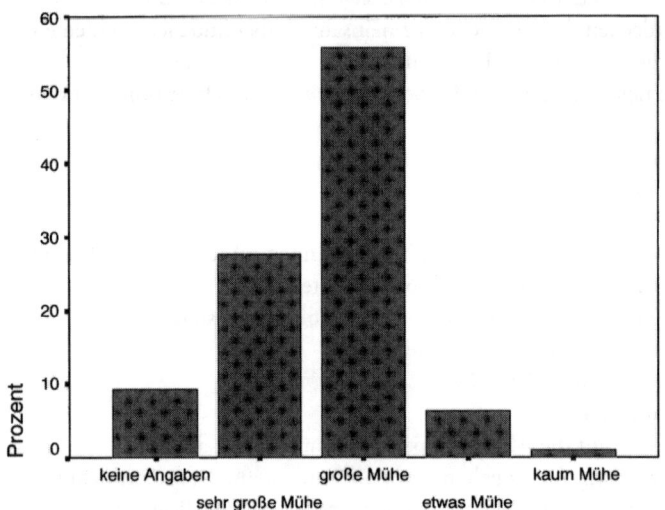

Diagramm 2

Die Mehrheit der Eltern ist vor allem der Meinung, dass die Lehrer großes Engagement zeigen und den Kindern individuelle Unterstützung und Förderung zukommen lassen.

Mit der Einschulung in eine Integrationsklasse waren prinzipiell 80 % der *Eltern* einverstanden, nur 17 % entschieden sich dagegen. Als häufigsten Grund für die Entscheidung zu einer Integrationsklasse wird genannt: „Erfahrungen mit behinderten Kindern sammeln, soziales Lernen, Zwei-Lehrer-System". Als Nachteil von Nicht-Integrationsklassen wird häufig gesagt, dass „die Kinder von Behinderten ferngehalten werden".

Bezüglich der Fragestellungen zur Stärkung der sozialen Kompetenz sind 62 % der *Lehrer* der Meinung, dass Kinder in Integrationsklassen eher Sozialkompetenzen erwerben als in Nicht-Integrationsklassen. 81 % der *Lehrer* sind der Meinung, dass die zusätzlichen Angebote (Projekte, Bewegte Schule, Eltern-Kinder-Nachmittage etc.) die Akzeptanz der Kinder untereinander fördert, da diese Raum geben für unbefangenen Umgang miteinander, die gesamte Persönlichkeit ansprechen und Wertschätzung schaffen.

66 % der *Eltern* sind der Meinung, dass an der Schule genügend auf soziales Miteinander geachtet wird, 22 % meinen zum großen Teil und nur 4 % sind nicht dieser Meinung.

Es bestätigte sich außerdem, dass die LehrerInnen ihren Unterricht in der Weise öffnen, wie es im Schulprogramm festgelegt wurde.

Dieser kleine Einblick in die Ergebnisse der Evaluation zeigt, dass diese Schule auf dem Weg zu einer Schule für *alle* Kinder ist und dass sie mit ihrem Konzept eine hohe Akzeptanz in der Lehrerschaft, der Elternschaft und unter den SchülerInnen findet. Diese Schule zeigt damit beispielhaft, dass die in diesem Buch erhobenen Forderungen und Prämissen im Schulalltag einlösbar sind.

7. 4. Schulprogramm der Gesamtschule Stieghorst

Die Schule arbeitet seit 1996 an der Erstellung eines Schulprogramms. Es wurde eine Steuerungsgruppe eingerichtet mit der Aufgabe, den Prozess der Schulprogrammentwicklung zu steuern, zu straffen und zu sichern. Die Eltern und Schüler waren in die Arbeit mit eingebunden. Es wurden die pädagogischen Leitlinien festgeschrieben und damit der Rahmen für die gesamte pädagogische Arbeit der Schule verbindlich festgelegt. In Lehrerkonferenzen und anderen Gremien wurden die thematischen Schwerpunkte des Schulprogramms festgelegt. Das Schulprogramm wurde im Dezember 2000 verbindlich verabschiedet.

Zusätzlich zum Schulprogramm[7] gibt es in der Gesamtschule Stieghorst (Bielefeld) unter dem Motto „...eine Schule für alle Kinder" ein ausführliches Programm für den Gemeinsamen Unterricht (Pörksen 2000) und einen umfangreichen Bericht über die Geschäftserfolge des Schülerladens (Beckmann 2000). Beide Berichte werde ich in die Zusammenfassung des Schulprogramms aufnehmen, um ein Gesamtbild der Arbeit in dieser Schule entstehen zu lassen.

7.4.1 Allgemeine Übersicht

Die Gesamtschule Stieghorst ist eine sechszügige städtische Ganztagsschule und umfasst die Sekundarstufen I und II. Sie wurde 1983 als Stadtteilschule gegründet. Derzeit arbeiten dort 110 LehrerInnen, 6 MitarbeiterInnen und JahrespraktikantInnen des pädagogisch-psychologischen Dienstes mit ca. 1.100 SchülerInnen. Seit 1992/93 nimmt die Schule am Modellversuch *Gemeinsamer Unterricht behinderter und nichtbehinderter Kinder* des Landes NRW teil. Die Nachfrage nach Schülerplätzen ist sehr groß, jährlich müssen ca. 100 SchülerInnen abgewiesen werden. Der gesamte Schulkomplex teilt sich in drei von einander abgetrennten Häuser auf:

- Haus der Kinder (Jahrgänge 5-7)
- Haus der Jugendlichen (Jahrgänge 8-10)
- Haus der jungen Erwachsenen (Jahrgänge 11-13)

Ein eigenes Profil konnte sich die Schule durch inhaltliche Schwerpunkte geben, auf die im Folgenden nur teilweise näher eingegangen werden kann:

- Doppelbesetzung der Klassen mit 2 StammgruppenlehrerInnen (in Integrationsklassen i.d.R. zusätzlich mit einer SonderschullehrerIn)
- Weitgehende Durchgängigkeit in der Klassenführung von 5-10
- Entscheidung für Unterricht in kleinen Gruppen im Differenzierungsbereich
- Angebot von 3 Fremdsprachen im Wahlpflichtbereich
- Integrierter Unterricht im Fach Gesellschaftslehre
- Besondere sprachliche Förderung in den Jahrgängen 5 und 6
- Berufsorientierung in der Sek. I und Sek. II
- Mädchen-/Jungen-Arbeit
- Umwelterziehung u. Energiesparen an Schulen
- Gesundheitsförderung
- Durchführung einer Vielzahl von Jahrgangsprojekten aus unterschiedlichsten Themenbereichen
- Teilnahme am bundesweiten *InfoSCHUL-Projekt*
- Pflege von Schulpartnerschaften
- Schulfahrtenprogramm

Leitlinien der pädagogischen Arbeit:
Die Zusammenarbeit wird getragen von den Gedanken der Partnerschaft und der Solidarität. Ziele der Erziehungsarbeit sind u. a.: Selbstständigkeit und Eigenverantwortung, Verantwortung gegenüber den Mitmenschen, der Umwelt und der Gesellschaft, kritisches Urteilsvermögen und kreatives, problemlösendes Handeln, Teamfähigkeit und Kompromissbereitschaft, Gewaltfreiheit, Toleranz und gegenseitige Akzeptanz.
Die Mitarbeit der SchülerInnen wird in allen Bereichen gefördert wie: u. a. Unterricht und Schulleben, Ordnungssysteme erstellen und anwenden, Lernprozesse selbst steuern.
Die Schule ist eine Schule der *Integration*: SchülerInnen aus verschiedenen Ländern und Kulturkreisen, SchülerInnen mit sozialen Schwierigkeiten, SchülerInnen mit einer Behinderung.
Lernen mit neuen Medien: Die Schule verfügt über eine gut ausgebaute Infrastruktur für eine breite Nutzung von Computern. Alle SchülerInnen erhalten in der 8. Klasse Grundkenntnisse im Umgang mit Computern und Software. Eine Vernetzung an jedem Schüler- und LehrerInnenarbeitsplatz ist bereits begonnen.
Mädchen-/Jungenarbeit: Die Schule hat es sich zum Ziel gesetzt, SchülerInnen so-

wohl auf gleiche als auch auf unterschiedliche Zukunftsperspektiven vorzubereiten. Geschlechterbewusste Bildung richtet sich gegen Diskriminierung (die den behinderten Mädchen hier in doppelter Weise widerfährt), enge Rollenzuschreibung, Unterdrückung und Ausgrenzung. Daher stellt sich nicht die Frage, ob diese Arbeit auch für Menschen mit Behinderungen notwendig ist, sondern schließt diese ein.

Umwelterziehung: Das schließt u. a. die Teilnahme an Wettbewerben, eine Initiative zur Installation eines Blockheizkraftwerkes, Aufforstaktion im Stadtwald und die Beteiligung am BLK[8]-Modellversuch Agenda 21 ein.

Gesundheitsförderung: Es werden u. a. Gesundheitstage und Projekte durchgeführt, sowie mit außerschulischen Partnern wie AIDS-Hilfe, AWO u. a.m. kooperiert.

Die *Elternarbeit* hat einen hohen Stellenwert. Es gibt einen Förderverein und eine aktive Mitarbeit der Eltern u. a. bei Projekten, Schulfesten, Kontakten mit außerschulischen Kooperationspartnern.

7.4.2 Gemeinsamer Unterricht[9]

Wie schon erwähnt, besuchen ca. 1.100 SchülerInnen die Gesamtschule Stieghorst, davon haben 58 SchülerInnen einen sonderpädagogischem Förderbedarf, darunter sind 31 SchülerInnen mit einer Lernbehinderung. 20 GesamtschulkollegInnen haben gemeinsam mit 11 SonderschulkollegInnen die Funktion der Stammgruppenleitung übernommen. Weitere 26 GesamtschulkollegInnen arbeiten im Fachunterricht in den Integrationsklassen.

Seit dem Schuljahr 1995/96 nimmt die Gesamtschule pro Jahrgang in zwei parallelen Integrationsklassen etwa 10 SchülerInnen mit sonderpädagogischem Förderbedarf auf. Der Gemeinsame Unterricht ist noch im Versuchsstadium.

Organisatorische Voraussetzungen:

Es werden in jeder Integrationsklasse maximal 5 Kinder mit sonderpädagogischem Förderbedarf unterrichtet. In diesen Klassen sind durchgängig zwei Lehrpersonen anwesend, die den Unterricht gemeinsam vorbereitet haben und ihn auch gemeinsam durchführen. Die Klassen sind auf ca. 23 SchülerInnen reduziert. Der Kernunterricht wird vorwiegend von den StammgruppenlehrerInnen erteilt. Es gibt einen „Klassentag", an dem nur die KlassenlehrerInnen mit ihren jeweiligen Fächern eingesetzt sind. Dieser Tag ermöglicht die Organisation klasseninterner fächerübergreifender Projekte. Das Team erhält eine Stunde für die notwendigen Absprachen. Jeder Integrationsklasse ist eine Sozialpädagogin mit einem Viertel ihrer Arbeitszeit zugeordnet. Sie übernimmt die spezielle Förderung einzelner SchülerInnen, Unterstützung der Integration in der Stammgruppe sowie Aufgaben der Differenzierung und Betreuung in der Freizeit. In Jahrgang 9 und 10 ist sie dem wöchentlichen Projekttag zugeordnet. Das Schulgebäude wurde mit verschiedenen baulichen

Maßnahmen den Erfordernissen angepasst.

Es herrscht sowohl bzgl. der Lehrkräfte als auch der SchülerInnen das Prinzip der Freiwilligkeit vor. Keine Lehrkraft muss gegen ihren Willen in einer Integrationsklasse unterrichten und kein Kind wird gegen den Willen der Eltern einer Integrationsklasse zugewiesen.

Die Klassenteams haben benachbarte Arbeitsplätze in den Lehrerzimmern ihres jeweiligen Jahrgangs, so dass informelle Absprachen jederzeit möglich sind. Das Team muss sich auf ein hohes Maß an gegenseitiger Abstimmung und Verständigung einstellen, was einen erheblichen zeitlichen Aufwand bedeutet.

Absprachen sind erforderlich in Bezug auf:

- Die Umgangsweise mit einzelnen SchülerInnen;
- die Entwicklung des sozialen Klimas in der Klasse;
- den Unterricht;
- Klassenaktionen und Projekte;
- Gestaltung des Klassenraumes;
- den Konsens im pädagogischen Handeln;
- die Förderpläne;
- die Elternarbeit.

Die SonderschullehrerIn ist nicht ausschließlich für die SchülerInnen mit sonderpädagogischem Förderbedarf zuständig, sondern sie übernimmt auch Fachunterricht für die Gesamtgruppe. Sie bewahrt jedoch für diese SchülerInnen die Kontinuität in der Betreuung dieser Gruppe. Ihre Aufgabe ist es, die FachlehrerInnen auf bestimmte behinderungsbedingte Verhaltensweisen aufmerksam zu machen und individuelle Förderpläne für den sonderpädagogischen Förderbedarf zu erstellen. Darüber hinaus profitieren die FachlehrerInnen an dem höheren Repertoire an didaktischen und methodischen Verfahren der SonderschullehrerInnen. Die Erfahrung zeigt jedoch, dass die FachlehrerInnen im Laufe der Zeit immer mehr Kompetenz im Umgang mit Behinderten und in der Realisierung eines mehr anschaulich und handlungsorientierten Unterrichts erwerben.

Alle in der Integration arbeitenden KollegInnen haben sich zu einer Fachkonferenz „Integration" zusammengeschlossen, in der sie Informationen und Erfahrungen austauschen, Anliegen und Anträge an die Schulleitung, die Lehrer- und Schulkonferenz erarbeiten. Es gibt einen Koordinator, der in allen Belangen des Gemeinsamen Unterrichts einen engen Kontakt zur Schulleitung hält, an der Stundenplangestaltung mitarbeitet und grundlegende konzeptionelle Arbeit leistet.

Es kann nicht ausbleiben, dass sich bei der Umsetzung dieses Konzepts auch Probleme ergeben, davon seien einige hier genannt:

- Durch zunehmenden Personalmangel wird der Umfang der Doppelbesetzung eingeschränkt und es kommt immer wieder zu Engpässen.
- Die gewünschten, pädagogisch sinnvollen Setzungen im Stundenplan einer

Integrationsklasse können häufig nicht realisiert werden, weil andere organisatorische Zwänge im komplexen Stundenplan einer Gesamtschule dieses verhindern.

- Eltern möchten häufig, dass ihr Kind, das zwar nicht behindert ist, aber Schwierigkeiten hat, in der Integrationsklasse aufgenommen wird. Die Zusammensetzung einer Klasse muss jedoch so sein, dass sie sozial tragfähig ist.
- Es kommt vor, dass für ein Kind ein anderer Lernort gefunden werden muss, wenn sich herausstellt, dass es für die Stammgruppe eine zu große Belastung darstellt oder nicht angemessen gefördert werden kann. Dies geschieht jedoch erst nach ausführlichen Beratungen.
- Die Arbeit im Team stellt in manchen Fällen eine hohe Belastung dar. Supervision kann bei der Teamentwicklung sehr gut helfen und aufgetretene Spannungen bereinigen.

Pädagogisches Konzept[10]

Die Basis des Integrationskonzepts ist die Zugehörigkeit der SchülerInnen mit Förderbedarf zu ihrer Klassengemeinschaft. Alle Beteiligten erhalten durch das Miteinanderlernen wichtige Anreize für ihre Persönlichkeitsentwicklung.

Nach den Richtlinien und Lehrplänen der Gesamtschule wird so weit als möglich themengleich, aber zieldifferent gearbeitet, d. h. es werden anschauliche, handlungsorientierte Lehr- und Lernformen entwickelt wie:

- Gemeinsame Phasen des Unterrichts, die mit denen innerer bzw. äußerer Differenzierung abwechseln;
- Gruppenarbeit;
- Offenes Lernen, in dem individuelle Lernwege herausgefunden werden können;
- Vielfältigkeit und Wechsel der Methoden.

Für die behinderten SchülerInnen gelten die jeweiligen Sonderschulrichtlinien. Folgende Unterrichtsformen wechseln sich im Schulalltag ab:

- Klassenunterricht mit dem Schwerpunkt gemeinsamer Gespräche und der Vermittlung grundlegender Kenntnisse.
- Innere Differenzierung: themengleiches, lernzieldifferentes Arbeiten mit entsprechend vielfältigen Materialien.
- Äußere Differenzierung: spezielle Förderung der Kinder mit einer Behinderung.
- Freiarbeit und Wochenplan mit dem Schwerpunkt, bewusstes, zielorientiertes eigenständiges Lernen zu fördern.
- Projektunterricht bzw. Offener Unterricht: entdeckendes Lernen und Experimentieren in selbstständiger Arbeit.
- Gemeinsame Klassenaktivitäten, gestaltende Vorhaben, gemeinsame Erkun-

dungen und Ausflüge, Klassenfahrten und Klassenfeste. Vergleiche mit den Parallelklassen des Jahrgangs zeigen durchgängig, dass die Leistungen der SchülerInnen aus den Integrationsklassen mindestens gleichwertig sind. Damit werden die in diesem Buch bereits referierten Forschungsergebnisse bestätigt. Darüber hinaus entwickeln die „Regelkinder" im Umgang mit den MitschülerInnen mit einer Behinderung eine Selbstverständlichkeit, die sich über den Schulalltag hinaus auswirkt. Sie werden aufmerksamer und lernen, sich und ihre Ansprüche etwas zurückzunehmen. Sie stellen aber auch oft fest, dass die Verschiedenheit so groß sein kann, dass es schwer ist, etwas miteinander anzufangen.

Auch in der Umsetzung des pädagogischen Konzeptes gibt es Probleme wie:

- Die meisten Lehrenden haben in ihrer Ausbildung nie die Möglichkeit erhalten, handlungsorientierten Unterricht zu trainieren und offene Unterrichtsformen kennen zu lernen. Es bedeutet einen hohen Einsatz an Zeit und Engagement, sich diese Kompetenzen neben den anfallenden Überstunden und den vielfältigen täglichen Aufgaben anzueignen.
- Es kommt immer wieder vor, dass SchülerInnen mit erhöhtem Förderbedarf nicht angemessen gefördert werden können.
- Durch die intensivere Betreuung aller SchülerInnen wachsen auch deren Ansprüche auf persönliche Zuwendung. Erhalten sie diese nicht, kann es zu Konflikten kommen.
- Eine häufig auftretende Belastung ist die Erwartung von Jugendlichen mit einer Behinderung an Freundschaften mit den RegelschülerInnen. Diese jedoch haben – wie bereits ausgeführt – in diesem Alter eher die Tendenz sich zurückzuhalten und lehnen es meist ab, über den gemeinsamen Schultag hinaus Kontakte zu pflegen.

Berufsorientierung[11]

Alle SchülerInnen sind in ein Curriculum zur Vorbereitung auf die Arbeits- und Berufswelt eingebunden. Es ist aber notwendig, für die Jugendlichen mit Förderbedarf ein Modell zu entwickeln, bei dem ein handlungsorientiertes Lernen mit realem Praxisbezug im Mittelpunkt steht. Es müssen ihnen Erfahrungen in einem geschützten Raum ermöglicht werden, in dem sie ihre Eignungen und Neigungen über einen längeren Zeitraum erproben können. Es wurden deshalb handlungsorientierte, fächerübergreifende *„Ernstfallprojekte"* etabliert, die innovativ in die gesamte Schule hineinwirken.

Es zeigte sich immer deutlicher, dass komplexe Lernformen in den Jahrgängen 9 und 10 seltener angeboten werden können, da diese sich auf den Abschluss vorbereiten. In der Sekundarstufe liegt gerade hier die Gefahr, gemeinsamen Unterricht auf wenige Stunden zu reduzieren. Die „Ernstfallprojekte" geben den Jugendlichen mit einer Behinderung und den RegelschülerInnen die Möglichkeit, an einem Tag in der Woche handlungsorientiert und ganzheitlich miteinander zu kooperieren und sich der Schulöffentlichkeit als MitarbeiterInnen eines kundenorientierten Betriebes zu präsentieren. RegelschülerInnen und SchülerInnen mit Förderbedarf können sich zum Ende des 8. Schuljahres aus dem Bereich Arbeitslehre um Aufnahme bewerben. Ihre Schwerpunktwahlen für das 9. Schuljahr sollten auf das Projekt ausgerichtet sein. Gemeinsam mit ihren LehrerInnen arbeiten sie in integrativen Betriebsprojekten wie im Projekt SALATBAR, in dem Projekt RED-PEN, einem Schreibwarenladen oder in dem Projekt PC-ROLLI.

Im Projekt SALATBAR, das inzwischen zu einer festen Institution in der Schule geworden ist, werden von den SchülerInnen jeden Mittwoch in der Mittagszeit ein qualitativ hochwertiges, abwechslungsreiches Salatbuffet, eine schmackhafte Suppe und Getränke angeboten. Die Speisen werden in der Küche des Begegnungszentrums „Café Caro", das schon seit langem eine feste Einrichtung ist, zubereitet und der angrenzende Flurraum zu einem Restaurant umgestaltet. Der Restaurationsbetrieb wurde mittlerweile um eine *Garten- und Gewächshausgruppe* erweitert, in der die Zutaten für die Salate angebaut werden.

Das Ladenprojekt RED-PEN ist ein gutsortierter Schreibwarenladen. Es wurden Finanzierungsmodelle erarbeitet und Kontakte zum Einzelhandelsverband OWL geknüpft, Marktanalysen erstellt, Kosten kalkuliert u. v. m. Der Laden ist täglich während der gesamten Schulwoche in der großen Pause geöffnet. Für Arbeitszeiten außerhalb des regulären Unterrichts erhalten die beteiligten SchülerInnen einen Stundenlohn von 1.20 DM. Inzwischen wurde ein Second-Hand Laden gegründet, da die Anzahl der mitarbeitenden SchülerInnen stark angestiegen ist.

Im Projekt PC-ROLLI kann die Schülerfirma ein Kleinmöbel liefern, das es auf dem freien Markt nicht gibt.

Im *Café Caro*, das sich zu einem jahrgangsübergreifenden Begegnungsraum für Jugendliche mit und ohne Behinderung entwickelt hat, verkaufen Jugendliche mit einer Behinderung einen selbst zubereiteten Mittagsimbiss.

Für die Unter- und Mittelstufe wird eine Freizeitgruppe angeboten, die an einem unterrichtsfreien Nachmittag den Jugendlichen mit einer Behinderung die Gelegenheit bietet, sich zu treffen und gemeinsam in der Stadt etwas zu unternehmen. Dass behinderte Jugendliche auch untereinander sind, widerspricht nicht dem Integrationsgedanken – wesentlich ist, dass sie sich zu einer Gemeinschaft zugehörig fühlen, die heterogen zusammengesetzt ist.

Die *Ziele* dieser Projekte liegen auf der Hand: Vermittlung grundlegender Schlüsselqualifikationen wie Kooperationsfähigkeit, Teamfähigkeit, Verantwortungsbereitschaft, Zuverlässigkeit, Belastbarkeit und Entwicklung von Handlungskompetenzen wie selbstständiges Beschaffen von Informationen und das selbstständige Planen und Organisieren. Diese Betriebsprojekte haben eine *nachhaltige* Auswirkung auf das gesamte Schulleben. Sie bieten die Möglichkeit, integrative Arbeitsteams behinderter und nichtbehinderter SchülerInnen zu bilden und bereiten auf die Berufs- und Arbeitswelt vor. Das ist eine neue Qualität des Lernens, das der Heterogenität in hohem Maße gerecht wird und die Idee der Projektmethode im Dewey'schen Sinne realisiert.

An die *Organisation* dieser Projekte und ihre Einbindung in den Stundenplan werden hohe Anforderungen gestellt. Der Fächerkanon muss so gestaltet sein, dass für die ProjektteilnehmerInnen keine Nachteile entstehen. Die Tagesstruktur sieht vor, dass die RegelschülerInnen in den ersten beiden Stunden des Tages am Kursunterricht des gesamten Jahrgangs teilnehmen können. Das WP (=Weiterentwicklung der Persönlichkeit) I- Band wird mit einer Doppelstunde in den Vormittag gelegt. Die weiteren drei bis vier Stunden des Schultages sollten nach Möglichkeit so gesetzt sein, dass Teilbereiche dieser Fächer im Projekt abgedeckt werden.

Auch hier bleibt es nicht aus, dass *Probleme* entstehen. Sie liegen vorwiegend in der Organisation. Es müssen häufig Kompromisse eingegangen werden, RegelschülerInnen werden immer wieder aus der Projektarbeit genommen, was bedeutet, dass den verbleibenden MitarbeiterInnen im Projekt sehr viel Arbeit zugemutet und die Gruppenidentität geschwächt wird. Der notwendige Reflexionsprozess, der – wie bereits ausgeführt – für die Projektmethode unerlässlich ist, kommt oft aus Zeitgründen zu kurz. Auch der Anspruch einer durchgängigen Anwesenheit der betreuenden LehrerInnen und SozialpädagogInnen lässt sich nicht immer verwirklichen. Die Projekte erfordern einen besonders engagierten und kreativen Einsatz der betreuenden KollegInnen.

Pädagogisch-Psychologischer Dienst (PPD)

Der PPD ist eine unverzichtbare Unterstützung der Integration. Die Sozialpädagogin gehört zum Klassenleitungsteam. Neben den schon genannten Aufgaben wie Mitarbeit in Projekten sind ihre Aufgaben folgende:

- Förderung der SchülerInnen mit einer Behinderung als Einzelförderung oder in Kleingruppen vor allem im psychomotorischen Bereich wie im Bereich lebenspraktischer Übungen.
- Förderstunden mit der Gesamtklasse oder einer Teilgruppe zum Thema Integration und den damit verbundenen Konflikten.
- Beratung und Einzelfallhilfe für SchülerInnen mit einer Behinderung.
- Differenzierungsaufgaben im Klassenunterricht, wenn keine Doppelbesetzung ist.
- Betreuung des Freizeitangebots für die SchülerInnen mit einer Behinderung wie das „Begegnungszentrum im Haus I" und das „Café Caro".
- Vorbereitung der Familienseminare in Abstimmung mit den jeweiligen Klassenteams.

Probleme ergeben sich vor allem daraus, dass die Mitglieder des PPD auch für Betreuungsaufgaben im Unterricht herangezogen werden, da die Doppelbesetzung nicht stringent durchgehalten werden kann. Da sie ohnehin schon ausgelastet sind, führt dies zu zusätzlichen Belastungen. Die vielseitigen Angebote und Betreuungen, die der PPD im Laufe der Zeit entwickelt hat, lassen sich nur durch den Einsatz von JahrespraktikantInnen (z. B. der Sozialpädagogik) und Zivildienstleistenden abdecken.

7.4.3 Entwicklungsschwerpunkte

Der *Förderunterricht* im 5. und 6. Schuljahr soll vor allem bezüglich der Lese-Rechtschreibschwierigkeiten intensiviert werden.

In der Sekundarstufe II soll mehr Wert auf die Vermittlung von *Schlüsselqualifikationen* (Fachkompetenz-Sozialkompetenz-Methodenkompetenz) gelegt werden. Die Grundlagen müssen schon im 5. Jahrgang durch neue Formen des Lernens erworben werden wie u. a. Lernen an Projekten, an Stationen, mit dem Wochenplan. Es sind Schritte zur Entwicklung der Methodenkompetenz ab dem 5. Schuljahr geplant.

Der *fächerübergreifende und fächerverbindende Unterricht* in der Sekundarstufe II soll weiter ausgebaut werden. Das erfordert eine zeitlich und inhaltlich eng abgestimmte Kooperation mehrerer Kurse, die ein Thema in einem bestimmten Zeitraum aus den unterschiedlichen Fachperspektiven erarbeiten.

Im Zentrum stehen derzeit Überlegungen zur *Qualitätssteigerung* besonders in den Jahrgängen 9-10. Dazu wird in der Schule derzeit kontrovers diskutiert. Zum Schuljahr 2001/2002 hat sich die Schule als erste in der Region dennoch entschlossen, in den Jahrgangsstufen 9 und 10 Profilklassen zu bilden, in denen stärker auf den Unterricht in der gymnasialen Oberstufe vorbereitet werden soll. Es ist die Frage, ob durch stärkere Differenzierungsmaßnahmen (neue Klassen- und Kursbildung) oder durch ein Konzept, das eine verstärkte Förderung und Forderung *innerhalb* der bestehenden Differenzierungsstrukturen die begabteren SchülerInnen besser gefördert werden. Es ist letztendlich die Frage, mit der sich das vorliegende Buch beschäftigt und vor die sich die Schulen durch die Forderung nach mehr Qualität verstärkt gestellt sehen. Es besteht die Gefahr, damit die Heterogenität, die gerade an dieser Schule (trotz aller Schwierigkeiten) mit großem Erfolg durchgeführt wird, zu zerschlagen. Da der Erfolg des gemeinsamen Unterrichts nicht zuletzt auf das Engagement und Organisationstalent der LehrerInnen zurückzuführen ist, bleibt nur zu wünschen, dass ihnen weiterhin zu zeigen gelingt, dass gemeinsamer Unterricht – entgegen der Elternängste – *keinen* Qualitätsverlust bedeutet.

8. Schlussgedanke

Die Ausführungen in diesem Buch, basierend auf Theorien, Forschungsergebnissen und Praxisberichten, haben gezeigt, dass Schule der Heterogenität in seiner gesamten Breite gerecht werden kann. *Indem das Profil der Schule durch Heterogenität geprägt ist,* können Schulen den Qualitätsnachweis über eine engagierte Lehrerschaft, innovative Unterrichtskonzeptionen sowie eine umfassende kognitive, soziale und emotionale Persönlichkeitsbildung ihrer Schülerinnen und Schüler erbringen. Das haben die hier zusammengefassten Forschungsergebnisse und die hier vorgestellten Schulprogramme der Grundschule und der Gesamtschule, stellvertretend für vergleichbare Schulen, deutlich gemacht.

Eine integrative allgemeine Pädagogik und Didaktik, wie sie hier ausführlich dargelegt wurde, ermöglicht das gemeinsame Lernen von Schülerinnen und Schülern, ob sie hochbegabt sind oder ein Handicap haben. Es ist in den letzten Jahrzehnten gelungen, die Integration behinderter SchülerInnen in das Regelschulsystem in den meisten Bundesländern rechtlich zu verankern. Auch wenn die Umsetzung derzeit häufig an den Sparmaßnahmen scheitert, so kann sich Deutschland doch dem weltweiten Anliegen der Integration nicht entziehen und hinter bisher Errungenes nicht zurückgehen. Heterogenität bezieht jedoch auch die SchülerInnen mit besonderen Begabungen ein. Hochbegabung wird in allen Schulformen erst allmählich als pädagogisch und didaktisch relevant wahrgenommen. Heterogentität in der gesamten Bandbreite von lernbehindert bis hochbegabt zu sehen, halte ich für wichtig, da sich eine allgemeine integrative Didaktik nicht am sogenannten „Mittelfeld", sondern an den „Eckpunkten" orientieren muss, das heißt, dass das kognitive Niveau von den besonderen Begabungen bestimmt wird und die Methoden so anregend gestaltet werden, dass jedes Kind, ausgehend von seinem Entwicklungsniveau, den „qualitativen Sprung" zur nächsten Stufe machen kann.

Das ist eine hohe Forderung, und die Gefahr, die Heterogenität zugunsten der Aussonderung besonders begabter SchülerInnen aufzugeben, ist auch in Schulen derzeit groß, die sich über Integration definieren (s. Die eben vorgestellte Gesamtschule). Der gesellschaftspolitischen Forderung nach höherer wirtschaftlich verwertbarer Leistung durch die Auslese besonders begabter SchülerInnen nachzukommen, ist verlockend. Doch dies halte ich für ein kurzsichtiges Denken. Wie v. Hentig schreibt, ist die gegliederte, offene, bewegliche Gesellschaft *reicher* durch die Unterschiede ihrer Mitglieder (1985, S. 117). Das gilt für jede Schulklasse. Auch sie wird reicher, je unterschiedlicher ihre Mitglieder sind.

Zu zeigen, dass Heterogenität, die Chance bietet, eine lebendige und vielfältig gestaltete Didaktik zu entwickeln und facettenreiche Lernmöglichkeiten auf kognitiver, sozialer und emotionaler Ebene zu eröffnen, war Ziel dieses Buches. Unterricht mit heterogenen Lerngruppen im hier beschriebenen Sinn, kann und darf nur der beste Unterricht sein, den Schulen derzeit zu geben imstande sind. In ihm können Lernbehinderte *und* Hochbegabte lernen.

Angesichts überlasteter Lehrkräfte und ständig neuer Forderungen an Schule, könnte der Eindruck entstehen, als würden den Lehrenden wiederum nur Lasten aufgebürdet. Die Ansprüche, die hier erhoben werden, bestehen jedoch nicht in erster Linie aus Forderungen nach bestimmten Unterrichtskonzeptionen und pädagogischen Handlungsweisen, die sich möglicherweise nicht so einfach in der Praxis umsetzen lassen, sondern aus der Aufforderung, Denkweisen und Einstellungen zu überprüfen und zu hinterfragen. Es geht nicht um „mehr Lernstoff" für die Hochbegabten und „weniger Lernstoff" für die Lernbehinderten, sondern darum, Lerninhalte so aufzubereiten, zu strukturieren und methodisch vielfältig anzubieten, dass Selbstlernprozesse bei allen SchülerInnen, unabhängig von ihrem derzeitigen Entwicklungsstand in Gang gesetzt werden. Das bedeutet nicht unbedingt, dass „mehr", sondern dass „Anderes" getan werden muss. Ein Vergleich (der wie alle Vergleiche hinkt) soll dies verdeutlichen: Wenn ich mich für die Umstellung meiner Ernährung entscheide, dann bleiben die Tätigkeiten des Einkaufens und Kochens dieselben, auch die Zutaten sind teilweise dieselben, teilweise aber auch andere. Was als Belastung empfunden wird, ist der Umdenkungsprozess, d.h. die neue Einstellung zur Bedeutung der Ernährung grundsätzlich und die neuen Wege, die (um im Beispiel zu bleiben in Form anderer Geschäfte und Kochweisen) gesucht und gegangen werden müssen.

Handlung erwächst aus expliziten und impliziten Denkweisen, Einstellungen, Vorurteilen, durch die sie bestimmt wird. Für welche Organisationsform und für welche methodischen Konzeptionen ich mich als Pädagogin entscheide hängt von diesen Einstellungen ab. Schule als gesellschaftliche Institution und die ihr verpflichteten Personen müssen sich immer wieder fragen, welche Position sie einnehmen, auf welcher „Seite sie stehen". Immer wieder zu fragen, ob die Handlungsweisen mit dieser Sichtweise noch übereinstimmen, ja, ob die Sichtweise selbst noch die „richtige" ist, das ist die Forderung die hier erhoben wird – und sie bedeutet in der Tat Anstrengung. Darin jedoch zeigt sich erst die Professionalität eines jeden Lehrenden.

Dewey schreibt 1935 in „The Teacher and His World": „Die erste Notwendigkeit besteht darin, die Welt zu erkennen, in der wir leben; ihre Kräfte zu überschauen; die Gegensätzlichkeit der Kräfte zu sehen, die um die Macht kämpfen; sich darüber klar zu werden, welche dieser Kräfte aus einer Vergangenheit stammt, welche die Welt mit ihren gegenwärtigen Potenzen überlebt hat, und welche eine bessere und glücklichere Zukunft anzeigen. Der Lehrer, der sich über diese Punkte klar geworden ist, wird wenig Schwierigkeiten dabei finden, für sich selbst zu entdecken, welche besonderen Dinge erforderlich sind, um die Entscheidungen auszuführen, die er getroffen hat" (Dewey 1994, S. 257).

9. Anmerkungen

1. Heterognität in der bildungspolitischen und pädagogischen Diskussion

[1] Moderierter Chat im Internet mit Ministerpräsident Gabriel im September 2000 (vgl. E & W H. 10, 2000).

[2] Wie noch näher erläutert wird, gibt es in den Bundesländern unterschiedliche Regelungen. Derzeit wird die Umsetzung durch Einsparungsmaßnahmen in allen Bundesländern in hohem Maße erschwert.

[3] vgl. Neue Westfälische am 8.3.2001

[4] In den siebziger Jahren sind die Gesamtschulen angetreten, Begabungen unabhängig von Schicht, Religion und Geschlecht gemeinsam zu fördern. Wie die Situation heute ist, wird in Kapitel 6 analysiert.

[5] Neue Westfälische am 18. 12. 2000

[6] ebd.

[7] vgl. u. a. das Urteil des Oberlandesgerichts Köln vom 13. Nov. 1997 (geändertes Urteil der 4. Zivilkammer des Landgerichts Aachen vom 24.4.1996 – 4 U 383/93), in dem geistig behinderten Menschen in einem Wohnheim verboten wird, zu bestimmten Tageszeiten Schreie, Stöhnen, Kreischen und sonstige unartikulierte Laute auf dem eigenen Gartengrundstück von sich zu geben oder das Flensburger Urteil von 1992, das einer Familie Urlaubsminderung zusprach, weil sich im selben Speisesaal behinderte Menschen aufhielten.

[8] Die Schwierigkeit, die Kosten zu vergleichen liegt darin begründet, dass an den Kosten für SonderschülerInnen verschiedene Kostenträger beteiligt sind. Je nach Leistung bestehen unterschiedliche Zuständigkeiten wie Landkreis, Städte, Gemeinden etc.. Doch es handelt sich in jedem Fall um Steuergelder.

[9] Georg Kerschensteiner (1854-1932), Hauptvertreter der Arbeitsschulbewegung

[10] Diese Begabtenprüfung erinnert auch an die Aufnahmeprüfung in die „höhere Schule", die z.B. in Bayern abgelegt werden muss.

[11] Die Unterhaltszahlungen mussten – ähnlich dem heutigen Bafög – später zurückgezahlt werden.

[12] Moede u. a. stellten in den Berliner Begabtenschulen allerdings fest, dass dies eine Überforderung auch für die besonders Begabten sei (Moede u. a. 1919, S. 26 f).

[13] Mit Georg Kerschensteiner vertrat Hugo Gaudig (1860-1923) die Arbeitsschulbewegung.

[14] Das ist eine – zumindest bis zur letzten Generation – vorherrschende Meinung, die Gebildetsein gleichsetzt mit Anstand und einer ausgeprägten Persönlichkeit.

[15] vgl. dazu die Ausführungen in Kapitel 3 und in 4.3.2

[16] Davon hat schon Johann Friedrich Herbart (1776-1841) gesprochen.

[17] Martin und Jakob haben ein Down-Syndrom, Rebecca und Julian sind Kinder mit einer Hochbegabung.

231

2. Lernstörungen – Lernschwierigkeiten – Lernbehinderungen

[1] Der Terminus ‚Beeinträchtigung' hat sich jedoch in der Integrationsdiskussion offensichtlich nicht als Oberbegriff durchgesetzt, denn es ist durchweg von der Integration Behinderter oder dem gemeinsamen Lernen von Behinderten und Nichtbehinderten die Rede. Das kann ganz pragmatisch daran liegen, dass zwar von nichtbehinderten Kindern oder Nichtbehinderten gesprochen werden kann, aber nicht so gut von nichtbeeinträchtigten Kindern oder Nichtbeeinträchtigten. Das spricht wiederum dafür, dass Beeinträchtigung sich doch nicht für einen Oberbegriff eignet, da es in der Umkehrung den Anschein hat, als gäbe es niemand ohne jede Beeinträchtigung. Auch das Tragen einer Brille kann Beeinträchtigungen hervorrufen, ohne dass sich Brillenträger als Behinderte bezeichnen würden.

[2] (vgl. Titel wie ‚Der schlechte Schüler' Höhn 1967; ‚Problem Sonderschule' Anders 1974; ‚Dummheit ist lernbar' Jegge 1976; ‚Was ist eine humane Schule' v. Hentig 1977).

[3] Ergänzung des Grundgesetzes am 23.9.1994, Grundgesetz Art. 3, Abs.3, Satz 2.

[4] Es sollte aus diesem Grund nicht von „dem oder der Lernbehinderten" oder „den Behinderten" gesprochen und geschrieben werden, sondern von einem Menschen *mit* einer Behinderung. Damit wird zum Ausdruck gebracht, dass die Behinderung nur eine Eigenschaft oder ein Merkmal neben vielen anderen ist wie blond, groß, Brillenträger etc.

3. Hochbegabungen

[1] z. B. CFT, Weiß/ Osterland 1997; KFT 1-3, Heller/ Geißler 1983; CPM, Becker/ Schaller/ Schmidtke 1980

[2] vgl. bezüglich der Merkmale u.a. auch Freeman 1982, S. 128 f; Stapf/ Stapf 1991, S. 202

[3] vgl. Neue Westfälische Nr. 28, 2.2.2001.

[4] Die Daten wurden durch eigene Beobachtungen und Befragungen erhoben.

[5] Diese Integrationsklasse in einer Grundschule habe ich vier Jahre als Sonderschullehrerin u. a. mit der Grundschullehrerin Karin Wolff-Kramer geführt. Die Klasse wurde von 24 Kindern besucht, davon hatten 5 Kinder eine Behinderung. Beschreibung der Kinder, die in diesem Buch an verschiedenen Stellen Erwähnung finden: Bei *Rebecca* und *Julian* wurde eine Hochbegabung diagnostiziert. *Andreas* hat eine unheilbare Krankheit. Er ist auf den Rollstuhl angewiesen. Seine motorischen Fähigkeiten und seine Sprechfähigkeit verringerte sich stetig und beeinflusste seine Lernfähigkeit. *Jakob*, *Martin* und *Lars* haben ein Down-Syndrom.

[6] Zu ergänzen wäre: Im Regelschulbereich, denn Internatsschulen für Hochbegabte gibt es schon lange, z. B. Stern-Institut in Bonn.

[7] vgl. „Der Begabung auf der Spur. Neues Institut der Uni Münster erforscht Denkstrukturen und entwickelt Didaktik" in Neue Westfälische Nr. 28 vom 2. Februar 2001.

[8] Offenen Unterricht möchte ich hier so verstanden wissen, wie er in Kapitel 5.4 näher ausgeführt wird.

[9] Ein Junge mit Down-Syndrom

[10] Ein Junge mit Down-Syndrom

4. Selektion versus Integration oder Homogenität versus Heterogenität

[1] Der Große Duden. Fremdwörterbuch 1966, S. 312

[2] vgl. Keck: [Selektion in Keck/ Sandfuchs] 1994, S. 315; vgl. auch Kap. 1

232

³ Ein Beispiel dafür sind die sogenannten Legasthenie-Programme der 70er Jahre, die längst in der Versenkung verschwunden sind, da sie nicht die gewünschten Erfolge brachten. Nicht nur aus finanzpolitischen Erwägungen heraus ist man in diesem Bereich dazu übergegangen, durch einen offeneren Schriftspracherwerb Lese- und Rechtschreibprobleme innerhalb des ersten und zweiten Schuljahres und damit auch innerhalb des Klassenverbandes aufzufangen.

⁴ Auf die Diskussion um eine völkisch-nationale Gesinnung bei Petersen, die dem Integrationsgedanken im Grundsatz widersprechen würde, soll hier nur hingewiesen werden. Vgl. dazu u. a. Eierdanz 1987; Oelkers 1989

⁵ Siehe Kapitel 5.3.1 und 5.3.2

⁶ Es werden nur Forschungsergebnisse aus deutschsprachigen Ländern referiert, da die Schulsysteme verschiedener Länder untereinander nicht so gut vergleichbar sind. Ergebnisse aus dem nicht deutschsprachigen Raum werden nur sporadisch herangezogen.

5. Didaktik in heterogenen Klassen

¹ Feuser ist einer der wenigen Wissenschaftler, der sich bereits seit den 80er Jahren schwerpunktmäßig mit *didaktischen* Fragen in Bezug auf integrativen Unterricht auseinandersetzt.

² Die Konzeption des Handlungsorientierten Unterrichts, wie sie Gudjons vorstellt, geht in seiner theoretischen Begründung u.a. auf die Theorie der Kulturhistorischen Schule zurück (vgl. Gudjons 1994)

³ Die Beschreibung der Klasse s. Anmerkung 5, S. 232

⁴ Diese Theorie lässt sich in allen Bereichen anwenden, in denen strukturierte Arbeitsschritte erforderlich sind, u.a. in Mathematik (z. B. Sachrechnen).

⁵ vgl. auch die Sandpapierziffern und -buchstaben im Material von Maria Montessori.

⁶ Die Beschreibung dieser Klasse s. Anmerkung 5, S. 232

⁷ Das Beispiel zeigt auch, wie in einer heterogen zusammengesetzten Klasse differenziert werden kann (vgl. Kap. 5.5).

⁸ Pragmatismus ist die philosophische Lehre, die im *Handeln* das Wesen des Menschen sieht und ihn und sein Denken nach seinem *Handeln* beurteilt.

⁹ Beschreibung der Integrationsklasse s. Anmerkung 5, S. 232

¹⁰ Selbstverständlich sind auch andere reformpädagogische Ansätze für das Lernen in heterogenen Gruppen geeignet, auf sie kann hier jedoch nicht näher eingegangen werden.

¹¹ Kinderarmut nimmt in unserem Land zu und hat auch gravierende Auswirkungen auf die schulische Sozialisation (vgl. Graumann 2001a)

¹² Beschreibung der Integrationsklasse, die Andreas besuchte, s. Anmerkung 5, S. 232

¹³ Auf diese Materialien kann an dieser Stelle nicht näher eingegangen werden.

¹⁴ Hellbrügge, der derzeit bekannteste Initiator integrativer Montessori-Pädagogik berichtet seit den 70er Jahren an verschiedenen Stellen über die „Aktion Sonnenschein", in der die gemeinsame Erziehung in den Montessori-Kindergärten und Schulen zur Selbstverständlichkeit geworden ist (u. a. Hellbrügge/ Montesssori Mario 1974; Hellbrügge u.a. 1976; vgl. auch Muth 1986, S.74ff).

¹⁵ Auf grundlegende Literatur zum Projektunterricht soll an dieser Stelle nur hingewiesen werden wie u. a. Frey 1982, Gudjons 1984, Hänsel 1995 und 1997

¹⁶ Beschreibung dieser Klasse, s. Anmerkung 5, S. 232

¹⁷ vgl. u. a. Feuser/ Meyer 1986; Hänsel 1995; Jaumann/ Riedinger 1996

¹⁸ SCHOLASTIK bezeichnet Längsschnittstudien bezüglich Schulorganisatorischer Lernangebote

¹⁹ vgl. Jaumann-Graumann 2000a

²⁰ vgl. hierzu u. a. Seibert 2000, eine Aufsatzsammlung, die viele Hinweise auf unterschiedliche Methoden enthält sowie das Themenheft „Methodenvielfalt", Pädagogik, H.2, 2000

[21] An dieser Stelle soll nur auf einige – für den vorliegenden Zusammenhang relevante – Aspekte der Inneren Differenzierung eingegangen werden. Es sei auf einschlägige Literatur zu dieser Thematik verwiesen wie u. a. Bönsch 1970; Meyer-Willner 1979; Bartnitzky 1983; Seibert 2000.

[22] Inwieweit sich Feuser an dieses Modell anlehnt, ist mir nicht bekannt.

[23] vgl. Burk 1993

[24] vgl. u. a. Bronfenbrenner, der in seiner 1974 veröffentlichten Untersuchung die Begrenztheit der Messung von IQ-Werten nachwies, da damit nicht die Gesamtentwicklung des Kindes beurteilt wird (S. 140 ff)

[25] Aus Platzgründen können an dieser Stelle nur einige Aspekte aufgezeigt werden. Es sei auf einschlägige Literatur verwiesen: s. u.a. Kornmann u.a. 1983; Eberwein/ Knauer 1998, Wittenbruch u.a. 2000

[26] Interessant ist in diesem Zusammenhang das „Diagnostische Mosaik" nach Boban und Hinz 1998.

[27] Die Begriffe für ziffernfreie Beurteilung wie Lernentwicklungsbericht, Berichtszeugnis und Verbalzeugnis, Wortzeugnis werden hier synonym gebraucht, obgleich Lernentwicklungsbericht m. E. eine andere Dimension der Berücksichtigung der Lernentwicklung enthält als z. B. ein Verbalzeugnis, bei dem die Gefahr einer bloßen Verbalisierung der Ziffernzensuren gegeben ist. Diese Unterscheidung wird jedoch in der Literatur nicht gemacht.

[28] In Montessorischulen, Jena-Plan-Schulen, Waldorfschulen oder anderen freien Schulen werden auch heute keine Ziffernzensuren erteilt.

6. Besonderheiten integrativer Arbeit in der Sekundarstufe

[1] Es wird hier nur die Bezeichnung „Sekundarstufe I bzw. II" verwendet, obgleich in den Bundesländern unterschiedliche Begriffe üblich sind. Gemeint sind alle weiterführenden Schulen bzw. die Klassen 5-13.

[2] Eine Übersicht über den Stand der Integration in den einzelnen Bundesländern findet sich u.a. bei Maikowski 1998, S. 50-53 und Rosenberger 1998, S. 142- 376

[3] vgl. u. a. Schley u.a. 1989; Hildeschmidt/Schnell 1998; Preuss-Lausitz/Maikowski 1998

[4] Auf diese ganz eigene Problematik soll an dieser Stelle nur hingewiesen und auf einschlägige Literatur verwiesen werden, vgl. u.a. Kreie 1985; Schley u.a. 1989; Schöler 1997

[5] TKM bedeutet, dass konstante Teams von LehrerInnen einen Jahrgang von Klasse 7 bis 10 unterrichten und betreuen. Die SchülerInnen sind zwar in Klassen organisiert, aber hervorragendes Merkmal sind die leistungsgemischten Kleingruppen. Dadurch wird gegenseitige Hilfe und die Durchführung von Projekten erleichtert.

[6] vgl. Prospekt KEIMZEIT Kurzinformation 4/2000 vom VHS-Bildungswerk Bielefeld e.V.

7. Schulentwicklung: Verankerung von Heterogenität im Schulprogramm

[1] Das geschieht bereits, wenn z. B. – wie kürzlich in Hildesheim – ein Asylantenheim aus einem gut situierten Wohngebiet in einen sozialen Brennpunkt verlagert wird und die Kinder nicht mehr auf die Grundschulen des privilegierteren Einzugsbereichs verteilt werden, sondern geschlossen die Schule besuchen müssen, in der ohnehin schon zahlreiche Nationalitäten vertreten sind.

[2] Die folgenden Ausführungen sind mit freundlicher Genehmigung der Schulleiterin Frau Ulrike Vohmann dem Schulprogramm der Eichendorffschule entnommen. Das Kollegium nahm in der Vorbereitung des Programms am Projekt „Organisationsentwicklung" im Landesinstitut Soest teil

und wurde durch ein geschultes Moderatorenteam in ihrer Arbeit unterstützt. Es werden aus dem Schulprogramm die Teile zusammengefasst, die in den vorliegenden Rahmen passen.

[3] vgl. dazu u. a. Jaumann/ Wolff-Kramer 1995; Jaumann 1991 und 1996; Jaumann/ Riedinger 1996 (die dort angeführten Beispiele stammen aus der Eichendorffschule Bielefeld).

[4] Diese Fördermöglichkeiten sind ausführlich beschrieben in Jaumann / Riedinger 1996, S. 53ff.

[5] An der Erarbeitung der Fragebögen, der Auswertung und Interpretation waren die Lehramtsstudierenden Ariane Brauns und Nadine Regel der Universität Hildesheim beteiligt.

[6] Näheres dazu Graumann/ Vohmann 2002

[7] Das Schulprogramm wurde mir vom Schulleiter, Herrn Eduard Böger, freundlicherweise zur Verfügung gestellt.

[8] Bund-Länder-Kommission für Bildungsplanung und Forschungsförderung

[9] Die folgenden Ausführungen sind dem Bericht von Pörksen (2000) entnommen.

[10] vgl. auch Pörksen/ Schack-Behrens/ Schuy 1995

[11] vgl. auch Beckmann 2000

10. Literaturverzeichnis

Addison, L.: Auswahl und Training von Lehrern für Hochbegabte in den USA. In: Urban, K. K. (Hg.) 1982, S. 196-205

Aebli, H.: Zur Einführung. In: Hiebsch, H. (Hg.): Ergebnisse der sowjetischen Psychologie. Stuttgart 1969, S. VII – X

Altrichter, H.; Posch, P.: Lehrer erforschen ihren Unterricht. Eine Einführung in die Methoden der Aktionsforschung. Bad Heilbrunn 1998, 3. Aufl.

Anders, M.: Problem Sonderschule. Köln 1974

Anstötz, Chr.: Ethik und Behinderung – Ein Beitrag zur Ethik der Sonderpädagogik aus empirischrationaler Perspektive. Berlin (Marhold) 1990

Anstötz, C.; Hegselmann, R.; Kliemt, H.: Peter Singer in Deutschland. Zur Gefährdung der Diskussionsfreiheit in der Wissenschaft. Frankfurt a.m. 1995

Antor, G.: Der Beitrag der Schule zur gesellschaftlichen Integration von Lernbehinderten. Probleme der Rechtfertigung einer sonderpädagogischen Reformidee. Berlin 1979

Apel, H. J.; Knoll, M.: Aus Projekten lernen: Grundlegung und Anregungen. München 2001

Armack, E.: Über Einrichtung von Schulen resp. Klassen für Schwachbefähigte. In: Pädagogische Reform Bd.14, 1890, Heft Nr. 44

Aufschnaiter, S.: Konstruktive Perspektiven zum Physikunterricht. In: Pädagogik 7-8 1998, S. 52-57

Bach, H.: Begriff und Struktur der Sonderpädagogik (Heilpädagogik). In: Asperger, H. (Hg.): 4. Intern. Kongress f. Heilpädagogik. Wien 1970, S. 530-535

Bach, Heinz: Grundbegriffe der Behindertenpädagogik. In: Bleidick, U. (Hg.): Theorie der Behindertenpädagogik. Berlin 1985

Bächthold, A.: Die Bedeutung lokalspezifischer Ausprägungen des Schulsystems für das Gelingen oder Mißlingen integrativer Prozesse in Integrationsklassen. In: Eberwein, H. (Hg.): Behinderte und Nichtbehinderte lernen gemeinsam. Handbuch der Integrationspädagogik. Weinheim und Basel 1990, S. 268-274

Ballauf, T.: Funktionen der Schule. Historisch-systematische Analysen zur Scolarisation. Köln und Wien 1982

Bambach, H.: Ermutigungen. Nicht Zensuren. Lengwil 1994

Bartnitzky, H (Hg.): Auf dem Weg zum differenzierten Schulalltag. Frankfurt a. M. 1983

Bauersfeld, H.: Tätigkeitstheorie und Radikaler Konstruktivismus. Was verbindet sie und was unterscheidet sie? In: Balhorn, H./ Brügelmann, H. (Hg.): Bedeutungen erfinden – im Kopf, mit Schrift und miteinander. Konstanz 1993, S. 38-56

Becker, H. S.: Außenseiter. Zur Soziologie abweichenden Verhaltens. Frankfurt a. M. 1973

Beckmann, H.: Red Pen. Bericht über die achtbaren Geschäftserfolge des aufstrebenden Schülerladens der Gesamtschule Stieghorst (unv. Manuskript, Gesamtschule Stieghorst, Am Wortkamp 3, 33605 Bielefeld), 2000

Begemann, E.: Die Erziehung der sozio-kulturell benachteiligten Schüler. Zur erziehungswissenschaftlichen Grundlegung der 'Hilfsschulpädagogik', Hannover 1970

Begemann, E.: Lebens- und Lernbegleitung konkret, Bad Heilbrunn 1997

Benkmann, R. : Pieringer, G.: Gemeinsame Erziehung behinderter und nichtbehinderter Kinder und Jugendlicher in der allgemeinen Schule. Entwicklungsstand und Forschung im In- und Ausland. Pädagogisches Zentrum Berlin 1991

Betz, D. : Breuninger, H.: Teufelskreis Lernstörungen. Analyse und Therapie einer schulischen Störung. München-Wien-Baltimore 1982

Bien, Y.: Kreative Fähigkeiten von kulturell und sozial deprivierten Kindern – eine Feldstudie und ihre pädagogischen Implikationen. In: Urban, K. K. (Hg.) 1982, S. 229-241

Bildungskommission NRW: Zukunft der Bildung. Schule der Zukunft. Neuwied 1995

Blankertz, H.: Die Geschichte der Pädagogik. Wetzlar 1992

Bleidick, Ulrich: Lernbehindertendidaktik – prospektiv. In: Baier, H. (Hg.): Unterricht in der Schule für Lernbehinderte. Donauwörth 1978, S. 15-45

Bleidick, Ulrich: Begriffsgeschichte und Systembildung in der Behindertenpädagogik Teil 2. In: Sonderpädagogik 4009/3/01/S 2, FernUniversität Gesamthochschule Hagen 1984

Bleidick, Ulrich: Historische Theorien: Heilpädagogik, Sonderpädagogik, Pädagogik der Behinderten. In: Bleidick, U. (Hg.): Theorie der Behindertenpädagogik. Handbuch der Sonderpädagogik Band 1. Berlin (Marhold) 1985

Bless, G. Klaghofer, R.: Begabte Schüler in Integrationsklassen. Untersuchung zur Entwicklung von Schulleistung, sozialen und emotionalen Faktoren. Zeitschrift für Pädagogik 37, 2, 1991, S. 215-223

Boban, I.; Hinz, A.: Diagnostik für Integrative Pädagogik. In: H. Eberwein/ S. Knauer (Hrsg.): Handbuch Lernprozesse verstehen. Wege einer neuen (sonder-)pädagogischen Diagnostik. Weinheim und Basel 1998, S. 138-150

Bönsch, M.: Differenzierung des Unterrichts. Methodische Aspekte. München 1970

Bönsch, M.: Lerngerüste. Didaktik 2000 für die Primarstufe. Hohengehren 1998, S. 27

Borchert, J.; Schuck, K.-D.: Integration: Ja! Aber wie? Ergebnisse aus Modellversuchen zur Förderung behinderter Kinder und Jugendlicher. Hamburg 1992

Breuer, H.: Jedes Alter hat spezifische Indikatoren für Begabung. In: Urban, K.K. (Hg.): Begabungen entwickeln, erkennen und fördern. Hannover 1992, S. 140-144

Bronfenbrenner, U.: Wie wirksam ist kompensatorische Erziehung? Stuttgart 1974

Brügelmann, H.: Offener Unterricht aus der Sicht von LehrerInnen. Zusammenfassung des Oase-Berichts 3a. Universität-Gesamtschule Siegen 1997

Brügelmann, H.; Fölling-Albers, M.; Richter, S.: (Hg.): Jahrbuch Grundschule. Fragen der Praxis – Befunde der Forschung. Seelze 1998

Brügelmann, H.: Wie verbreitet ist offener Unterricht? In: Jaumann-Graumann, O./ Köhnlein, W. (Hg.): Lehrerprofessionalität – Lehrerprofessionalisierung. Bad Heilbrunn 2000, S. 133-143

Buchholz, F.: Das brauchbare Hilfsschulkind – ein Normalkind. Weimar 1939

Bund-Länder-Kommission für Bildungsplanung: Bildungsgesamtplan Band I. Stuttgart 1973

Bundschuh, K.: Zum Begriff und Problem der Lernprozessanalyse. In: H. Eberwein/ S. Knauer (Hg.): Handbuch Lernprozesse verstehen. Wege einer neuen (sonder-)pädagogischen Diagnostik. Weinheim und Basel 1998, S. 94-108

Burk, K. (Hg.): Fördern und Förderunterricht. Mehr gestalten als verwalten. Frankfurt a.M. 1993

Comenius, J.A.: Große Didaktik 1638. Neubearbeitet und eingeleitet von Hans Ahrbeck. Berlin 1961

Corn, A. L.: Die Kosten, eine Brücke zu bauen: Implikationen der Erziehung von hochbegabten Behinderten. In: Urban, K. K. (Hg.) 1982, S. 207-215

Czeschlik, T.: Temperamentsfaktoren hochbegabter Kinder. In: Rost, D.H. (Hg.): Lebensumweltanalyse hochbegabter Kinder. Das Marburger Hochbegabtenprojekt. Göttingen 1993, S. 138-158

Der Große Duden. Fremdwörterbuch. Band 5. Speyer 1966

Deutscher Bildungsrat: Empfehlungen der Bildungskommission. Strukturplan für das Bildungswesen. Stuttgart 1970

Deutscher Bildungsrat: Empfehlungen der Bildungskommission: Zur pädagogischen Förderung behinderter und von Behinderung bedrohter Kinder und Jugendlicher. Stuttgart 1974

Dewey, John: Demokratie und Erziehung. Eine Einleitung in die philosophische Pädagogik. Braunschweig 1964, 1. Auflage 1915

Dewey, J.: Erziehung durch und für Erfahrung. Eingeleitet, ausgewählt und kommentiert von H. Schreier. Stuttgart 1994, 2. Aufl.

Dollase, R.; Bieler, A.; Ridder, A. Köhnemann, I.; Woitowitz, K.: Nachhall im Kassenzimmer. Zur relativen Unabhängigkeit der schulischen Integration vom Belastungsgrad der städtischen Umgebung. In: Heitmeyer, W. /Anhut, R. (Hg.): Bedrohte Stadtgesellschaft. Weinheim 2000, S. 199-255

Dörner, H.: Leistungsbezogenes Denken und Handeln hochbegabter Grundschulkinder. Rost, D.H. (Hg.): Lebensumweltanalyse hochbegabter Kinder. Das Marburger Hochbegabtenprojekt. Göttingen 1993, S. 159 – 196

Dumke, D., Krieger, G.; Schäfer, G.: Schulische Integration in der Beurteilung von Eltern und Lehrern. Weinheim 1989

Dumke, D.: Integrativer Unterricht. Gemeinsames Lernen von Behinderten und Nichtbehinderten. Weinheim 1991

Dumke, D.: Schulische Integration in der Sekundarstufe. In: Hildeschmidt, A.; Schnell, I. (Hg.): Integrationspädagogik. Auf dem Weg zu einer Schule für alle. Weinheim und München 1998, S. 241-256

Eberwein, H.: Integrationspädagogik als Weiterentwicklung (sonder-)pädagogischen Denkens und Handelns. In: Eberwein, H. (Hg.): Behinderte und Nichtbehinderte lernen gemeinsam. Handbuch der Integrationspädagogik. Weinheim 1990

Eberwein, H.; Knauer, S. (Hg.): Handbuch Lernprozesse verstehen. Wege einer neuen (sonder-) pädagogischen Diagnostik. Weinheim und Basel 1998

Edelstein, W.: Theoretischer Ertrag und praktischer Nutzen der SCHOLASTIK-Studie: Kommentar. In: Weinert, F.E.; Helmke, A.: Entwicklung im Grundschulalter. Weinheim 1997, S. 475-484

Eggert, D. : Von der Testdiagnostik zur qualitativen Diagnose in der Sonderpädagogik. In: H. Eberwein/ S. Knauer (Hg.): Handbuch Lernprozesse verstehen. Wege einer neuen (sonder-)pädagogischen Diagnostik. Weinheim und Basel 1998, S. 16-38

Eierdanz, J.: Wir wollen gehorchen lernen! In: Demokratische Erziehung 13 3. 1987, S. 16-21

Ellger-Rüttgardt, S.: Widerstände gegen die Braunschweiger Hilfsschule. In: Braunschweiger Werkstücke: Heinrich Kielhorn und der Weg der Sonderschulen. 100 Jahre Hilfsschulen in Braunschweig. Braunschweig 1981, S. 69-91

Ellger-Rüttgardt, S.: Hilfsschulpädagogik und Nationalsozialismus – Traditionen, Kontinuitäten, Einbrüche. In: Herrmann, U./ Oelkers, J.: Pädagogik und Nationalsozialismus. Weinheim und Basel 1989, S. 147-165

Ellger-Rüttgardt, S.: Historische Wegmarken des behindertenpädagogischen Selbstverständnisses. In: Zs. f. Heilpädagogik, 42. Jg., 1991, Heft 2, S. 76-91

Englbrecht, A.; Weigert, H.: Lernbehinderungen verhindern. Frankfurt a.M. 1994

E & W Niedersachsen: Die aktuelle Diskussion: „Wir werden keine Rosinenpickerei zulassen" 12/ 2000, S. 14-17

Faust-Siehl, G.; Garlichs, A.; Ramseger, J.; Schwarz, H.; Warm, U.: Die Zukunft beginnt in der Grundschule. Empfehlungen zur Neugestaltung der Primarstufe. Frankfurt a.M. 1996

Feger, B.; Prado, T.M.: Hochbegabung. Die normalste Sache der Welt. Darmstadt 1998

Fend, H.: Gesellschaftliche Bedingungen schulischer Sozialisation. Weinheim/Basel 1974

Fend, H.: Gesellschaftliche Bedingungen schulischer Sozialisation. Soziologie der Schule I. Weinheim 1976, 3. Aufl.

Fend, H.: Theorie der Schule. München-Wien-Baltimore 1981, 2. Aufl.

Feuser, G.; Meyer, H.: Integrativer Unterricht in der Grundschule. Ein Zwischenbericht. Solms-Oberbiel 1987

Feuser, G.: Behinderte Kinder und Jugendliche. Zwischen Integration und Aussonderung. Darmstadt 1995

Fölling-Albers, M.(Hg.): Veränderte Kindheit – Veränderte Grundschule. Frankfurt / M. 1989

Freeman, J.: Ist hohe Intelligenz ein Handicap? In: Urban, K. K. (Hg.) 1982, S. 123-130

Freund-Braier, I.: Persönlichkeitsmerkmale. In: Rost, D.H.(Hg.): Hochbegabte und hochleistende Jugendliche. Münster 2000, S. 161-210

Frey, K.: Die Projektmethode. Weinheim und Basel 1982

Freymann, Th. v.: Zum Problem der Integration Sprach- und Verhaltensgestörter in Regelklassen – Ein Fallbericht. Mitteilungen. Verband Deutscher Sonderschulen 2. 1995, 35-42

Füssel, Hans-Peter; Kretschmann, Rudolf: Gemeinsamer Unterricht für behinderte und nicht-behinderte Kinder. Witterschlick/Bonn 1993

Gallagher, J. J.: Gesellschaft, Erziehungssystem und differentielle Curricula für Hochbegabte. In: Urban, K. K. (Hg.) 1982, S. 135-154

Galperin, P. J.: Die Entwicklung der Untersuchungen über die Bildung geistiger Operationen. In: Hiebsch, H. (Hg.): Ergebnisse der sowjetischen Psychologie. Stuttgart 1969, S. 367-405

Gardner, H: Abschied vom IQ. Die Rahmen-Theorie der vielfachen Intelligenz. Stuttgart 1998, 2. Aufl.

Gerstenmaier, J.; Mandl: Wissenserwerb unter konstruktivistischer Perspektive. In: Zeitschrift für Pädagogik, 41 6. 1995, S.867-888

Giesecke, H.: Pädagogische Illusionen – Lehren aus 30 Jahren Bildungspolitik. Stuttgart 1998

Glasersfeld, v. E.: Piagets konstruktivistisches Modell: Wissen und Lernen. In: Rusch,G./ Schmidt, S.: Piaget und der Radikale Konstruktivismus. Frankfurt a.M. 1994, S. 16-42

Glasersfeld, v. E.: Wege des Wissens. Konstruktivistische Erkundungen durch unser Denken. Heidelberg 1997

Glumpler, E. ; Sandfuchs, U.: Mit Aussiedlerkindern lernen. Braunschweig 1992

Goebel, K.: Wer die Schule hat, der hat die Zukunft. Gesammelte Aufsätze zur rheinische-westfälischen Schulgeschichte. Bochum 1995

Goetze, C.: Volksschule und Begabung. In: Petersen, P. (Hg.): Der Aufstieg der Begabten. Vorfragen. Leipzig, Berlin 1916, S. 48-59

Goetze, H.; Jäger, W.: Offenes Unterrichten von Schülern mit Verhaltensstörungen. In: Sonderpädagogik 21. Jhg., H. 1, S. 28-39 1991

Goffman, E.: Stigma – Über Techniken der Bewältigung beschädigter Identität. Frankfurt 1967

Goleman, D.: Emotionale Intelligenz. München 2000, 13. Aufl.

Graumann, O.; Mrochen, S. (Hg.): Schule in Not. Eine Institution sucht Verbündete. Bad Heilbrunn 2001

Graumann, O.: Auswirkungen von Armut im Kontext von Schule. In: O. Graumann/ S. Mrochen (Hg.): Schule in Not. Eine Institution sucht Verbündete. Bad Heilbrunn 2001a, S. 69-87

Graumann, O.: Der personale Bezug in der Schule. Bedeutung eines alten Paradigmas in der heutigen Zeit. In: O. Graumann/ S. Mrochen (Hg.): Schule in Not. Eine Institution sucht Verbündete. Bad Heilbrunn 2001b, S. 88-112

Graumann, O.; Vohmann, U.: Heterogenität als Qualitätsmerkmal eines Schulprogramms. Forschendes Lernen in der Lehrerausbildung. In: Heinzel, F./ Prengel, A.: Heterogenität, Integration und Differenzierung in der Primarstufe. Jahrbuch Grundschulforschung Bd. 5, Opladen 2002 (im Druck)

Grubmüller, J.: Pubertät und pädagogische Konfliktlösungen im Gemeinsamen Unterricht an Sekundarstufenschulen. In: Preuss-Lausitz, U.; Maikowski, R. (Hg.): Integrationspädagogik in der Sekundarstufe. Gemeinsame Erziehung behinderter und nichtbehinderter Jugendlicher. Weinheim und Basel 1998, S. 114-122

Grunder, H.-U.: Konzepte und Praxis der Heimerziehung im 19. und 20 Jahrhundert. In: VHN 64. 1995, S. 273-300

Grundschulverband aktuell 68/99

Gudjons, H.: Handlungsorientiert lehren und lernen. Schüleraktivierung, Selbsttätigkeit, Projektarbeit. Bad Heilbrunn/Obb. 1994, 4. Aufl.

Haeberlin, U.: Das Scheitern der schulischen Integrationsbewegung verhindern! In: Hildeschmidt, A./ Schnell, I. (Hg.): Integrationspädagogik. Auf dem Weg zu einer Schule für alle. Weinheim und München 1998, S.161-178

Haeberlin, U.: Schulschwache und Immigrantenkinder in der Primarstufe – Forschungen zu Separation und Integration. In: Heinzel, F./ Prengel, A.: Heterogenität, Integration und Differenzierung in der Primarstufe. Jahrbuch Grundschulforschung Bd. 5, Opladen 2002 (im Druck)

Haeberlin, U.; Bless, G.; Moser, U.; Klaghofer: Die Integration von Lernbehinderten. Versuche, Theorien, Forschungen, Enttäuschungen, Hoffnungen. Bern-Stuttgart 1991

Haenisch, H.: Wie Schulen ihr Schulprogramm entwickeln. Eine Erkundungsstudie an ausgewählten Schulen aller Schulformen. Landesinstitut für Schule und Weiterbildung NRW (Hg.). Bönen 1998

Hanke, P.: Forschungen zur inneren Reform der Grundschule am Beispiel der Öffnung des Unterrichts. In: Roßbach, H.-G./ Nölle, K./ Czerwenka, K. (Hg.): Forschungen zu Lehr- und Lernkonzepten für die Grundschule. Jahrbuch Grundschulforschung Band 4. Opladen 2001, S. 46-62

Hänsel, D. (Hg.): Das Projektbuch Grundschule. Weinheim und Basel 1995

Hänsel, D. (Hg.): Handbuch Projektunterricht. Weinheim und Basel 1997

Hanses, P: Stabilität von Hochbegabung. In: Rost, D. H. (Hg.): Hochbegabte und hochleistende Jugendliche. Münster 2000, S. 93-159

Heimann, P.: Didaktik als Theorie und Lehre. In: Die Deutsche Schule, 1962, S. 407-427

Heimann, P.; Gunter, O.; Schulz, W.: Unterricht. Analyse und Planung. Hannover 1970, 5. Aufl.

Hellbrügge, Th; Aurin, M; Ockel, B.: Integrierte Erziehung gesunder Kinder mit mehrfach und verschieden behinderten Kindern – Schulversuch nach Maria Montessori der Aktion Sonnenschein in München. Braunschweig 1976

Hellbrügge, Th.; Montessori Mario (Hg.): Die Montessori-Pädagogik und das behinderte Kind. München 1978

Heller, K.; Geißler, H.J.: KFT 1-3 Kognitiver Fähigkeitstest. Weinheim 1983

Helmke, A.; Schrader F. W.: Entwicklung im Grundschulalter. Die Münchner Studie „SCHOLASTIK". In: Pädagogik 6/98. 1998, S. 24-28

Hendricks, W.: Zukunft gestalten. 28 Schulen auf dem Weg. Braunschweig 2001

Hentig, v. H.: Schule als Erfahrungsraum? Stuttgart 1973

Hentig, v. H.: Die Menschen stärken, die Sachen klären. Ein Plädoyer für die Wiederherstellung der Aufklärung. Stuttgart 1985

Hentig, v. H.: Die Schule neu denken. München – Wien 1993

Henze, G.; Sandfuchs, U. u. a.: Erster Zwischenbericht der wissenschaftlichen Begleitung des „Schulversuchs zur integrativen Förderung von Schülerinnen und Schülern mit besonderen Begabungen an der Grundschule Beuthener Straße in Hannover. Universität Hildesheim 1998

Henze, G.; Sandfuchs, U. u. a.: Zweiter Zwischenbericht (a. a. O.) 1999

Henze, G.; Sandfuchs, U. u. a.: Dritter Zwischenbericht (a. a. O.) 2000

Heyer, P.: Die Leistungsentwicklung der Schülerinnen und Schüler. In: Heyer, P., Preuss-Lausitz, U.; Zielke, G.: Wohnortnahe Integration. Gemeinsame Erziehung behinderter und nicht-behinderter Kinder in der Uckermark-Grundschule, Weinheim und München 1990, S. 129-144

Heyer, P.; Preuss-Lausitz, U.; Schöler, J.: „Behinderte sind doch Kinder wie wir!": Gemeinsame Erziehung in einem neuen Bundesland. Berlin 1997

Hilbig, N.: Die Elzer Adorno-Schule - ein Schulkonzept zur Entbarbarisierung. In: Graumann, O./ Mrochen, S.: Schule in Not. Eine Institution sucht Verbündete. Bad Heilbrunn 2001

Hildeschmidt, A.; Schnell, I. (Hg.): Integrationspädagogik. Auf dem Weg zu einer Schule für alle. Weinheim und München 1998

Hintz, O.: Hilfsschulen oder Anstalten für schwachsinnige und schwachbegabte Kinder. In: Pädagogische Zeitung, 26. Jg., Nr. 15. 1897, S. 233-237

Hinz, A.: Integration in der Sekundarstufe I – Ja, natürlich ... oder vielleicht lieber doch nicht? In: Schley, W.; Boban, I.; Hinz, A. (Hg.): Integrationsklassen in Hamburger Gesamtschulen. Hamburg 1989, S. 75 – 99

Hoberg, K.; Rost, D. H.: Interessen. In: Rost, D. H.(Hg.): Hochbegabte und hochleistende Jugendliche. Münster 2000, S. 339-366

Höhn, E.: Der schlechte Schüler: Sozialpsychologische Untersuchungen über das Bild des Schulversagers. München 1967

Huf, C.: Zum Umgang mit dem Wochenplan: Alltagspraktiken und Deutungsmuster von Schulanfängern. In: Roßbach, H.-G./ Nölle, K./ Czerwenka, K. (Hg.): Forschungen zu Lehr- und Lernkonzepten für die Grundschule. Jahrbuch Grundschulforschung Band 4. Opladen 2001, S. 70-77

Hurrelmann, B.: Fernsehen in der Familie: Auswirkungen der Programmerweiterung auf den Mediengebrauch. Weinheim 1989

Hurrelmann, K.; Jaumann,O.: Sozialisations- und interaktionstheoretische Konzepte in der Behindertenpädagogik. In: Bleidick, U. (Hg.): Theorie der Behindertenpädagogik. Berlin/ Marhold 1985, S. 295-321

Hurrelmann, K.: Soziale Ungleichheit und Selektion im Erziehungssystem. Ergebnisse und Implikationen der sozialstrukturellen Sozialisationsforschung. In: Strasser, H.: /Goldthorpe (Hg.): Die Analyse sozialer Ungleichheit. Poladen 1985, S. 48-69

Hurrelmann, K.: Sozialisation und Gesundheit. Somatische, psychische und soziale Risikofaktoren im Lebenslauf. Weinheim und München 1991, 2. Aufl.

Inckemann, E.: Die Rolle der Schule im sozialen Wandel. Bestimmung in Vergangenheit, Gegenwart und Zukunft am Beispiel der Grundschule. Bad Heilbrunn 1997

Industrie und Handelskammer: Was erwartet die Wirtschaft von den Schulabgängern? In: GEW Info. Magazin der GEW Hildesheim, Nr. 110, 27. Jhg. Juni 1999, S. 2-3

Ingenkamp, K.: Möglichkeiten und Grenzen des Lehrerurteils und der Schultests. In: Roth, H. (Hg.): Begabung und Lernen. Ergebnisse und Folgerungen neuer Forschungen. Stuttgart 1970, 5. Aufl., S. 407-432

Jantzen, W.: Sozialisation und Behinderung. Studien zu sozialwissenschaftlichen Grundfragen der Behindertenpädagogik. Gießen 1974

Jantzen, W.: Sozialgeschichte des Behindertenbetreuungswesens. München 1982

Jaumann, O.: Randgruppen-Kinder in der Mittelstandsschule. In: Westermanns Pädagogische Beiträge. Heft 9. 1975, S. 505-512

Jaumann, O.: Der Leselernprozeß bei benachteiligten Kindern. Analyse ihrer sozialen Lage – Umsetzung in eine Leselehrmethode. Weinheim 1982

Jaumann, O.: Gemeinsam lesen lernen- Lesenlernen im integrativen Unterricht. In: Balhorn, H. (Hg.): Fibel ade? Lesen und Schreiben in der Grundschule. Beiträge der Dt. Gesellschaft für Lesen und Schreiben. 1991/92, S. 46-51

Jaumann, O.; Wolff-Kramer, K.: Elfchen – ... „ich schreibe ein Gedicht = schön". In: Brügelmann, H./ Balhorn, H. (Hg.): Schriftwelten im Klassenzimmer. Lengwil/Bodensee 1995, S. 189-191

Jaumann, O.: Jedes Kind kann seine Rolle finden. – Jedes Kind kann planvoll handeln. Die Bedeutung der Projektmethode für den integrativen Unterricht. In: Grundschulunterricht 43 6. Jg. 1996, S. 24-52

Jaumann-Graumann, O.: Offenheit stellt Ansprüche. Wann kommt Offener Unterricht wirklich allen Kindern zugute? In: Lernmethoden-Lehrmethoden. Wege zur Selbständigkeit. Friedrich Jahresheft. Seelze 1997, S. 32/ 33

Jaumann-Graumann, O.: Schulische Integration behinderter Kinder in das Regelschulsystem: Forschungsfragen, Forschungsergebnisse. In: Giest, H./Scheerer-Neumann, G. (Hg.): Jahrbuch Grundschulforschung Band 2. Weinheim 1999, S. 216-239

Jaumann-Graumann, O.: Offener Unterricht – ja, aber strukturiert. In: Grundschule 32. Jhg.. 9/ 2000 a, S. 36-38

Jaumann-Graumann, O.: Die Schule tradiert Chancenungleichheit. In: Grundschule. 32. Jhg., 10 / 2000 b, S. 41-44

Jaumann-Graumann, O.: Von der Hilfsschule zur Integration – ein Fortschritt in der Schullandschaft? In: Kirk, S./ Köhler, J./ Lohrenz, H./ Sandfuchs, U. (Hg.): Schule und Geschichte. Funktionen der Schule in Vergangenheit und Gegenwart. Bad Heilbrunn 2000 c, S. 346-373

Jaumann, O.; Riedinger, W.: Integrativer Unterricht – Gemeinsam leben und lernen in der Grundschule. Frankfurt a. M. 1996

Jegge, J.: Dummheit ist lernbar. Erfahrungen mit ‚Schulversagern'. Bern 1976

Jencks, Ch.: Chancengleichheit. Reinbek bei Hamburg 1973

Jürgens, E.: Die ‚neue' Reformpädagogik und die Bewegung Offener Unterricht. Theorie, Praxis und Forschungslage. Sankt Augustin 1994

Jürgens, E.: Leistung und Beurteilung in der Schule. Eine Einführung in Leistungs- und Bewertungsfragen aus pädagogischer Sicht. Sankt Augustin1997, 3. Aufl.

Kanter, G.O.: Lernbehinderungen, Lernbehinderte, deren Erziehung und Rehabilitation. In: Deutscher Bildungsrat. Gutachten und Studien der Bildungskommission. Band 34, Sonderpädagogik 3, Stuttgart 1974, S. 117-234

Kanter, G.O.: Lernbehinderungen und die Personengruppe der Lernbehinderten. In: Kanter, G.O./ Speck, O.(Hg.): Pädagogik der Lernbehinderten. Berlin 1977, S. 34-64

Keck, R.W.; Sandfuchs, U. (Hg.): Wörterbuch Schulpädagogik. Bad Heilbrunn 1994

Keckeisen, W.: Die gesellschaftliche Definition abweichenden Verhaltens. Perspektiven und Grenzen des labeling approach. München 1974

Kilpatrick, W. H.: Die Projekt-Methode. In: Dewey, J.; Kilpatrick, W. H.: Der Projekt-Plan. Weimar 1935

Klauer, K. J.: Lernbehindertenpädagogik. Berlin-Charlottenburg 1966

Klafki, W.: Studien zur Bildungstheorie und Didaktik. Weinheim und Basel 1963

Klafki, W.; Stöcker, H.: Innere Differenzierung des Unterrichts. In: Z. f. Pädagogik, 22. Jhg. 1976, Nr. 4. 1976, S. 497-523

242

Klafki, W.: Gesellschaftliche, bildungspolitische und pädagogische Implikationen zum Problembereich Leistung und Leistungsanspruch. In: Preuß, E.; Itze, U.; Ulonska, H.: Lernen und Leisten in der Grundschule. Bad Heilbrunn/ Obb. 1999, S. 45-66

Klauer, K. J.: Lernbehindertenpädagogik. Berlin-Charlottenburg 1966

Kleinespel, K.: Schulpädagogik als Experiment: der Beitrag in Jena, Chicago und Bielefeld zur pädagogischen Entwicklung der Schule. Weinheim u.a. 1998

Kleber, E. W.: Grundkonzeption einer Lernbehindertenpädagogik. München und Basel 1980

KMK: Kultusministerkonferenz: Empfehlung zur Ordnung des Sonderschulwesens, beschlossen am 16.03.1972, Bonn 1972

Kniel, A.: Die Schule für Lernbehinderte und ihre Alternativen. Eine Analyse empirischer Untersuchungen. Rheinstetten 1979

Köbberling, A.: Gemeinsamkeit und Vielfalt in der Sekundarstufe. Wege in verschiedene Lebenswelten teilen. In: Hildeschmidt, A.; Schnell, I. (Hg.): Integrationspädagogik. Auf dem Weg zu einer Schule für alle. Weinheim und München 1998 a, S. 257-276

Köbberling, A.: Soziale Indentitätsentwicklung in Integrationsklassen der Sekundarstufe. In: Preuss-Lausitz, U.; Maikowski, R. (Hg.): Integrationspädagogik in der Sekundarstufe. Gemeinsame Erziehung behinderter und nichtbehinderter Jugendlicher. Weinheim und Basel 1998b, S. 123-135

Kornmann, R.; Meister, H.; Schlee, J. (Hg.): Förderdiagnostik – Konzepte und Realisierungsmöglichkeiten. Heidelberg 1983

Krappmann, L.: Soziologische Dimensionen der Identität. Stuttgart 1975, 4.Aufl.

Krawitz, R, Theis-Scholz, M, Thümmel I.: Schulprofile rheinland-pfälzischer Grundschulen mit Integrationsklassen. Eine Erhebung im Rahmen des Schulversuchs „Gemeinsamer Unterricht von Kindern mit und ohne Beeinträchtigung". Zeitschrift für Heilpädagogik 47, 7. 1996, S. 277-281

Kreie, G.: Integrative Kooperation. Über die Zusammenarbeit von Sonderschullehrer und Grundschullehrer. Weinheim und Basel 1985

Kurth, E.: Entwicklung von Teilbegabungen bei Sonderschülern in außerunterrichtlicher Förderung. In: Urban, K.K. (Hg.) 1992, S. 185-188

Leontjew, A. N.: Probleme der Entwicklung des Psychischen. Frankfurt a.M. 1973

Lindmeier, B.: Die Pädagogik des Rauhen Hauses. Zu den Anfängen der Erziehung schwieriger Kinder bei Johann Hinrich Wichern. Bad Heilbrunn 1998

Luhmann, N.: Codierung und Programmierung. Bildung und Selektion im Erziehungssystem. In: Tenorth, H.-E. (Hg.): Allgemeine Bildung. Weinheim und München 1986, S. 154-182

Lundy, J.R.: Zu den psychologischen Bedürfnissen Hochbegabter. In: Urban, K. K. (Hg.) 1982, S. 97 – 106

Maikowski, R.; Podlesch, W.: Geistig behinderte Kinder in der Grundschule? In: Projektgruppe Integrationsversuch (Hg.): Das Fläming-Modell. Gemeinsamer Unterricht für behinderte und nichtbehinderte Kinder an der Grundschule. Weinheim 1988, S. 157-171

Maikowski, R., Podlesch, W.: Zur Sozialentwicklung behinderter und nichtbehinderter Kinder in der Grundschule. In Eberwein, H. (Hg): Behinderte und Nichtbehinderte lernen gemeinsam. Handbuch der Integrationspädagogik. Weinheim 1990, S. 275-281, 2. Aufl.

Maikowski, R.: Integration in den Sekundarschulen der Bundesländer. Entwicklung und Forschungsergebnisse. In: Preuss-Lausitz, U.; Maikowski, R. (Hg.): Integrationspädagogik in der Sekundarstufe. Gemeinsame Erziehung behinderter und nichtbehinderter Jugendlicher. Weinheim und Basel 1998, S. 35-53

Mand, J.: Förderdiagnostik als Lernprozessdiagnostik. Begründung, Methodenprobleme und diagnostischer Alltag. In:H. Eberwein/ S. Knauer (Hg.): Handbuch Lernprozesse verstehen. Wege einer neuen (sonder-)pädagogischen Diagnostik. Weinheim und Basel 1998, S. 39-53

Mansel, J.: Zur Reproduktion sozialer Ungleichheit. Soziale Lage, Arbeitsbedingungen und Erziehungsverhalten der Eltern im Zusammenhang mit dem Schulerfolg des Kindes. In: ZSE, Heft 1/ 1993, S. 36-60

Marjoram, D. T. E.: Hochbegabte Kinder – Die Lage in Großbritannien. In: Urban, K.K. (Hg.) 1982, S. 154-167

Merz, Karl: Lernschwierigkeiten – Zur Effizienz von Fördermaßnahmen an Grund- und Lernbehindertenschulen. In: Heilpädagogische Forschung, Band XI. 1984, S. 53-69

Methodenvielfalt: Themenheft Pädagogik, Heft 2, 2000

Meyer-Willner, G.: Differenzieren und Individualisieren. Begründung und Darstellung des Differenzierungsproblems. Bad Heilbrunn 1979

Mira, H.: Probleme der Hochbegabung und ihrer Förderung bei Kindern aus einem benachteiligten sozio-ökonomischen Milieu. In: Urban, K. K. (Hg.) 1982, S. 224-22

Mitzlaff, H.: Lernen mit Mausklick. Computer in der Grundschule. Frankfurt a.M. 1997

Möckel, A.: Die besondere Grund- und Hauptschule. Von der Hilfsschule zum kooperativen Schulzentrum. Heidelberg 1981

Moede, W.; Piorkowski, C.; Wolff, G.: Die Berliner Begabtenschule, ihre Organisation und die experimentellen Methoden der Schülerauswahl. Langensalza 1919, 3. Aufl.

Möller, K.: Konstruktivistische Sichtweisen für das Lernen in der Grundschule? In: Roßbach, H.-G./ Nölle, K./ Czerwenka, K. (Hg.): Forschungen zu Lehr- und Lernkonzepten für die Grundschule. Jahrbuch Grundschulforschung Band 4. Opladen 2001, S. 16-31

Montada, L.: Die Lernpsycholgogie Jean Piagets, Stuttgart 1970

Montessori, M.: Selbsttätige Erziehung im frühen Kindesalter. Stuttgart 1913

Montessori, M.: Kinder sind anders. Stuttgart 1971

Montessori, M.: Schule des Kindes. Montessori-Erziehung in der Grundschule 1916. Bearb. Oswald P./ Schulz-Benesch, G., Freiburg, Basel, Wien 1976

Muth, J.: Integration von Behinderten. Über die Gemeinsamkeit im Bildungswesen. Essen 1986

Oelkers, J.: Pädagogsicher Liberalismus und nationale Gemeinschaft. In: Herrmann, U./Oelkers, J. (Hg.): Pädagogik und Nationalsozialismus. Weinheim u. Basel 1989

Ortner, A.; Ortner, R.: Verhaltens- und Lernschwierigkeiten. Handbuch für die Grundschulpraxis. Weinheim und Basel, 3. Aufl. 1995

Papst, A.: Integrationsklassen in Theorie und Praxis der Gesamtschule. In: Schley, W.; Boban, I.; Hinz, A. (Hg.): Integrationsklassen in Hamburger Gesamtschulen. Hamburg 1989, S. 103-116

Paulig, P.: Ein 'Ja' zur Integration. In: Humane Schule, 14. Jahg., Okt. 1988, S. 1

Pestalozzi, H.: Über seine Anstalt in Stanz. Eingeleitet von Ursula Graf. Weinheim 1966, 10.Aufl.

Petersen, P. (Hg.): Der Aufstieg der Begabten. Vorfragen. Leipzig, Berlin 1916

Petersen, P.: Der Kleine Jena-Plan. Weinheim/Berlin 1927, 47./51. Aufl. 1968

Petersen, P.: Der Ursprung der Pädagogik, II. Bd., Berlin und Leipzig 1931

Petersen, U.-K.: Der Jena-Plan. Die integrative Schulwirklichkeit im Bilde von Briefen und Dokumenten aus dem Nachlaß Peter Petersens. Frankfurt a. M., Bern, New York, Paris 1991

Petzold, J.: Sonderschulen für hervorragend Befähigte. Drei Thesen. In: Porger, G. (Hg.): Pädagogische Zeit- und Streitfragen. Bielefeld und Leipzig 1921, S. 122-129

Philipp, E.; Rolff, H.-G.: Schulprogramme und Leitbilder entwickeln. Ein Arbeitsbuch. Weinheim und Basel 1998

Piaget, J.: Psychologie der Intelligenz. Zürich und Stuttgart 1967, 3.Aufl.

Piaget, J.; Inhelder, B.: Abriß der Erklärungen von Entwicklung. In: Montada, L.: Die Lernpsychologie Jean Piagets, Stuttgart 1970, S. 58-66

Pieringer, G.: Gemeinsame schulische Erziehung von behinderten und nichtbehinderten Schülerinnen und Schülern in der Sekundarstufe I. Berlin 1990

Piper, H.: Die Fürsorge für die schwachsinnigen Kinder. In: Die Deutsche Schule: Zs. F. Erziehungswissenschaft und Gestaltung. Bd. 1. 1897, S. 129-137

Pörksen, B.; Schack-Behrens, G.; Schuy, Ch.: Integrationsklassen. Wenn eine Gesamtschule wirklich für alle Kinder da ist. In: Pädagogik 10. 1995, S. 22-24

Pörksen, B.: Gemeinsamer Unterricht behinderter und nichtbehinderter Schülerinnen und Schüler an der Gesamtschule Stieghorst. (unv. Manuskript, Gesamtschule Stieghorst, Am Wortkamp 3, 33605 Bielefeld), 2000

Prengel, A.: Pädagogik der Vielfalt, Opladen 1995, 2. Aufl.

Preuss-Lausitz, U.: Fördern ohne Sonderschule. Konzepte und Erfahrungen zur integrativen Förderung in der Regelschule. Weinheim und Basel 1981

Preuss-Lausitz, U.: Soziale Beziehungen in Schule und Wohnumfeld. In: Heyer, P./ Preuss-Lausitz; U./ Zielke, G.: Wohnortnahe Integration. Gemeinsame Erziehung behinderter und nichtbehinderter Kinder in der Uckermark-Grundschule. Weinheim und München 1990, S. 95-128

Preuss-Lausitz, U.: Die Kinder des Jahrhunderts. Zur Pädagogik der Vielfalt im Jahr 2000. Weinheim und Basel 1993

Preuss-Lausitz, U.: „Weil Kinder halt Kinder sind, das gilt auch für Behinderte". Schülererfahrungen mit gemeinsamer Erziehung in Brandenburger Schulen. In: Deutsche Lehrerzeitung 51/52. 1996 S. 3-5

Preuss-Lausitz, U.: Integration und Toleranz – Erfahrungen und Meinungen von Kindern innerhalb und außerhalb von Integrationsklassen. In: Heyer, P.; Preuss-Lausitz, U; Schöler, J.: „Behinderte sind doch Kinder wie wir!" Gemeinsame Erziehung in einem neuen Bundesland. Berlin 1997, S. 171-204

Preuss-Lausitz, U.: Kostenfaktor Integration. In: E&W 3/ 2000, S. 25-27

Preuss-Lausitz, U.; Maikowski, R. (Hg.): Integrationspädagogik in der Sekundarstufe. Gemeinsame Erziehung behinderter und nichtbehinderter Jugendlicher. Weinheim und Basel 1998

Probst, H.: Die scheinbare und wirkliche Funktion des Intelligenztests im Sonderschulüberweisungsverfahren. In: Graf, S./Probst, H./Abé, I. u.a.: Kritik der Sonderpädagogik. Giessen 1973, S.107-183

Pulaski, M. A.: Piaget. Eine Einführung in seine Theorien und sein Werk. Frankfurt 1971

Randoll, D.: Lernbehinderte in der Schule. Integration oder Segregation? Köln und Wien1991

Reich, K.: Systemisch-konstruktivistische Pädagogik. Einführung in Grundlagen einer interaktionistisch-konstruktivistischen Pädagogik. Neuwied u. a. 1996

Reiser u. a.: Sonderschullehrer in Grundschulen. Ergebnisse eines Schulversuchs, zur integrativen Betreuung bei Lern- und Verhaltensstörungen. Weinheim und Basel 1984

Reiß, G.; Böhm, O.; Eberle, G.: Offener Unterricht mit lernschwachen Schülerinnen und Schülern – Eine Einführung. In: Reiß, G. / Eberle, G. (Hg.): Offener Unterricht, Freie Arbeit mit lernschwachen Schülerinnen und Schülern. Weinheim1995, 3. Aufl., S. 9-44

Retter, H.: Der Jenaplan Peter Petersens. Perspektiven der Integrationspädagogik. In: R.W. Keck (Hg.): Didaktik im Zeichen der Ost-West-Annäherung. 1999, S. 176-196

Röhrs, H.: Die Reformpädagogik und ihre Perspektive für eine Bildungsreform. Donauwörth 1991

Rolff, H. ; Zimmermann, P.: Kindheit im Wandel. Eine Einführung in die Sozialisation im Kindesalter. Weinheim 1985

Rosenberger, M. (Hg.): Schule ohne Aussonderung – Idee, Konzepte, Zukunftschancen. Pädagogische Förderung behinderter und von Behinderung bedrohter Kinder und Jugendlicher. Neuwied, Berlin 1998

Rost, D. H. (Hg.): Lebensumweltanalyse hochbegabter Kinder. Das Marburger Hochbegabtenprojekt. Göttingen 1993

Rost, D. H. (Hg.): Hochbegabte und hochleistende Jugendliche. Münster u.a. 2000

Rost, D. H.; Wetzel, C.: Produktive Selbststeuerung, Kompetenzwahrnehmung, Erfolgsorientierung. In: Rost, D. H. (Hg.): Hochbegabte und hochleistende Jugendliche. Münster 2000, S. 279-302

Roth, H. (Hg.): Begabung und Lernen. Ergebnisse und Folgerungen neuer Forschungen. Stuttgart 1970, 5. Aufl.

Sander, A.: Behinderungsbegriffe und ihre Konsequenzen für die Integration. In: Eberwein, H. (Hg.): Behinderte und Nichtbehinderte lernen gemeinsam. Handbuch der Integrationspädagogik. Weinheim 1990, S. 75-82

Sandfuchs, U. (Hg.): Lehren und Lernen mit Ausländerkindern. Bad Heilbrunn 1981

Schaarschmidt, U.: Wie läßt sich hohe intellektuelle Begabung im Vorschulalter erkennen? Vorstellung eines diagnostischen Ansatzes. In: Urban, K.K. (Hg.): Begabungen entwickeln, erkennen und fördern. Hannover 1992, S. 126-133

Scheerer-Neumann, G.: Wortspezifisch JA – Wortbild: NEIN. In: Brügelmann, H. (Hg.): ABC und Schriftsprache: Rätsel für Kinder, Lehrer und Forscher. Konstanz 1986

Scheerer-Neumann, G: Was kommt schon dabei raus? Lernen und Leisten in offenen Lernsituationen. In: Kasper, H. u. a.: Laßt Kinder lernen. Offene Lernsituationen. Braunschweig 1989, S. 66-74

Schelsky, H.: Schule und Erziehung in der industriellen Gesellschaft. Würzburg 1959, 2. Aufl.

Schilling, S.: Peer-Beziehungen. In: Rost, D. H. (Hg.): Hochbegabte und hochleistende Jugendliche. Münster 2000, S. 368-421

Schley, W.; Boban, I.; Hinz, A. (Hg.): Integrationsklassen in Hamburger Gesamtschulen. Hamburg 1989

Schmalohr, E.: Hochbegabtenförderung als „Widerstreit" – Zur Evaluation eines kommunalen Modells. In: Urban, K. (Hg.): Begabungen entwickeln, erkennen und fördern. Hannover 1992, S. 55-66

Schmitt, R. (Hg.): Bundesgrundschulkongress 1999. Auf der Schwelle zum dritten Jahrtausend. Frankfurt a. M. 1999

Schmitt, R.; Stange, E-M.: Länger gemeinsam lernen. Gemeinsame Erklärung von GEW und Grundschulverband zur sechsjährigen Grundschule. In: Die Grundschulzeitschrift 12. Jhg. 130 /1999, S. 4

Schöler, J.: Integrative Schule – Integrativer Unterricht. Ein Ratgeber für Eltern und Lehrer. Reinbek bei Hamburg 1993

Schöler, J.: Leitfaden zur Kooperation von Lehrerinnen und Lehrern – nicht nur in Integrationsklassen. Heinsberg 1997

Schöler, J.: Stand und Perspektiven der gemeinsamen Erziehung behinderter und nichtbehinderter Schülerinnen und Schüler in Europa. In: Hildeschmidt, A./ Schnell, I. (Hg.): Integrationspädagogik. Auf dem Weg zu einer Schule für alle. Weinheim und München 1998, S. 109-126

Schulz, W.: Unterricht – Analyse und Planung. In: Heimann, P./ Otto, G./ Schulz, W.: Unterricht. Analyse und Planung. Hannover 1970, S. 13-47

Schulz, W.: Anstiftung zum didaktischen Denken. Unterricht – Didaktik – Bildung. Weinheim und Basel 1996

Schumacher, E.: Soziale Milieus von Grundschulpädagoginnen und -pädagogen. In: Jaumann-Graumann, O./ Köhnlein, W. (Hg.): Lehrerprofessionalität – Lehrerprofessionalisierung. Bad Heilbrunn 2000, S. 110-121

Schütz, C.: Leistungsbezogene Kognitionen. In: Rost, D.H.(Hg.): Hochbegabte und hochleistende Jugendliche. Münster 2000, S. 303-338

Seibert, N. (Hg.): Unterrichtsmethoden kontrovers. Bad Heilbrunn 2000

Seiler, T. B.: Ist Jean Piagets strukturgenetische Erklärung des Denkens eine konstruktivistische Theorie? In: Rusch, G./Schmidt,J.: Piaget und der Radikale Konstruktivismus. Frankfurt a.M. 1994, S. 43-102

Sickinger, A.: Arbeitsunterricht – Einheitsschule – Mannheimer Schulsystem im Lichte der Reichsverfassung. Leipzig 1920

Speck-Hamdan, A.: Lehren und Lernen als konstruktiver Prozeß. In: Beiträge zum Mathematikunterricht. 1998, S. 42-49

Speck-Hamdan, A.: Heterogenität als Lernchancen. Soziales Lernen in gemischten Gruppen. In: A. Leonhardt (Hg.): Gemeinsames Lernen von hörenden und hörgeschädigten Schülern. Ziele – Wege – Möglichkeiten. Hamburg 2000, S. 48-54

Spranger, E.: Das Gesetz der ungewollten Nebenwirkungen in der Erziehung. Heidelberg 1962

Stadler, H.: Zum pädagogischen Selbstverständnis von Sonderschullehrern. Neuburgweier 1975

Stapf, A.; Stapf, K. H.: Hochbegabte Kinder in Schule und Unterricht. Warum Lehrer viel über hochbegabte Kinder wissen sollten. In: Bäuerle, S. (Hg.): Lehrer auf die Schulbank. Vorschläge für eine zeitgemäße Lehreraus- und –fortbildung. Stuttgart 1991, S. 199-214

Stern, W.: Psychologische Begabungsforschung und Begabungsdiagnose. In: Petersen, P. (Hg.): Der Aufstieg der Begabten. Vorfragen. Leipzig, Berlin 1916, S. 105- 120

Stötzner, H. E.: Schulen für schwachbefähigte Kinder. Erster Entwurf zur Begründung derselben. Vollst. Nachdruck d. Orginalausgabe 1864 m. einem Nachwort von Heese, G. Berlin-Charlottenburg 1963

Suhr, M.: John Dewey zur Einführung. Hamburg 1994

Suhrweier, H.: Schulische Integration auf dem Prüfstand. In: Die Sonderschule, 37, 4. 1992, S. 193-207

Suhrweier, H.; Hetzner, R.: Förderdiagnostik für Kinder mit Behinderungen. Neuwied u.a. 1993

Tent, L.; Witt, M., Bürger, W.: Ist Schule für Lernbehinderte überholt? In: Heilpädagogische Forschung, 17, 1. 1991, S. 3-13

Tiemer, J.: Widerstand gegen die Pläne der SPD-Landesregierung. In: E&W Niedersachsen 3/ 2001, S. 3

Topsch, W.: Grundschulversagen und Lernbehinderung, Essen 1975

Torrance, P.E.: Hochbegabte Kinder identifizieren. In: Urban, K. K. (Hg.): Hochbegabte Kinder. Psychologische, pädagogische, psychiatrische und soziologische Aspekte. Heidelberg 1982, S. 56- 63

Ulich, D.: Pädagogische Interaktion. Theorien erzieherischen Handelns und sozialen Lernens. Weinheim 1976

Ulich, D.; Mertens, W.: Urteile über Schüler. Zur Sozialpsychologie pädagogischer Diagnostik. Weinheim und Basel 1974

Unterleitner, 1.: Sozial-integrative Schule: Leistungen der nichtbehinderten Kinder und Einstellungen ihrer Eltern. In: Behinderte in Familie, Schule und Gesellschaft, 13, 2. 1990, S. 9-16

Urban, K.: Hochbegabte Kinder – eine Herausforderung. Bildung und Erziehung 33. 1980, S. 526-535

Urban, K. K. (Hg.): Hochbegabte Kinder. Psychologische, pädagogische, psychiatrische und soziologische Aspekte. Heidelberg 1982

Urban, K. K.: Besondere Begabung – Förderung in der BRD, Begriffsentwicklung und konzeptuelle Grundlegung. In: Urban, K. (Hg.): Begabungen entwickeln, erkennen und fördern. Hannover 1992, S. 13-21

Von Bracken, Helmut: Vorurteile gegen behinderte Kinder, ihre Familien und Schulen. Berlin 1976

Walther, E.: Geschichte des Taubstummen-Bildungswesens. Bielefeld und Leipzig 1882

Weinert, F. E.; Helmke, A.: Entwicklung im Grundschulalter. Weinheim 1997

Weinschenk, K.: Der Hochbegabte – eine bundesdeutsche Un-Person? Sonderpädagogik 9. 1979 a, S. 42-44

Weinschenk, K.: Re-Habilitation der Hochbegabten? In: Zf. f. Heilpädagogik, 30. Jhg. 1979b, H. 3, S. 198-206

Weinschenk, K.: Sonderpädagogische Aspekte der Förderung Hochbegabter. In: Urban, K. K. (Hg.) 1982, S. 167-175

Weiß, R.; Osterland, J.: CFT 1 – Grundintelligenztest Skala 1. Göttingen 1997

Werner, E.; Smith, R.: Vulnerable but invincible: A longitudinal study of resilient children and youth. New York 1982

Werning, R.: Konstruktivismus. Eine Anregung für die Pädagogik? In: Pädagogik 7-8. 1998, S. 39-41

Wild, K.-P.: Hochbegabtendiagnostik durch Lehrer. In: Rost, D.H. (Hg.): Lebensumweltanalyse hochbegabter Kinder. Das Marburger Hochbegabtenprojekt. Göttingen 1993, S. 236-261

Wittenbruch, W.; Brenk, M.; Drees, A.: „Fördern" und „Auslesen". Texte und Dokumente aus acht Jahrzehnten zur Konfliktstruktur der Grundschule. Heinsberg 2000

Wocken, H.: Schulleistungen in Integrationsklassen. In H. Wocken & G. Antor (Hg.), Integrationsklassen in Hamburg. Erfahrungen – Untersuchungen – Anregungen. Solms- Oberbiel 1987 a, S. 276-306

Wocken, H.: Soziale Integration behinderter Kinder. In H. Wocken & G. Antor (Hg.), Integrationsklassen in Hamburg. Erfahrungen – Untersuchungen – Anregungen. Solms-Oberbiel 1987 b, S. 203-275

Wocken, H.: Bewältigung von Andersartigkeit. Untersuchungen zur Sozialen Distanz in verschiedenen Schulen. In: Gehrmann, P./ Hüwe, B. (Hg.): Forschungsprofile der Integration von Behinderten. Bochumer Symposion 1992. Essen 1993, S.86-106

Wygotski, L. S.: Denken und Sprechen. Stuttgart 1971

Ziegenspeck, J. W.: Handbuch Zensur und Zeugnis in der Schule. Unter Mitarbeit von Jens Lehmann. Bad Heilbrunn 1999

Zielinski, W.: Lernschwierigkeiten. Stuttgart 1995, 2. Aufl.